知识产权文集

基本理论卷

朱谢群　编

知识产权出版社
全国百佳图书出版单位

图书在版编目（CIP）数据

郑成思知识产权文集．基本理论卷／朱谢群编．—北京：知识产权出版社，2017.1

ISBN 978-7-5130-4641-1

Ⅰ．①郑… Ⅱ．①朱… Ⅲ．①知识产权法—中国—文集 Ⅳ．① D923.404-53

中国版本图书馆 CIP 数据核字 (2016) 第 291303 号

内容提要

本卷收录了郑成思教授关于知识产权基本理论的主要思想成果，大致可分为三个"板块"：第一至三章勾勒出知识产权的发展脉络、独特品格以及扩展方向；第四至六章阐明了知识产权法与相关法律部门之间的联系与分界；第七章则是对中国当代知识产权制度的回顾与展望。

责任编辑：龚 卫 龙 文　　　　**责任校对**：王　岩
装帧设计：品　序　　　　　　　**责任出版**：刘译文

郑成思知识产权文集
《郑成思知识产权文集》编委会

基本理论卷
Jiben Lilun Juan

朱谢群　编

出版发行：**知识产权出版社**有限责任公司	网　　址：http：//www.ipph.cn
社　　址：北京市海淀区西外太平庄 55 号	邮　　编：100081
责编电话：010-82000860 转 8120/8123	责编邮箱：gongwei@cnipr.com
发行电话：010-82000860 转 8101/8102	发行传真：010-82000893/82005070/82000270
印　　刷：三河市国英印务有限公司	经　　销：各大网上书店、新华书店及相关专业书店
开　　本：880mm×1230mm　1/32	印　　张：18.875
版　　次：2017 年 1 月第 1 版	印　　次：2017 年 1 月第 1 次印刷
字　　数：520 千字	定　　价：150.00 元

ISBN 978-7-5130-4641-1

编辑体例

　　《郑成思知识产权文集》共分《基本理论卷》（一册）、《版权及邻接权卷》（两册）、《专利和技术转让卷》（一册）、《商标和反不正当竞争卷》（一册）、《国际公约与外国法卷》（两册）以及《治学卷》（一册），总计六卷八册，基本涵盖郑成思教授各个时期的全部重要著作和文章。

　　为了便于读者阅读，《郑成思知识产权文集》每卷都是在照顾学科划分的基础上，将之前的各部专著和论文适当集中、重新编排而成；除对个别文字错误有校改以及由编者对因时代发展带来的变化加注外，文集全部保持作品原貌（包括原作注释），按照先著作、后论文的顺序并按发表时间排列。

　　《郑成思知识产权文集》各卷之间除个别文章具有多元性而有同时收录的情况外，尽量避免内容重复；一卷之中，为了体现郑成思教授学术思想的演进，个别内容会有适当重叠；每一部分著作和论文均由编者注明出处。

　　为方便读者阅读，《郑成思知识产权文集》每卷均由执行编委撰写本卷导读，介绍汇编的思路，并较为详细地梳理郑成思教授在该领域的学术脉络、特点和贡献。

　　为便于检索，各卷附有各个主题的关键词索引，可以快速查阅郑成思教授的相关论述。

序

郑成思教授逝世于 2006 年 9 月 10 日。那天是中国的教师节。在纪念他逝世一周年的时候，中国社会科学院知识产权中心委托周林教授汇编出版《不偷懒　不灰心——郑成思纪念文集》，该书收录了诸多友人和学生纪念他的文章。在纪念他逝世三周年的时候，中国社会科学院知识产权中心组织召开学术会议，出版了郑成思教授逝世三周年的纪念文集《〈商标法〉修订中的若干问题》，收录论文 25 篇。在纪念他逝世五周年的时候，中国社会科学院知识产权中心再次组织召开学术会议，出版郑成思教授逝世五周年的纪念文集《实施国家知识产权战略若干问题研究》，收录论文 30 篇。

当郑成思教授逝世 10 周年的纪念日来临的时候，他的家人与几位学生商定，汇编出版《郑成思知识产权文集》，以志纪念。顾名思义，称"知识产权"者，应当是只收录知识产权方面的文字，而不收录其他方面的文字。至于称"文集"而非"全集"者，则是因为很难将先生所有的有关知识产权的文字收集齐全。经过几位汇编者的辛勤劳动，终于有了这部六卷八册的《郑成思知识产权文集》。其中《基本理论卷》一册，《版权及邻接权卷》两册，《专利和技术转让卷》一册,《商标和反不正当竞争卷》一册,《国际公约与外国法卷》两册,《治学卷》一册,约 500 万字。再次翻阅那些熟悉的文字,与浮现在字里行间的逝者对话,令人感慨良多。

郑成思教授的文字,反映了他广阔的国际视野。他早年酷爱英文,曾经为相关单位翻译了大量的外文资料,包括有关知识产权的资料。正是在翻译、学习和领悟这些资料的过程中,他逐渐走上了知识产权法学的研究之路。知识产权法学是一门国际性的学问。由于从外文资料入手,他一进入知识产权法学的研究领域,就站在了国际化的制高点上。1982 年,他前往英伦三岛,在伦敦经济学院师从著名知识产权法学家柯尼什教授,系统研习了英美和欧洲大陆的知识产权法学。在随后的学术生涯中,他不仅着力向中国的学术界介绍了一系列知识产权保护的国际条约,而且始终站在国际条约和欧美知识产权法学的高度,积极推进中国知识产权制度的建设。

从某种意义上说,中国的知识产权学术界是幸运的。自 1979 年开始,郑成思教授发表和出版了一系列有关《巴黎公约》《伯尔尼公约》及 TRIPS 协议等国际公约的论著以及有关欧美各国知识产权法律的论著。正是这一系列论著,不仅使得与他同时代的一些学人,而且也使得在他之后的几代学人,很快就站在了全球知识产权法学的高度上,从而免去了许多探索和弯路,有幸不会成为只见树木不见森林的"井底之蛙"。从某种意义上说,中国的知识产权制度建设也是幸运的。当中国的《商标法》《专利法》《著作权法》和《反不正当竞争法》制定之时,包括这些法律修订之时,以郑成思教授为代表的一批学人,参考国际公约和欧美各国的法律制度,为中国相关法律的制定和修改提出了一系列具有建设性的建议。这样,中国的知识产权立法,从一开始就站在了国际化的高度上,并且在短短三十多年的时间里,完成了与国际知识产权制度的接轨。

郑成思教授的文字，体现了他深深的民族情怀。与中国历代的优秀知识产权分子一样，他始终胸怀天下，以自己的学术研究服务于国家和民族的利益。自 1979 年以来，他在着力研究和介绍国外知识产权法学的同时，积极参与了我国《商标法》《专利法》《著作权法》《反不正当竞争法》的制定和修订，参与了上述法律的实施条例和单行条例的制定和修订。在从事学术研究的同时，他还依据国际知识产权制度的最新动向，依据科学技术的最新发展和商业模式的变迁，向国家决策高层提出了一系列调整政策和法律的建议。例如，适时保护植物新品种，积极发展电子商务，重视互联网络安全，编纂中国的知识产权法典，等等。随着研究视角的深入，他并不满足于跟随国外的知识产权法学，而是结合中国和广大发展中国家的需要，积极推动民间文艺、传统知识和遗传资源的保护。他甚至以"源和流"来比喻民间文艺、传统知识和遗传资源与专利、版权的关系，认为在保护"流"的同时，更要注重对于"源"的保护。

或许，最能体现他深深的民族情怀的事情，是他在生命的最后时期，满腔热情地参与了国家知识产权战略的制定。一方面，他是国家知识产权战略制定领导小组的学术顾问，参与了总体方案的设计和每一个重要阶段的工作。另一方面，他又参与了中国社会科学院承担的"改善国家知识产权执法体制"的研究工作，为课题组提出了一系列重要的建议。2006 年 8 月底，在国家知识产权战略制定领导小组向国务院汇报的前夕，他还拖着沉重的病体，逐字审阅了中国社会科学院的汇报提纲。这个提纲所提出的一系列建议，例如知识产权的民事、行政和刑事案件的三审合一，专利复审委员会和商标评审委员会转变为准司法机构，设立知识产权上诉法院等等，最终纳入了 2008 年国务院发布的《国家知识产权战略纲要》之中。仍然是在生命的最后时期，他在 2006 年 5 月 26 日为中共中央政治局的集体学习讲授"国际知识产权保护",针对国际知识产权保护和科学技术发展的新动向,提出了我国制定知识产权战略应当注意的一系列问题。党的十七大提出的建设创新型国家的战略,党的十八大提出的创新驱动发展战略,都显示了他所提出的建议的印迹。

郑成思教授的学术研究成果,属于中华民族伟大复兴的时代。中国自 1978 年推行改革开放的国策,开启了新的历史进程。其中的对外开放,一个很重要的内容就是与国际规则(包括知识产权规则)接轨,对于当时的中国而言,知识产权法学是一个全然陌生的领域。然而,就是在这样一个蛮荒的领域中,郑成思教授辛勤耕耘,一方面将国际上最新的知识产权理论、学说和制度引进中国,另一方面又结合中国知识产权立法、司法的现实需要,撰写了一篇又一篇、一部又一部的学术论著。这些论著的发表和出版,不仅推动了中国知识产权法律制度的建立及其与国际规则的接轨,而且推动了中国知识产权学术研究与国外知识产权学术研究的对话和接轨。特别值得一提的是,郑成思教授不仅将国际上的知识产权理论、学说和制度引入中国,而且还在中国现实需要的沃土之上,创造性地提出了一系列新的理论和学说,例如工业版权和信息产权,反过来贡献给了国际知识产权学术界。

中国的经济社会正处在由传统向现代的转型过程中。随着产业升级和发展模式的转变,"知识产权"四个字已经深入人心,走进了社会的各个层面。人们不再质疑,人的智力活动成果对于社会经济发展发挥着巨大的作用。当我们谈论知识经济的时候,当我们谈论创新型国家建设的时候,当我们谈论创新驱动发展的时候,我们不得不庆幸的是,在以郑成思教授为代表的专家学者的努力之下,我们已经对"知识产权"的许多方面进行了深入而细致的研究,我们已经在 2001 年加入世界贸易组织之前，建立了符合国际规则的现代知识产权制度。加入世界贸易组织之后，面对一系列我国知识产权保护水平过高、保护知识产权就是保护外国人利益的喧嚣，郑成思教授明确指出，在当今的时代，知识产权保护的水平不是一个孤立的问题，而是与国际贸易密切结合的。如果降低知识产权保护的水平，就意味着中国应当退出世界贸易体系，就意味着中国在国际竞争中的自我淘汰。郑成思教授还特别指出，一个高水平的知识产权保护体系，在短期之内可能对我们有所不利，但是从长远来看，一定会有利于我们自身的发展。这真的是具有穿透时空力量的论断。

郑成思教授的文字，充满了智慧和情感。初读他的文字，深为其中的渊博学识所折服。对于那些深奥的理论和抽象的原则，他总是以形象的案例、事例或者比喻加以阐发，不仅深入浅出，而且令人难以忘怀。阅读他的文字，那充满了智慧的珍珠洒落在字里行间，我们不仅可以随时拾取，而且忘却了什么是空洞的说教和枯燥的理论。初读他的文字，也为那处处流淌的真情实感所吸引。在为国家和民族建言的时候，他大声疾呼，充满了赤子之情。在批评那些似是而非的论调时，他疾言厉色，直指要害并阐明正确的观点。在提携同事和后进的时候，他总是鼓励有加，充满了殷切的期望。毫无疑问，那位中气十足的学者，不仅在演讲时让人感受到人格的魅力和学识的冲击力，而且已经将他的人格魅力和学术生命力倾注在了我们眼前的文字之中。阅读他的文字，我们是在与他进行智慧和情感的对话。

郑成思教授离开我们已经 10 年了。遥想当年，那位身形瘦弱的青年伏案疾书，将一份份有关知识产权的外文资料翻译成中文，并最终走上了知识产权法学的研究之路。遥想当年，那位即将走进中年的"老学生"，专心致志地坐在伦敦经济学院的课堂上，汲取国际知识产权学术的丰富营养，以备将来报效祖国之用。遥想当年，那位意气风发的中年学者，出入我国知识产权立法、行政和司法部门，以自己扎实的学术研究成果推动了中国知识产权制度的建设和发展。遥想当年，那位刚刚步入花甲之年的学术泰斗，拖着久病的躯体，参与国家知识产权战略的制定，为中共中央政治局的集体学习讲授知识产权的国际保护，并为此而付出了最后的体力。遥想当年，遥想当年，有太多、太多值得我们回顾的场景。

秋日的夜晚，仰望那浩瀚的星空，我们应当以怎样的情怀，来纪念这位平凡而伟大的学者？

李明德
2016 年 8 月

导　读

朱谢群 *

作为先行者和历史空白的主要填补者之一，郑成思教授为我国当代知识产权理论与制度的建立、发展作出了开创性和奠基性的贡献，而他关于知识产权基本理论的一系列重大思想成果正是其卓越建树中最为突出的方面之一。

一、关于"知识产权"

（1）郑成思教授从历史与法律的双重意义上回答了知识产权"从哪里来"。他采用以时间为经、以事件为纬的编年体，描绘出作为一种社会现象的"知识产权"在世界不同地方从萌芽而一步步成长直至走向人类生活舞台中心的轨迹。更可贵的是，郑成思教授还特别考证了知识产权（主要是版权）在我们这个首创了活字印刷术的

＊　法学博士，2001 年师从郑成思教授，深圳大学法学院教授，深圳大学知识产权研究所所长。

文明古国中的起源。从法律意义上看，郑成思教授通过对英美法系财产权、法国法中的财产权、德国法中的物权之间从语词到语境抽丝剥茧般的对比，激浊扬清，勾勒出财产权体系的基本面貌，由此显示出知识产权在这一体系中独立地位的形成与确立，特别是厘清了知识产权中的"权"、知识产权客体、知识产权客体的载体"物"这三者之间的界限，澄清了不同传统、不同语言之间比较法研究与法律借鉴过程中所产生的诸多误解与曲解。

（2）"来路"既辨之后，解决关于知识产权"我是谁"的问题。郑成思教授首先采用了"外延界定"这一取得国际共识的方法，并特别讨论了在面对知识产权"创作性成果权利"与"识别性标记权利"的分类时如何避免误认与误判，由此引人深思究竟应如何理解知识产权客体的"创造性"；进而转入"内涵"层面时，郑成思教授提炼出知识产权具有无形、专有性、地域性、（法定）时间性和（客体）可复制性五个特点，深入浅出地展现出知识产权的"独特品格"。

知识产权的第一个，也是最重要的特点，就是"无形"。这一特点把它们同一切有形财产及人们就有形财产享有的权利区分开。一台彩电，作为有形财产，其所有人行使权利转卖它，出借它或出租它，标的均是该彩电本身，即该有形物本身。一项专利权，作为无形财产，其所有人行使权利转让它时，标的可能是制造某种专利产品的"制造权"，也可能是销售某种专利产品的"销售权"，却不是专利产品本身。

可以说，中国《著作权法》第18条，是对知识产权这种无形产权的极好描述。

由于无形，使得这种标的所有人之外的使用人，因不慎而侵权的可能性大大高于有形财产的使用人。同时，也使得知识产权权利人有可能"货许三家"或"一女两嫁"。一幢房产的所有人，不可能把他的财产权标的同时卖给两个分别独立的买主。一项专利权的所有人，则有可能把他的专利权同时卖给两个（乃至两个以上）的不同买主。而只要这些买主在市场上不"碰头"，就可能永远不知道自己花了"买专利"的钱，实际得到的只不过是"非独占许可"。

"无形"这一特点，给知识产权保护、知识产权侵权认定及知识产权贸易，带来了比有形财产在相同情况下复杂得多的问题。

郑成思教授还在知识产权"内部"就不同概念间的关系、权利冲突、权利交叉、权利限制等作出了更深入的探索。他关于形象权、工业版权、权利冲突等等的论述至今仍富有启迪或者警示，例如"一批被炒得沸沸扬扬的'权利冲突'知识产权案例，实际上并非真正意义上的权利冲突，而是地地道道的权利人与侵权人的冲突"。

（3）郑成思教授提出的作为知识产权扩展方向的"信息产权"，已越来越可以被看作是对知识产权"到哪里去"的一个回答。郑成思教授1985年在世界范围内首次深入阐述了信息化社会中的信息产权及其与知识产权的关系，并于次年出版了专著《信息、新技术与知识产权》。西方国家1990年以后才进入这一领域，相继发表文章并出台相关的国家政策和立法。日本则在2002年发布《知识产权战略大纲》和《知识产权基本法》，明确提出"信息化社会以知识产权立国"的基本国策。随着互联网的兴起，直至当前大数据、云计算的风起云涌，对"信息产权"的关注与重视正在不断上升。正如郑成思教授预言和总结的那样："信息社会既然已经（或将要）把信息财产作为高于土地、机器等有形财产的主要财产，这种社会的法律就不能不相应地对它加以保护，就是说，不能不产生出一门'信息产权法'。事实上，这门法律中的主要部分，也是早已有之的（至少是信息社会之前就已存在着的），这就是传统的知识产权法。""信息产权就包含传统的知识产权以及新的、虽与传统知识产权有关，但又具有完全不同的受保护主体或客体、完全不同的保护方式的法律。……当然，也可以说知识产权在扩展。"

二、关于"知识产权法"

（1）知识产权法与民法的关系，不仅是知识产权法学研究中的基础，而且在当今市民社会的生产、生活方式已发生深刻巨变的知识经济背景下，此种关系事实上也已成为民法学研究中无从回避的时代主题。

作为中国民法典编纂史上第一位设计了"知识产权篇"的学者，郑成思教授针对这一充满复杂性挑战的基础课题，提出了系统化的见解。就整体而言，他指出：

首先，"知识产权本身，在当代，是民事权利的一部分……知识产权与一般（传统）民事权利的共同点、知识产权保护程序与一般民事权利保护程序的共同点，是进入知识产权领域首先应当了解的"。

其次，"（知识产权法）是民法中一块极特殊的领地"，"在为数不少（虽不占多数）的重要场合，知识产权保护不适用一般民法原则"。"不加判断与取舍地用人们传统上熟悉的一切已被前人抽象出的民法原理，一成不变地硬往知识产权上套，则恐怕并不可取。这样虽然省时、省力，但可能出较大的谬误。"

最后，"只认识到（或尚未认识到）知识产权的特殊性，说明认识还有待深化，有待把尚未上升到一般性的理论提高一步。只有在民法一般原理中也给知识产权找到一个恰如其分的并非勉强的位置，这种认识的深化过程才能算告一段落"。或者说，"研究其特殊性的目的，是把它们抽象与上升到民法的一般性，即上升为民法原理的一部分。这才是真正学者应有的思维方式"。

在知识产权法与合同法的交叉领域，郑成思教授研究的重点在于知识产权的特殊性对合同法适用的影响以及"合同的辅助保护如何纳入知识产权法的轨道"。例如，"由于版权不像专利权那样只有较短保护期，又不像商标权那样须按时续展，在其漫长的保护期内，就会有个'有限期转让'的问题。……《合同法》总则第 12 条中的'履行期限'，是适用于版权转让合同的。'买卖合同'分则中的绝大多数条款，却不适用于版权转让。"

在知识产权法与侵权法的交叉领域，郑成思教授仔细检视了我国侵权法在借鉴德、法等大陆法系代表国家侵权法时的偏差，兼与英美法上"infringe"与"tort"在责任构成要件、归责原则、责任形式等方面的区别互相佐证，可谓鞭辟入里，同时也找准了制约我国知识产权保护健康发展的"病灶"之一，至今乃至未来一个时期内都仍具有重大现实意义。

（2）如果说知识产权法与民法的关系是知识产权法学研究中的基础，那么知识产权法的"网络化存在"则是知识产权法学研究中的前沿。郑成思教授再次成为突入前沿的先行者之一，而且研究范围更加广阔，覆盖了从作为私法的知识产权法、公私法混合的个人数据保护法直至公法领域的网络安全、网络犯罪等，其思想成果的广度与深度也又一次昭示出他研究的先见性与先进性。他在国内互联网络 1.0 时代就提出"保障信息网络安全的两个关键点"是"对网络服务提供者的规范与管理"和"对认证机构（CA）的规范"，到现在国内互联网络 3.0 时代不仅依然如此而且更加如此；他关于电子证据立法的呼吁也随着两大诉讼法的修改而初步变为现实。但不无遗憾的是，郑成思教授在国内互联网络兴起之初就已发现的问题，现在仍未完全克服，例如立法层级低、多头管理等；而他提出的"在信息网络立法规划上，应考虑尽早制定一部基本法"等建议，至今也尚未实现。

（3）知识产权法与国际公法的关系是当代知识产权制度设计与学术研究中绕不过去的又一块"建构基石"。之所以如此，是因为当代知识产权法领域存在着大量缔约方众多、规范内容广泛的统一实体性国际公约，按照"条约必须遵守"的原则，相关公约中的实体性规定将直接构成或经一定程序转化成为这众多缔约方的国内法。因此，正如郑成思教授所言："按照本国的国内法，保护本国权利人与外国权利人的知识产权，与按照国际公约的最低要求，调整国内的知识产权保护制度（亦即'接轨'），将涉及国际法与国内法两个不同领域的问题。"

"无论保护工业产权的巴黎公约还是版权领域的主要公约，或是其他工业产权领域或邻接权、相关权领域的公约，都已经处于国际公法之内，又都构成知识产权国际保护的主要内容。"

"……这里讲属于国际公法范围的，指的是一国怎样依照它加入的公约的要求，以'国家'的地位调整其国内法，使之符合公约，从而在其以国内法从事涉外（及不涉外）的保护时，不致违反国际公约。这是国家间的'公'行为，是无法纳入私法（民法）领域的。这与国内法进行'涉外保护'（这确系民法或私法领域的问题）是完全不同的两回事。"

三、关于中国当代知识产权制度

郑成思教授在中国当代知识产权事业的处女地上树立起理论丰碑的同时，又以他广博的学识、超前的视野、敏锐的判断为我国知识产权制度的形成与完善作出了不可磨灭的贡献。

郑成思教授在我国知识产权立法体系初成之际提出的很多建言，随后不久即被各相关立法的修订所吸纳，例如他关于商标法中

"其他含义"与"第二含义"、版权法中"录像""编辑""临摹"等术语的辨析以及对专利法中"实用新型等不审查制与最终确权机关设在专利局不协调"的批评和对商标质权的建议,等等;他对于植物新品种保护的呼唤也很快得到了《植物新品种保护条例》的回应。

然而,郑成思教授当时的另一些评点,例如,"(反不正当竞争法)的主要缺点是……前后不相协调的条款较多(例如第 1 条宗旨指明了保护'经营者'和'消费者'的两种权益,而第 2 条则只认定损害其他'经营者'权益的行为方属不正当竞争,等等)"。很长时间里似乎并未引起足够的重视。直至人们今天看见《反不正当竞争法》修订草案中的"互联网专条"时,可能才切实体会到这种"不协调"背后立法政策的模糊及其可能引发的执法困境。至于郑成思教授二十余年前就提出的"'专利申请权'还是'专利申请案中的权利'?"等问题,或许还需要更长时间才能印证他的远见与洞察。

除微观层面的具体制度之外,郑成思教授在中国知识产权事业发展的宏观层面上,同样独具见地。

我国企业"入世"之初曾在国际知识产权竞争中显现出一系列的"不适应",由此引发了对中国知识产权保护水平的种种质疑。对此,郑成思教授理性地娓娓道来:"许多人在抱怨我国知识产权保护水平'太高'时,经常提到美国 20 世纪 30 年代、日本 20 世纪六七十年代与我国目前经济发展水平相似,而当时它们的知识产权保护水平则比我们现在低得多。这种对比用以反诘日、美对我国知识产权保护的不合理的指责,是可以的。但如果用来支持他们要求降低我国目前知识产权保护立法的水平或批评我国不应依照世界贸易组织的要求提高知识产权保护水平,则属于没有历史地看问题。20 世纪 70 年代之前,国际上经济一体化的进程基本没有开始。我们如果在今天坚持按照我们认为合理的水平保护知识产权,而不愿考虑经济一体化的要求以及相应国际条约的要求，那么在一国的小范围内看，这种坚持可能是合理的，而在国际竞争的大环境中看，其唯一的结果只可能是我们在竞争中被淘汰出局。"

"入世"数年后，随着国际国内形势的变化，我国知识产权战略逐渐提上日程。当此之际，郑成思教授深刻地警示道："由于作为物权客体的有形物（特定物）不太可能被多人分别独立使用，因此在物权领域不太可能发生把使用人的利益与公共利益混淆的事。而作为知识产权客体的信息（无论是技术方案、作品，还是商标标识），由于可以被多人分别独立使用，在知识产权领域把使用人的利益与公共利益混淆的事就经常发生。现在的多数'知识产权平衡论'均存在这种混淆。而这又是进行知识产权战略研究之前必须搞清楚的基本理论问题。"

为中国知识产权事业倾尽心血的郑成思教授离开我们已经10年了，但他关于我国目前正在实施的创新驱动战略所发出的"先声"犹在耳畔。"随着生产方式的变动，上层建筑中的立法重点也必然变更。一批尚未走完工业经济进程的发展中国家，已经意识到在当代，仍旧靠'出大力、流大汗'，仍旧把注意力盯在有形资产的积累上，有形资产的积累就永远上不去，其经济实力将永远赶不上发达国家。必须以无形资产的积累（其中主要指'自主知识产权'的开发）促进有形资产的积累，才有可能赶上发达国家。牵动知识产权这个牛鼻子，使中国经济这头牛跑起来，袁隆平、王选等人已经做了，更多的创新者还将去做。在信息创新时代，只有越来越多的人这样做下去，中国才有可能在更高的层次上再现'四大发明'国度的异彩。这也就是我们常说的'民族复兴'。"

目录

第一章　知识产权的独立[*]

第一节　知识产权的起源

在 18 世纪产生出"知识产权"这一术语的德国[①]，从 20 世纪初开始，反倒不大使用"知识产权"了，主要原因是"Eigentum"（Property）这一用法容易使局外人将知识产权与有形"财产"相混淆。所以，德国开始更多地使用"无形产权"来覆盖原有"知识产权"所覆盖的范围。不过总起来讲，德国（在 TRIPS 协议之前）认为知识产权的范围包括版权与工业产权。这个范围是排斥某些内容的。例如，德国法理界曾认为"技术秘密"是被排除在该范围之外的。

承袭了德国民法大部分的日本，在范围上及用语上，均有与德国相近的地方。[②]

但 1967 年建立的世界知识产权组织，使德国的这一认识很难再蔓延开，又使世界范围内依旧使用"知识产权"而不是"无形（财）产权"来覆盖所要讲的内容。这里应明确两点：第一，"无形财产权"是被德国知识产权法学界使用过又放弃了的概念，并不是笔者杜撰

---

[*]　编者注：该部分选自郑成思著：《知识产权论》，社会科学文献出版社 2007 年版，第 1~24 页。

①　参见 Geller 主编《国际版权的法律与实践》瑞士篇，1996 年版。

②　参见纹谷畅男著《无形产权法概论》，有斐阁，1994 年第 5 版。

的；第二，知识产权也包含商誉、商号等内容，而并非只有"无形财产"的概念才能包含它们。《巴黎公约》早先文本已经对此予以确认，只是国内一些学者未加注意。本书"知识产权的客体"部分，还将对此予以进一步阐述。

知识产权在今天、至少在中国，是被当作一种民事权利对待的。它甚至是在中国的《民法通则》中被实实在在地规定在民事权利中的。

而作为"民法"之典范的《法国民法典》《德国民法典》等民法典，以及随它们而后出现的《日本民法典》等民法典，却统统未将"知识产权"纳入。即使法、德民法典修订至今，其"财产权""物权"或其他民事权利项下，仍旧均无"知识产权"一项。

这是什么原因呢？

我们似应当从知识产权的起源讲起。

一、特权与私权

知识产权并非起源于任何一种民事权利，也并非起源于任何一种财产权。它起源于封建社会的"特权"。这种特权，或由君主个人授予，或由封建国家授予，或由代表君主的地方官授予。无论联合国世界知识产权组织的教材[①]，国外学者的专著[②]，都是这样叙述的，并有历史材料支持（即并非国际组织或外国学者想当然地妄言）。这一起源，不仅决定了知识产权（指传统范围的专利权、商标权、版权）的地域性特点，而且决定了"君主对思想的控制"、对经济利益的控制或国家以某种形式从事的垄断经营等等，在历史上，与知识产权的产生并不是互相排斥的。正相反，知识产权正是在这种看起来完

---

① 参见 WIPO, Intellectual Property Reading Materials, 1997, 日内瓦, 英文本。

② 参见 W.Cornish, Sam Pecktson 等人的专著。

全不符合"私权"原则的环境下产生，而逐渐演变为今天绝大多数国家普遍承认的一种私权，一种民事权利。

从下文的论述中，我们可以看到：有的人确实不了解这种起源；有的人则仅仅承认在外国，知识产权起源于"特权"。一涉及中国历史，则许多人固执地把"特权"与知识产权起源割裂开。在讲及外国第一部专利法（1623 年）之前的历史时，他们也绘声绘色地谈起古代威尼斯由国家去颁授的发明特权，过去德皇、英王颁授的发明特权。但一谈及中国第一部版权法（1910 年）之前的历史时，却又认为中国古代君主及其代表颁授的任何印刷特权，均与知识产权的起源毫不相干。这种认识是不符合历史唯物论的。它也反映出中国某些知识产权"研究成果"的滞后。这不仅表现在研究高新技术带来的新问题研究上滞后，而且表现在对历史的研究也滞后。

二、专利权、商标权的起源

1. 专利权的起源

在中世纪的欧洲，很早就存在着由君主赐给工商业者在某些商品上垄断经营的特权。但这毕竟不同于今天讲的"专利"，倒很像中国汉代的盐铁专营，只是汉代那种专营的"利"被国家所"专"，而中世纪的欧洲那种"利"则被工商业者个人所"专"罢了。中国"专利"一词的语源，也取自同样意思。《国语》中讲"荣公好专利"，即指一人把"利"独占了。[①] 正是由于这些原因，世界知识产权组织前总干事鲍格胥（D. A. Bogsch）曾建议在汉语中也找一个与 Patent（英文"专利"一词）相当的、既有"独占"含义又有"公开"含义的词来代替"专利"，以免引起人们对专利制度的误解。好在经过专利

---

①　参见《国语·周语（上）》"厉王说荣夷公"。

法颁布前几年的讨论与宣传，中国越来越多的人已经了解了它的超出语源的实际含义，所以我们仍旧使用着"专利"这个术语。而这种与今天"专利"并不相同的权利，实际是一种特权。今天的专利，又确确实实来源于这种特权。

1331年，英王爱德华三世曾授予佛兰德的工艺师约翰·卡姆比（John Kempe）在缝纫与染织技术方面"独专其利"。该早期"专利"的授予目的，在于避免外国的制造作坊将在英国使用着的先进技术吸引走。[1]这就已经不同于中国汉代"盐铁专营"之类的专利，而逐渐接近现代的专利了。

1421年，在意大利的佛罗伦萨，建筑师布鲁内莱斯基（Brunelleschi）为运输大理石而发明的"带吊机的驳船"（a barge with hoisting gear）也曾获得类似早期英国的专利。不过这时专利已有了"保护期"（3年）。[2]

1474年，威尼斯颁布了世界上第一部最接近现代专利制度的法律。之所以仍不能把它称为专利（Patent）法，主要因为它的出发点是把工艺师们的技艺当作准技术秘密加以保护[3]，而Patent本身则是"公开"的意思。之所以称它为"准技术秘密"，是因为威尼斯当时的法律要求，获得专利的前提是：第一，在威尼斯实施有关技术；第二，要把该技术教给当地的相同领域的工艺师，而这些工艺师对外则承担保密义务。据说，威尼斯的这一制度对中世纪的欧洲国家吸引技术人才起到了积极作用，故曾被其他一些国家所效仿。[4]例如，英国在1561~1590年，即曾依照上述威尼斯法的同样条件，授出了

---

① 参见马丁著《英国专利制度》（The English Patent System），1905，英文版，第11页。

② 参见A.顾姆著《发明专利》（Patents of Invention），1946，英文本，第6页。

③④ 参见G.蒙第奇著《威尼斯专利1450~1550》（Venetian Patent 1450~1550），1948，英文本。

50 项专利权。

1602 年，在 Darcy v. Allin 一案中，英国法院首次以判例形式保护了一项 1598 年被授予的专利权。①

17 世纪初期，英国女王伊丽莎白一世又曾多次向发明者授予专利权，不过该时的授予仍是采取钦赐形式。她的继位者詹姆斯一世在位时期，议会中新兴的资产阶级代表开始一次又一次尝试以立法来取代由君主赐予特权的传统。这个目的终于在 1624 年英国实施的垄断法规（*The Statute of Monopolies*）中实现了（由于它在 1623 年提交英国国会通过并颁布，故许多记载中称之为"1623 年垄断法规"）。这个法规被认为是世界上第一部现代含义的专利法。它宣布了以往君主所授予的发明人的特权一律无效。它规定了发明专利权的主体、客体、可以取得专利的发明主题、取得专利的条件、专利有效期以及在什么情况下专利权将被判为无效，等等。这些规定为后来所有国家的专利立法规定了一个基本范围，其中的许多原则和定义一直沿用至今。例如其中第 6 条规定的专利权人必须是一项发明的"第一个真正发明人"，就是今天的发明优先权和新颖性条件等等的雏形。不过，这个法规毕竟是较原始、较简单的。

18 世纪初，资产阶级革命之后的英国，着手进一步改善它的专利制度。专利法中开始要求发明人必须充分地陈述其发明内容并予以公布，以此作为取得专利的"对价"（Consideration）。这样，专利制度就以资产阶级的合同形式反映出来了。专利的取得成为一种订立合同的活动：发明人向公众公布他研制出的新产品或新技术，以换取公众在一定时期内承认他对研制成果的专有权。按照法律中的这种要求，"专利说明书"出现了。它的出现标志着具有现代特

---

① 见 S. 大卫著《再论垄断权判例》，1932，英文本。

点的专利制度的最终形成；它对于打破封建社会长期对技术的封锁，对于交流和传播科学情报，是具有革命性的一步。当然，专利制度真正在整个社会上起到鼓励发明的作用，时间还要更迟些，这大约开始于 19 世纪前期的"工业革命"。从英国的专利申请案的历史记载中可以看到：在 18 世纪 50 年代，全国平均每年只提交 10 份申请案；而在 19 世纪 40 年代，则平均每年提交 458 份。①

继英国之后，美国于 1790 年、法国于 1791 年、荷兰于 1817 年、德国于 1877 年、日本于 1885 年都先后颁布了自己的专利法。到目前为止，世界上建立起专利制度的国家和地区已经超过 170 个。

每个国家所建立起的专利制度，并不是一成不变的。第一，它们必须随着科学技术的发展所提出的新问题而变化。例如，在 19 世纪，任何国家的专利法中都不可能提出"对利用原子能的发明、对计算机程序等是否授予专利"的问题，而这类问题现在却是许多国家都必须回答的了。第二，它们必须与国际、国内市场的变化相适应，与本国的经济发展水平相适应。第三，它们还必须与本国所参加的有关国际公约或者地区性条约不相冲突。所有这些，决定了大多数国家的专利法总处在不断变化之中。与商标法或版权法相比，专利法的修订要更频繁些。

国际上一般承认英国 1623 年的《垄断法案》是近代专利保护制度的起点。在中国，"专利"一词虽然可以追溯到 2000 多年前的《国语》，但法律含义上的专利保护，只是 100 多年前才被提到日程上的。因此，有人认为：四大发明产生于中国古代，却未在中国（而是在西方）得到发展，也许应当部分归咎于中国历史上长期对发明创造未进行必要的保护。

---

① 统计数字引自鲍伊姆著《英国专利制度》，1967，英文本，第 22~34 页。

1859 年，太平天国领导人之一洪仁玕在他著名的《资政新篇》中，首次提出了建立专利制度的建议。他认为：对发明实行专利保护，是赶上西方发达国家的必备条件。他甚至提出了在同一专利制度下分别保护发明专利与"小专利"（或"实用新型"）的设想，提议在专利保护期上有所区别，"器小者赏五年，大者赏十年，益民多者年数加多"。现今法国、澳大利亚等国家，实际上实行的正是这种大、小专利并行的制度。由于太平天国在 1864 年失败，洪仁玕的建议没有能真正实现。

1881 年，中国早期民族资产阶级的代表人物郑观应，曾经就上海机器织布局采用的机器织布技术，向清朝皇帝申请专利。1882 年，光绪皇帝批准了该局可享有 10 年专利。这是较有影响的中国历史上的"钦赐"专利，它已经比西欧国家的类似进程迟了 300 多年。

1898 年，在有名的"戊戌变法"中，光绪皇帝签发了《振兴工艺给奖章程》，这是中国历史上的第一部专利法，但它并未付诸实施。

只是到了 1898 年的这部"法"，"专利"在中国才由"特权"向作为财产权的某种现代民事权利演化了。

2. 商标权的起源

世界知识产权组织在其 1988 年编写、1997 年全面修订的教材中，突出了商标权在古代之作为特权与专利权作为特权的重大区别。

古代曾有把陶工的姓名标示在陶器上的强制性要求，这是作为一种义务而不是权利。这种标识，最早发现于出土的公元前 3500 年的埃及古墓。但这种标识很难说是商标。况且出土的有关陶器在当时也未必就是易货中的商品。[1]

---

[1]　参见国际商标协会执行干事 Robin Rolfe 的论文"Trademarks：Yesterday，Today and Tomorrow"，1992 年 4 月 23 日，中国国家科委主办研究会会议文件。

中国西汉宣帝五凤年间留下的瓷器上，则有了以年号"五凤"作标示的例子。不过，这也很难与商标相提并论。① 倒是尚武的东周时期，兵器中被争相购置的"干将""镆铘"宝剑之类，已有了指示相同产品的不同来源及其稳定质量的功能，与后来的商标比较接近了。

而将一定标识用在商品包装上，有目的地使消费者认明商品来源，不仅有文字记载，而且有实物流传至今的，恐怕仍旧要推中国宋代山东刘家"功夫针"铺使用的"白兔"商标。

世界知识产权组织认为：专利在古代作为一种钦赐"特权"，足以对抗发明人在有关技术领域受其"行会"的传统控制。就是说，享有这种"特权"之人，在特权准许的范围内，不再受行会会规控制。而在商标领域，商标保护则恰恰起源于行会控制，而这种"行会控制"则又被君主或其代表作为一种"特权"加以确认。

应当指出，中国（及许多其他国家）在古代的商业活动中，重"招幌"、轻"商标"。其基本原因是当时还没有大规模的流动销售商品的商业活动。顾客多是从有关商品提供者所处的地点、门面等去识别不同商品的来源的。同样应指出的是：这种靠认供应地点与门面去认商品的情况，至今也并未完全消失（只是不起主要作用了）。也正因如此，有信誉的商品或服务提供者的惯常营业地点及（或）其门面，仍能够构成现代商誉的一部分。

"不知何处是他乡"作为酒店的"幌子"，是无法以之区分相同商品来源的，因此在任何时代均不可能被专用。而"杏花村""浔阳楼"作为酒店的招牌，则可能区分相同商品的不同来源。

---

① 除此之外，中国出土的更早的战国时期的楚国铜器上，也可见到"工""冶师"等不同制作者身份与名称。这与古埃及的"标示义务"相似。

尽管招牌（商号）有时可能与商标重合，我们从总体上仍旧有必要把它们区分开。更何况今天在所有国家里，这两者总是由不同法律去规范的。例如，在中国，现行的商标法与《企业名称登记条例》是不同的两个法律与法规。

宋代用于"功夫针"上的"白兔"标识与提供商品的"刘家铺子"（商号）是分别存在的。故可以认为该"白兔"标识可称为实实在在的商标了。

但宋代的商标，与宋代的版权还不相同。在长久的中国封建时代，"商"总是被轻视的；它不像创作作品那样受到重视与鼓励。因此，宋代流传下来旨在保护作者、编者及出版者的作品，禁止抄袭、翻版的官方榜文，今天可以找到不少。但禁止使用他人已使用的商品标识，或"已申上司"（形同注册），不许他人再用的地方榜文或中央政府的敕令，则不仅宋代没有（更确切地讲，本书作者至今尚未见到），元、明也均没有。只是到清代，才有了这样的记载。

1736 年，苏州府长州县布商黄友龙，冒用他人布匹的"牌谱"，地方政府把禁止这种冒用行为的禁令刻在石头上，以昭示公众。这才相当于版权领域宋代已开始的、对一定专有权的保护。这反映出地方政府对"行会"会规通过权力给予的支持。当然，这已经落后于西方国家许多年了。

在英国，面包房及银匠有义务在自己的制品上标出记号，作为一种强制性规定是出现在 13~14 世纪，那还称不上"商标"。

在德国，开始与商标沾边的，竟然是古登堡采用活字之后的印刷品——看来两种知识产权在西方的起源真有一定缘分。那是由于当时印刷出版者们竞相使用活字印刷术，而印出的同种书籍（如圣经）装帧、质量各异。为了在市场上把自己质高的印刷品与他人质低者分开，以在竞争中处于有利地位，部分印刷出版者开始把一定标识作为其制品书面装饰的一部分，印刷出来。在这里，商标的功能已经显示出来了。1518 年，由 Aldus of Venice 出版的书上印的"海豚与铁锚"装饰被他人假冒，曾引起过早期西方的商标纠纷。

第一个经法院判决、保护商品提供者专用标识的案例，发生在1618 年的英国。① 非常之巧，这起纠纷，也是因为一个布商假冒另一布商的标识而引起的。经判例法对商标实施保护，最早出现在工业革命的起源地英国，也是不足为怪的。不过，英国停滞在依判例保护商标的时间比较长。法国作为后起之秀，则在为商标提供注册保护上，占了创始国的地位。

1804 年法国颁布的《拿破仑民法典》，第一次肯定了商标权应与其他财产权同样受到保护。在这前后的 1803 年与 1809 年，法国还先后颁布了两个《备案商标保护法令》。② 后一个法令再次申明了商标权与其他有形财产权的相同地位。这是最早的保护商标权的成文法。

1857 年，法国又颁布了一部更系统的商标保护法《商标权法》③，首次确立了全面注册的商标保护制度。继法国之后，英国于 1862年颁布了成文商标法（但仍不是注册商标法，英国的第一部注册商标法颁布于 1875 年），美国于 1870 年、德国于 1874 年先后颁布了注册商标法。

在这里有必要提一句的是：中国的香港地区，曾作为英国的殖民地，许多法律均来源于英国。但商标法却例外，它早于英国两年

---

① 参见 Ricketson，*The Law of Intellectual Proporty*，1984，第 532 页。

② "deposit"（备案）这一法语名词，在知识产权领域与英文中的"regist"（注册）是含义相同的。

③ 该法（亦即世界上第一部注册商标法）与世界上第一部专利法、第一版版权法，均收入了郑成思主编的《知识产权保护实务全书》（言实出版社，1995），可供读者参考。

（1873 年）直接从欧陆国家引进了注册商标制度。这也许与香港的国际贸易中心的特殊地位是分不开的。

在中国，前文所述 1736 年（清乾隆年间）布业开始专用商标的情况，在 19 世纪进一步得到发展。

道光年间，上海绮藻堂布业总公所订立过"牌谱"，其中规定，"名牌第一第二字，或第二第三字，不准有接连两字相同，并不准接连两字内有音同字异及音形相同之弊，如天泰、天秦、或大成、大盛等字样"。这种管理，目的也在于保护行会商人的权益，防止商标被冒用。这里的"牌"，也就是商标了。因为，当时每家布商都有两个以上的"牌"。如果是商号，则一般每个店铺只有一个。

中国以成文法律保护商标专用权，发生在晚清。只是到了这时，商标权作为行会特权才开始向民事权利转轨了。

而无论在中外，版权（著作权）之从特权的起源而演化为现代民事权利的过程，则在几种不同的知识产权中，特别具有典型性。此外，在中国，即使在古代，版权之作为特权出现后不久（大约一二百年）就一度被作为民事权利、作为创作者的特权（而不仅仅是出版者的特权）受到保护，也具有典型性，故下文有必要多费些笔墨。

三、版权的起源

在今天，提起"版权"或"版权法"，人们往往联想起"印刷""出版"。甚至常常有人把"版权法"同"出版法"相混淆。的确，出版与版权，在历史上曾有过极密切的关系。在版权保护的客体主要是图书，而图书的出版又主要通过印刷的途径去完成时，这种密切的关系就表现为版权与印刷的关系了。世界上第一部版权法在英国颁布时，就连英文中也还没有"版权"一词。①这部法律当时的归类，也被归入英国安娜女王时期"印刷法律"中，该法律的标题是"保护已印刷成册之图书法"的意思。

1. 版权在中国的起源

无论东、西方的知识产权法学者，都无例外地认为版权是随着印刷术的采用而出现的。但在过去许多年代里，大多数西方的版权法学专著或知识产权法学论述，又一律把古登堡（J. Gutenberg）在欧洲应用活字印刷术看作版权保护的开始。倒是一些从事印刷科学研究的自然科学领域的西方学者始终肯定地认为欧洲的印刷术是从中国传入的。②近些年，西方版权法的著述中，才渐渐对于版权最早产生于欧洲发生了疑问。1981 年，联合国教科文组织的专家们在该组织出版的《版权基本知识》中即指出："有人把版权的起因与15 世纪欧洲印刷术的发明联系在一起。但是，印刷术在更早的很多世纪之前就已在中国和朝鲜存在，只不过欧洲人还不知道而已。"

如果版权确实是随着印刷术的采用而出现的，它就应当最早出现于中国。

1907 年，英国人斯坦因（Aruel Stein）从中国的敦煌千佛洞中盗走了一部唐懿宗咸通九年（公元 868 年）四月十五日由王玠印成的汉字本《金刚般若波罗蜜经》（即《金刚经》，现存于伦敦大英博物馆）。在许多年里，这一直被认为是世界上第一部雕版印刷书籍。③

---

① 据英国现版权委员会名誉主席威尔（W. F. Whale）考证，Copy 与 Right 两个英文词合而成为"版权"，是在 1740 年；而英国第一部版权法颁布于 1709 年。

② 参见卡特（T. F. Carter）：《中国印刷术的发明及其西传》，商务印书馆，1957，第 37~40 页、第 173~178 页。

③ 卡特在其专著中，认为后来在日本发现的汉字《百万经咒》印制于公元 770 年，应系最早的雕版印刷品；同时他认为该印刷品是从中国流入日本的，其印制地仍是中国。

从图画的印刷品来看，中国最早的雕版印刷品（即印在上述金刚经扉页上的）"佛祖与长老须菩提及诸比丘、比丘尼"扉画，比现存欧洲最早的雕版印刷画（也是欧洲最早的雕版印刷品）、1423 年的"圣克利斯道夫像"要早 500 多年。1966 年，在韩国的庆州佛光寺释迦塔内，又发现了约在唐武后长安四年至玄宗天宝十年之间（即公元704~751 年）印成的汉字雕版印刷品《无垢净光大陀罗尼经咒》，把印刷品的出现时间提前了 100 多年。① 人们大都认为，无论在日本还是在朝鲜发现的唐代印刷品，都是自中国传入，或是中国早期雕版印刷术影响下的产物。这里插一句题外话：在无其他任何史料作支持的情况下，韩国学者仅以在韩国发现一件印刷品而断言印刷术起源于朝鲜，是不科学的。雕版印刷术的采用，在中国最早可以追溯到隋朝。

在西方，仅仅采用了雕版印刷，还很难提高图书的出版速度。因为那里使用的是拼音文字。在中国，情况就不一样了。各自独立的方块文字，使得采用了雕版（而不是活字）印刷，就有可能大规模地出版图书。宋徽宗时期邵博著的《见闻后录》、孔平仲著的《珩璜新论》，以及元仁宗时期王桢著的《农书》，都记载了这样一段史实：五代后唐长兴二年（公元 932 年），经宰相冯道、李愚等建议，朝廷命田敏在国子监主持校正《九经》（即《易》《诗》《书》《周礼》《仪礼》《礼记》《左传》《公羊传》《穀梁传》），并且"刻板印卖"。可以认为当时的国子监是世界上第一个官办的，以出售为目的而大规模印制图书的"出版社"。根据宋、元的史料记载，自田敏校正及印售《九经》开始，"天下书籍逐广"。"校正"的目的是防止作品中的遗漏和错误，校者在其中要花费较多的智力劳动；印、售则为了

---

① 参见《中国的印刷术》，科学普及出版社，1987，第 100 页。

扩大作品的传播范围，收取成本费并进而取得利润。这些因素，使版权保护在当时已有了客观上的需要。

据宋代新安人罗壁所著《识遗》记载，在北宋神宗继位（公元1068年）之前，为保护《九经》监本，朝廷曾下令禁止一般人随便刻印这部书（即"禁擅镌"）；如果想要刻印，必须先请求国子监批准。这实质上是保护国子监对《九经》监本的刻印出版的一种专有权，它与英国第一部版权法颁布之前，英国、法国、威尼斯等地的君主或封建统治集团赐给印刷出版商的翻印特权很相似，但比欧洲的这类特权早出现近500年。

有些研究中国历史的外国学者，以及少数以外国学者论断为依据研究本国历史的学者，均从五代产生的"特权"出发，沿继下去看待在其之后的中国历史上出现的版权保护。他们并未想到要提出这样的问题：如果君主对国家所有（或国家控制）的印刷出版部门给予的特殊保护继续扩大，延及君主（或代表君主的地方政权）发布禁令，为私人刻印出版的书籍提供特别保护，那么就同近代的民事法律关系更接近，与今天"版权"的概念更接近了。在宋代毕昇发明活字印刷术的100多年之后，这样的禁例确实出现过。

晚清出版的版本学家叶德辉所著《书林清话》，对这样的禁例作了十分详细的记载。仅在该书第二卷的"翻板有禁例始于宋人"一段中，即载有一则宋代的"版权标记"，两例宋代保护版权的官府榜文和一项宋代国子监禁止翻板的"公据"。在《书林清话》及许多古籍中，"板"与"版"是相通的，经常交替使用；在叙述同一史实时，往往前文使用"翻板""复板"，后文又用"翻版""复版"。这也是"版权"与"刻板印刷之权"或"翻版之权"密切相联系的一个旁证。

在这些禁例中，都包含禁止原刻印出版（或编辑兼刻印出版）

者之外的其他人"嗜利翻板"的内容，已经反映出版权保护中对经济权利加以保护的因素。其中引述了南宋时期刻印的《东都事略》一书有一段牌记云："眉山程舍人宅刊行，已申上司，不许复板。"它简直可以被看作今天多数国家图书版权页上"版权标记"的前身了。《世界版权公约》要求成员国国民在享有版权的作品上，必须注明出版者或作者（版权所有人）姓名、出版年份及版权保留声明。在南宋的这条牌记中，出版者为"眉山程舍人"，版权保留声明为"不许复板"，出版年份虽不见于牌文中，但已见于书中其他明显部位。而且，"已申上司"表明，出版者的版权保留声明是依法作出的（当然不是什么成文法，而是履行了向地方政权登记的法律手续）。

《书林清话》还引述了宋代一则官府榜文中对违反"不许复板"的禁令所规定的制裁措施，即"追板劈毁"等。今天，一些发达国家对于盗印他人有版权作品者的制裁，也不过如此。例如，1956年《英国版权法》在第21条第（9）款中就明文规定：对擅自复制他人版权作品者，将没收其侵权所得并销毁铅版、纸型，等等。

《书林清话》中引述的《丛桂毛诗集解》上所载宋代国子监有关禁止翻版的"公据"，更值得重视，"公据"中提到：该书刻印者的叔父当年在讲解"毛诗"时，投入了自己大量的精神创作成果，可以说是"平生精力，毕于此书"。刻印者把这个事实当作要求禁止他人翻版的主要理由。这就说明，此时受保护的主体已不限于刻印出版者本人，而且延及作者（或作者的合法继承人）。人们之所以公认英国的1709年《安娜法》是世界上第一部成文版权法，主要原因之一也正是该法把受保护主体从印刷出版商扩大到了包括作者、印刷出版商在内的一切版权所有人。

那么，中国古代是否保护过作为民事权利主体的版权人呢？

这个问题，我本以为在我于 1987~1988 年发表于香港的《中国专利与商标》杂志上的论文中已经解决了。更早一些，应当说在朱明远先生于 1985 年在国家版权局的《版权参考资料》上发表的《略论版权观念在中国的形成》一文中，就已解决了。所以，无论在我于 1990 年在中国出版的《版权法》（第 1 版）中，还是在我 1991 年于澳大利亚出版的 *Copyright Law in China* 一书中，都没有进一步探讨这个问题，而只是把它当作中国古代确曾有过的事实去重述。

但自 1992 年以来，国内外就不断有不同意见发表，认为朱明远先生及我的文章中所提及的中国于宋代之后的某些"保护"，充其量只是对出版者特权的保护，只相当于英国玛丽女王时代的"法"，而与安娜女王时代的保护到创作者的法毫不相干。集这种看法之大成的，可推美国哈佛大学东亚研究中心教授安守廉（William Alford）1994 年的研究成果《窃书不算偷》一书[1]的第二部分。该部分总的意思是说：从中国至今人们知识产权意识淡薄的事实，可推知中国自古就未曾有过知识产权（尤其是版权）的保护；中国古代有过的，仅仅是"帝国控制观念传播的努力"[2]，绝不能把这当作版权来看待。该研究成果存在两个理论上的重要问题和一个史实方面的重要欠缺。至少，在这三点上是可以进一步商榷的。

首先，"窃书不算偷"，如果作为鲁迅笔下的"孔乙己"的话，是为"好喝懒做"而遭打做自我解嘲。在"孔乙己"这一特例中，其"窃书"确是为了出售换钱，可以说是某种程度"商业目的"，而在大多数情况下，古代及今天个别"知识分子"偷书自认为"不算偷"，

---

① *To Steal a Book is an Elegant Offense*. 该书第二部分的中译本，参见梁治平编《法律的文化解释》，香港三联书店，1994，第 250~279 页。

② 原文是"Imperial efforts to Control the dissemination of Ideas"，参见该书原文（英文版）第 18 页，梁治平译中文版第 256 页。

主要是为的自己去阅读，并非出于"商业目的"。《窃书不算偷》一书在第一层意义就把上述两种情况混淆了，把大多数以"窃书不算偷"为信条者放在商业目的下去进行讨论。当然，在第二层意义上，错误就更明显了。因为，无论以什么目的去"窃书"，行为者的目标均是他人的有形财产，而不是知识产权。除了我们可以另外专门讨论一下在版权领域"客体（作品）、载体（例如，图书）与权利"的区别这一知识产权的基本问题外，在这里只要提示一下现行《美国版权法》第 202 条就够了。①

应把载体与权利进行区分的最明显一例是：现今一大部分有版权法的国家（以及 20 世纪 80 年代前绝大多数有版权法的国家）均把为个人阅读、学习而不经许可复印一份他人享有版权的作品，视为"合理使用"；而无论今天还是 80 年代之前，上述这些国家的财产法或刑法均不可能将不经许可而拿走别人的一部图书（无论去阅读还是去出售等等）视为"合理使用"。

所以说，《窃书不算偷》——"知识产权还是思想控制：对中国古代法的文化透视"这部书似乎从立论开始就犯了一个版权理论上的根本错误。

第二，无论朱明远的文章、我的文章或专著，乃至更早一些，邹身城 1984 年在《法学研究》第 2 期上的文章"版权始于何时何国"，均没有断言过中国古代存在过通行全国的"版权制度"，而只讲了有过一定的版权保护。至于这种保护究竟为什么没有发展成为英国 18 世纪那种"版权法"？这确实是个可以深入研究的问题。但似乎不应当因其终究未发展起来，就断言其未曾存在过。

---

①　该条规定："必须把版权的所有，与体现作品之实在物的所有区分开。任何实在物的转移，包括作品的原始复制本或录制本的转移，其本身并不导致体现在该物中享有版权之作品的权利转移。"许多其他国家的版权法，也有相同的规定。中国《著作权法》第 18 条，也有近似的规定。

在古代，中国的商品经济也始终未得到充分的发展，但历史学家们从未否认过《诗经》（3000 多年前）中记述的"抱布贸丝"确实是某种商品交换的活动。

中国古代的版权保护没有发展起来，乃至知识产权制度未曾发展起来（更进一步可以说，其保护私权的整个民事法律制度没有发展起来），是与其商品经济的不发展直接关联的。可以说，这后一种"不发展"是前一种"不发展"的主要和直接的原因，而这两者的不发展，又都与中国在宋代之后，生产力的发展开始滞后、至清代已远远落后于西方这一总的事实相联系。

只有当生产力发展到一定程度，才会与它向来在其中发展的生产关系（或不过是法律上表现出的财产关系）发生冲突；在冲突的解决中，经济基础（从另一个角度去表述的"生产关系"）才被推进。马克思在《政治经济学批判》序言中所阐述的这一理论，虽然已多年不被人提起，但我仍旧认为它是对的。

在史料的引证上，不仅该书中常转述的墨子、老子、荀子等古代哲学家的理论对中国古代是否有过版权保护毫不相干，而且著书不为营利，而为"藏之名山，以待后世"这种曾有过的哲学，也对论述版权问题无济于事。因为这句由司马迁在《报任少卿书》中转述的作为中国古代文化传统的哲学信念，连同先秦哲学家们的言论，统统是在印刷技术发展起来、于是"天下书籍逐广"之前上千年的事，亦即在版权保护产生的客观条件出现之前上千年的事。

中国目前虽有个别文章谈到了汉代之前的"版权观念"，但无论中国内地的主要论著（前文已引），还是中国台湾地区的主要专著①，均只认为中国的版权保护自宋代开始。

无论人们认为中国古代所谓版权保护只是对出版者的保护，还是认为只是"帝国控制传统观念的努力"，他们可以不顾《东都事略》中的"已申上司，不许复板"的牌记，但必须解释下列同样是宋代留下的史实。

宋代段昌武《丛桂毛诗集解》第三十卷在国子监登记的"禁止翻板公据"云：

先叔以毛氏诗口讲指画，笔以成编。本之以东莱诗记，参以晦庵诗传，以至近世诸儒。一话一言，苟是发明，率以录焉……先叔刻志穷经，平生精力，毕于此书。倘或其他书肆嗜利翻板，则必窜易首尾，增损意义……今备牒两浙福建路运司备词约束，乞给据为照……如有不遵约束违戾之人，仰执此经所属陈乞，追板劈毁，断罪施行。

这里保护的编辑收录活动的成果，是"以一为本，参照其他"，即有自己的"劳动、判断及投入"（Labour, Judgement and Investment——现代构成作品原创性［Originality］或版权性［Copyrightability］的要件），是保护到了"创作者"还是仅仅"出版权"？这种保护是否能归入"帝国控制观念传播的努力"？

宋祝穆编写的《方舆胜览》自序后的"两浙转运司录白"云：该书乃编写人一生灯窗辛勤所就，非其他剽窃编类者比，而近日书市有一等嗜利之徒，不能自出己见编辑，专一翻板，故由两浙转运使司、浙东提举司给榜禁戢翻板，如遇有人翻版营利，则祝氏有权"陈

---

① 参见中国台湾地区施文高、贺德芬、萧雄淋、张静等学者自 20 世纪 60 年代至 90 年代的诸多版权专著。

告，追人，毁版，断治施行，庶杜翻刊之患"。①

这里，究竟是制止"翻版营利"者的侵权行为，还是"帝国控制观念传播的努力"？

这一类的史料史实，还可以举出不少。可惜《窃书不算偷》的作者均未引用，而只引用了有力支持"中国古代无版权、只有观念控制"的史料。我并不否认中国古代帝王主要实施的是"观念控制"。但这与"有限的版权保护"并不是绝对排斥的。绝不是一个存在，就说明另一个不可能存在。该作者引用史料上的这一重大缺陷，主要源于形式逻辑上的差错，即从一开始即把结论当成了出发点。故在论述中尽量避开了达不到已定终点的那些史料。

最后，我们不能认为在没有民法的时期或环境中，就不存在民事权利。依刑法或行政管理（控制）法规、法令、敕令等等，在古代，在现代，都产生过并继续产生着一定的民事权利。《美国商业秘密法》即仅通过刑事制裁来保护政府机构就商业秘密享有的私权（当然，不仅仅保护到私权为止）。英国在 1988 年前的表演者权也仅仅通过刑法产生。中国在 1982 年的《商标法》出台之前，"商标专用权"也仅仅是依刑法产生的。

古代及近现代的公法中产生私权的事实，古代"帝国控制"的主旨之下客观保护了某些私权的事实，是不应否认的。

而《国际版权法》的主编盖勒（Paul Geller）教授，作为真正的知识产权法（特别是版权法）学者，在论及版权历史时，则比《窃书不算偷》的作者更接近事实一些。他的《国际版权法》导言在

---

① 《方舆胜览》的录白原文，早在 1985 年，朱明远先生已将其作为其文章附录之一提交国家版权局，但《版权参考资料》发表时，限于篇幅，只刊载了译文，未登原文。但《光明日报》1996 年 4 月 14 日第 3 版，不仅刊登了该古文的全文，而且刊登了周士琦先生的译文及讲解，有兴趣者可参见该文（原文、译文及讲解）。

1997 年之后的每一新版中，以及他 2000 年发表在《美国版权协会会刊》(*Journal of the Copyright Society of the USA*) 第 47 卷上的论文《版权的历史与未来——它与文化如何共处》中，都实事求是地引用了中国学者对宋代版权保护的论述，并认为它确实构成世界版权制度发展历史的一部分。

综上所述，我认为我在 1987 年《中国专利与商标》上陈述（后又多次重述）的观点，是站得住脚的。就是说，中国自宋代确曾出现过对作者（而不仅仅是出版者）的创作性劳动成果的保护，即版权保护。

在这里应当说明的是：从历史上的时间顺序看，更接近于现代版权保护的禁例，出现在宋代发明活字印刷术之后，而不是隋唐发明雕版印刷术之时；但就宋代来讲，已发现的禁例所保护的客体，仍旧是雕版印刷品。这种现象应当从下面三个方面来解释。

第一，立足于象形、会意、假借等的方块汉字与拼音字母不同，仅仅雕版印刷方式就足以大大加快它的印刷速度，从而扩大汉字作品的传播。西方一些学者甚至认为：中国发明印刷术，应当从雕版印刷开始算，而活字印刷只是它的附加技术；欧洲则不能把活字印刷的发明看得这样轻，正相反，唯有活字印刷才是印刷史的开始，而雕版印刷仅仅是准备阶段的一个步骤。东西方之所以这样地不同，主要原因是方块字与拼音字的差异。

第二，从雕版印刷术到活字印刷术，无疑是印刷技术的发展；技术的发展在法律概念中引起变革和增加新的内容，是必然的。至于在古代，新技术成果的体现物（如活字印刷品）在一段时期内不直接受到随它而产生的法律的保护，则可能要等到考古学中的新发现才能作出满意的回答。

第三，宋代发明了泥活字，虽然从理论技术角度看，是印刷术上的一大飞跃（尤其对拼音文字是如此）；但从实用技术角度看，字型用泥做成，然后烧结，仍显得不很方便，它的推广可能是困难的。至迟在元代中期以前，中国已开始应用木活字。在王桢的《农书》中，对木活字印刷术已有详细介绍（并附有图解）。这说明木活字的应用要广泛得多。在中国的敦煌石窟中，曾发现过元代制成的维吾尔文的木活字（维吾尔文是拼音文字）。所以，可以认为，宋代虽发明了活字印刷术，但当时占主导地位的，仍旧是雕版印刷术。

此外，雕版印刷术之对于汉字作品并不比活字印刷差。中国目前在江苏扬州的"广陵古籍刻印社"近年已出版了50多种、近10万册保留古籍原貌的图书，全部使用的是木雕版印刷术。

在韩国（仅以在该国发现的一例最早非活字印刷品为依据即）宣称是古代朝鲜而并非中国发明了印刷术的1996年，潜心认真严肃的科学研究活动的中国社会科学院民族研究所的史金波等研究人员，在整理与宋代并行的中国西夏出土古籍时，发现了世界上最早的泥活字印刷品《维摩诘所说经》5卷以上，以及一批木活字印刷品。这对于中国版权史的研究，将有着难以估量的重大意义。①

宋代的版权保护禁例，到元代仍被沿用。《书林清话》中举出元刻本《古今韵会举要》一书为例，书中有如下记载："窃恐嗜利之徒，改换名目，节略翻刻……已经所属陈告，乞行禁约。"不过，无论以君主敕令或地方禁令的形式保护翻印专有权的情况，在明刻本的书中却很少见到。这至少表明在明代版权保护有过局部的中断。上海古籍出版社1962年出版的《中国古代史籍校读法》中，曾描述过明代乱刻印、乱翻版的现象。今天爱好古籍的人购置古书，也都愿意寻找元刻本或清刻本（宋本毕竟太稀少）。这也从反面说明，在印

---

① 参见《中国发现现存最早活字印刷品》，《光明日报》，1997-05-06，第2版。

刷术发展起来之后，一旦缺少了对翻印专有权的保护，会在文化领域产生怎样的不良后果。

中国以禁令形成保护刻印出版者（个别情况下延及编、著者），在历史上一直未曾被成文法的全面版权保护所代替，即没有建立过通行全国的版权保护制度。直至 1903 年之前，即清政府与美国签订《中美通商行船续订条约》，从而在中文里首次使用"版权"一词之前，光绪皇帝仍为保护《九通分类总纂》①的翻印专有权下过敕令。

当然，将中国版权起源上溯到宋代乃至五代，并不是要说明现代中国版权制度乃至现行中国版权法均来自宋代。《大清著作权律》主要以日、美等版权法为蓝本。现行中国版权法主要以伯尔尼公约为样板。就是说，现代中国版权制度主要是"引进"的，正如其他民事法律一样。但这并不妨碍我们回顾自己历史上曾有过的东西。正如不能因为我们引进了发达国家的导航技术，就必须同时否认中国古代首先发明过指南车、司南一样。

2. 版权在欧洲的起源

在欧洲，"版权"的最初、最基本内容——"翻印权"（Copy Right）——也几乎与在中国一样，是随着印刷术从雕版发展到活字而出现的。现存的有时间记载的最早欧洲印刷品，是雕版印刷的圣克利斯朵夫（St. Christopher）像，它制成于 1423 年，如果细研究起来，还不能把它与公元 868 年中国唐代的金刚经中的附图相类比，因为它是以图为主，只在图下有两行无关紧要的警句（"无论哪一天你见到圣克利斯朵夫像，你都能在那一天避免死亡的威胁"）；而金刚经中的附图则是文字印刷品主件的附加物。研究欧美印刷术史的学者认为，雕版印刷在欧洲的发展分为三个阶段：（1）无文字的雕版图

---

① 汪甘卿著《九通分类总纂》，文澜书局印行。

画印刷；（2）图下有少许文字的雕版图画印刷；（3）文字雕版印刷。中国最早的图画印刷品实际应当同欧洲发展到第三阶段的雕版印刷品相类比。可惜欧洲注明了出版年份的这类印刷品，几乎没有留存。

在英文中，Graphic Works 或 Engravings，一般均指图画的雕版本身，或图画的雕版印刷品，而不是中国古代"雕版印制的书籍"（Block Printing Books）的相应词汇。而且，联合国教科文组织的《版权基本知识》一书也认为：在活字印刷术引进欧洲之前，雕版印刷品在欧洲是非常罕见的。雕版印刷不像在中国那样持续了上千年，至今仍没有完全丧失其实用价值。由于拼音文字的特殊要求，这种印刷术只在欧洲持续了很短的时间，而且只是作为活字印刷的准备阶段存在的（大英百科全书认为：欧洲首次采用活字印刷的人，最初是一位雕版印刷工人）。在这段时间，也没有"翻版之权"产生的客观条件。至今尚无人发现过欧洲历史上有类似于中国五代时期大规模采用雕版印刷术，印刷并出售文字作品的记载。

公元 1455 年，古登堡在美茵茨（Mainz，今联邦德国西南城市）第一次采用活字印刷术印出《圣经》。这项技术很快传到英、法等其他欧洲国家。欧美学者认为：中国的造纸术传入欧洲并在古登堡时期（或稍晚一点）很快被推广，是使活字印刷术发展起来的必要条件之一。据记载，古登堡所印的《圣经》，每册要用 300 张羊皮纸。如果没有一种更便宜的纸张供印刷使用，活字印刷术会很快在欧洲夭折。这时中国造纸术的传入，正是万事俱备后的"东风"。

保护印刷商的翻印专有权的必要性，很快在欧洲显得突出了。但保护"作者权"的要求则还没有出现。原因是欧洲采用活字印刷术之初，绝大多数印刷品的复印原稿是古人作品的手稿或抄本。例如，1455 年的第一部活字印刷品是《圣经》，自然没有存活的"作者"去要求权利；1476 年在比利时由布鲁日（Bruges）印出的较早的活字印刷品，是记载古代特洛伊包围战的一部史书；1477 年在英国首次用活字印出的作品，也是古代哲学家的一部言论集。

15 世纪末，威尼斯共和国授予印刷商冯·施贝叶（J. von Speyer）在威尼斯印刷出版的专有权，有效期 5 年。这被认为是西方第一个由统治政权颁发的、保护翻印之权的特许令。在此之后，罗马教皇于 1501 年，法国国王于 1507 年，英国国王于 1534 年，都曾为印刷出版商颁发过禁止他人随便翻印其书籍的特许令。这些，与中国五代及北宋神宗之前，禁止翻印《九经》监本等古书的禁令，是同一类型的保护方式。

据已故美国版权法学家乌尔默（Ulmer）考证，在欧洲第一个要求享有"作者权"，亦即第一个对印刷商无偿地占有作者的精神创作成果提出抗议的，是德国宗教改革的领袖马丁·路德（Martin Luther）。他在 1525 年出版了一本题为《对印刷商的警告》的小册子，揭露某些印刷商盗用了他的手稿，指责这些印刷商的行为与拦路抢劫的强盗毫无二致（直到今天，西方国家仍旧把盗印他人作品的图书版本称为"海盗版"）。在这之后，德国艺术家丢勒（Dürer）曾于 1581 年获得过纽伦堡地方仲裁院关于保护其艺术品不被复制的禁令。这就与中国宋代《丛桂毛诗集解》的编、印者从国子监得到的禁令很相似了。不过，德国直到 19 世纪末尚未形成一个统一的国家，再加上一些其他原因，这块西欧第一次采用活字印刷术、又第一次要求作者权的土地上，并没有产生出世界上第一部版权法。

早在 1483 年，即在英国引进活字印刷术之后不久，英王查理三世曾颁布过鼓励印制及进口图书的法令，其中毫无禁止随便翻印的意思。可见当时还没有产生保护翻印权的实际需要。50 年之后，情况发生了巨大变化。1534 年，英国取消了图书进口的自由。同时，英国出版商第一次获得了皇家的特许，有权禁止外国出版物向英国进口，以便垄断英国图书市场。1556年，印制图书的自由被取消。当时对新教徒进行迫害的英王玛丽一世，为了控制舆论而颁布了《星法院法》，批准成立了钦定的"出版商公司"（Stationers' Company），规定一切图书在出版之前，必须交该公司登记；非该公司成员则无权从事印刷出版活动。对于违反这项法令的，将交给"星法院"惩办。从1556~1637年的80年间，英国前后颁布了4个《星法院法》，内容都是授予出版商公司以印刷出版特权，以及限制图书的自由印制。

克伦威尔时期的英国资产阶级革命扫除了"星法院"，但并没有同时取消出版商公司享有的特权，只是以议会颁发许可证的形式代替了原有的《星法院法》。查尔斯二世复辟后，对这种许可证制度给予了承认。1662年，英国颁布《许可证法》，该法规定：（1）凡印刷出版图书，必须在出版商公司登记并领取印刷许可证；（2）凡取得许可证者，均有权禁止他人翻印或进口有关图书。当时的《许可证法》必须每隔一段时间（从几年到十几年不等）就通过议会续展一次，才能继续有效。这部法律在1679年和1685年分别续展过。到1694年，该法按规定应当再度续展时，却未能够在议会通过。在这之后的一段时间里，英国盗印图书的活动曾一度猖獗。因此，出版商们强烈要求能通过一部不需要续展的、长期有效的成文法，以保护他们的翻印专有权。

与此同时，要求保护作者权的呼声在英国也与日俱增。1690年，英国哲学家洛克（J. Locke）在他的《论国民政府的两个条约》中指出：作者在创作作品时花费的时间和劳动，与其他劳动成果的创作人的花费没有什么不同，因此作品也应当像其他劳动成品一样，获得应有的报酬。

从英国出版商与作者当时的要求中，反映出资产阶级革命后，"财产权"这个总概念已发生了深刻的变化。虽然在所有制上仍旧是私有制，但毕竟从封建社会的私有转变为资本主义社会的私有了。在无形财产权方面也是一样。仍旧沿用封建社会的"特许"形式，不能再适应新的生产关系。因此可以说，当时版权法作为成文法律的产生，以代替旧的皇家特许（或议会特许）的形式，已经在客观上有了需要。

1709 年，英国议会通过了世界上第一部版权法——《安娜法》。《安娜法》这个名称只是后人为了简便而冠之以当时在位的英国女王安娜的名字，而不是该法的原名。该法原名很长，从意思上译为中文，就是《为鼓励知识创作而授予作者及购买者就其已印刷成册的图书在一定时期内之权利的法》。从这部法律的内容里可以看到，"购买者"在这里指的是从作者手中购买了一定无形产权的人，亦即印刷商与书商，并不是指一般的图书购买人（读者）。

《安娜法》在序言中明确指出：颁布该法的主要目的，是为了防止印刷者不经作者同意就擅自印刷、翻印或出版作者的作品，以鼓励有学问、有知识的人编辑或写作有益的作品。在该法正文的第1 条中，也指出作者是第一个应当享有作品中的无形产权的人。这部法律讲明了印刷出版者或书商与作者各自应享有的不同专有权：印刷出版者或书商将依法对他们印制与发行的图书，享有翻印、出版、出售等专有权；作者对已印制的书在重印时享有专有权；对创作完成但尚未印制的作品，也享有同意或禁止他人"印刷出版"的专有权，亦即"版权"。①

也是从《安娜法》开始，在受法律保护的专有权的有效期如何计算方面，体现出"作者"这个因素了。该法第 11 条规定：一般作品的保护期从出版之日起 14 年，如果 14 年届满而作者尚未去世，则再续展 14 年；对于该法生效日（1710 年 4 月 1 日）前已出版的作品，一律保护 21 年（自法律生效日算起），不再续展。在可以续展的情况下，展期内一切权利都将回归作者；作者可以把这些权利重新转让给任何出版商或书商，也可以自己保留。

欧美的知识产权法学者们普遍认为，从主要保护印刷出版者转为主要保护作者，是《安娜法》的一个飞跃，也是版权概念近代化的一个突出标志。不过，《安娜法》除了在第 1 条中规定作者对于是否发表自己的作品有权决定之外，整个法律把立足点放在维护作者及其他权利人的经济权利方面，并没有强调对作者的精神权利（也称为"人身权利"）的保护。同时，《安娜法》从标题到内容，仍旧把"印刷"当作版权的基础，把翻印之权作为一项首要的版权。这个特点，在 100 多年后某些西方国家的版权法中仍旧很明显。例如，西班牙在 1834 年颁布的该国第一部版权法，就叫作 *Royal Law on Printing*（《皇家印刷法》）。②

18 世纪末叶，法国大革命时期诞生出的版权法，把版权保护制度推向了一个新的阶段。1791 年，法国颁布保护作者权利之一的《表

---

① 《安娜法》第 1 条中的这项规定，实质上是对作者精神权利中"发表权"的承认。不过，英国版权法始终没有明文规定作者享有"发表权"。英国法学者认为发表权是随着首次复制权的行使而行使的一项经济权利。英国 1988 年版权法（1989 年 1 月生效），已正式保护精神权利，但其中不包括"发表权"。

② 20 世纪以来，西班牙颁布的版权法既不像大陆法系国家那样称"作者权法"，也不像英美法系国家那样称"版权法"，而是称为"知识产权法"。

演权法》，1793 年，又颁布了全面的《作者权法》，使版权法从标题到内容离开了"印刷""出版"等专有权的基点，成为保护作者的法律。这一时期以及后来的法国版权法，都首先强调作者的精神权利（人身权）受保护，亦即作者享有发表权、署名权、更改权、保持作品完整权等等，然后才谈得上经济权利。在经济权利中，虽然翻印权在当时仍旧占重要地位，但这项权利的第一个享有人（"原始权利人"）只能是作者，而不能是印刷出版商或其他人；版权法中只规定作者享有什么样的权利，至于出版商的权利，则由作者另行通过合同转给他们。

在法国之后建立起版权保护制度的大多数大陆法系国家，都从法国版权制度中把"作者权"的概念沿用过去，作为与英文中的"版权"（Copyright）相对应的术语了。法文中的 droit de auteur，德文中的 Urheb Ettecht，意大利文中的 Diritto，d'autore，俄文的Авторскоеправо均是实例。日本在引进了全部德国民事诉讼法和大部分德国民法时，同样引进了德国的"作者权法"；不过，该法在日文中却表达为"著作权法"。它的日文实际含义是"著作人的权利法"，也就是"作者权法"。在这些概念里，已经找不到与翻版、印刷等有直接联系的因素了。而且，在法国大革命中，"表演权法"产生在先，立法者们认为"表演"是作品的直接传播形式，而"印刷""出版"不过是作品的间接传播形式。这也说明，在当时，印刷出版作者的作品，已不被看作利用作者无形产权的首要途径。

于是，随着印刷技术而产生的版权，开始与印刷分离了。与"印刷"几乎同义的"版"，已显得不再适合于作为这项无形产权的名称。很早就引进了中国印刷术的日本，原先也并非不打算以"版权"概念来表示作者精神创作成果中的产权。明治八年（1875 年）及明治二十年（1887 年），日本也曾先后制定过两个版权条例；而且在 1898 年还颁布过《版权法》。这些，都说明日本也曾把印刷出版与作者的权利紧密地联系在一起。不过，日本的立法者们在不久之后又认为，如果与当时的国际潮流合拍，那么应当被强调的，是著作人的权利。1899 年，即日本参加《保护文学艺术品伯尔尼公约》的同年，日本修改了过去的《版权条例》《版权法》，颁布了《著作权法》。

不过，读者应注意的是：在日本，在今天，"版权"与"著作权"也已经成为同义语。绝不像完全不了解国外情况的著述"介绍"给中国读者的那样，似乎在日本，"版权"仅仅指"出版之权"；"著作权"才广而及于作者的其他权利。例如，以创作"铁臂阿童木"而著称的日本"手塚株式会社"，其保护本公司著作权的部门，即称为"版権部"（日文）。

第二节 知识产权、财产权与物权 *

一、财产及财产权的概念

自 19 世纪中叶以来，即使不赞成马克思主义理论的西方法学家，也有相当一部分赞同并转述着马克思主义理论中的这样一个观点："财产"不过是指人与人之间的一种关系。这种观点，直到 20 世纪末叶，仍旧被西方学者转述着。例如，在德莱豪斯的《知识产权哲学》一书的开始，我们就可以读到下面一段在马列著作中屡见不鲜的论述："Property is thought to be a rights relation between one

---

* 编者注：本节中除有特别说明者，其余内容均选自郑成思著：《知识产权论》，社会科学文献出版社 2007 年版，第 24~44 页。

person and another, or between one person and many others."[①] 该作者明确指出：“把财产看作物，而不看作人与人的某种关系，即使不是完全错误的，也至少是毫无意义的。”[②]

但是，财产（无论动产还是不动产）一般会首先表现为某种“物”。因此，在马克思主义出现之前，财产往往被看作是人与物之间的关系，甚至物与物之间的关系。

在中外一些大学的法学院，在为不同层次的学员讲学时，教师们都有完全相同的如下感觉：刚刚接触财产法的学生，注意力多集中在土地、房屋、汽车、电脑等财产法课程借以开始、并作为实例的有形物上。而执业多年的律师（虽然在知识产权领域他们作为新学员一道来听课）则注意力完全不在这些“物”上，而在非指定继承不动产权（the fee simple of land），股份、股票、货物提单等等。从事多年财产法教学的民法及普通法国家的教师从不贬低初学学生们对“物”应有的重视。告诉他们这是进入财产法的门槛。同时告诉他们不能停留在门槛上，而应当进一步“登堂入奥”。另一方面，西方法学院已经有可称堂奥之作奉献读者的财产法学者中，较少有走向另一个极端，即否认财产法中的客体为“物”，寻求人们从社会关系研究社会关系，从权利研究权利，即根本否认门槛之存在的。

中国由于大致从开始改革开放的 20 世纪 70 年代末才真正允许对财产法的研究，现有民法中财产权理论几无基础。故两个极端的误解是经常见诸论著的。一方面，一些作为教材的论著把财产法所规范的关系（至少其中一部分关系）归纳为“人与物之间的关系”。他们忘记了：只有自然科学才可能研究人与物的关系。在社会科学

---

①② 参见 Peter Drahos，A Philosophy of *IP*，Dartmouth Publishing Company Ltd.，England，1996，p.4。

中，在法学中，在法学的民法项下的财产法中，当我们讲到某物归某人所有时，我们讲的实质是该人同其他一切人的一种关系，即"专有"关系。这是人与人的关系，法律要规范的正是这种关系，而决不会去规范人与物的关系。当我们讲到某甲欠了100元债，在财产法中也绝不能停留在甲与这100元的关系上。任何律师都会进一步提出："欠了谁的？"这仍是人与人之间的关系。所以，把财产法归纳为规范人与物的关系的论述，失误在把现象当成了本质。这种论述本身只停留在了门槛上。

另一方面，又有论著否认了"物"作为财产法研究的客体，认为"客体"在民法领域只能是人对物的控制行为。就是说，只能是物的所有人对物的支配行为、转让行为、继承行为，等等。这种议论错在混淆了"权利"与"客体"，告诉人们在登堂入室之前不必跨过门槛，否认了只有通过现象，方能达到本质。只不过这种议论显得过于空与玄，不像前一种极端，毕竟看上去落在实处，所以后一种影响并不大，前一种极端则有较大影响。

讲到这里，我们已经接触到财产权的"权"。"权"与"财产"相关的密切程度，对每个进入法学领域，特别是私法领域的人，都是不言而喻的。那么，是否一切"权"都是"财产权"？当然不是，人们立即会想到"人身权"也是私法领域中一种重要的权利。而且，我认为把"债"权一并归入"财产"权的理论也很值得商榷。债权覆盖"作为、不作为与交付"等方面，其中显然有无法归结为"财产"的内容。这很容易被人在看似合逻辑的法律体系、法律关系的论述过程中忽视了。

反过来，是否一切财产都反映着权利？答案却似乎是肯定的。虽然有人可能觉得完全肯定了这一点，与马克思在《哥达纲领批判》

中第一句话会有冲突。① 但该话仅是从财产来源的意义上讲的，目的是区分山川土地（非劳动产物）之作为社会财富，与房屋、汽车等（劳动产物）之作为社会财富构成在来源上的区别，并没有否认财产关系只能是一种权利关系。否则，马克思将与自己在《政治经济学批判导言》中的论述相悖了。

　　无论是法国民法中以财产权开头还是德国民法以物权开头，接下去都会立即涉及"所有权"，然后方是"用益权"等。又无论从财产权理论出发还是从物权理论出发，相关法条及学者的专著，又都把财产的分类或物的分类，首先划分为动产与不动产。马克思认为：这种划分法，目的在于掩盖"剩余劳动"中隐藏的阶级剥削关系。但从另一方面看，这种划分有助于分别不同客体去研究各种法律关系，即较有条理地去"入门"。所以，无论在马克思之前还是之后，至今这种划分一直继续着。只是德、日法理体系的"物"的概念，这样一划分，又回到财产概念了。动产（Movable Property）与不动产（Immovable Property）都重新使用了可移动与不可移动的"财产"（Property）概念，暂时放弃了"物"（Real Thing）的概念。只是在未能仔细考虑将外来文字转述恰当的中国著述中，才出现过在"物"的大项下，"动产、不动产"随之又与这两者并肩存在的"财产"这种十分值得商榷的划分法。在中文里，的确有人看不出这种同语重复和逻辑冲突。

　　由于"财产"几无例外地必然联系到"权"，所以，在不少国家的法律条文中，在不少法学著述中，"财产"与"财产权"往往交替使用着，却指的是同样的对象。甚至在同一个题目下，对有的

---

　　① 那句话是说："劳动不是一切财富的源泉。自然界也如劳动一样是使用价值，而物质财富正是由各种使用价值所构成！"在这里马克思使用的德文是"Reichtum"，与它对应的英文是"Wealth"而不是"Property"，虽然德汉辞典多把它译为"财产"。

财产直称"财产",对有的财产则称"财产权"。[1] 在后文中我们还将看到:各国法乃至国际公约,更是时而称知识产权为 IP(知识财产),时而称 IPR(知识财产权)。甚至在同一公约中,同一条中,针对同一事物,也这样交替使用。最明显的例子是几乎缔结最迟、法律用语上本应是炉火纯青了的 Trips(即《与贸易有关的知识产权协议》)。[2] 这些说明:在民法及其分支财产法的研究中,在人们通常可以理解其本义的情况下,没有必要去咬文嚼字。

知识产权与有形财产的最主要不同点,在于:对于诸如一张桌子,所有人可以通过占有它而基本上达到保护自己的财产不受侵害的目的;而对于诸如一项发明、一部作品或一个商标,所有人基本上不能通过占有它们而达到保护它们不受侵害的目的。[3] 这在下一题中还将展开讨论。

二、从民事立法过程中"物权法"的名称说起 *

在民法中,使用"物权法"还是使用"财产法",有必要认真研究。

关于使用"财产法"的建议,是我在 1997 年读到同样是从计划经济向市场经济转轨的越南所起草的《民法典》时,受到启发而提出的。由于我国多数民法学者的基本概念来自中国台湾地区、日本、德国等等使用"物权"概念的民法中,故至今我的建议不被我国民法界多数人接受,但我仍旧希望人们能够认真研究一下

---

① 参见史尚宽著《物权法论》,荣泰印书馆,1957,第 353~354 页。

② 参见该协议英文本第 4 条与第 5 条。

③ 参见 WIPO 编 *Introduction to IP*,Kluwer Law International,1997。

* 编者注:该部分选自郑成思著:《知识产权法新世纪初的若干研究重点》,法律出版社 2004 年版,第 74~76 页。

这个问题。

法律乃至整个社会科学领域应当过问的是人与人的关系，不是人与物的关系。"物权法"开宗明义就须界定什么是"物"。这是与我国有些民法学者在他们的"民法总论"中认为"民法调节人与人、人与物、两个人与第三人这三种关系"有关的。而认为"民法调节人与物的关系"的论点，我认为并不正确。我的这种批评，绝不像有人所指，是"无中生有地竖起一个靶子去打"。对此，读者可以参看《人大法律评论》2001 年卷第 2 辑第 51~57 页。

较有影响的第一部民法典《法国民法典》并不使用"物权"。20 世纪 90 年代两个曾经与我国制度相近的国家俄罗斯与越南的新定民法典，也不使用"物权"（俄罗斯民法典中提到物权，越南则根本不提）。

财产（无论动产还是不动产）一般会首先表现为某种"物"。因此，财产往往被有些人仅仅看作是人与物之间的关系，甚至物与物之间的关系。

当我们讲到某甲欠了 100 元债，在财产法中也绝不能停留在甲与这 100 元的关系上。任何律师都会进一步提出："欠了谁的？"这仍是人与人之间的关系。所以，把财产法归纳为规范人与物的关系的论述，失误在把现象当成了本质。这种论述本身只停留在了门槛上。

结合我国实际并认真参考现有国外民法典的成例，可以顺理成章地把民法典归纳为三个部分：

（1）人。这是民事权利主体。这部分包括人格权、家庭、婚姻等等；

（2）财产权（即一人对一切人的民事权利）；

（3）债权（即一人对某一个或某一些特定人的民事权利）。

我感到这样的归纳可能比目前许多持"物权"论的民法学说更加合理、更加科学一些，它至少不会产生把物都当成财产或把债都当成财产那样的误解或误导。

从法哲学角度看，古罗马时，将法律分为"人法""物法""行为法"（或债法）。有些论述把罗马法中的行为法，即 legis actiones，翻译为"诉讼法"。我译为"行为法"（或债法），是因为该表述中显然还包含非诉讼的仲裁等。此外我们现在讲起债权，大都认为它以受领及请求特定人的特定行为作为客体，这些，实际上也均覆盖在当时罗马法的"行为法"之下了。19 世纪初法国民法典起草时，起草人意识到法律不可能调整人与物的关系；物的形式下掩盖的仍旧是人与人的关系。故当时未沿用"物法"，而用了"财产法"。因为"财产"反映的则是人与人的关系。19 世纪末，德国民法典起草时，在哲学上走了回头路。虽然德国民法从条理上、体系上比法国民法进了一大步，但在法律究竟是调整人与人还是人与物的关系问题上，则退回到古罗马时代了。这与 19 世纪初，历史唯物主义处于上升阶段，而 19 世纪末，历史唯物主义处于又一个低谷的事实，不是没有关系的。在哲学领域，人们不会忽略这样两段历史：19 世纪初，费尔巴哈的唯物主义哲学，曾影响着一代人，包括年轻时的马克思与恩格斯；而 19 世纪末，马赫等人的唯心主义哲学，同样影响着一代人，乃至 20 世纪初的列宁，为"力挽狂澜"而发表了《唯物主义与经验批判主义》。即使抛开法哲学不谈，"物权法"也存在显然的名实不符。例如：物权法中划分所有人掌握的物时，仍划为"动产"与"不动产"，却不按其逻辑划为"动物"与"不动物"。可见该法的起草者在解决实际问题时仍自觉不自觉地要回到"财产权"的理论上去。

三、"物权"汉译浅析 *

最后，我们有必要从法源及语源的角度，再看一下德、法及英美不同法律体系中财产法的异同，以便我们在把"知识产权"与"物权""物""财产权""财产"等等相关联时，明了我们译成中文后的东西（即"引进"的东西），原来究竟是什么。这样方能避免交替使用了本来不能交替的术语；也避免在本可以交替使用之处死抠概念，钻入无意义的文字游戏圈中。

法国法与德国法，就财产法这个分支来讲，都来源于古罗马法。作为古拉丁语，罗马法中的"Res"既有"物"（或"事物"）的含义，又有"财产"的含义。它在德国民法中发展为"物权"，在法国民法中发展为财产权，是不足怪的。

德国法的用语在再进一步时，也同样有大量这种双重含义的术语，其民法中的"物"再分为动产（bewegliche Sachen）与不动产（unbewegliche Sachen）时，其中的"Sache"也兼有"物"与"财产"的含义，绝不像法国法中所用"Lapropriété"只能译为"财产"而很难译成"物"。德文的"知识产权"（gestiges Eigentum）中的"Eigentum"虽然也有双重含义，但它意味着"财产"或"所有权"，即英文中的"Property"或"Ownership"。这里再也找不到"物"。至于现有的"德汉字典"几乎无例外地把它译为"所有物"，只是文字语言工作者的法律知识欠缺导致的失误。实际上，德国法在为"知识产权"选语时，恰恰要避开与"物"相关联。在德英或德法辞典中，我们看不到这种误译。而在知识产权的特例中，确实与"物"有直接关联时，德、法、英、美的法律，乃至在不同文字国际条约正式

* 编者注：该部分选自郑成思著《知识产权法新世纪初的若干研究重点》，法律出版社2004年版，第90~93页。

文本中，往往一致选择了法文术语去表达。例如，版权中的"追续权"。这种与艺术作品及其载体的"原件"相联系的权利，即"原件"之作为物的再次出售，原作者有取得报酬的特殊权利，被称为"droit de suite"。这是借用了法国民法典（注意：法国民法典并不规范知识产权，故言"借用"）中，有关专有财产权的权利人享有的"追索权"或"求偿权"的用语。而能够或不能够追索求偿，正是法国法（以及德国法、日本法）中，专有权人与非专有权人所享有权利的主要区别之一。这里补充一点题外话：仅仅从这种"借用"上，我们就可以看到知识产权之"专有"，与德、日物权法中"物"之专有，是可以同日而语的。绝不会如个别人所说，因知识产权有法定权利限制就会变成了非专有权。

前文虽然讲过在"物权"还是"财产权"这个问题上，法国不同于德国，而与英美相近。但并不是说法国民法中的财产法分支，与英美法系的财产法分支是完全相同的。

在财产法中把财产分为不动产与动产，这是法国民法与英美民法相似之处。不同的是：法国民法第二部分在财产分为不动产与动产之后，几乎没有对动产再讲什么，整个部分的绝大部分条款都是规范不动产的，可见其对不动产的重视。而且，几乎除知识产权之外的一切财产权，均在一部民法典中加以规范。英美法却没有统一的民法典（美国路易斯安那州等少数州有自己的民法典）。它们用土地法规范不动产的大部分，却用侵权行为法、商法（例如货物买卖法等）、赔偿法（Law of Restitution）及衡平法等零散的多种法律规范动产。所以，在 20 世纪后半叶，特别是 90 年代后，包括了英、法及德国的欧盟，只在知识产权法一体化方面取得了较大进展。而在规范动产的法律一体化方面则收效甚微。在规范不动产方面，"一体化"始终没有提到议事日程上。

大陆法系与英美法系在知识产权保护上的逐步趋同，不仅仅反映在欧盟国家中。例如，被国内民法领域研究较少、甚至被人误认为只是英美法系才特有的"商品化权"（Merchandizing Right），日本早在 20 世纪 60 年代初就已从英美"引进"了。这种权利之所以绝不可能仅靠人身权中的名称权或肖像权去调整，恰恰因为它是一种不折不扣的财产权，是一大部分只了解"物权"的人所不了解的。在 60 年代已经很火的日本动画形象"铁臂阿童木"，其画面虽可依版权法得到保护，画家创作的"阿童木"这一名称本身，则既不能靠日本民法中的姓名权，也不能靠知识产权法原有的版权去保护。于是，日本"商品化权"引进了。该国的法学家并未把本国原没有的或自己不了解的，统统拒之门外。而且，今天中国转引的这个日本术语（日文原文即"商品化权"），正是日本从英美法的英文中直译过来的。 日本于 70 年代中期已有了国际著名的商品化权判例，即 1976 年 5 月 26 日，东京地方法院关于"螺江先生案"的判决。 该案例的影响并不亚于英国 1981 年商品化权 Exxon 一案的影响。 日本知识产权法学家土井辉生更对 90 年代后东京高等法院的几则商品化权判例有详细的介绍与论述。① 早在 80 年代，日本即成立了"商品化权保护协会"等民间组织。该国对这种无形财产权（目前已被发达国家归入知识产权范围）的重视，已超过了其曾从之引进的英美等国，而并不真正了解日本知识产权保护现状的人们，却一直认为大陆法系国家（包括日本）不可能把商品化权当作一种财产权或知识产权，甚至不了解"商品化权"并非中国知识产权学者的杜撰，而正是从日本"转口"引进的。中国近年来在市场经济中逐年上升的一些处于"三不管"地界的无形财产纠纷，已说明我们

---

① 参见《中日商标与商品通讯》1995 年第 2 期。

的确需要引进这一概念了。在引进之时，应当看到对它的法律保护，在两大法系的不同国家，也已早就在缩小着不同之点。

四、罗马法、英美法及法国法中的有形财产与知识产权

有的出版物，在介绍西方财产法对财产的分类时说：财产分为"不动产""动产"与"知识产权"三类。这是不够确切的。实际上，按照财产的形态，西方国家很久以来就把财产分为"不动产""动产"与"无形产"三类。最后一类在有的国家也称为"无形准动产"。在无形产中，除了知识产权之外，还有债权、股票及其他商业票据、合同权等。这些无形产，尤其是股票，在工、商业活动中的重要性，过去一直是远在知识产权之上的；至今它们的重要性在一些场合仍旧高于知识产权。不过，从发展趋势来看，知识产权肯定会在无形产中占头等重要的地位，也有可能在一切财产中占头等重要的地位。

起源于奴隶社会的罗马法，对财产有许许多多不同的分类方式。例如，《十二铜表法》已经开始把财产分为"不动产"与"动产"。在当时，不动产所有权与动产所有权之间的主要区别在于：合法占有动产一年，即可以成为该动产的所有人；而必须合法占有不动产两年以上，才可以成为该不动产的所有人。在《查士丁尼民法大全》中，则把财产分为"奴隶"与"非奴隶"两种。恩格斯曾指出，罗马法虽然是简单商品生产时期的完善法律，却"包含了资本主义时期的大多数法律权利的关系"。

在罗马法的条文中，还找不到关于无形产或知识产权的规定。不过，在奠定了当时成文法的立法基础的一部著作里，则已经出现了"无形财产权"这一概念。这就是（1816年在意大利的维罗那发现的）公元2世纪罗马法学家盖尤斯（Gaius）所著的《盖尤斯法学原理》（*Institutes of Gaius*）。这部著作第一次把民法分为"人法""财

产法""债法"三个部门。在"财产法"中，该著作又明确地把财产分为"有形财产"与"无形财产"两类，并举例说明前者包括"实在物"如房屋、家具等，后者包括"抽象物"如通行权等。盖尤斯认为，无形财产权的取得方式与有形的不动产及动产都不同，既不能凭借时效取得，也不能通过传统的买卖方式取得。①

古罗马法本身已经成为一种不复存在的古代法律制度，我们从其中还只能看到无形财产权的雏形。

起源于封建社会、发展于资本主义社会的英美法，则是今天为英国、美国及大多数英联邦国家（及个别英联邦之外的国家）仍旧采用着的法律制度。英美法对财产的分类，与罗马法相比就进了一步。这首先表现为，它的分类更细，其中无形财产的地位也被摆得更重要；其次表现为知识产权已作为无形产的一项内容出现了。

英国的《财产法》（Law of Property）教科书，把财产分为以下五大类。

（1）土地（Land）。这里的"土地"是广义的，包括一切不动产（如土地上的非折叠移动式房屋等）；

（2）货物（Goods）。也可译以为"商品"。虽然土地、房屋也是商品，但英美"货物买卖法"（Sale of Goods Act）所定义的商品，均仅仅指动产；

（3）无形动产（Intangible Movables）；

（4）货币（Money）；

（5）基金（Funds）。

---

① 参见尼古拉斯（B. Nicholas）著《罗马法导论》（An Introduction to Roman Law），1967，牛津，英文版，第105~123页。据特儒勤（A. Troller）在《无形产权》（1983年德文版）一书中的考证，"知识产权"这一术语，一直到18世纪30年代才开始被使用。参见 F. 德塞蒙特著《瑞士版权法》，美国 Matthew and Bender 出版公司，1996。

英美法一般把无形产权称为"诉讼中的动产"（Choses in Action）。就是说，这种动产的存在，只有通过诉讼才能充分体现出来。以专利权为例，专利法授予专利权人的独占权，包含许可或禁止其他人实施其专利技术的权利。如果有人违反法律而擅自利用了有关专利技术，专利权人就有权到法院起诉。如果专利权人在诉讼中取胜，则对方一是要被法院（或专利管理机关）禁止继续从事有关活动；二是要赔偿损失。这样，专利权人所享有的财产权的范围及该权利的作用，就通过诉讼表现出来了。

在无形动产中，又进一步分为以下几类。

（1）知识产权；

（2）商誉；

（3）债权；

（4）不属于债权的合同权；

（5）商业票据（包括汇票、提单等）；

（6）股票、股份。

只有在这里，"知识产权"才作为财产的一项明白无误地出现了。

英美的社会学家（未必是法学家）们认为：无形动产，都是一些抽象的财产，这与不动产及动产都不同。它们可能只是某种财产的象征。例如，股票或任何商业票据，作为那张纸本身即使能构成"财产"，也并不值多少钱，但它代表的则可能是比土地、房屋值钱得多的财产。

曾有一些民法专著将知识产权与商业票据权、股份权等并列，作为"权利物权"的一种。但这些论述的漏洞是很明显的。例如，在述及德国物权法的"权利物权"时，认为债权、著作权、股份权、商业票据权等，均可以作为德国民法中的"权利物权"存在。同时，又论述道德国民法规定：不可转让之权，不可以成为权利物权。

　　而我们知道：按照德国版权法的规定，著作权（版权）恰恰是不可转让的权利！用自己熟悉的一般民法原则在这里套知识产权，又一次被证明了行不通。追其直接原因，在这里我认为是：与股票、商业票据等相比，知识产权更为抽象，它成了"象征"的象征。股票无论怎么抽象，它的价值总能体现在那张相应的纸上，持有那张纸，就象征着持有人享有了某种财产权。而知识产权则与代表着它们的相应的"纸"也往往是分离的。持有文字作品手稿的人，未必享有复制权。最明显的例子是当你收到他人的信时，尽管信件本身是归你所有，信件的发表权、复制权则仍在写信的"他人"手中。从另一个角度看，甲许可乙使用甲的房屋，必须明白无误地把房屋这个物连同出租、出借之类的凭证一并交给乙。否则，乙不可能去使用。甲要把自己的股票权转让给乙，也至少必须把象征财产权的股票从甲手中转移乙手中。但甲如果许可乙复制或翻译其作品，甲完全可以不必向乙提供作品原稿、作品印成的图书等等。他可以要乙自己去购买一本有关图书。甚至连这些都不必要，可以要求乙自己从计算机网络中"下载"该作品。如果乙认为连"下载"都不必要，他仍可借助每天从"内存"中随时阅读并翻译该作品。甲必须给乙的，只是"复制权"或"翻译权"本身，而无需提供任何这种财产的"象征"。专利权也是如此。专利权人固然一般均应向被许可人提供专利说明书。但即使他根本不提供，被许可人也完全可以从中国专利局或世界知识产权组织的 PCT 文献中得到。那些看上去似乎代表了版权或专利权的东西，并不在或不完全在权利人的控制之下，它们是可以通过其他途径合法得到的。而要使用他人所有的土地、计算机之类，不从他人手中就不可能合法得到。如果他人只给你"使用权"而不连同实物给你，你得到的"权"就完全是空的。

　　英美法系民法中的财产法分支对"财产"所作的分类，囊括了

"物"与非物的其他财产。例如"知识产权"与"服务"（服务显然可列在"不属于债权的合同权"）中。

如果进一步研究财产的转移方式，就可以看到：英美法与罗马法相比，还有一个进步。英美法仅仅把知识产权与有形财产权在获得的方式上作了严格区别，但却把两者的转移方式逐渐统一，使知识产权的转让与有形财产的转让之间的差别尽可能缩小，以利于知识商品的流通。在一些英美国家的现行知识产权法中，可以看到不少力图把两种转让活动统一起来的规定。例如，英国1988年的版权法第90条规定："版权应当如同动产一样，依照遗嘱或依照法律进行转让。"英国1977年专利法第30条也规定，"任何专利或专利申请案（除了属于某种诉讼中的物权之外）均属于动产"，"均可以（按有关动产的规定）转让、设质"，等等。

法国大革命后产生了法国民法，即1804年制定而后经多次修订而沿用至今的《法国民法典》。这部民法典本身虽无一语直接涉及"知识产权"，却是法国各种知识产权法产生的依据；此外，该法还使知识产权与有形财产权在转让或以其他形式处置方面，在保障所有权的诉讼程序方面，进一步统一了。

1857年的《法国商标法》，亦即世界上第一部注册商标法，就是依据《法国民法典》第1382条制定的。这一条的原文是："任何行为使他人受损害时，因自己的过失而致使损害发生之人，对该他人负赔偿责任。"这就表明，保护商标权与保护其他财产权出于同一条原则。1957年的《法国文学艺术产权法》（亦即法国的版权法）则更多地直接援引《法国民法典》的规定来处理知识产权问题。《法国版权法》第16条规定，《法国民法典》第1382条完全适用于一切侵犯版权的行为。《法国版权法》第24条规定，在作者留有法定继承人的情况下，对版权的处置应适用《法国民法典》第913条与

第 915 条。该版权法第 31 条及第 49 条都规定，在订立及履行表演合同及出版合同的某些情况下，应适用《法国民法典》第 1341 条、第 1348 条及第 1787 条。该版权法第 58 条规定，在使用作者、作曲家或艺术家的作品时，应使这些知识成果的创作人享有《法国民法典》第 2101 条第（4）款及第 2104 条所赋予的权利，等等。

如果进一步研究法国现行知识产权法，我们还不难看到，法国专门指出了:《法国民法典》中的许多通用条款对于知识产权没有约束力。这反映出知识产权具有某种高于一般有形产权（及其他无形产权）的法律地位。例如,《法国专利法》第 42 条（2）款规定,《法国民法典》中规定"财产权共有"关系的第 815 条、第 883 条、第 1873 条之一，以及与之相关的诸条款，均不适用于专利申请案与专利权的共同所有的情况。又如,《法国版权法》第 24 条规定，在一定期限内，已故作者的未亡配偶（包括虽已离婚、但法院尚未作出最终离婚判决的配偶）应享有作者尚未处置的作品在被使用时产生的收益，"这种权利不依赖于《法国民法典》第 767 条为遗产保留的用益权"。

1992 年，法国又是在民法法系国家中作为突出的一个典型，颁布了《知识产权法典》，使知识产权的规范，平起平坐地与《法国民法典》相独立而成为另一部法典。

《知识产权法典》与《法国民法典》不同的是：它随着新技术的发展、随着不断产生的新客体及新权利、新的权利限制等等，进行着更加频繁的修订。在 1992~1996 年不到 4 年时间，该法典已经修订过两次。但其中有关知识产权作为继承标的，作为离婚时可分割的财产标的的特殊原则，即与民法典中显然不同的原则，仍旧与其 1957 年版权法相同，没有根本变化。

从知识产权在罗马法、英美法及法国民法中的不同状况，可以看到：虽然技术发明、商品、文学艺术作品等知识产权所依附的客体是自古就存在的，但知识产权则只是在生产力发展到一定阶段后，才在法律中作为一种财产权出现；随着社会从简单商品生产向现代市场经济发展，知识产权在法律中的地位也变得越来越重要。

至于知识产权在经济中、贸易中地位的上升，则已经在关贸总协定乌拉圭回合谈判开始的 20 世纪 80 年代中期，就在国际上十分突出了。仅后来形成的世界贸易组织中的 TRIPS 协议一项，就可以以专著论述。除了这个在国际上已家喻户晓的反映知识产权地位的情况外，还可以通过其他现象来印证这种变化着的地位。

五、不同财产中知识产权地位的变化

人们经常把当代的技术革命称为"信息革命"。至于"信息"包括些什么内容，较多的人往往只注意到国家计划者和决策者所需要的赖以制定合理的发展计划和政策的信息，企业所需要的关于市场供求关系的信息，国家、社会及个人所需要的各种咨询，等等。当然，这些信息是重要的。掌握了它们，可能增加国家、企业或个人的经济收益。因此它们不失为一种"信息财产"。例如，《人民日报》上曾有这样一条报道：新华社开辟了经济信息专线，通过文字传真机和邮递的形式，把国内外的经济、技术信息传送给用户。这里讲的，正是人们通常注意到的"信息"。但构成这种信息的内容，一般处于"公有领域"之中。甲企业了解到某个重要的市场信息而决定发展某种产品的生产，并不能排斥乙企业通过相同或不同的渠道得到同样的信息和决定同样的发展方向。因此，可以说（至少在目前），这种信息的获得、占有和作用，还不受专门的法律制约。

除此之外，还存在着另一种信息，它们所反映的内容处在"专有领域"之中。对于这些信息，只有它们的创作者本人（或经其授权之人）才有权以某些特定的工、商业方式去使用，以获得经济上的收益。使用这类信息的权利，就是我们要讲的知识产权。

构成技术信息的大部分内容的，在现代社会，是专利申请案中的专利发明说明书。绝大多数专利说明书是公开刊登在出版物上的。在相应的技术领域中有兴趣的人都可以得到这种消息。但未经专利权人的许可，任何人都无权按照说明书去实施有关技术或出售用有关技术制成的产品。

商标是附在商品上，用以说明商品来源的标记。它使不同企业生产的同类商品得到区分。因此，它成为商品市场上第一个直觉的信息源：消费者往往要凭商标作出适合于自己的选择。不靠商标去选择，而可以靠"先尝后买"去选择的商品只在古代才是普遍的。生产者则要凭借商标判断自己的竞争者。人们购买商品，同时就得到了附在上面的商标，这是自然的；但除了商标权人之外，任何人无权擅自制作同样的商标，或以同样的商标来标示非商标权人的商品。

报刊、书籍、图画、电影、广播等，是人们在生活中随时可以得到的，它们是又一个信息源，也是最广泛的信息源。但（在颁布了版权法的国家）得到它们的人，未经版权所有人许可则无权复制它们、翻译它们。

这样看来，从法律意义上讲，在我们的信息社会中，专有的信息财产比那些公有的信息财产更加重要。也许有一天，法律会过问如何保护非专有的信息，甚至可能有"信息产权法"去保护一切信息。但目前在绝大多数国家中，享有法律保护的还只是知识产权所涉及的专有信息。正因为如此，本书也就仅仅谈新技术革命与这部分信息权利（亦即知识产权）之间的关系。

在 20 世纪 80 年代，人们常把微电子技术、生物工程技术与新材料技术列为新技术革命的三项主要内容。在这三项新型技术之中，微电子技术又起着主导作用，并渗透到其他两项技术的发展过程中，促进它们的发展。有人认为，还没有任何一项发明在促进生产力的发展方面能与微电子技术相比。

微电子技术与新材料技术中的大多数发明、生物工程技术中的一部分发明，本身都属于获得过专利的或能够获得专利的发明，这自不待言。微电子技术把软件的法律保护问题提到知识产权的各个领域中；生物工程使植物新品种的保护、微生物发明的保护成为许多国家知识产权法的立法与研究中的重要课题；新材料技术使光导纤维通讯、硅晶片电路设计等在工业产权与版权中及两者的边缘领域产生了重大变革，非晶硅的新材料，又在引起新的专利问题。

进入 20 世纪 90 年代后，"网络环境"与"数字技术"的提法代替了"微电子技术"，而数字技术的发展与应用，不仅使知识产权法律体系本身飞快地变化、发展着，而且使知识产权在整个财产权中的地位，从附属向主导转化。当然，这种转化是 20 世纪 80 年代即开始的，只是到 90 年代大大加快了速度。

这种转化至少已经表现在以下五个方面。

（1）许多国家（尤其是发达国家）用于研究和创作知识成果的投资日益增加。

据统计，日本政府从 1984 年起，开始把全部基础研究预算的 80％用于软件开发。联邦德国政府则在 1983 年就已经把当年通过的"生产技术计划"所提供的投资的 66％用于电子计算机的发展。法国 1983 年决定在五年内向发展微电子技术投资 200 亿美元，这是前所未有的。美国政府对技术研究与发展的拨款近年一直是直线上升，1982 年增加 10.7％，1983 年增加 8.2％，1984 年增加 18％。①

（2）国际贸易中，在货物买卖额无明显增加或有所减少的情况下，知识产权转让额一直在大幅度上升。

据联合国工业发展组织（UNIDO）统计，从 1965~1984 年，世界技术贸易额一直是直线上升的，到 1985 年，达 400 亿~500 亿美元。同时，出口技术的国家已不限于发达国家，一些发展中国家（如印度、阿根廷、墨西哥、中国）也开始出口技术。其中墨西哥自 20 世纪 70 年代以来，已有 18％的出口技术以发达国家为对象。②据联合国贸易与发展大会（Unctad）统计，世界总贸易额在 1980 年仅仅比 1979 年增长 1.5％，而同一时期技术贸易额的增长则远远超过了这个速度。以日本为例，其 1979 年技术进口额为 2410 亿日元，1980 年为 3266 亿日元，增长了 35％。③中国也是一个很能说明问题的实例。改革开放后不久，中国确定了变过去大量进口成套设备为引进单项技术为主的方针。仅 1983~1985 年，中国就从外国引进先进技术 3000 项。从技术进口成交额看，1984 年比 1983 年翻了一番（即增长 100％），1985 年又比 1984 年再翻一番。④而同期中国对外贸易总额的增长率为 22.7％，其中进口额增长 37.8％。⑤

在国际货物买卖占国际贸易的主导地位时，各国关心的是拆除彼此之间的关税壁垒，以利于商品在国际市场的流通。因此，在 20世纪 40 年代末出现了关税与贸易总协定（GATT），而技术贸易额

---

① 统计数字转引自《人民日报》1984 年 6 月 13 日第 7 版；并参见《世界经济导报》，1984-12-3，第 4 版。

② 参见《世界经济导报》1984 年 12 月 10 日第 4 版；《国际贸易问题》1984 年第 6 期，第 11 页。

③ 参见《国际贸易》1984 年第 12 期，第 19 页；并参见《人民日报》，1982-10-15，第 2 版。

④ 参见《国际贸易》1984 年第 12 期，第 19 页；并参见《人民日报》，1982-10-15，第 2 版。

⑤ 参见《人民日报》1985 年 1 月 23 日第 1 版。

的上升，以及"技术壁垒"的作用日益取代关税之后，则必须缔结新的协定了。70 年代后，"非关税壁垒"（即使用高关税之外的其他手段，阻止外国技术密集型[①]商品进入本国市场）已严重存在。以至《关税与贸易总协定》的成员方们不得不组成"贸易技术壁垒问题"小组，研究起草新的协定。到了 1986 年，关贸总协定直接把知识产权作为三项主要内容之一，纳入其国际谈判体系。这从另一个侧面反映出知识产权转让活动（主要是其中的技术转让）正在取代过去货物买卖活动的主要地位。

除了直接的技术进出口之外，在货物买卖中，初级产品（原料或半成品）在国际贸易中比例也在下降，而高级产品（特别是技术密集型产品）所占比例在上升。这样，贸易中涉及专利保护的商品自然也越来越多。同时，除原料或一些半成品之外的商品，都会涉及商标保护问题。从这个角度看，知识产权在国际贸易中的地位也变得越来越重要。联邦德国马克斯-普朗克国际专利研究所前所长、慕尼黑大学教授贝尔（Beier）指出：专利保护在当前的一切重要的出口市场都占有不可忽视的位置。他还把与专利有关的出口活动分为三类：①专利产品（以及其他知识产权产品，如版权产品）出口；②专利（及与之相联系的技术秘密及商标）许可证贸易；③以专利权（及其他知识产权）为合资的资本在国外投资。[②] 从这三种类型所包括的范围来看，除了初级商品之外，几乎一切商品的贸易活动

---

① 在新技术革命中，人们把不同产业分为三种类型：劳动密集型、资金密集型与技术密集型。第一种指的是技术水平低、需要消耗较多活劳动的产业；第二种指的是平均每人占用的固定资金较多，因而产品成本中物化劳动消耗较多的产业；第三种指那些需要较多科学技术工作者运用先进技术的产业，尤指软件化产品的生产行业。

② 参见贝尔著《专利与对外贸易》（*Patent and Foreign Trade*），载《国际工业产权与版权》（IIC）1984 年第 5 期，第 570 页。

都在内了。近年来，介于专利与版权产品之间的计算机软件在国际贸易中的比重也明显上升，20 世纪 80 年代初的几年，其每年的贸易额都达 50 亿美元。1990 年，软件的国际贸易额达到 800 亿美元，而 1996 年又跃升为 1050 亿美元。[①]

（3）知识产权的作用，在许多情况下已经显得比设备、资金更加重要。

在西方国家，因获得发明专利、发放专利许可证而成为百万富翁的，以及因文学或音乐创作获得版权、收取版税而成为百万富翁的实例，已经不在少数。国家从知识产权产品方面取得的收入，也增加到可观的数字。据瑞典司法部长奥尔森（H. Olsson）的统计，早在 70 年代末，瑞典政府从书刊、电影、电视等发行及放映方面所得收入，已占国民生产总值的 6.4%。[②]在中国，人们也可以从不少报刊的报道中看到知识产品（虽然中国专利法生效之前，还很难称之为"知识产权"）对企、事业单位的重要性在日趋明显。过去人们常见的，或是靠国家多投资（或提供设备）或是靠"大干快上"，改变企业的落后面貌。现在则经常见到"引进先进技术，由濒临倒闭变为生气勃勃"之类的报道了。同时，依靠出售技术获得发展的研究部门，也越来越多。

上述这些 20 世纪 90 年代前的统计数字之所以并不显得过时，是因为直到 90 年代中后期，这种转化的势头并未逆转，而且有增无减。

（4）在发达国家中，从事有形物生产的制造业、农业等行业的人力下降，从事信息与服务业的人力上升。

---

① 参见《工商行政管理研究》1997 年 9 月号，第 33 页。
② 参见《欧洲知识产权》（EIPR）1984 年第 7 期，第 177 页。

根据英国《版权世界》的统计,美国仅仅知识产权中的版权产业,1996 年产值已占到 3852 亿美元,即国民生产总值的近 6%,即从 1987 至 20 世纪 90 年代中期,在国民生产总值中的比例增加了一倍。到 1994 年为止,美国已有 310 万人在版权产业中工作,占美国全员劳动力的比重为 2.5%。在 1995 年一年中,美国的版权产业出口额为 532.5 亿美元,几乎与美国农产品出口额相当,而根据美国知识产权协会的年度报告,1996~2000 年美国知识产权产业中仅仅核心产业的出口额,每年均已超过制造业、农业等产业的出口额。[①]

在德国,信息产业的工作人员在全部就业人员中的比例,每五年增加 3%~5%。据美国专家估计,在 21 世纪,美国劳动力中 5%~8% 在制造业,3% 在农业,85% 在信息产业及服务业。

(5)知识产权立法(或现有知识产权法的修订)先于其他财产法,知识产权转让方面的立法尤为迅速。这一点前文已有论述。而且,除法国之外,德国、英国法乃至欧共体法,莫不如此。美国法也是如此。

六、服务对原有权利体系的冲击与知识产权的应用

"物权"是日本早年从德文"Dingliche Rechte"译过来的。其前一字是"事物"的意思,相当于英文中的"Thing",后一字无疑是"权"。但英文提到"物权"时,意译为"Real Right"。

日本的译法先被国民党时期的"民法"、后被中国台湾"民法"所沿用。中国内地的学者,则再从台湾地区沿用过来。细究德文的原意,应当说这一译法并不十分确切。不过主要问题还不在译法上。

《法国民法典》中并没有提出"物"与"物权",只提"财产"

---

①   参见 Copyright World 月刊 1997 年 5 月号,伦敦版,第 14 页。

及"财产权"。这是 19 世纪初的事。虽然在该民法典出台的千年之前，古罗马民法中已经有了"物"及"财产"的概念。①

19 世纪后半叶的《德意志民法典》，重新提出"物"与"物权"，其后被日本、中国台湾地区效法。这是 19 世纪末到 20 世纪 70 年代前的事情。

20 世纪后期，国外一部分民法的发展，有返回法国民法制度的趋势。其中主要原因之一，即上文所说的无形的知识产权以及无形的服务（Service），其作为社会及私人财产的重要性，越来越与有形的"物"分庭抗礼。

目前，金融服务、邮电服务、计算机网络服务（或"在线服务"）、医疗服务、律师服务、航空等交通服务等行业快速发展，对社会及私人财产的构成比例越来越大。它们与"物"或"物权"无直接关系；仅以"合同法"的体系容纳或规范，已使许多国家感到"失之偏颇"。在关贸总协定向世界贸易组织过渡的艰难国际谈判中，欧、美、日本均毫无争议地把本应属有形货物进出口（并直接与知识产权相关）的音像"制品"的国际范围自由流通，纳入"服务贸易"的轨道，并且将"服务贸易"与"货物贸易"（即"物"的贸易）、知识产权，列为世界贸易组织的国际条约所规范的三大项内容。一些发达国家在刑法中已经规定：盗用他人应享有的电话通讯服务等等"服务"，属于盗窃他人财产，与侵害他人财产权同样处罚。这样违法行为与"物权"及"物"无关，也与"合同法"无关，但与财产权及财产法

---

① 附带说一句："res"在古罗马语中，诚然有"事物"的意思，也有"实在""客体"的意思。它变格后的"Right in Rem"，虽然被一部分法学者称为"对物权"，却被另一部分法学者称为"对世权"。我同意后一种理解，因为它更符合"财产反映的是人与人的关系"这一原理。所以"Right in Persoam"指的是针对一个或一些特定人之权，即"债权"；"Right in Rem"指的是针对世上一切人（非特定人）之权，即专有权。它诚然包括物权，但不限于物权。

密切相关，本应归入其规范范围。

　　把世贸组织所规范的范围或者是世贸组织协议规范的范围归纳起来就是三种财产的流通，用一句话讲就是商品的自由流通、服务的自由流动和知识产权的合法转让。说商品是一种财产这个比较好理解，说知识产权是一种财产多数人也不会有歧义。但是说服务是一种财产，很多人觉得不好理解。多数服务是通过某种合同体现的。讲到合同权是一种财产也可以。不过那已经不是法国民法或者英美法系里讲的"Property"了。通常讲"Property"，指的是一种绝对的对世权，和我们中国有的民法学者讲的"泛财产"不一样，什么除了人身权以外的通通是财产权，这值得商榷。合同权一般只是对人权。规定"不作为"义务的合同中的大部分未必能产生出财产权。只是在特殊情况下，从特殊角度看，合同权可以被当成财产权。例如，你的电话线上被他人盗打了。他偷了你的什么东西？是偷了你的财产。你与电信局签了服务合同，向电信局付了钱，电信局向你提供电信服务。但是你本应得到的服务被他人拿走了，你一分钱电话没打，电信局给你算了五千块钱的电话费。这与从你家拿走了一台电视机有什么区别。你可能以侵害财产权告他。第一起因服务引起的而法官认为可以不主张对人权却主张对世权的诉讼案是 1852 年在英国的 Lumley v. Wagner 一案。中国大百科全书出版社出版的《财产法》一书的翻译本中引的这一案例实际上是英国劳森写的《财产法》里的一段。中译本把意思译出来了，但翻译得不太准确。原文是"a piece of that boy belongs to me"，即"那个人的一部分属于我了"。哪一部分呢？他的服务属于我了，他提供的服务作为一种财产是我的了。现在你把这个东西拿走了，与抢走我的财产一样。在这个时候法官认为，他实际上是有对世权的。只可惜有的法学学者解释的时候，认为这是一种侵害债权，这跟该书的原意就不一样了。

劳森在财产法这一章，举这个案例的标题就叫作"不属于债权的合同权"。

所以说，世贸组织调整的范围是三种财产的流通，把服务也作为一种财产来对待。当然服务有时候是无体的，有时候是有体的。人们常常讲"服务无形"。实际上应是无体有形。比如说表演这种服务，如果说无形你怎么去看呢？因此说有形的无体更加确切些。它们与一般的有体有形的商品不一样。当然，有些服务也是有体有形的，就是说他固化在有形物上了。如把表演录下来，经营音像制品，这个在世贸组织里属于服务贸易，不属于商品贸易。因为把服务固化下来以后，卖固化产品，实际上卖的还是服务，并不是卖的盘，那个盘并不值钱。

事实上，中国法院已经多次遇到知识产权、作品及"物"的不同及联系的问题。例如，出版社丢失作者手稿应当负何种责任？时至今日，一部分法官及绝大多数学者，均认为出版社仅仅负有物的保管合同中保管者的违约责任。他们只把着眼点放在载有作品的"纸"这种"物"上，而似乎全然忘记了这种物上所载的本来可以无穷尽地被复制的"作品"这种信息。他们把载有这种信息的物与一般物同等对待，因此结论显然对作者不公平，也就不足怪了。德国慕尼黑上诉法院法官 Hans Marshall 则认为：丢失作者手稿的情况，如果作品系尚未出版，出版社除了违约之外，还侵犯了作者的大部分精神权利。作者除请求违约赔偿之外，还有权请求作者精神权利的侵害赔偿。这才是真正搞懂了作品真正这种无体受保护客体与有体受保护客体的区别。

20世纪后期，社会学者们一再提请人们注意：地大"物"博的国家（如土地、木材、石油均居前列的俄罗斯）得其反倒是财产匮乏的穷国；地窄"物"缺的国家（如日本）得其反属首富。就私人而言，世界上的首富也已不再是某房地产开发主、某船王之类，而是发明（或说"创作"）95 视窗软件，从而拥有最高价值无形知识产权的盖茨。美国最大的提供通讯服务的美国电报电话公司，于 1994 年被强令分割，原因也是其拥有的财产额过高，有垄断市场的可能。可口可乐公司的商标权每年均被评估 300 亿美元以上。而人们普遍认为该公司的有形资产（"物"）价值绝对不会达到其知识产权中商标权这一高额的 1/2。中国的情况也在向近似的方向发展。享有高分辨率汉字发生器专利（知识产权）的北大方正，已经占领了几乎全世界的汉字排版市场。以"联想软件"起家的联想集团，1996 年已成为中国计算机产业之首。

在我们研究民法之初，特别是在我们因语言障碍而难以了解中文之外的更多信息时，较多地参考及介绍、引进中国台湾地区的成例，是必要的。但在进入 21 世纪之门时，如果我们仍不顾及国际国内形势的发展，仍旧仅仅以中国台湾"法"（其基础及主要内容形成于 20 世纪 20 年代）为主要，乃至唯一的参考，抱定"物权"重心论，我们可能会走很大的弯路，可能被世界的发展抛在后面。

民事法律，其总体是"外来"的。在这一领域固然也应强调中国的实际，但"中国的实际"绝不能与中国台湾的成例画等号。我们固然不可一味"崇洋"，但更不可过于推崇已转了两道弯也是从"洋"引进的中国台湾"法"。自 20 世纪 70 年代初被逐出联合国之后多年里，与国际上在民事立法领域交流十分有限。应当承认，其民事立法从理论到法条本身，均有相当一部分大大落后于时代了。

中国有的论著把"物权"说成是欧洲大陆国家特有的概念，把"财产权"说成是英美法系国家特有的概念。这种说法从历史上看是不确切的。因为它忽视了欧陆法系主要国家法国。从当代的现实看，这种说法是不正确的。因为它不了解"财产权"概念已经渗入一大部分欧陆法系国家的民法及民法理论，以及其他法律领域（如刑法）。

在广义的财产权中，法文中也有诸多与英美法系的英文或拉丁文完全对应的概念，如法文中的 droits r·eel（对世权）与 droits personnels（对人权）即是实例。

在论及中国《民法通则》的缺陷时，不少论著把"未引进物权概念"作为一条主要内容。这当然不失为一家之言。我却感到这不一定是主要缺陷。其主要缺陷是：通则虽承认了财产，私权、财产权等（诸如第五章第一节等条款），却没有更进一步，顺理成章地走完《法国民法典》第二卷（财产及有关所有权、所有权的变更之类）所走的路，而突然止步了。这样的法很难有效地调整市场经济下的财产关系。

《民法通则》虽然只提到"财产"，却没有像《法国民法典》那样将财产合理地分类，甚至根本不出现"动产"与"不动产"的概念，却在条文中间陡然冒出了"知识产权"这一类。这说明了两方面问题：其一，立法者在 20 世纪 80 年代中期已隐约意识到知识产权的重要性；其二，立法者在当时并不确切了解知识产权。于是，本应在"动产"（Movable Boperty）、"不动产"（Inmovable Property）、"无形财产"（Intangible Property）末项中占一分项的知识产权，突出地独自出现在法律中了。

法国在知识产权地位未上升时所立的民法，理所当然只出现了"财产"大类下的"动产"与"不动产"两小类；此外法国在知识产权地位上升后，则另立了《知识产权法典》。

中国是在知识产权地位已经上升之后的年代开始制定民法，于是《民法通则》中突出了知识产权；但却由于没从根本上解除对财产"所有权"的避讳，现在反而应补充传统中的"动产"与"不动产"

两个基本的分类。当然，同时需要补充相应的所有权、用益权等规范。

如果真的这样走我们的路，就可能比较"顺"了。不仅与国内向市场经济转轨的现实顺了，而且将与国际发展趋势顺了，从而在"与国际接轨"问题上，也会顺了。

使用法国民法中"财产"概念，而不是德国民法中"物"的概念，并不导致否认整个德国民法在体系等诸方面较法国民法更先进。同时也应看到：德国民法体系中，一些概念自己也在变化，以适应着其国内外形势的发展。例如，德国曾坚持了多年以"无体所有权"来称呼知识产权，后来也改为世界多数国均接受的"知识产权"。

七、私权、知识产权与物权的权利限制 *

（一）权利限制的宪法依据

我国《宪法》的 2004 年修正案，明确了对私有财产的保护，这在国内外均引起了巨大的反响。作为私权的知识产权与物权，是私有财产权的一部分。有人认为，在当代，知识产权是私有财产权最重要的一部分。在我国，知识产权立法大大先于物权立法，知识产权立法已经基本完善，物权立法则正在进行。《宪法》的 2004 年修正案第 20 条到第 22 条（即《宪法》条文第 10 条、第 11 条、第 13 条）中关于私有财产的保护和权利限制内容的明确与增加，对我国物权立法更有其指导意义。至少，《著作权法》与《专利法》等法律的权利限制条款，都实实在在地有了宪法依据，也都是物权立法中可以参照或借鉴的。

"权利限制"，就其本质讲，指的是有的行为本来应属侵犯了他

---

* 　编者注：该部分选自《法学》2004 年第 9 期。

人的权利，但由于法律把这部分行为作为侵权的"例外"，从而不再属于侵权。因此，有些国家的法律中，把"权利限制"称为"专有权所控制的行为之例外"。

在 20 世纪 90 年代之后的欧美民事立法中，学术界及立法部门均十分注重新发展起来的法律制度对古老法律制度的影响；强调在修正古已有之的民法（或制定他国古已有之、本国仍属缺失的民法）时，应注意从新发展起来的法律制度中吸取营养，而不是倒过去把新制度设法套进老民法的框架中去。较典型的，一是欧盟知识产权指令范围中的"非合同之债规范"对欧盟国家民法的影响；二是德国近年虽多次修改其民法典，但从未考虑过要把知识产权制度纳入这部被中国学者视为"最具科学性、系统性、逻辑性"的法典之中；三是美国产品责任法逐步吸收知识产权制度的侵权归责原则而走向"无过错责任"的发展过程。

（二）知识产权法中的权利限制

虽然一二百年前产生的各类民法典及随后产生的民法典，至今没有在财产篇或者物权篇中将权利限制系统化，现代国际上（包括中国、法国、德国、日本等）发展起来的知识产权制度，则更多地重视了权利限制并且已经日渐系统化。以我国知识产权法为例，《专利法》第 48 条到第 51 条、第 63 条，《著作权法》第 22 条，《商标法实施条例》第 49 条，均属较成体系的权利限制条款。

例如《专利法》规定：具备实施条件的单位以合理的条件请求发明或者实用新型专利权人许可实施其专利，而未能在合理的时间内获得这种许可时，国务院专利行政部门根据该单位的申请，可以给予实施该发明专利或者实用新型专利的强制许可。在国家出现紧急状态或者非常情况时，或者为了公共利益的目的，国务院专利行政部门可以给予实施发明专利或者实用新型专利的强制许可。一项取得专利权的发明或者实用新型比前已经取得专利权的发明或者实用新型具有显著经济意义的重大技术进步，其实施又有赖于前一发明或者实用新型的实施的，国务院专利行政部门根据后一专利权人的申请，可以给予实施前一发明或者实用新型的强制许可等。

当然，《专利法》中最典型的权利限制条款是第63条，即：有下列情形之一的，不视为侵犯专利权：（1）专利权人制造、进口或者经专利权人许可而制造、进口的专利产品或者依照专利方法直接获得的产品售出后，使用、许诺销售或者销售该产品的；（2）在专利申请日前已经制造相同产品、使用相同方法或者已经做好制造、使用的必要准备，并且仅在原有范围内继续制造、使用的；（3）临时通过中国领陆、领水、领空的外国运输工具，依照其所属国同中国签订的协议或者共同参加的国际条约，或者依照互惠原则，为运输工具自身需要而在其装置和设备中使用有关专利的；（4）专为科学研究和实验而使用有关专利的。为生产经营目的使用或者销售不知道是未经专利权人许可而制造并售出的专利产品或者依照专利方法直接获得的产品，能证明其产品合法来源的，不承担赔偿责任。

我国《商标法实施条例》规定：注册商标中含有的本商品的通用名称、图形、型号，或者直接表示商品的质量、主要原料、功能、用途、重量、数量及其他特点，或者含有地名，注册商标专用权人无权禁止他人正当使用。

我国《著作权法》规定：在下列情况下使用作品，可以不经著作权人许可，不向其支付报酬，但应当指明作者姓名、作品名称，并且不得侵犯著作权人依照本法享有的其他权利：（1）为个人学习、研究或者欣赏，使用他人已经发表的作品；（2）为介绍、评论某一作品或者说明某一问题，在作品中适当引用他人已经发表的作品；（3）为报道时事新闻，在报纸、期刊、广播电台、电视台等媒体中不可避免地再现或者引用已经发表的作品；（4）报纸、期刊、广播电台、电视台等媒体刊登或者播放其他报纸、期刊、广播电台、电视台等媒体已经发表的关于政治、经济、宗教问题的时事性文章，但作者声明不许刊登、播放的除外，等等。

此外，为平衡知识产权的"垄断性"（专有性）与商品的自由流通即公平竞争，中国及国际知识产权保护的理论和实践中还有一系列相应的权利限制制度。例如，权利"穷竭"制度。早在世界贸易组织成立前许多年，许多工业化国家即订有限制垄断、鼓励与保障商品自由流通的法律，诸如"反垄断法""反不正当竞争法"等。由于知识产权的体现物在市场上一般以商品形式出现，所以它也存在是否能自由流通的问题。与其他商品不同的是：作为知识产权体现物的商品的概念，反映着产权所有人的"专有权"。"专有"，亦即独家占有，它与"垄断"含义相同，却与自由流通相矛盾。所以，除去一般法律之外，有些国家还特别在知识产权法中，及在有关的双边或多边国际协定中作出规定，保证取得专利的工业品及享有版权的作品的复制品（书籍、录音录像制品等）自由流通。这里，专门谈谈一些发达国家版权法中的有关规定。

在版权法中对有版权的商品的自由流通规定得最明确、也最有代表性的国家是联邦德国。其早在 1965 年《版权法》（即现行法）第 17 条第 2 项即规定："一旦作品的原本或复制品，经有权在本法律适用地域内销售该物品之人同意，通过转让所有权的方式进入了流通领域，则该物品的进一步销售被法律所认可。"这就是说，只要版权所有人曾同意过（在联邦德国境内）出售自己的作品，则以后他就再也无权过问、也无权制止其他人进一步销售他的作品。至于其他人以何种方式、多大数量销售该作品，这种销售权自动地来自《版权法》第 17 条，而不是来自版权所有人的许可证。这实际上等于版权所有人的专有权在销售领域不再有效。西方法学家们把这种现象称为"专有权的穷竭"（the exhaustion of exclusive right），它很像"进入公有领域的产权不可逆转"的原则。但这两者有本质区别。知识产权一旦进入公有领域，原所有人就丧失了原先享有的一切权利；"专有权的穷竭"仅仅指的是权利所有人在如何销售自己的作品这一点上，丧失了专有权。过去德国、英国及美国的一些法学著作并没有注意把这二者分清楚，致使另一些国家（尤其是法国）的法学家们认为专有权穷竭的原则是不公平的，是无论如何不能接受的。他们问：为什么只要作者同意过销售自己的作品，他就丧失了版权呢？（这种误解直到 1980 年 5 月赫尔辛基版权问题国际讨论会，才得到较彻底的澄清。）

奥地利版权法的有关规定与联邦德国基本相同，只是增加了一个细节，即：如果作者只同意过在某一特定领域销售其作品，则他对于进一步销售的专有权仅在该领域内丧失。 美国 1978 年生效的《版权法》第 106 条第 2 项及第 109 条（甲）中也程度不同地作了"专有权穷竭"的规定。英国的现行《版权法》对一般作品未作相应规定。英国法学家认为，不规定的原因是再次销售权不应被版权所有人所专有，这是不言而喻的，用不着规定。但《英国版权法》在第 8 条中，对于灌制音乐唱片的许可证却作了相应规定。一部音乐作品一经作者同意而制成了唱片并投入商品流通领域，作者就无权再反对其他人继续将其制成唱片出售，其他人的行为被法律认可，恰如得到了"法定许可证"（即作者无权"不许可"），作者除收取一定版税外，再也无权过问了。不过，后来英国版权修改委员会中已有人提议取消这一条，认为音乐作者因这一条而减少了不少收益，这是不公平的。实际上，英国对"专有权穷竭"原则持有很大保留。不仅如此，它的版权法中倒是专有一条控制国外制成的作品在英国流通的规定，这就是第 16 条第 2 项。它规定：即使作品在其印制国属于合法印制品，但如果它在英国印刷将属于非法，则把这种作品输入英国就构成侵权行为。

法国和比利时的版权法在销售权方面的规定与联邦德国正相反。法国把销售权与复制权同等看待，比利时则更明确地规定版权所有人在权利有效期内可以始终控制销售权。但联邦德国法学家认为，法国、比利时的这种法律条文在实践中行不通，它们自己的版权商品流通的现实已推翻了版权法的规定，因为它们实际上是"自由流通"的。北欧诸国的版权法又是另一种规定，即作者一旦同意出版其作品，销售方面的专用权从此即归出版社所有，所以作者的权利不是丧失到了公有领域中，而是"丧失"（实际是转移）给出版社了。此外，北欧诸国也有类似于《英国版权法》第 16 条的限制在外国印制的作品在本国流通的规定。

不论西欧各个国家的版权法在销售权上的规定如何不同，只要它参加了欧洲经济共同体，就必须在共同体范围内实行"专有权穷竭"原则和废除限制外国印制作品的流通。因为，共同体《罗马公约》第 85 条和第 86 条规定：参加国不准以任何方式限制商品在共同体国家内自由流通。不仅如此，在与共同体订有自由贸易协定的国家内，共同市场国的版权所有人也不能控制进一步销售其作品的权利。在 1980 年的一起英国阻止葡萄牙（该国与共同体订有自由贸易协定）印制的书籍进口的诉讼案中，共同体法院判英方败诉，法院引证了 1968 年的一则判例，该判例裁定：从一个共同体参加国向另一参加国输入商品，如果在前一国该商品不受专利保护，则即使它在后一国属于专利商品，也不构成对专利权所有人的侵犯。以此类推，版权商品也应同样对待。因此《英国版权法》第 16 条在这里不能适用。

共同体国家的一些法学家认为，版权的地域性不应被商品自由流通的原则所突破。即使对版权商品的自由流通作了最明确规定的联邦德国，也申明了"自由流通"要受地域限制。按照德国版权法，作者同意其作品在国内流通，并不妨碍他依旧控制在国外销售他的作品的权利。反过来，如果他仅仅同意过在某个外国销售他的作品，则他仍旧持有在国内销售的专有权，这时如果他在国外的许可证接受人把作品倒过来输入德国，就侵犯了他的专有权。这样看来，共同体公约与联邦德国版权法相比，就存在较多漏洞，致使美国能通过共同市场国占领英国图书市场。

世界贸易组织的《与贸易有关的知识产权协议》第6条专门谈到了知识产权的权利穷竭问题（也有人翻译为"权利一次用尽"）。对这个问题，不同国家的法律也会有很不相同的回答，尤其在版权领域是如此。而对专利权穷竭的问题，多数国家的规定是一致的，正像我国《专利法》第63条第1款所规定的那样。它指的是：任何专利产品如果经专利权人或他所授权的其他人（如各种许可证持有人）的同意，在一国市场上经销了，那么此后该产品在该国怎样分销、怎样转买转卖等等，专利权人就无权过问；从事分销的活动，绝不会构成侵权行为。这项原则的目的在于保证商品在一国地域内自由流通，防止专利权人滥用权利进行垄断。不过，除了在《欧洲专利公约》的成员国及非洲知识产权组织的成员国之间，这条原则一般不适用于跨国的经营。例如，经甲国专利权人同意将产品销到乙国市场后，专利权人仍旧有权控制产品的分销，例如他可以禁止把产品返销回原产地来。此外，还有关于产品使用权的穷竭问题。经专利权人同意而投放市场的产品在销售之后，该权利人无权控制对产品的使用方式（例如把作为起重车出售的专利产品当载重车使用）。当然这里指使用产品本身，如果按该产品复制或仿制新产品，权利人就有权干涉了。

与专利权及版权"穷竭"的原则相似，根据一些国家的法律，商标权在一定情况下也会出现穷竭的问题，亦即商标权所有人不能继续行使他在某个或某些方面的专有权。例如，《英国商标法》规定：只要商标所有人或该所有人发出的许可证的注册使用人曾经同意过在某种投放市场的商品上使用他的商标，那么，无论带有这种商标的商品怎样分销和转销，该商标所有人及许可证持有人都是无权控制的。英国的判例法还进一步规定：如果经商标所有人或许可证持有人的同意而将带有其商标的商品销售到国外，他就无权阻止他的国外子公司将同样的商品带着同样的商标再返销回英国。欧洲共同市场国家的"欧洲法院"也根据它的《罗马公约》判定：在共同市场的所有国家中，无论是商标所有人还是他的子公司所生产的商品，只要经他本人或他的被许可人同意而投入某个共同市场成员国，他就无权控制带有其商标的同样商品继续流向任何其他成员国（包括商标所有人所在国）。

商标权穷竭的原则，可以防止商标权人滥用自己的权利。例如，可以防止他始终控制商品的分销渠道，即防止他通过商标的专有而把一切带有该商标的商品的零售权统统控制在自己手里。用西方经济法的语言讲，这种控制必然妨碍商品的"自由流通"，因此属于"不公平竞争"手段。当然，如果某个零售商改变了商品的原有性质或形态之后，仍旧不经许可而使用原商标，那商标权所有人就有权干涉了。因为在这种情况下会造成欺骗性后果，故权利"穷竭"的原则就不再适用。绝大多数国家都承认无论在本国还是在国际市场都存在商标权的穷竭问题，即都承认合法制作与售出的商品上的商标，不会因再销售或进口、出口而发生"侵犯商标权"。迄今为止，认为商标权不会穷竭，从而对再次销售人或进口人作出侵权判决的司法判例，只在极少数国家能够见到。所以，世界贸易组织的知识产权协议不允许成员国或成员地区在解决它们之间的争辩时，用本协议中的条款去支持或否定权利穷竭问题，以免因本来差距就很大的各成员立法，在有关争端中产生更多的矛盾。

从我个人的观点来看，知识产权权利穷竭与知识产权权利本身一样，都是具有"地域性"的。就专利权与版权来说，权利（例如销售权）在一国的穷竭，并不导致它在国际市场上穷竭。例如，一位中国专利权人许可将其专利产品在中国制造并销售，并不导致他的权利在美国穷竭。如果他在美国也获得了该产品的专利，则该专利权人在中国的被许可人没有获得该权利人许可而在美国销售，肯定会侵犯该权利人的（就同一产品享有的）美国专利。反过来，如果一个美国专利权人在向中国进行有关专利产品的贸易，情况也是如此。中美两国在专利法中都规定了专利权人享有"进口权"，这实际上就是以立法形式承认了权利穷竭的地域性理论。

但是商标权的情况与专利权及版权完全不同。因为商标是把一企业与他企业产品区分开的标志。无论把它用在哪一个国家，均不应改变，否则会使消费者对同一来源的商品产生"不同来源"的误解，不利于市场安定，也不利于商标权人自己。这与商标权的地域性并不冲突。澳大利亚 1986 年由新南威尔士最高法院作出的一则判例，对这个问题曾作过精辟的分析。正因为对权利穷竭问题，各国解释的宽窄不一，故世界贸易组织允许各国自行解释。但世界贸易组织强制性地要求各国为专利授予的"进口权"，实际上已肯定了专利权穷竭的地域性。而 1996 年年底 WIPO 两个新版权条约未就版权穷竭地域性问题达成协议，至少说明至今各国仍在自行其是。

不过，任何权利一次用尽的前提，均是"经权利人许可"而使用。我国不少人恰恰忽视了这一点。"Exhaustion of Right"原则，是知识产权许多领域中都在法律上及国际公约上存在的一条原则。1982
年，我于当时国家出版局的《出版参考资料》将其首次翻译为"权
利穷竭"。1986 年，又在"通论"用"版权穷竭"为题名。这一术
语后来被许多人沿用。1988 年，中国专利局在解释《专利法》时，
译为"权利一次用尽"。我感到其比我的译法更通俗易懂。在版权
领域，它指的是"发行权一次用尽"。在专利领域，该原则表现为
"销售权一次用尽"。它在我国专利法中规定得很明确。在商标领域，
情况也大致相同。该原则指的是：经商标权人许可而将其有效注册
商标附贴在商品（或标示在服务）上，有关商品的进一步转销、分
销，乃至分销时分包装（分包装时改变了商品的质量者除外），如再
加附同样商标，均无须再度获得许可。世界贸易组织在成立时，在
其《与贸易有关的知识产权协议》（即 TRIPS 协议）中，规定了各国
有权"自行其是"。

　　至于"权利穷竭"是否属于"权利限制"，这在国外已经是无
须讨论的了。英美法系国家或者大陆法系国家的答案都是肯定的。
而我们有的学者则认为"权利穷竭"就是权利完全没有了，不仅仅
是限制而已。由于这种看法与国内外知识产权界比较一致的认识相
左，仅仅是个别人的误解。认为"权利穷竭"就是权利完全没有了，
因此不属于一种权利"限制"，是认识上的错误。与专利法中"权利
穷竭"的原则相似，所谓版权人发行权一次用尽，仅仅指的是经其
同意被售出的那一部分特定的原件或复制品。经版权人同意出售了
已印制的书籍中的 1/3，只导致版权人对这 1/3 书籍分销、转售或以
其他方式在市场上流通的控制权丧失，并不导致对另外 2/3 书籍的
发行权丧失。另外，"权利穷竭"原则的适用也有地域性。版权人许
可将该 1/3 书籍在甲国销售，并不导致他丧失禁止将该书向乙国出
口的权利。就是说：其权利在甲国虽已穷竭，但在乙国仍旧处于"未

曾行使"状态，尚未穷竭。这种地域性特点仅仅在非洲知识产权组织成员国内及欧洲经济共同体内被突破了。当然，如果是对"权利穷竭"这种国内外惯用了的说法去挑"语病"，正如有人给"版权产业"一语挑剔语病一样，实际上是自己没有弄清楚问题。

如果一个国家承认"权利穷竭"原则，就在立法或（和）执法中，对权利人的知识产权增加了一条"权利限制"。但无论增加什么样的权利限制，都不会剥夺权利人起码的专有权。这些对权利限制的限制，就版权领域而言，在《伯尔尼公约》中和在 TRIPS 协议中，均有明文规定。

当然，地域效力的限制、保护期的限制都可以属于权利限制，因为在有些国家，确实有过一再延长保护期而几乎没有期限限制的个别作品。

在知识产权领域，另一种权利限制即是"合理使用"。例如《伯尔尼公约》乃至各国版权法，对版权的另一种普遍限制，就是规定"合理使用"范围。为何称"合理使用"，理论上也有两种解释。一种解释认为：本来是版权人专有领域的东西，被使用（未经许可）而应属侵权行为。但由于法律在使用条件及（或）方式上划了一个"合理"范围，从而排除了对该行为侵权的认定。另一种解释认为："合理使用"诚然包括上述本应构成侵权但依法而不构成侵权的使用，还需另包括本来就不在版权应管辖的专有领域之中，但错误的判断可能判入版权范围的使用。例如，按照文字说明去制作产品，依毛主席词意"已是悬崖百丈冰"去绘制一幅"冰雪图"，就属后一种"合理使用"。在《伯尔尼公约》和绝大多数国家的立法中，只承认上述前一种解释，在绝大多数国家的司法实践中，一般也只承认前一种解释，而认为后一种解释中所举的例子，即使是合理的使用，也不是在版权的"权利限制"意义上说的，因为它们本来就在版权可管辖的范围之外。

我国法律与《伯尔尼公约》一致要求的"指明出处"这一合理使用的重要前提，往往是我国的一些使用者容易"忽略"的。曾有一位教授在发表于某国内杂志的文章连载中，大量引用了他人专著中的原文，却没有任何说明或脚注。专著作者查及此事，方知该教授原是注明了出处的，但该杂志有个"传统"——所有文章一律不得有脚注，于是全部删掉。在我国实施《著作权法》后，特别是参加《伯尔尼公约》后，任何杂志社或出版社的这类"传统"都必须改掉，否则难免成为"共同侵权人"或侵权人。实在改不掉的，只可将指明引文出处的脚注并入文章，但不能删除。国外不少出版学术专著的大出版公司的"传统"之一，倒是拒绝接受、出版无脚注的书稿。因为他们根据"习惯"推测，这种"作品"中必然含有侵犯他人版权的部分。

总之，《伯尔尼公约》在第 10 条、第 10 条之 2 等条款中，对"合理使用"作了一个总的限定，即"必须符合公平惯例"。世界贸易组织的《与贸易有关的知识产权协议》则更明确地把这一限定扩展了，即：出于某些特殊情况而对版权所作的限制，不得与作品的正常使用相冲突，而且不得不合理地损害版权人本应享有的合法利益。

我国《著作权法》第 32 条规定：作品一旦在报刊上刊登后，"除著作权人声明不得转载、摘编的外，其他报刊可以转载或者作为文摘、资料刊登，但应当按照规定向著作权人支付报酬"。

这是一种"法定许可"制度，是我国特有的。在这里，著作权人"许可"他人以转载、摘编方式使用作品并获得报酬的权利，"许可"权没有了，只剩下"并获得报酬"这一半，因此称为"权利限制"。但是，这种"声明后才不受限制"的特殊权利限制，又并非中国独有。例如，英国 1988 年版权法第 78 条规定：某些作品的作者及导演（导演在英国版权法中明列为"创作人"之一）如果想行使其精神权利中的"署名权"，也必须作出声明，否则法律认为他们不打算享有这一权利；在他人未能尊重其署名权时，法律将不视为侵权。英国在作出这一条规定时，并不认为它与《伯尔尼公约》第5条相冲突。主要理由是：这种以"声明"为前提的保护，能使权利人之外的人便于了明了权利人的权利范围，以免"不知所措"。要求"声明"的结果，只是更利于保护作者及导演的利益。因此，其与《伯尔尼公约》的总原则是一致的。

这样看来，我国《著作权法》第32条也具有类似的性质，因此也未必与《伯尔尼公约》相冲突。在一般情况下，作者的作品能够被更广泛地传播（即被多家报刊转载），自己也能获得更多的报酬，他们是不会反对的。只有在特殊情况下，作者只希望特定报刊登载其作品，那么他的声明也就足以使人们了解他的意愿了。这对作者是有益的。在我国，《著作权法》第32条还有更深一层保护作者切身利益的含义。在过去，许多杂志都附有这样的声明："凡本刊登载的文章，版权均归本刊所有，其他刊物要转载，必须取得本刊同意。"这样，本来属于作者的"许可权"，莫名其妙地被刊物宣布为己有了。而且，作者即使有更广泛地传播其作品的愿望，也因此无从实现了。当初《著作权法》立法时写下第32条第2款的目的正是从保护作者利益出发的。按照报纸杂志的性质，它们多属于"汇编作品"（亦即《著作权法》中所称的"编辑作品"）。第32条第2款中的"著作权人"，一般均指作者。把这两条综合起来看，作者的利益确实受到了在中国特有条件下的特有保护。如果说该条"具有中国特色"，一点也不过分。它实际上充分保护了作者的权利而不仅仅从理论上承认其有何不受限制的权利。所以，可以认为它与《伯尔尼公约》并不冲突。

《著作权法》第43条的权利限制，一直是个争议较大的问题。

原有《著作权法》的这一条很难用版权法中的术语来归纳。它不是"法定许可",不同于上述几条。如果说它是"强制许可",则一般"强制许可"使用后仍要付酬。既不必取得许可,又不付酬的权利限制仅仅是"合理使用",但它又在《著作权法》第22条之外,至少立法时并不认为这种使用像第22条中其他使用那么"合理"。如果在版权法中允许自由使用,则又与立法原则违背了。因此也不能以"自由使用"来归纳这一条。这一条也是因我国广播电视事业的一些特殊情况而产生的。在国内,无论赞成这一条还是反对这一条的人,一致都认为,这一条明显与《伯尔尼公约》相冲突。前面提到的我国《著作权法》涉外保护条款中,没有提及对外国人未出版的作品如何对待,这可能产生不符合版权公约的后果,仍尚未明文与公约相冲突。第43条则是过于明显的冲突。所以,当我们已成为《伯尔尼公约》成员国时,就不能不为这一条考虑一个妥善的归宿了。2001年修正《著作权法》后,表面上看,似乎仍有很大问题。但如果我们明白"广播组织权"的真正含义是什么,问题大部分就解决了。广播组织在凡是自己制作节目时,其成果均属于"作品";而自己在作品中要使用他人的作品(自然包括音乐作品),必须既取得他人许可,又向他人付酬,这是第43条所涵盖不了的。目前人们对这一条的担心在很大程度上并无必要。

这里有必要讲几句精神权利的限制与"穷竭"的问题。曾经有人认为:精神权利的限制与"穷竭"问题除了本书作者之外,中外均无人论述过,因此在理论上是错误的。不过,他人未曾论述过的就不能论述,这本身就值得研究。而且,德国学者A. Dietz、我国台湾地区学者肖雄淋等,都论述并且同样肯定过这个问题。当然,迄今为止,我国大多数涉及作者版权权利限制的论述,乃至专论这一问题的专著,均不谈"精神权利"的限制。我主编的《知识产权文丛》2000 年第 4 卷上刘家瑞专门论精神权利限制的文章，则是极少数例外之一。我在《版权法》一书中论及精神权利的限制，尤其论及"发表权"一次用尽之后，招来诸多商榷。许多人认为作为作者人身权的精神权利，是"人权"的一部分，是不可能受限制的；认为"发表权"一次用尽的提法是错误的等。

且不说一个作品的"发表权"在绝大多数情况下不可能行使两次，发表权一次用尽本来是个事实。从 1992 年开始出版、每年进行一次修订的由 Paul Geller 主编的 *International Copyright Law and Practice* 一书，专门列了"精神权利的限制"一节即第 7 章第（2）节，而各国为该书撰稿的版权法学家，无论来自法、德、日等大陆法系的，还是来自英、美、澳等英美法系的，都详论了本国立法及司法对作者精神权利的限制。

为了给网络经济的发展铺平道路，日本于 1999 年 5 月 7 日颁布了《信息公开法》。该法第 18 条专门规定对著作权法所保护的作者精神权利，尤其是其中"发表权"的限制。例如，如果为了人类健康需要而必须发表某作品，则该作品的作者不能行使其权利禁止发表；又如，在多数情况下，只要作者主动将其作品提交行政主管部门，则可以推定其已经同意发表，该行政单位发表该作品无须再征得许可等。

限制作者的精神权利，目的是掌握作者权利与使用者（及公众）利益的平衡。在数字化时代，这尤其重要。否则与数字化、网络相关的经济就难以发展，创作"多媒体"产品等就几乎不可能。最早在立法中为数字化技术发展而限制作者精神权利的，是最重视保护作者人身权的法国。从 1985 年开始，法国法律（主要是版权法）就排除了计算机程序作者可享有的几项精神权利，以便使程序可付诸充分应用。英国从 1988 年一开始在成文法中保护作者精神权利，就对作者及导演的署名权等作了限制 ；也对翻译作品中的"保证作品完整性"权利作了限制。 美国从 1990 年起才开始在成文法中保护艺术作品作者的精神权利，但在其 1995 年关于数字技术环境知识产权保护的"白皮书"中，就专门谈到了如果不限制作者精神权利的行使则数字技术难以发展。

A. Dietz 博士在《国际版权法律与实践》一书的德国篇中，把作者精神权利限制的普遍性讲得更为透彻。他认为，绝大多数对经济权利的限制中，已经包含对精神权利的限制。例如："为个人学习而使用、复制他人作品，无须取得许可及付酬"，这一条中显然包含"也无须按原作要求署名"，如果为个人学习而改编一部作品，也无须注意"保证作品的完整性"等。他认为，在这些场合对作者精神权利的限制是不言而喻的。

我国《著作权法》第 4 条中，还有对著作权总的限制，即"著作权人行使著作权，不得违反宪法和法律，不得损害公共利益"。这一款看来是重复民法通则的有关规定，却又是一条必要的限制。在许多大陆法系国家的版权法中，普遍规定了对作者精神权利的限制（注：值得注意的是，20 世纪 80 年代以成文版权法保护精神权利的英国，也专门为隐私权对版权的限制作出规定；新近有限承认精神权利的美国，也专门规定了艺术品作者的精神权利的行使，在特殊条件下应受到他人有形财产权的限制），又规定了版权与其他一些民事权利的关系。我国《著作权法》对前者并未具体规定，对后者则仅在第 7 条中一语带过。因此，第 4 条就显得非常重要了。例如，在行使自己署假名的权利时，不得恶意在公众中制造混淆，在行使自己创作的肖像画、人体画的版权时，可能受到他人肖像权、隐私权的限制等。这些实质上都包含在《著作权法》第 4 条之中了。

英文中的 Public Policy 或法文中的 Order Public 被译为"公共

秩序"。我国一般不用这个术语，而使用"社会公共利益"的表达方式。为了社会公共利益，而由国家或国家授权的机关，不经作者或其他版权人的许可而使用有关版权，在许多国家的版权法中都有明文规定，这也是对版权的一种限制。关于公共秩序保留的规定都是针对版权的后继所有人，而不是针对作者规定的。有些国家关于公共秩序保留的规定，是与强制许可制度联系在一起的。《匈牙利版权法》第 24 条规定：如果作者的版权继承人无理禁止进一步使用已经发表的作品，则在不违反版权国际公约的前提下，法院可以从公共利益出发，判决许可使用该作品，但使用者应向版权人付酬。《保加利亚版权法》第 23 条作出进一步的规定：只要对公共利益有重大影响，法院即有权（在版权人禁止使用的情况下）判决许可使用任何已发表的作品。这条规定不仅对作者的继承人有效，对作者本人也有效。《乌拉圭版权法》第 41 条规定：国家或地方政府均可以从公共利益出发，征用某些作品的版权。不过，像乌拉圭这种规定对版权采取国家征用的情况，即使在发展中国家也是较少见的。《加拿大版权法》第 13 条规定：如果作为作者继承人的版权所有人拒绝再次出版有关作品，或拒绝公演该作品，政府主管部门有权从公共利益出发颁发出版权或表演权强制许可证。《法国版权法》第 20 条规定：如果作者去世后，其行使版权的代理人明显滥用或不行使已发表的作品的版权，则民事法院有权采取适当措施禁止其滥用权利，并使作品的版权被恰当使用。

"公共秩序保留"的原则，在《伯尔尼公约》第 17 条中得到明确的认可。世界知识产权组织在对该条进行解释时指出：任何作者都只能在不违背（其本国或其权利主张国）公共秩序的前提下，才能行使其版权；文化领域的版权保护制度与公约各成员国实行的作品发行审查制度是不相矛盾的，各国政府均有权按照本国其他法律准许或禁止任何作品的传播、展出或表演。该组织同时又指出："准许"任何作品的传播，并不意味着各政府有权滥发强制许可证。

（三）对物权权利限制规定的建议

实际上，不仅仅是知识产权，任何民事权利（包括物权）均应当有权利限制。如果某种民事权利不受限制，则必然妨碍其他民事权利的存在或行使。

大约一二百年前，在有影响的法、德民法形成时，较强调对财产权（或物权）的权利保护，而不强调或忽视对这类"绝对权""对世权"的权利限制。故在这些民法典中，"权利限制"条款虽然存在，但是其存在方式是散乱的，其表述方式是不合逻辑的。

我国因为历史原因，民法中的物权法制定远在知识产权法之后，比欧美更有条件借鉴知识产权制度中较先进的内容，因此更没有必要沿袭欧美老法中不合理的内容。

知识产权比较抽象，法律对其权利限制的规定显得更加重要些。物权比较直观，法律对其权利限制的规定可能显得不那么重要。但已经非常细化和系统化了的知识产权权利限制制度，显然在物权法的立法中应当对立法者有借鉴作用。我这里并不是说物权中的权利限制与知识产权的权利限制完全相同，只是说我们也应注意从新发展起的更合理的法律制度中吸取营养，以使我们的物权法有更明显的 21 世纪的特征，而不仅仅有一二百年前欧洲国家民法典的烙印。

具体讲，我国《物权法》中的"权利限制"一章至少可以有下列几项内容：

第一，相邻关系对物权的限制。

第二，他人的地役限制。

第三，他人的人役限制。

上述三种限制，经常被外国老民法及我国学者称为"相邻权""地役权""人役权",而这是极不合逻辑的表述。因为,"物权篇"始终是讲某物的所有权人或用益权人享用何种权利,如何保护这种权利。这里的客体为物,主体从开篇即是物权人。而讲到"相邻权""地役权""人役权"时,主体忽然从开篇时的权利人变成了与该人相对的另一方。正如以"我"为主语说一句话,没有说完,主语却在中间变成"他"了。这在语言学上讲即为"语病"。

第四,附随物权的物上负担对物权人行使权利的限制。

这一条讲的是物权人行使权利不得拒绝或规避附随物权的物上负担。

第五,用益物权人对物权所有权的限制。

这一条讲的是用益物权的相对独立性。它对于我国的国有企业尤其重要。如果国家作为物权所有权人可以不受限制地干扰国企(用益权人)的经营,国企永远不会有良好的发展。

第六,特殊房地产的权利限制。

伦敦的马克思、恩格斯故居,斯特拉斯堡的莫扎特故居等等,其现在的所有人(物权人),在行使权利时均受到更多限制,如不得改建、拆建,不得在装修时改变房屋外观等等。诸如此类对名人故居、列入"文物"的房产等物权的权利限制,在许多同承的法律中已经很常见。我们在创定物权法时,也不可忽视了这一部分"权利限制"。

第七,公共利益对物权的限制。

这是《宪法》修正案为何只讲公共财产神圣不可侵犯,而不讲私有财产"神圣"不可侵犯的主要原因之一。

第八,禁止物权权利人滥用权利。

与此相关的条款,已散见于诸如《德国民法典》第 226~228 条等条款中,把它们均归于"权利限制"一节,可能更具科学性、逻辑性。

此外，可能还有更多的限制条款。主持立法的同志们可进一步斟酌。

应当在"权利限制"一章之前或之后，才作出"除法律明文规定的之外，物权的行使不受禁止或限制"这条原则。

我所建议的条文用语及措辞，还可以进一步推敲。但弄清楚所谓"地役权""人役权"（这种本来是讲的物权人之相对人的权利）在《物权法》中的性质与作用，则是十分必要的。在《物权法》中出现了所谓"人役权""地役权"等概念，多数学者今天居然不感到别扭。事实上，在知识产权法产生的早期，也确曾有过《专利法》中不设我们上面引述的、内涵清晰的权利限制条款，却与专利权人的"制造权""使用权""销售权""进口权"等平起平坐地列出一套"临时进入他国领土权""非商业性使用权"之类；在《著作权法》中，与作者的"复制权""翻译权""改编权""表演权""传播权"等平起平坐地列出一套"学习使用权""合理引用权""免费表演权"之类。早期不成熟的学者的论述中，更不乏这种把人弄得莫名其妙的"权"。后来，人们慢慢意识到："非商业性使用权""学习使用权"之类，已不再是权利人的权利，而是权利人之相对人的权利。它们不是作为专利权、著作权的一部分而存在，而是为限制专利权、著作权而存在的。为什么不能把知识产权权利人所享有之"权"，与限制这种权的其他内容，在"知识产权"法中分得更清晰些，让人看得更明白些呢？至少不宜在一部法律的立法行文中不时改换主体，讲着知识产权权利人的"权"时，突然又冒出一批限制这种权的其他人（而并非知识产权权利人）的其他范畴的"权"来。

知识产权法律在历经曲折之后，形成了完善的"权利限制"体系，现在我们在 21 世纪搞"物权"立法，为什么要再"曲折"一次？为什么仍要走 18、19 世纪有形财产立法的老路？为什么不能借鉴知识产权中已经成熟的权利限制制度？

最后，我非常同意郝铁川教授的观点，"权利冲突是个伪问题"。在知识产权纠纷中，侵权一方及其代理人，往往以"权利冲突"为侵权行为辩护；强词夺理地声称自己因侵权行为而产生的"在后权"与他人"在先权"发生"权利冲突"时，法院应掌握所谓"利益平衡"。这本是十分荒唐的。而在立法时，如果在同一法中不将其他法的相关禁例"重复"纳入，则可能使法官因无所适从而接受所谓的"权利冲突"论。同样，若不将《文物保护法》中有关禁止改动文物建筑外观的原则写入《物权法》的权利限制条款，物权权利人可以借"行使物权不受限制"为由，对抗《文物保护法》。何况有些需要保护其外观的名人住所是否属《文物保护法》的调节范围，还要另当别论呢。

第二章　知识产权的概念 *

第一节　知识产权的范围

许多知识产权领域的国际条约、外国法，都有定义条款。一些国家（如美国）的版权法甚至开宗明义第 1 条就是"定义"。

但奇怪的是，在美国版权法的定义条款中，偏偏没有给"版权"这个首要的概念下定义。倒是一些更细的分支（如"版权所有人"等），在该法中都有明确的定义。可见，概念越宽，定义越难下。

迄今为止，多数国家的法理专著、法律，乃至国际条约，都是从划定范围出发，来明确知识产权这个概念，或给知识产权下定义的。中国曾有人打算跳出这个圈子，另辟"新"路去下定义，结果是最终又回到这个圈子里，改变方式重复了前人所划的范围，只是生造了个别不为人们所接受的"新概念"，实际上并未辟出任何"新"路。

一、世界知识产权组织规定的范围

1967 年，在斯德哥尔摩的外交会议上，缔结了《建立世界知识产权组织公约》（简称《世界知识产权组织公约》）。现在的世界知

---

　　*　编者注：该部分选自郑成思著：《知识产权论》，社会科学文献出版社 2007 年版，第 45~66 页。

识产权组织（即 WIPO）就是根据这个公约成立的。中国于 1980 年参加了这个组织。到 1997 年 1 月为止，已经有 161 个国家成为该公约的成员国。

《世界知识产权组织公约》共有 21 条。其中，属于实体条款的，仅有第 2 条，即该公约为"知识产权"所下的定义。

按照这一定义，知识产权应包括下列权利。

（1）与文学、艺术及科学作品有关的权利。这指作者权，或版权（著作权）；

（2）与表演艺术家的表演活动、与录音制品及广播有关的权利。这主要指一般所称的邻接权；

（3）与人类创造性活动的一切领域内的发明有关的权利。这主要指就专利发明、实用新型及非专利发明享有的权利；

（4）与科学发现有关的权利；

（5）与工业品外观设计有关的权利；

（6）与商品商标、服务商标、商号及其他商业标记有关的权利；

（7）与防止不正当竞争有关的权利；

（8）一切其他来自工业、科学及文学艺术领域的智力创作活动所产生的权利。

由于公约第 16 条明文规定了"对本公约，不得作任何保留"，故可以认为，世界上大多数国家（包括中国）均已对上述关于知识产权的定义表示接受。

世界知识产权组织所划范围的第（8）项，几乎是无所不包的"兜底"条款。有了这一项，今后再出现任何可受保护的新客体，公约本身也无需修订增补。例如，即使欧盟推出的无创作性的数据库，在欧、美、日本已日渐发达的"商业形象权"保护等，在国际网络新环境下产生的"域名"专用权，等等，无不能列入这一项。

不过，近年有人提出：在数字技术广泛应用的今天及将来，"人的确认因素"（包括人的姓名、声音、形象、签字、风格等）可以作为一种知识财产权被利用。① 它既不同于"阿童木""三毛"等并非真人的名称或形象，也不同于名人被商品化之后的形象。这种客体是否被第（8）项涵盖，就值得讨论了。好在至今这种东西究竟能不能列为"知识产权"，也还在讨论之中。

至于类似电话号码的"域名"，在注册之后被作为某种知识产权，未必能归入"新"范围。因为，电话号码本身，在一定条件下也会成为"商誉"。"商誉"则已在原有知识产权范围之中。②

二、世界贸易组织规定的范围

1994 年 4 月，在马拉喀什结束的关贸总协定乌拉圭回合的外交会议上，缔结了《建立世界贸易组织协定》（简称《世界贸易组织协定》）。

在世界贸易组织（WTO）文件中，有一份《与贸易有关的知识产权协议》（简称 TRIPS）。这个协议也构成《世界贸易组织协定》的一部分。

与"贸易"有关，这里的"贸易"主要指有形货物的买卖。服务贸易也是一种贸易，但是从乌拉圭回合最后文件的分类来看，《与贸易有关的知识产权协议》中，并不涉及服务贸易。而另外有一个《服务贸易总协议》，去规范服务贸易问题。

与"贸易"有关，这里的"贸易"，既包括活动本身可能是合法的贸易，也包括假冒商品贸易，即活动本身肯定是不合法的贸易。

---

① 参见伦敦出版的《版权世界》杂志 1997 年 3 月号，J. C. S.Pinckaers 的文章"人的确认因素权——欧美新兴的一种知识产权"。

② 这在下文"商标权的客体""知识产权评估"等部分还要详细论述。

在前一种贸易活动中，有时存在知识产权的保护问题。在后一种贸易活动中，则始终存在打击假冒、保护知识产权的问题。所以，过去有的中文译本，把 1994 年前关贸总协定中的知识产权分协议的标题翻译为"与贸易有关的知识产权协议，包括假冒商品贸易在内"，这虽然从外文的文字顺序上对照，让人感到是逐字翻译出来的是无懈可击的。但这种译法可能使一部分人看不懂是什么意思；使另一部分人误认为"知识产权"中包括"假冒商品贸易"，而这又绝非原意。所以这种译法并不确切。我的译本则倒过来译为："与贸易（包括假冒商品贸易在内）有关的知识产权协议。"这主要是便于使中文读者看清楚：这个文件既要规范与一般贸易活动有关的知识产权，更要规范与假冒商品贸易有关的知识产权。这样，读者才可能对该文件的实际内容通过标题有较确切的理解。

广义知识产权中的科学发现权、与民间文学有关的权利等，一般与贸易关系不大，所以这份文件中并不涉及。狭义知识产权中的实用技术专有权的一部分，该协议中也未加规范（如"实用新型"）。可见，这个协议中所涉及的知识产权既非人们通常理解的狭义知识产权，也非《建立世界知识产权组织公约》中所定义的广义知识产权。这一协议中的知识产权自有它特定的范围。这一范围，是由国际贸易实践中的需要（更确切些说，是由某个或某些经济大国在对外贸易中保护本国利益的实际需要）而决定的。

在协议的第一部分第 1 条中规定了协议所包含的知识产权的范围。它们是：

（1）版权与邻接权；

（2）商标权；

（3）地理标志权；

（4）工业品外观设计权；

（5）专利权；

（6）集成电路布图设计（拓扑图）权；

（7）未披露过的信息专有权。

由于世界贸易组织中的知识产权协议是在美国的强烈要求下缔结的；又由于协议中明确规定对作者的精神权利可以不予保护，可以看出：这个协议偏向于"版权"（copyright）理论，而不是"作者权"（droit deauteur）理论。所以，协议中的"copyright"翻译为"版权"更恰当一些。

至于"邻接权"，协议中所使用的则是最早出自意大利与德国的用法，即"有关权"。"有关权"与"邻接权"这两者没有本质的不同。

协议中所涉及的，对未披露过的信息的保护，实际上主要指对"商业秘密"的保护，其中自然也包括对 Know-How 的保护。多年以来，知识产权法理论界以及司法界，关于商业秘密究竟能不能作为一种财产权来对待，一直是争论不休的。但是世界贸易组织的知识产权协议至少在国际贸易领域作了肯定的回答，从而给这场争论画了一个句号。

保护商业秘密实质上是"反不正当竞争"中的一部分。多数有法律保护商业秘密的国家，都是纳入反不正当竞争法的轨道去保护的。中国也是如此。商业秘密的权利人，有权把其秘密作为技术转让或其他贸易活动之标的。在这个意义上，它同专利权一样，是一种"积极权利"。绝不像有人认为的那样，反不正当竞争法所保护的一切权利都"没有赋予当事人以一种积极的权利"。

三、其他的划法与结论

从上述几种对知识产权范围的划法上，我们至少可以认为："知识产权"有广义与狭义之分。

广义的知识产权，可以包括一切人类智力创作的成果，也就是《建立世界知识产权组织公约》中所划的范围。对这一范围，在学术上至今仍存在较大争议；在各国立法中，真正把世界知识产权组织所称为"知识产权"的内容都当作知识产权对待的国家，也并不多。但由于已经有一百多个国家参加了这一公约，故应认为大多数国家原则上同意该公约为广义知识产权所划的范围。

对广义知识产权的范围，还有其他一些划法。例如，国际保护工业产权协会（即 AIPPI）1992 年东京大会认为，知识产权分为"创作性成果权利"与"识别性标记权利"两大类。其中前一类包括 7 项，即发明专利权、集成电路权、植物新品种权、Know–How 权（也称"技术秘密"权）、工业品外观设计权、版权（著作权）、软件权。后一类包括 3 项，即商标权、商号权（也称"厂商名称"权）、其他与制止不正当竞争有关的识别性标记权。

AIPPI 的这段论述，被我于 1993 年摘译介绍到中国后，曾引起过一些望文生义的误解。这主要是因为在论及"知识产权"的概念及定义时，如问起作为"知识产权"项下的商标权、商号权等商业性标示权，应如何体现"创造性"劳动成果？人们会感到这是不少文章或学术专著接触过，但至今未解决好的一个问题。

有人感到这个问题难以解决，就干脆采取了全面否定的态度，即否定标示性成果中含有创造性。而他们的唯一依据（虽然在有的论述中可能不讲"依据"，即不注明其立论的实际来源或出处），正是我就上述 AIPPI 1992 年 4 月东京大会的一段国际专家们的论述所作的摘译。① 这段论述把"知识产权"分为"创作性成果权利"与"识

---

① 参见郑成思主编：《知识产权法教程》，法律出版社 1993 年版，第 2 页。

别性标记权利"。有不止一篇文章甚至在不指明出处的情况下引了这段译文，并当成自己建树起来的"新论点"公之于世。① 但他们可能不知该论述原文的上下文——国际知识产权专家们诚然依照不同知识产权的"侧重点"，做过这样的划分，但并没有否定标示性权利也能反映一定的创造性。否则，从历史上看标示性权利就不会划入"知识"产权之中了。AIPPI 在该报告中，并非为知识产权下定义，而是在"什么样的知识产权纠纷可以交付仲裁"的答案中，列举可仲裁的内容时，讲及两类知识产权的。

也有人认为人们在选择或（和）设计商标、商号的过程中反映出的创造性成果，可以用来说明其为何成为"知识"产权的保护对象。这种认识可能比"全面否定论"接近于答案，但又不完全。

确有一部分商标、商号在设计时是大费了脑筋的。一是要考虑怎样才能不与已有标示雷同（乃至冲突）；二是要考虑具有识别性；三是要给公众一个明快的感觉；四是要不至于产生负面的（甚至荒唐的）歧义，等等。例如，中国的"铅山制药厂"曾打算把商标定为"铅药"，又深恐有"药中含毒"之嫌。于是定商标为"山药"。② 这就成为中国市场上曾被取笑的一个标识。这类失败的商标设计例，说明了在商标设计上投入的创造性劳动的多少，市场效果确实大不一样。

但商标等标识上的创造性劳动成果，恐怕还远不止于此。

商标、商号等知识产权发展至今，绝不仅仅因其具有"标识性"而已。私宅的前面树一个牌子"非请莫入"，也具有标识性。但它很难作为一种"产权"与商标平起平坐。与商号这种中国传统称为"招

---

① 在我读到过的国内著述中，也有如《中国法学》1996 年第 3 期上的论文在引用这段摘译时注明了出处。应当指出，该论文反映出的学风是值得称道的。

② 参见王正发著：《商标实例 101》，商务印书馆，香港版。

牌"相近的"幌子",虽然常被并称为"招幌",但在是否构成"产权"方面，则不能同日而语。"内联升"作为商号（招牌）可以是知识产权的保护客体。"内联升"店外挂着（或画着）一只超大的鞋子，作为"幌"则不享有知识产权。虽然它也具有标识性，它至少不会使意在买衣裤或买食品的消费者进鞋店去选购。

知识产权项下的识别性标记之所以构成"产权"，之所以可以成为合同转让、合同许可的标的，之所以在企业合并、合资等活动中可以估出价来，在于经营者在选定并使用了某个（或某些）这类标识后，通过不同于（或高于）同类竞争者的广告宣传、打通销售渠道等促销活动，使有关标记在市场建立起一定的信誉或"商誉"。在这些活动中，均不同程度体现出创造性劳动。我们虽不能把商标与商誉完全等同，却也不能绝对地把两者割裂开。不含商誉的商标是不会太值钱的。

当然，作为最根本的，是生产及经营者要通过自己的（或经许可、经转让获得的）技术，保持产品或所销商品的恒定质量；通过自己的经营方式，保证所提供的商品，尤其是服务的质量，从而使自己的商标、商号等标识具有稳固的、不断上升的价值。这些活动附加给其标示的创造性，是不应被忽视的。多年前，就已有不少国家把"经营方式"列为"商业秘密"之一。而商业秘密中所含的创造性劳动成果，是那些否定标示可具有创造性的人也不能不承认的。

所以，《世界知识产权组织公约》在第 2 条，集中了各国真正专家们多年讨论的结果而给"知识产权"下的定义（即发明、发现、作品、商标、商号、反不正当竞争等"一切"智力创作活动所产生的权利），确实是经过深思熟虑的。

知识产权法诚然是一门较新的学科。在中国，较系统地研究它是自 1979 年才开始的。但它在世界上已被研究了上百年。有些概念已经形成，有些问题已有公认的、可行的答案。有些可能在中国"还远没有解决"的问题，并不需要我们从零做起去研究。撇开（或根本不了解）国际上的已有成例与正确答案，在某些基本问题上去求"突破"，是不可取的。

AIPPI 东京大会报告的"两分法"，确可以作为"一家之言"。但该报告本身及与会专家们，并无意就此排斥其他分类法或其他为知识产权下定义的论述。充分述说（乃至坚持）自己的看法，却又轻易否定别人，这是不少已有的知识产权著述所奉行的原则。正因如此，1992 年的东京大会报告及与之类似的著述，才能够在国际论坛上站住脚，至少没有在其后国际上出现的下列事实面前显得尴尬。

1994 年 4 月在马拉喀什最后通过的《与贸易有关的知识产权协议》中，明文把"商业秘密"列入重要的一项与贸易有关的知识产权；却又同时认为它属于"反不正当竞争"的一项内容，应与巴黎公约中的反冒牌货（就是"标识性知识产权"的领域）同属一个条文管辖。而商业秘密中的"Know-How"，被东京大会列在创作性成果中；"反不正当竞争"则在"标示性"成果中。

1996 年 3 月，欧洲议会通过了《数据库保护指令》，同时建议世界知识产权组织通过类似的国际公约。该指令的内容之一，是将无原创性（独创性或创作性）的数据库，列为知识产权法所保护的"准版权"客体，以补偿数据库制作人所付出的非创造性劳动与投资。欧盟国家均必须在 1998 年 1 月前，制定出国内相应立法。现在，如果只允许"两分法"一种出路（前面已讲，这并非 AIPPI 原意，只是国内的一种意见），我们把它放入创作性成果中还是放入标识性成果中呢？我们可能会钻进一个自己做的笼子中。

从完全否定商标可含创作性出发，还可能得出许多与知识产权保护相背离的结论。

例如,在大多数英联邦国家、(《美国商标法》第 43 条 a)、(《法国知识产权法典》第 713-2 条)、(《西班牙商标法》第 31 条（3）款)、(《意大利商标法》第 11~12 条) 等许多国家都明文规定了禁止"反向假冒"（即禁止将他人的注册商标从商品上撕去,改换上自己的商标再出售）的今天,中国却有议论认为依商标法禁止"反向假冒"在中外都有悖法理与知识产权保护实践。这虽然与太不了解外界的实际情况有关,但主要还是不懂得商标权之作为知识产权的实质内容。

就是说,讲到"知识产权的概念",如果从广义去讲,则第一步刚刚涉及其范围时,我们就会遇到各种不同的划分方法,并遇到由此产生的争议。

狭义的或传统的知识产权,则包括工业产权与版权（即"著作权"）两部分。其中,工业产权中包含专利权、商标权、禁止不正当权等等;版权中则包括作者权与传播者权（即"邻接权"）;等等。作为智力创作成果而可依法成为专有权的"禁止不正当竞争权",主要指专利权中无法包含的 Know–How 权,商标权中无法包含的禁止（除冒用商标之外的）假冒他人产品的权利。在这方面,至今也仍存在一些争议。乃至在 TRIPS 已确认"商业秘密"属于知识产权之一种后,日本前许可证国际协会主席仍旧认为商业秘密是一种不确定的受保护对象。

而认为传统知识产权主要包含专利权、商标权与版权,则是在各国（包括在中国）无论在理论上还是在实践中,意见比较一致的。

因此,本书下面所讲的"知识产权",主要指这三项人们意见比较一致的内容。此外也会涉及至少被世界贸易组织确认的知识产权的一些其他内容（如商业秘密）,许多发展中国家特有的保护内容（如民间文学）。

　　过去有的文章、专论，在述及知识产权时，往往有一种共同的误解，认为任何类型的知识产权均由人身权与财产权两部分组成，并把这归纳为知识产权的特点之一。不过，至今也还没有人顺理成章地讲清楚商标权中的"人身权"究竟指的是什么。至于一些论述中确曾提到的"专利权中的人身权"，其实指的是发明人就其发明享有的"署名权"等人身权。而这些论述忘记了：专利权是经行政审查、批准、授予后方产生的一种知识产权。而发明人就其发明享有的署名权，一是产生在根本无"专利"可言的获专利之前；二是即使专利申请被驳回，发明人的人身权仍在。他们所谈的"人身权"并非专利权的一部分。只是在版权领域，由于版权在绝大多数国家是作品一经创作完成即依法自动产生，故作者就其作品享有的人身权，与作为版权之一部分的人身权方才合为一体。这一点与发明专利领域及商标领域有本质不同。所以，只有在版权中（更确切些讲，在作者权中），才谈得上"人身权"，或称"精神权利"。

　　讲到这里，我们有必要回到"知识产权"这一西文来源上。Intellectual Property 中的 Property（德文中的 eigentum），原意即"财产"或"财产权"。把上述那种过去流传较广的误解知识产权特点的论述译成英文，就将是："一切知识'财产权'均由人身权与财产权两部分组成。"人们不难看到这种论述在逻辑上的不通。而仅以中文表述时，有的人所以认为"通"，主要是因为并没有弄清其使用的概念原有的真正含义。

第二节　知识产权的特点

　　当看到伯尔尼公约的标题称"保护作品"公约时，当看到罗马公约称"保护表演者"公约时，当读到西方知识产权权威柯尼什的书名称"商标"（而不是"商标权"）为知识产权时，中国有些"细心"的读者往往认为公约或外国学者把权利及"标的"或"对象"等不同概念混淆了。其实，在讲及知识产权时，有时这种"细心"的区分并无必要，有时则是很有必要的。在下文中，我们可以看到该特点指的是客体，正如伯尔尼公约。在其他一些协议中，则指权利本身。下文还重点讨论了在何时必须区分权利与标的。

一、无形

有些大陆法系国家，在财产法、担保法等法中把知识产权称为"以权利为标的"的"物权"①；有些英美法系国家，则把它称为"诉讼中的准物权"或"无形准动产"。这些不同的表达，均反映出知识产权具有不同于其他财产权，尤其不同于有形财产权的特点。

知识产权的第一个，也是最重要的特点，就是"无形"。这一特点把它们同一切有形财产及人们就有形财产享有的权利区分开。一台彩电，作为有形财产，其所有人行使权利转卖它、出借它或出租它，标的均是该彩电本身，即该有形物本身。一项专利权，作为无形财产，其所有人行使权利转让它时，标的可能是制造某种专利产品的"制造权"，也可能是销售某种专利产品的"销售权"，却不是专利产品本身。

可以说，中国《著作权法》第18条，是对知识产权这种无形产权的极好描述。

由于无形，使得这种标的所有人之外的使用人，因不慎而侵权的可能性大大高于有形财产的使用人。同时，也使得知识产权权利人有可能"货许三家"或"一女两嫁"。一幢房产的所有人，不可能

---

① 而不是"以作品为标的"或"以发明物为标的"，这是那些否认知识产权中的"权"可以成为"标的"的人们应特别注意的。

把他的财产权标的同时卖给两个分别独立的买主。一项专利权的所有人，则有可能把他的专利权同时卖给两个（乃至两个以上）的不同买主。而只要这些买主在市场上不"碰头"，就可能永远不知道自己花了"买专利"的钱，实际得到的只不过是"非独占许可"。

"无形"这一特点，给知识产权保护、知识产权侵权认定及知识产权贸易，带来了比有形财产在相同情况下复杂得多的问题。

同样，这一特点也给知识产权、知识产权法及知识产权法学的研究，带来了许多极其复杂的问题。而且，我们研究知识产权这种无形财产权，又不能从"无物之物"到无物之物，那就真正成了西方某些学者说的"鬼学"了。我们必须与有形物打交道，从接触、认识、了解有形物入手，并联系这些有形物，去研究无形的知识产权。但我们又必须时刻注意不要将这些有形物与知识产权这种无形财产相混淆。例如，当画家出售他的一幅绘画作品时，有形物归了买主，除"展出权"之外的无形的版权仍在画家手中。当画家把画稿交给某杂志社作为插图在杂志上发表时，该有形物上体现的作品在特定杂志上的复制权（无形的版权的一部分）许可给了杂志社，而画稿作为有形财产仍旧是画家的。当人们把无形财产权与有形财产权在诸如此类的场合混为一谈时，曾出现过无数的纠纷。研究知识产权的目的之一，正是要避免这类混淆，解决有关纠纷。

就发明专利而言，可获专利的既可以是方法（如制造方法等），也可以是产品。所以专利法全文中，均有"方法专利"与"产品专利"之分。而就实用新型专利而言，则只授予产品[①]，绝不会授予制作这种产品的方法。外观设计专利所保护的，甚至可以说是某种"作品"。这种作品如果"无形"，不成其为"外观"设计了。但"专利权"

---

① 参见中国专利局的《审查指南》第二章第五节。

本身自然是无形的。

有人不了解专利权客体的这种特征，把"技术"说成是"标的"。这在技术转让合同领域可以说得通。而在专利法领域本身中，则值得商榷。

在许多情况下（如在"权利质权"中）"标的"是专利权本身，既不是方法，也不是产品。在一切情况下，作为受专利权保护的客体，方法发明与产品发明是平起平坐的。我们切不可把专利产品之作为"物"，与作品的载体之作为"物"混为一谈。

至于在版权领域把一切作品都说成是"无形"的[①]，则不仅在理论上让人吃惊，而且在实践上也离常识太远。在中国的版权保护制度中，只有口述作品及尚未以乐谱固定下来的音乐作品（多处于民间文学领域）[②]不能被视觉所感知，可以说是无形的。至于文字作品、美术作品等等之"无形"，则很难让人明白。例如，把一个人物玉雕造型作品与承载作品的玉石相区分是对的。但如果由此得出结论说"艺术家在一块有形的玉上创作成一个无形的人物造型"，那就只会使人感到论述者不知所云。既然"无形"，那么你断言它是"人物造型"而不是其他造型时，究竟是猜到的还是实实在在地看到的？实际上，知识产权的客体，无论是作品、技术方案还是商标，由于其本质属于某种信息，也均是"有形无体"的。说其有形，是因为人可以感知其存在。不像知识产权作为无形产权只能依法存在，并无从"感知"。说其无体，是因为它们不像物权的大多数客体那样，可以并且必然被固定在特定的、触觉可感知的、可通过占有加以保护的物上。

---

① 参见《中国法学》1996年第3期，第97页。
② 参见中国《著作权法》第3条、第6条。

由于无体，作为知识产权客体的信息，不可能被单独占有，因此以占有或准占有为第一要件的民法上的"取得时效"，就绝不可能适用于知识产权——虽然史尚宽先生曾在《物权法论》中断言知识产权可以被准占有，当代更有学者进一步断言"取得时效"完全适用于知识产权。设想一项专利权的所有人与 97 家使用者订立了使用许可合同，而第 98 家未经许可就把该专利当成自己所有的一样使用了，专利所有人在"时效"期内未加追究，是否那 97 家就都应转而向这位未经许可者交许可费了？因为他已经通过"取得时效"得到了该专利！但如果第 99、100、101 家也都与第 98 家同时同样地为其所为而未被追究，那么究竟谁通过"时效"获得了该专利？这就不仅是个使 97 家守法人为难的问题，而且是个使当代学者为难的问题了。

至于有的论述谈道：作品、商标标识等等都只能是受保护"对象"，而不是受保护"客体"，这就有些近乎文字游戏了。"受保护对象"涵盖主体与客体。在这个意义上，无论称作品为"对象"还是"客体"都可以。有人认为，法律是调整人与人之间的关系的，不调整人与物的关系，因此权利的客体就只能是人的行为，而不能是物，也不能是智力成果。这种议论已超出知识产权法范围，意在革新整个民法的传统概念。本文也只好先走出知识产权的"窄圈子"。

按照这种意见，物权法领域的受保护客体也不能是物，而只能是人对物的某些行为了？这种意见并不新鲜。《法学研究》杂志从 1988~1991 年的一大批文章也曾打算在客体问题上以同样的议论标新立异，结果还是不得不回到传统民法对"客体"的解释上来。这种解释就是：物权客体为物；知识产权客体为智力成果；债权客体为债务人的行为。作出这种正确解释的国内外论著乃至成文法都有许多①，绝不像有人以为的那样，只是"国内已有的知识产权法著作中"才这样解释。

当然，知识产权领域也有权利客体是人的行为的。例如，表演者权的客体就是表演者的表演行为。但这与认为客体是"主体对作品的支配行为"是完全不同的。因为，那种错误意见混淆了权利内容与权利客体。对作品进行（或者禁止他人进行）复制、翻译、改编、传播等被有人说成是客体的行为，实质正是版权的权利内容。

法律只调整人与人的关系这一点，并不排斥人的行为之外的事物成为法律关系的客体。马克思说过：所谓生产关系，不过是"法律上反映出的财产关系"。②按照上述那种意见，马克思应当说"法律上反映出的人与人的关系"才对。但马克思并没有那样说。因为他知道，如果理论彻底到只在人或者至多人的行为中兜圈子，那么调整人与人之间关系的法律就根本无从研究了。

二、专有性

笼统讲专有性特点，有形财产权也具备。强调知识产权的专有性有两个必要之处。第一，侵害有形物的专有财产权，一般须有入他人室、取他人物等明显的违法行为，而侵害知识产权，则往往不体现为这类活动。这也正是目前中国不少个人与企业侵害他人知识

---

① 中文著述可参见董世芳：《民法概要》，三民书局，1978，第 29 页；唐德华、王利明主编《民法教程》第 2 章，法律出版社，1987，第 22~23 页；马原、佟柔等主编《中国民法教程》，人民法院出版社，1989，第 43 页；梁慧星著《民法总论》，法律出版社，1996，第 80 页；等等。英文著述及法条可参见 The explaination of the words "object of a legal right" in The Oxford Companion to Law, by D.M.Walker, 1980 ed., p.897; Of Authors and Origins, by B.Sherman and Co., Clarendon Press, 1994, p.172; Spanish Trademark Law of 1988, Articles 41~46; New Zealand Copyright Act of 1994, Article 134, etc.

② 参见马克思：《政治经济学批判·导言》。

产权而不知为侵权的主要原因。第二，正如上文举例时所讲的，有形财产权的专有，极少可能采用"分身法"处置有关标的。这至少反映出知识产权在专有性上更复杂。此外，知识产权，尤其是其中的工业产权的专有性，还反映出完全不同于有形财产权的"排他性"。例如，两人分别拥有两幢完全相同的房屋，他们均有权互不干扰地出让、转卖、出租等，而两人分别搞出完全相同的发明，则在分别申请的情况下，只可能由其中一人获专利权。获专利权之人将有权排斥另一人将其自己搞出的发明许可或转让第三者，另一人只剩下"在先使用权"。不了解知识产权的这种排他专有性，往往是某些发明人丧失了自己本应享有的权利的一个主要原因。当然，"排他"专有性这一特点，在知识产权中并非没有例外。在商标允许"共同使用"的国家，在 TRIPS 承认了商业秘密属于知识产权之后，尤其是这样。如果因为有例外就不能将其列为"特点"，那么可能世间一切事物均无特点可言了。即使下文将谈到的"地域性"，也已有了非洲、西欧、北美诸多例外，"时间性"也已有了"进入公有领域仍须交费使用"等例外。

专有性又是把知识产权与公有领域中的人类智力成果相区分的一个重要特点。知识产权固然是人类智力成果中的专有权，但并非一切人类智力成果均是专用的。在人类历史的长河中，曾有过漫长的智力成果不受法律保护的年代。"知识产权"是个历史的概念，知识产权保护制度只是在科学技术与商品经济发展到一定阶段才产生的法律制度。如果有人讲起"秦始皇的专利权"，他只是在《国语》中"专利"一词中文语源的角度使用"专利"，才不违背历史唯物主义。如果有人为自己未经许可而改编了某当代作者的作品进行辩解时说："难道郭沫若写《蔡文姬》也侵犯了《三国志》的版权？"我们只能认为这是一种荒唐的比拟。因为《三国志》是处于"公有领域"的智力成果。而当代作者的作品则处于"专用领域"之中，它们具有"专有性"。

国内有的著述认为：仅仅传统民事权利中的"物权，债权及人身权"才具备专有性，原因是这些权利不受限制。而知识产权因为受到权利限制，所以不具备专有性。

这种把"权利限制"与"专有性"对立起来的看法是不对的，而且也与民法常识不符。

欧陆法系样板法之一的《德国民法典》第906条规定，在土地所有权人遇到邻地产生的侵扰时，如果侵扰未超过一定幅度，则"所有人应容忍之"。承袭该法的《日本民法典》第210条也有类似规定。这都是对物权的限制。原因很简单，任何专有权如果毫无限制，都可能妨害他人的权利乃至公共利益。所以，法律对物权、人身权等都会有权利限制；它们又都并未因此而不成其为专有权。依照中国民法通则，未经许可而使用他人肖像，本应构成侵犯他人人身权中的肖像权，但如果不是以营利为目的，则不为侵权。① 这种权利限制，与中国《著作权法》第22条第1款对版权的限制是很近似的。

至于把"债权"与"物权"并列为具有专有性的权利，并且以之与知识产权相对，则离民法常识更远了。"合同不产生专有权利"，这是民法的常识。无论英美法系还是欧陆法系，都使用相同的拉丁文，统称物权以及知识产权中的专利权、商标权与版权为具有专有性的"对世权"（right in rem），因为其有效性针对除权利人之外的一切人；而称债权为不具专有性的"对人权"（right in personam），因为后者的有效性只能针对特定当事人。有的论述更进一步认为债权之所有具有绝对的"专有性"，是由"其标的均是有形财产"决定的，

---

① 参见《民法通则》第100条。

则也不符合实际。例如，无论版权转让合同还是版权质押合同，有关合同权的标的都不是有形财产。

可见，在研究知识产权之时，既不能以自己仅知的民法原理去套知识产权新问题，也不能毫无顾忌地撇开前人已经正确总结出的民法原理去走"新"路子。这两者是同等重要的。

知识产权有时会"暂时"丧失专有性，进入公有。这也与物权不同。

"进入公有领域"，实质上正是专有权的灭失。

知识产权在哪些情况下会"暂时进入公有领域"？

知识产权进入公有领域不可逆转，即不可再回到专有领域，这是在一般情况下通行的一条原则。只有这样，对整个社会来讲才是合理的。同时也只有这样，在知识产权保护制度建立起来后的人类历史中，处于公有、人人可自由使用的智力创作成果才能占绝大部分，也才有利于科学文化的发展。

但任何原则都不是绝对的，都可能在特殊情况下出现一些例外，进入公有领域不可逆转原则也是一样。

商标权或专利权被错判无效，而后来又得到纠正，是行政或司法实践中可能发生的特殊情况。在错判到纠正之间，只能认为有关专有权"暂时进入公有领域"。

在商标法或专利法的法律条文中，一部分国家明文规定了可允许专有权失灭后逆转的情况。这主要指商标注册人确因合理原因而未能及时办理续展和专利权人有正当理由而未能缴纳年费，从而导致有关商标或专利权暂时进入公有领域。

对版权来讲，在三种特殊情况下，可能发生从公有领域向专有领域的逆转。

（1）实行登记制的国家，如果要求作品一旦出版必须履行登记手续，则从作品的出版日到登记日之间，该作品即暂时进入了公有领域。如果在规定时间内登记了，则作品回到专有领域；如果超出规定时间而未登记，则作品永久进入公有领域。

（2）按照许多国家的版权法，只有本国国民（包括在本国有长期居所之人）的未出版的作品可享有版权。非本国国民创作的作品，当它未在本国（或与本国同属某一公约的其他国）首先出版时，作品创作一旦完成，也被视为暂时进入公有领域。当其在本国首先出版了，则又从公有领域逆转入专有领域。如果它首先在非公约成员国的外国出版，则对本国来讲，它就永远处于公有领域之中了。

（3）《伯尔尼公约》的追溯力条款，要求非成员国一旦加入公约，必须开始保护在其加入之前的其他成员国（仍在保护期内）的作品。所以，在该国参加公约前，公约成员国的有关作品暂时进入该国公有领域；该国一旦参加公约，这些作品又从公有领域逆转到专有领域。

应当知道："进入公有领域"，也同知识产权本身一样，具有地域性。依中国法进入公有领域的专利权，在美国依美国法可能仍在专有领域之中。

在专有权暂时进入公有领域期间，公众中的任何人都可能自由使用暂时不受保护的有关客体，如商标、发明、作品等。而后来专有权在这些客体上重新产生，肯定会使已经使用它们的人受到一些损失。例如某厂实施一项公有领域中的发明，已建起了生产线，这时突然出现了权利人，诉说该发明已回到专有领域之中了。这时要该厂拆除生产线就显失公平了。所以，大多数国家都认为：重新获得专有权的权利人，无权禁止原先的善意使用人继续使用，也无权追索原先的使用费，只有权要求使用人在该权利转回专有领域后支付合理的使用费。这又与专利权限制中对待"在先使用人"不同。对于在先使用人，专利权人无权要求他支付任何使用费。

三、地域性

知识产权保护制度，无论在中、外均起源于封建社会。它们的雏形均是封建社会的地方官，或封建君主、封建国家通过特别榜文、敕令的形式授予的一种特权。一定的敕令，当时只可能在发敕令的官员、君主或国家权力所及地域内，才产生出特权；越出有关地域，该特权也就不复有效了。封建社会被资本主义社会及后来的社会主义社会代替后，知识产权的性质起了根本变化（它们不再是君主给的"特权"，而成为依法产生的民事权利，或称"法权"），但"地域性"特点仍旧保留了下来。就是说，迄今为止，除知识产权一体化进程极快的地区（如欧洲经济共同体、法语非洲国家）外，专利权、商标权、版权这些传统的知识产权，均只能依一定国家的法律产生，又只在其依法产生的地域内有效。

有人认为，现代的不同国家，也都各有自己的有形财产法（许多均在其民法典中），因此地域性也并非知识产权的特点。这些人没有注意到，在国际私法中被多数国家接受的一条原则是：有形财产适用财产取得地法或物之所在地法；知识产权则适用权利登记地法或权利主张地法。这就反映出知识产权不同于有形财产权的地域性特点。例如，一位中国学者在中国拥有的手表，戴到英国后不会被当然地视为人人可得而用之的公共财产。而 1992 年 10 月之前，同一位学者在中国出版的著作，拿到英国则可以成为人人可翻译出版，并无义务取得该学者许可的公共财产。该学者在中国本来已享有的版权，在英国当然地进入了公有领域。也有人举出极少数国家在极特殊情况下实行无偿"国有化"的例子，来说明专有的有形财产也可能走出一国地域被另一国视为公有，以此证明有形财产也有"地域性"特点。不过，这些人又犯了一个形式逻辑上的错误。在中国申请并获得的专利，如果在外国未申请专利，其在外国将普遍处于公有领域，不成其为"专利"；而在一国被承认为私有的有形财产在另一国被"国有化"，则只是极罕见的特例。把特例与某一领域普遍存在的特点相类比，是不能言之成理的。

知识产权的地域性特点在工业产权方面未引起太多异议。在版权领域，则一直存在由误解产生的异议。有人认为，由于版权是自动产生的，无需行政批准，故在一国享有版权的作品，其他国均应承认其版权，而不应固守"只依一定国家的法律产生，又只在其依法产生的地域内才有效"的陈规。

应当指出，这种认识并不是什么新论，而是法国、比利时等国在近一百年前就提出过、也实行过，但后来又都否定了的理论。这种理论在历史上被否定的主要原因有三个。第一，按照这种理论，版权国际公约根本没有缔结的必要了，因为各国都将自动承认依他国法律产生的版权为版权，都将在本国把未经许可使用这项权利视为侵权。但事实上谁也没有自动这样做。随着版权公约的实际出现，这种理论就日渐在国际上销声匿迹（而只在不太了解版权国际保护史的中国部分人当中才又被重新提起）。第二，按照这种理论，各国版权保护期就不应当有差异。例如，在德国，保护期是作者有生之年加逝世后 70 年。在中国，则是作者逝世后 50 年。在作者逝世后的 50~70 年这段时间，要求世界上其他国家如中国承认凡在德国享有版权作品在自己国内也有版权，则大多数国家认为这是荒谬的。第三，各国版权法差异较大，要求普遍承认在作品来源国构成侵犯版权的行为，在其他国也都构成侵犯版权，就等于要求各国处理版权纠纷的法官，必须通晓世界各国的版权法。而这在事实上是做不到的。

因此，版权，与工业产权一样，至今仍旧具有人们的常识所理解的"地域性"。在全世界并未就版权保护期、侵权认定等达成完全一致意见之前，提出承认他国之版权为本国版权，并以此"突破"传统地域性，只会重犯历史上的错误。

只是在全球计算机网络系统迅速发展的 1994 年之后，"侵权发生地""被告所在地"等越来越难以确定。同时，一作品若被非法上网或在网上被非法调用，世界上大多数国家都可能一并成为同一侵权行为的"发生地"。只是到了这时（具体说，到了 1997 年），人们才不得不开始讨论至少在版权领域，"地域性"是否应有新的含义。也有人提出：在不久的将来，各国版权制度若不尽快"一体化"，则版权的国际保护将不可能实施。

四、时间性

从历史唯物主义的观点看问题，应当认为知识产权仅仅是随着实用技术及商品经济的发展，才"历史地"产生出的一种无形财产权、一种特殊的民事权利。

虽然"人类智力创作成果"是早在原始社会就存在的，但把这种成果作为一种专有权给予保护，只是封建社会中、后期（在有些国家则是资本主义社会前期）的事。例如，在西方采用活字印刷术之前以及中国采用雕版印刷术之前，批量复制他人的文字创作成果，尚不可能，因此也不可能产生出"版权"这种专有权。有人曾举出司马迁的《史记》不享有版权，来为自己今天的侵权行为辩护。这从逻辑学上看，是讲不通的；从认识论上看，则是违反历史唯物主义的。在现代西方，却从来听不到有人讲"莎士比亚的版权"，或以莎士比亚不享有版权为自己辩护。应当说，西方知识产权学者在对知识产权的"时间性"特点的认识上，倒是符合历史唯物主义的。

"时间性"还有另一方面的含义，就是人们一般讲起的"法定时间性"，即指其价值的有效期。

过去，有人在看到国际条约及国内法以及知识产权学者论著中强调知识产权的"法定时间性"特点时，反驳说：有形财产中的主要项目是所有权，而所有权具有"永恒性"（在许多年前在中国台湾出版的史尚宽先生的《物权法论》、董世芳先生的《民法概要》等书中，我们早已读到过这些论断——中国台湾"民法"论著对大陆学人影响是很大的）；至于"物权标的"时间性，则不应与知识产权中"权利"的时间性混为一谈。这些人忘记了：有形财产所有权的"永恒性"，是以有关财产"标的"的存在为前提的。房屋作为"物"倒塌后，其原所有人此时只是一堆砖头的"所有权"人了。一张桌子如果被火烧成灰，其原所有权人就可能"无所有"了。而知识产权中的所有权，不以有关物的灭失为转移。这种所有权才真正本应具有"永恒性"，但法律却断然限定了它只在一定时间（如专利20年、版权50年）内有效。此外，作为产权"标的"，只能拿知识产权中的"权"，与有形财产权中的"物"相比。各国立法中对此都是明白的。例如，各国担保法中，均把知识产权作为"以权利为标的的质权"或称"权利质权"，绝没有称之为"作品质权"或"发明质权"的，更不会有称之为"图书（文字作品的载体）质权、建筑物（建筑艺术作品的载体）质权"的。"权利标的"、受保护"客体"及有关"载体"，在这里必须分得清清楚楚、不容混淆。而在有形财产权领域，标的、客体及载体，往往同是一个。在所有国际公约中，在大多数国家的立法中，知识产权与有形财产权的这种不同，一般也是清楚的。

当有人谈到《美国版权法》第203条时，曾吃惊地"发现"：多年来最不提倡作品"人身权"的美国，居然在这里如此强调作品中的人身（应称"精神"）因素。不论原签订的版权转让合同期为多久，也不论签约时作者如何确认，均可在 35 年后"反弹"回作者手中。这岂不是连衡平法中极重要的 "estoppel"（禁止反悔）原则都不顾了。如果美国立法者简单地给予回答，那可能是："这正是知识产权的特殊性"。

五、可复制性

只有在论及这一特点时，我们的指向才是知识产权的客体。

知识产权之所以能成为某种财产权，是因为这些权利被利用后，能够体现在一定产品、作品或其他物品的复制活动上。也就是说，这种权利的客体一般可由一定的有形物去复制。作者的思想如果不体现在可复制的手稿上、录音上，就不成为一种财产权了。别人不可能因直接利用了他的"思想"而发生侵权。对专利权人也是一样，他的专利必须能体现在可复制的产品上，或是制造某种产品的新方法，或是新产品本身。没有这些有形物，专利权人也无从判断何为"侵权"。可复制性把知识产权与一般的科学、理论相区别。科学理论的创始人不能像专有知识产权那样，对自己的理论"专有"；不能要求其他人经其同意后方借助他的理论去思考和处理问题。虽然世界知识产权组织把"科学发现"作为知识产权内容之一，但人们一般理解这仅包括作为第一个发现者享有的精神权利，而不是如专利权人或版权所有人享有的那种控制权或独占权。而且，至今不少人仍旧认为：把"科学发现"作为一种产权、特别是作为知识产权，就使知识产权的原有含义根本改变了，也使知识产权的上述大多数特点不复存在。例如，很难说科学发现具有什么地域性或时间性。少数国家积极倡导的《科学发现国际承认公约》，至今只有两三个国家批准，因而一直未生效。有人认为，"无形的东西均不可复制"，也是不对的。上文讲过的无形的口述作品等，均是可以复制的。对口述作品进行录音，就是对无形客体的有形复制。

当然，这里讲的"特点"，主要指狭义知识产权。"可复制性"则还包括世界贸易组织认定属于知识产权的那些受保护对象的特点。例如，很难讲商业秘密的"严格"地域性；但受保护的商业秘密显然应具有"可复制性"，否则难以在商业领域被利用，也就难以达到 TRIPS 保护的商业秘密的标准了。不过"可复制性"如何适用于"科学发现"，则仍是一个使人为难的问题。

最后，应当指出：上文所说"知识产权的特点"，是把五方面的因素综合起来归纳的。如果采用"瞎子摸象"的方式，仅仅抓住某一方面去看，均可以说上述某一点，其他产权中也能反映出，从而不仅是知识产权特有的。那就可能离开辩证法而走近形而上学了。而且，经常把握住专利权、商标权、版权等"无形""专有""地域限制""法定时间限制"、其保护客体"可复制"等这些特点，有助于避免人们经常发生的把进入公有与未进入公有相混淆、把权利标的与载体相混淆、把他国法与本国法的效力相混淆、把权随物在与权不随物在相混淆、把不应保护的"劳动""思想"等等与应予保护的劳动成果、思想之表达相混淆。就是说，综合考虑知识产权的这些特点，不仅从辩证的角度，从理论的角度看是适当的，而且从实践的角度也是有益的。

知识产权法学在国际上多年来都是被放在"应用法学"的领域去研究的。任何应用法学学科，也均有自己的"基础理论"，否则便成了"实用主义"学科。但各国至今还没有过完全脱离应用去"钻研"所谓的知识产权"基础理论"而有可取之成果的。而无论中外，则确有不少人在知识产权理论上主张"纯而又纯"，于是进到了死胡同。

最后，上面所归纳的知识产权的一些特点，只能算"一家之言"。

这并不妨碍其他人在切切实实的研究中，归纳出其他特点。也不妨碍根本不归纳"特点"而走其他途径去阐述。无论联合国世界知识产权组织主编的教科书，还是较早问世的英国 Cornish 的教科书，都没有集中论及知识产权的"特点"。这里所说到的"特点"，只是针对中国在知识产权方面存在的较多的误解，需要专门论述，方可归纳的。例如，有人"研究"了多年知识产权，仍不知专利权、版权等是一种"Exclusive Right"。在这种情况下，强调提出其"专有性"，应是无可指责的。

第三节　不同概念之间的关系 *

一、各部门法之间的关系

如果我们把专利权、商标权与版权作为传统知识产权的三个主要组成部分，那么专利法、商标法与版权法（即"著作权法"）也就是知识产权法的主要组成部分了。无论作为知识产权法的研究工作者、行政管理人员、司法人员还是律师，他们可能只精通这三项法律中的一项，但却应当了解和熟悉知识产权法的整体，尤其是这三项部门法之间的关系。否则，在研究或处理问题时，可能发生顾此失彼的后果。当然，如果能进而熟悉这三项部门法与商业秘密法、技术转让法等其他广义知识产权法所包含的法律之间的关系，就更好了。不过在这里，我们首先须走出第一步。

就专利法与版权法的关系而言，它们一个侧重在保护实用技术

---

　　* 　编者注：该部分选自郑成思著：《知识产权法（第二版）》，法律出版社 2003 年版，第 19~30 页。

领域的智力成果，一个侧重在保护文化领域的智力成果。构成专利法保护对象的发明，必须具备"三性"，而构成版权法保护对象的，则只需具有独创性（也称"原创性"）。这二者一般不容易被混淆。只是当版权法保护的对象是某种实用技术作品时，二者的界线才不容易被分清。也正因为如此，我国1990年《著作权法》专门制定了试图分清二者关系的第7条。

正如在实用技术领域，专利法保护着依照某种或某些科学思想或理论而开发出的技术实施方案，但并不保护这些思想或理论本身；版权法则保护着某种或某些科学思想或理论的表达、表述，不保护思想或理论本身。可以说，专利法与版权法在这种情况下各自侧重保护着智力创作成果不同的一端。例如，作为科学理论之一的"焦耳定律"，即 $Q = I^2RT$，它本身既不可能受专利法保护也不可能受版权法保护。但依据该定律搞出的带有实际技术解决方案的发明，可以受到专利法的保护。阐发、论述或讲解该定律的文章、专著，则可以受到版权法的保护。

这个在理论上，本应界线分明的问题，只是在近年许多国家对计算机软件采用（或不得不采用）版权法去保护的潮流中，在一些司法活动中被混淆在一起了。其原因正在于许多软件本身即包含某种实际技术解决方案，却又偏偏被划入版权法保护范围。这样，在计算机软件领域，专利法与版权法的关系，可以说在理论上是清楚的，在实践（立法与司法实践）中则是不得不模糊的。

就专利法与商标法的关系而言，前者保护着新产品或新产品的制作方法，或新方法所延及的已有产品，后者则保护着产品来源的信誉，指示着产品的质量（当然，并不一定指示产品的"高质量"，而是指示着特定产品的"一贯质量"）。专利法与商标法的不同作用，在绝大多数场合不会使人发生专利法与版权法关系上的那种混淆。

同一厂家本来只能靠商标专用获得的信誉，有可能借助产品的专利权得到加强。同时，产品依专利法受到的保护，也有可能借助商标法得到实际上的延长。例如，当某一厂家用某一专利产品创出牌子、在市场上驰名后，专利期一旦届满，其他厂家均可以合法地仿制这同一种产品，但却仍旧不能使用原厂家创出牌子使用的特定商标。这样，该享有原专利的厂家，依旧可以靠它仍在专用着的商标，在市场上占有如同该产品未丧失专利权条件下一样的优势。在许多国家，如果在使用注册商标的同时，将自己未获专利的产品上标示"已获专利"的字样，将被视为违反商标法。这种规定正是基于上述专利法与商标法在市场竞争中存在的实际关系而制定的。

就版权法与商标法的关系而言，商标法所保护的专用商标的文字或图形，必须具有"识别性"，以使公众能够把商标权人的产品与来源于其他人的相同或类似商品相区分。如果说专利法中的"新颖性"有时可能被人与版权法中的"独创性"相混淆，那么应当说"识别性"与"独创"相去甚远，一般不易被混淆。

商标法与版权法有时也各自保护着同一智力创作成果的不同一端。有些组成商标标识的美术字或图画中的一部分，也属于版权法所保护的"美术作品"；作为注册商标的标识，它们当然也受商标法保护。不过，在这种场合，版权人与商标权人往往并不是同一个人。如果商标权人系未经版权人许可而将有关美术作品用作商标并获得注册专用权的，则该版权人应有权以"在先权利人"的身份请求将有关商标作为"注册不当商标"撤销注册。在一些国家的商标法中（如意大利、日本等国商标法中），就有这种明文规定。我国商标法从 1988 年实施细则开始，也为版权人提供了提出这种请求的机会。而商标权人如系经版权人许可将有关美术作品用作商标，则其注册专用权一旦成立，即有权排斥包括版权人在内的一切他人将相同或近似的美术作品在商业活动中复制于相同或类似商品上或商品广告上。但商标权人绝无超出这一范围的任何许可或禁止他人复制该美术作品的权利。如果日后有人要汇编出版商标图案美术作品集，希望收入有关商标图案，他应当去找该美术作品（图案）的版权人，而不是去找商标标识中含有该图案的商标权人，去取得使用许可。

在许多建立了版权制度及注册商标制度多年的国家，如果某公司既是某注册商标的权利人，又是有关商标图案的版权人，则他们很清楚可以利用版权法与商标法对本公司的利益进行双重保护，于是无例外地在商标（及商品装潢）的图案上加注版权保留标记。在知识产权的国际保护中，有时一公司的商标在其他国家被人未经许可使用，依商标法构不成侵权，依版权法则构成了侵权。"双重保护"的益处在这时就显示出来了。1986 年爱尔兰一家公司在澳大利亚法院，正是依版权法实际维护了自己的商标专用权的。同样在 1986 年，我国的某啤酒厂又正是因为不懂得这种双重保护的作用，而在美国法院丧失了本来应属于该厂的商标使用权。

应当承认，在以同一个美术作品为对象时，可能反映出专利法、商标法与版权法之间的许多错综复杂的关系，其中最应提出并使人们了解的，是这三部法对同一对象的重叠保护关系、选择保护关系与权利冲突关系。

某一美术作品具有独创性，它自然符合版权法保护的条件；如果这幅作品作为图案（或美术字），附在商品上又具有识别性，则它又可以符合可注册商标的条件；如果它同时又是一幅富有美感并可在工业上应用的新设计，则还可能获得专利法的保护。三法重叠保护同一对象（但保护角度完全不同），在实践中并不罕见。

在两种法中选择一种保护本来可以重叠保护的客体，最明显的是《伯尔尼公约》第 2 条第（7）款的规定。这一款的原意是讲：如果某成员国已有专门法保护实用美术品，则可以不在版权法中保护它。正是基于这一点，WIPO 总干事曾指出：中国著作权法即使不保护实用美术品，也不违背伯尔尼公约（因为中国专利法可被视为保护实用美术品的某种"专门法"）。1988 年前的英国知识产权法宣布：实用美术品经版权人许可而投放工业复制领域，版权将自动丧失，也是"选择保护"的一例。

但目前多数国家在处理三种主要知识产权法在美术作品上体现出的关系时，更倾向于重叠保护。德国、美国等一些国家，更是在专利、版权领域明文保护外观设计之余，又制定或拟议制定单行外观设计版权法。因为，选择保护的结果，往往使一部分智力创作成果完全失去保护。1988 年，美国沃尔特·迪士尼公司打算制止中国南方某厂以米老鼠等造型制作塑料玩具时，居然发现其"权利主张"几乎无法可依。该公司以有关造型在中国绝大部分商品类型上取得了商标注册。但南方某厂并未使用这些造型于商标。当时中国尚无版权法，而依照专利法，有关造型早已丧失新颖性，不可能取得外观设计专利。当年国家工商行政管理局虽然以行政干预方式，从禁止不正当竞争角度处理了这一纠纷，但米老鼠等造型难以找到法律保护依据的事实，使美方在中美知产权谈判中一直作为一个问题提出。又由于考虑到把专利法作为保护实用美术品的专门法，将使多数已无新颖性但确有独创性的作品处于"三不管"地界。所以，中国著作权保护对象中只能把实用美术品解释进去。这样做的缺点将是，可能冲击专利法保护外观设计的作用。因为，版权法保护实用美术品是无需任何手续的自动保护，保护期又大大长于专利保护期。美术作品即使具备新颖性，其创作者又有什么必要费钱费时费力地去申请获得保护期更短的专利权呢？

除上述三种关系外，不同知识产权法之对于同一客体，还存在如上所述的延长保护关系；也往往存在交叉保护关系；"交叉"一般只存在于版权法与专利法之间。诸如多数国家的半导体集成电路保护法以及国际上的《集成电路知识产权公约》、一些国家的专项外观设计法（如德国）、国际上的印刷字型公约等，均是专利法与版权法交叉（而不是重叠）保护的实例。而国际上的保护奥林匹克会徽公约，则是较少见的版权法与商标法交叉保护的实例。

最后，如果细心研究知识产权法，还会注意到：商标权、专利权及版权的权利人所享有的"禁"与"行"（即"否定"与"肯定"）两个方面的权利内容是很不相同的。一般说来，知识产权权利人所享有的权利在禁与行两方面应是对等的。例如，版权人有权复制自己的作品；同时也有权禁止他人复制自己的作品。但如果浏览一下各国（包括我国）的商标法，都可以看到：一方面，商标权人享有在指定商品上专用其注册商标的权利；另一方面，他却又有权禁止其他人在该指定商品或类似商品上，使用与其注册商标相同或近似的标记。那么，是不是可以反过来推论呢？既然商标权人有后一种禁权，自己使用近似的标记于类似的商品上，也可以吗？这下却不行了，他可能会因"擅自改变商标标识"而受处罚。这样看来，商标权人"禁"的一面权利要广于"行"的一面。这一现象又似乎与传统民法观念不一致了。但这又是为保护商标权这种与公众利益密切相关的特殊权利（即避免在公众中造成混淆）所必需的。专利权中也存在类似的"禁"与"行"不对等。而版权人的两方面权利则一般是对等的，至少直接从法律条文中反映不出不对等。

二、专利与某些相近概念的关系

（一）专利与发明

能够申请到专利的，首先必须是一项发明。但专利法中所讲的发明，与人们通常说的发明，不一定是完全相同的。专利法中的发明指的是发明人研究出来的、能够在实际应用中解决技术领域的某种问题的方案或设计。《人民日报》1983 年 1 月 18 日报道："严瑞芳发明了一种橡胶加工新方法"，这里所说的就是专利法含义中的发明。而当我们说："史丰收发明了快速运算法"时，我们指的就不是专利法含义中的发明了。同样，如果有人说："门捷列夫发明元素周期表"，他所指的更不是专利法含义中的发明。上面第一个例子中的"发明"，确实是指解决"技术领域"问题的方案；第二例则是解决"数学领域"问题的，它一般都被排除在专利发明之外；第三例从严格意义上讲，是"发现"而不是"发明"。

即使是专利法含义中的发明，也不一定都能取得专利。

能取得专利的发明必须是新颖的、先进的、实用的。在不同国家，除这三点共同要求外，还各有一些不同要求。例如，许多国家都规定：凡是违反社会公德的发明，均不能获得专利。有些国家规定：食品发明，药物发明，或对人体施行的治疗方法的发明，不能获得专利。多数国家都规定：利用原子能的发明，直接涉及国防领域的某些发明，均不能获得专利。

发明一般都体现在有形物上。即使是一项制作方法的发明，在大多数情况下也表现为制造某种原有产品的新方法，或制造某种新产品的方法；而专利则只表现为对某种无形权利的专有。取得专利的发明人对于发明所赖于体现的有形物并不享有任何专有权，而仅仅有权许可或禁止制造和销售这种有形物的活动。例如，爱迪生发明了电唱机并取得了专利，但他在整个专利有效期内并没对世界上存在着的电唱机享有支配权，他仅有权许可某些厂商按他的发明设计去制造它们并从中取得专利"使用费"，他还有权禁止任何人不经过他的允许就去制造它们。

（二）专利与科学理论

科学理论首先与发明不属于同一个范畴，这决定了它绝不可能获得专利。科学理论是解释自然现象与自然规律的，它要解决的问题是：事物"为什么"以一定的形式存在或运动。发明则是运用自然规律的，它要解决的问题是事物"怎样"以一定形式存在或运动。发明往往会走在科学理论之前。例如，我国古代发明火药的时候，是完全不了解有关物质的分子式及其氧化过程的理论的。但科学理论有助于更多的人在更自觉的基础上从事发明。正因为如此：一方面，在申请专利时，并不要求发明人陈述他所搞出的发明是以什么科学理论为依据的；另一方面，一切科学理论本身都不能获得专利。如果给"门捷列夫元素周期表"授予专利，或给爱因斯坦的"相对论"授予专利，禁止别人去使用它们，那就会阻碍科学技术的发展，在实践中也行不通。

有的同志认为，"科学发现"可以在美国获得专利，这是一种误解。上面讲的科学理论，就是对科学发现的描述，这二者都不可能获得专利。美国专利法中的"发现"一词，是指发现原有技术的新使用方案，实质是指发明，而不是指科学发现。

（三）专利与技术改进、合理化建议

我国国务院发布的《合理化建议和技术改进奖励条例》中，提出技术改进与合理化建议包括五项内容：（1）工业产品、建筑结构的改进和质量的提高，生物品种的改良和发展，以及发展新产品；（2）工艺方法、试验、检验方法，栽培技术、植物保护技术，养殖技术，安全技术，医疗、卫生、劳动保护技术及物资储藏、养护、运输技术等的改进；（3）工具、设备、仪器、装置的改进；（4）更有效地利用原料、材料、燃料、动力、设备及自然条件的技术措施；（5）设计、统计、计算技术及其他技术的改进。

可以看出，这里的一部分内容是通过改进经营管理，乃至改进统计、计算方法等等来实现的，它们本来就不属于专利法含义中的发明，更谈不上取得专利了。有些内容可以通过采用别的企业或单位已经搞出的"对口发明"来实现，"采用"他人的发明，当然不属于发明了。只是设备、工具的改进，工艺方法的改进，确实可以通过发明去实现。不过这种"发明"，往往过多地依赖了原有发明，所以拿它去申请专利，有可能（但不一定）会被判为"缺乏新颖性"。合理化建议一般只要求在本企业有新颖性就够了，不会像专利一样要求那么广的新颖性。上面提到的对工业产品等等的改良，在有些国家可能获得"小专利"。重大的革新，则有可能成为独立的、能够申请专利的发明。

这样看来，专利与技术改进及合理化建议，总的讲并不相同，但后者的个别内容有可能构成前者的一部分。

三、版权与形象权的关系

这里讲的"形象权"，亦即世界知识产权组织1996年的反不正当竞争示范法解释中所称的"商品化权"。

1995年，中国商标权或商业广告使用权与版权交叉的纠纷，开始大幅度上升了。随着"逢人处处说汉斯"这句商业广告语的作者诉汉斯啤酒厂家侵犯版权案在西安提交法院，"美菱"商标的设计人诉安徽美菱集团侵犯版权案在合肥提交法院，"乐百氏"字体及人物形象创作人诉广东今日集团侵犯版权案在北京提交法院，"泥人张"的后代诉天津市"泥人张工艺品经营部"侵犯姓名权、名誉权、版权及商标权案在天津法院提交诉讼等等，商品化权或"商业形象权"的保护问题，在我国已经提到日程上来了。

"形象权"是个新的、未定型的概念。在一般民法的人身权与版权之间，以及在商标权、商号权、商誉（Goodwill）权与版权之间，存在着一个边缘领域。正像把工业版权领域的问题无论放到工业产权领域还是版权领域解决，都不尽合理一样，把这一边缘领域的问题无论单放到人身权（或商标权等）领域还是单放到版权领域解决，也都难得出令人满意的答案。国外已出现"公开权"（Right of Publicity）、"商品化权"（Merchandising Right）等术语来说明这一领域中的一部分问题。本书作者则把这一领域的权利归纳为"形象权"。所谓"形象权"，包括真人的形象（例如，在世人的肖像）、虚构人的形象、创作出的人及动物形象、人体形象等。这些形象被付诸商业性使用的权利，我把它统称"形象权"。

真人形象权指的是真人的姓名或（和）肖像被付诸商业性使用的权利。这项权利与民法一般人身权中的姓名权与肖像权有何不同呢？如果说，以自然人为主体的姓名权及肖像权在人死后即随之失灭的话，与版权相邻的形象权却在该形象所反映的主体死后犹存很长时间，因为他主要是一种经济权利。可以说这是二者的主要不同。

强调人身权在人死时即逝的人们大都吃惊地发现：不少国家的版权法中规定了一个人死后若干年，其肖像权由谁行使的问题。例如，《苏俄民法典》第 514 条规定，肖像的被制作人死后，其肖像的发表、复制或发行其作品前，均须征得肖像被制作人的子女同意。这至少说明，这些版权法条款所指的"肖像权"，已经不同于一般民法人身权中的肖像权了；它们是可以脱离原主体而存在的。

在前文中曾讲到，有些国家的版权法把"冒他人之名发表自己的作品"视为侵犯版权，而不是侵犯一般民法中的姓名权。在这些场合，姓名权也是被作为与版权相邻的形象权，而不是单纯作为人身权来对待的。

有些国家认为，只有名人才具有形象权；一个人成为"名人"后，就部分丧失了他的民法肖像权与隐私权，而获得形象权。 日本法院 1986 年的"中森明莱案"中，则认为非名人也享有形象权。

1982 年，奥地利最高法院在一个判例里，曾清楚地区分了版权、肖像权与形象权。一个自认为较有名气的运动员被一名摄影师拍了照片，后来他的照片未经他许可被一家体育用品商店连同其他许多运动员的照片一起使用在商品广告上，该运动员向法院诉商店侵犯其版权与肖像权，并要求按每件商品销售价的一定比例提成，来作为侵权赔偿。最高法院认为，该照片版权依奥地利版权法属摄影人所有；商店对运动员不存在侵犯版权问题。该运动员的肖像被商业性使用，确实应视为侵犯肖像权。但至于应按什么标准赔偿，或应当不应当赔偿，要看商店在实际销售中，该运动员的肖像究竟起了多大作用，如果从消费者那里抽样取证的结果表明：顾客购物时根本没有注意到广告中该特定运动员的肖像，那就说明该运动员的名气尚不足以使他具有形象权，即不具有利用该肖像在商业中获得的实际权利。于是就可能不存在赔偿问题。商店可能只需要声明道歉并停止继续使用而已。

（一）扮演者的形象权与版权

这里要讲的，实际上是我国许多报刊讨论过的"剧照的肖像权"问题，但民法对人身权中一般的肖像权的规定，显然远不能解决这一边缘领域的问题。许多争论最后没有令人满意的结局，从反面说明必须引入"形象权"这一新概念。日本从 20 世纪 70 年代即引入了这一概念。

扮演者的"剧照"不能一概而论，它至少包含以下几种不同情况：（1）观众不认识的（不知名的）演员扮演虚构人物；（2）观众不认识的演员表演真实人物；（3）观众认识的（知名的）演员扮演虚构人物；（4）观众认识的演员扮演真实人物。

在第（1）种情况下，未经许可而商业性利用剧照（指单独镜头）不存在侵犯演员形象权问题，只存在侵犯作品版权；在保护水平高的国家，还可能存在侵犯表演者权问题。

在第（2）种情况下，不存在侵犯演员形象权问题。但如果演员与真实人物极其相似，以致观众多数在离开影、剧的场合无从区分，则存在侵犯该真实人物形象权问题；如果该真实人物系在世人，则还可能侵犯该人物民法人身权中的肖像权。同时，这种商业性使用肯定也侵犯了作品的版权或表演者权。

在第（3）种情况下的多数场合，会有侵犯演员形象权问题。例如电影演员杨再葆，不论他再扮演什么虚构人物，他的剧照一旦单独拿出来，人们也都会认出，这是杨再葆。其他一些多次获奖的名演员都会有类似的形象权。就是说，人们看到从影、剧中抽出，付诸商业使用的有关单独剧照后，将不再把它与有关作品故事情节相联系，而是直接与演员本人相联系。当然，这时也会同时存在侵犯作品版权或表演者权问题。

第（4）种情况，名人表演者所扮的真实人物，也存在一个知名度问题。邓世昌可以算"名人"，表演他的李默然也是名演员。但邓世昌的知名度是有限的。不学历史的人可能并不知道他，而他们可能认识李默然。这时李可能享有有限的形象权。另一方面，名演员扮演知名度极高的名人（例如领袖人物）越逼真，他在事业上就越成功，他就越可能不享有剧照形象权，而他在剧照形象权上的"所失"，换来的是他在文艺界的更高知名度和其他相应权利。始终保留着自己的形象权去扮演名人的演员，则可能说明他在扮演时总与其应有的角色相差很大距离。这种"形象权的保留"对他并非好事，他可能最终因此不得不离开文艺界，从名人变为非名人，从而完全丧失其形象被商业利用的可能性，即丧失其形象权。

（二）人体形象与版权

1988 年年底，北京中国美术馆的"油画人体艺术大展"及与大展同时发行的人体艺术画册，曾引起了模特儿的诉讼。而随后不到一个月的另一次，在同样地点的人体画展（《陈皖山人体油画展》），却没有引起什么风波（至少没有立即引起诉讼）。其中可能有前者委托作画的合同（无论书面还是口头合同）不及后者完善；更可能是前者的商业性使用成分大大高于后者。

人体画像的版权肯定就属于绘画人吗？不一定。有的国家规定其版权属于被画人；有的国家规定由绘画人与被画人的合同商定；也有的国家规定属于绘画人。多数国家即使规定了第一种或第三方案，也都允许在第二种答案中选择。可见，不能简单地认为这种情况下，作品的版权必然归作者。

人体模特儿也不事实上享有形象权（虽然他［她］们肯定享有肖像权）。在出版人体画册之外可能付诸商业使用的人体形象并不多见。但是，一旦某个绘画艺术家的较高创作水平使某个模特儿因其人体画而出名，付诸其他商业使用的可能就产生了。

不过，我国发生在 1988~1989 年有关纠纷，实际是中国特殊国情的产物，首先是一方可能扩大了对原有（口头或书面）合同的理解，以违约方式扩大了有关作品的使用范围。其次，也是更重要的，在多数发达国家主要是肖像权问题的人体画，在我国则主要是隐私权问题。因为，我国毕竟不像西方从古代罗马、古代希腊起，就把人体美充分地表现在绘画、雕塑等作品中。总之，该纠纷本身的产生是因形象权引起的。

（三）作者创作之形象的形象权与版权

上面三种形象权的权利主体与客体（肖像、剧照、人体画）之间都存在着同一性。现在来谈主体与客体不存在同一性的形象权。

作者在绘画或其他造型艺术中创作的形象，它们作为作品，享有版权是无疑的。这些形象并不是全部可以在其创作目的之外付诸商业使用的。例如鲁迅写《阿Q正传》后，有不少画家都创作出他们心目中的"阿Q"的画像。这些作为绘画作品享有版权的形象，很难在其他商品的装潢、广告或厂商招幌上使用，以便获利。但张乐平创作的"三毛"形象，除了出版画册、拍摄电影外，还可能享有某种类似商誉权的形象权。美国沃尔特·迪士尼公司创作出的"白雪公主"形象、"七个小矮人"形象，事实上已经在享有版权的同时，获得许多国家、许多类商品的商标注册。

可享有形象权的创作形象，还远不止人物形象。许多动物形象也包括在内，人们熟悉的米老鼠和唐老鸭就是已经享有这种权利的形象。中国亚运会吉祥物的设计图，也曾成为这种形象。在动物形象中，同样也存在虚构动物与真实动物的区别。例如米老鼠那种具有人手、穿衣戴帽的动物，显然是虚构的。而珍奇动物中国大熊猫、澳大利亚树袋熊的形象，则是真实的。这后一类形象在艺术家笔下可能各式各样。但是，在确认真实动物形象的版权与形象权时，就应更慎重，以免把公有领域的东西划入专有领域。

此外，还有一大部分"商品化"权与"形象"几乎没有关系。例如，某些厂家以某些重大历史事件为基点，在销售中或服务提供中把它们"商业化"为自己的专用标志。例如，以"二战"期间盟军的"登克尔"登陆这一历史事件，或太平洋上的"珍珠港"事件为基点，都曾有厂家进行过尝试。

在1995年，澳大利亚即曾有厂商试图将"2000奥运会"（因其由澳大利亚的悉尼举办）中的"2000年"商品化为自己的专用标识，受到澳大利亚政府的禁止。澳大利亚议会随后还通过了一项法案，授权仅悉尼"2000 奥运会"组委会，有使用该历史事件于商业活动的独占权。

在同一年，中国也曾有人将"1997"香港回归之年（历史事件）独占为自己的商标，而在初审时，中国的行政机关比澳大利亚"慷慨"得多，居然批准了注册。当然，商标评审委员会最终还是撤销了这一注册，结果是与澳大利亚一样，未使公有领域的东西进入专有。不过，这一反复毕竟向中国学界及行政部门表明：是到了我们认真深入研究"商品化权"的时候了。

四、"版权"与"著作权"的关系

本书从一开始即使用"版权"这一概念，而没有使用"著作权"概念，来表述文学艺术作品产权。这并不是像有人讲的那样，因为出于指著作权为资产阶级概念的偏见。正相反，我国 20 世纪 50 年代凡翻译苏联著述时，只用"著作权"，认为"版权"是"资产阶级的概念"。实际上，这两种看法均没有什么道理。

"著作权"与"版权"都是外来语，又都是某种程度的转译（而不是直译）。版权制度建立较早的西方大陆法系国家，称之为"作者权"，日文转译为"著作权"，后被我国晚清、民国及今天的大陆及台湾地区沿用。版权制成立较早的英美法系国家，称之为"复制权"，日文转译为"版权"，后被我国晚清、民国及今天的大陆及香港地区沿用。"著作权"（或作者权）的相应英文是 Author's Right，"版权"（或复制权）的相应英文是 Copyright。对此是没有太多争议的。

一百年前，如果有人认为这二者不是同义语，可能是对的。因为：第一，当时的英美，在成文版权法中并不承认精神权利。第二，当时的学者以其当时所能掌握的史料曾得出结论：Copyright 一词，指的是 15 世纪后英国出版商的特权，该词本身也产生于保护作者的近代版权制度之前（即《安娜法》之前）；而"作者权"则是超出出版商特权的产物，是随《安娜法》产生又被大陆法系国家发展了的。

但如果今天的知识产权法学者重复 19 世纪学者的结论，再次指出"作者权"与"版权"不是同义语，那就值得商榷了。第一，版权制的主要国家英国和美国都已参加了承认精神权利的伯尔尼公约，而且英国于 1988 年、美国于 1990 年明文确认了这种权利。第二，英国版权委员会名誉主席威尔在其 1983 年的《论版权》一书中经考证说明：英国历史上从未将 15 世纪至《安娜法》时期的出版特权称 Copyright；这个术语只是在《安娜法》颁布 30 年后才出现的，它指的正是"作者的"复制权。日本学者一百年前放弃了 Copyright 而选择 Author's Right 的效果即使有可取之处，其依据中却包含着对史料引用的失误。今天如果弃置词汇来源国的新资料，仍旧重复引用非来源国百年前的失误，则应无可取了。

以大陆法系国家为主发起的伯尔尼公约，在第 2 条两款中数次提到"作者权"；该公约英文文本中，这几处又都换成了"版权"（即 Copyright，而不再是 droit de auteur）。以吸引美国参加为目的而缔结的《世界版权（Copyright）公约》，法文及西班牙文本又都是《世界作者权（droit de auteur）公约》。这说明在国际法领域，这两个词汇早已成为可以互换的同义语。

香港地区无论旧法还是新法，中文均称"版权"，而且把适用于香港的一切 Copyright 法，均译为"版权法"；而台湾地区在译相应的英国法时，又均译为"著作权"（即作者权）法。这说明在我国的不同地区，这两个词汇也被当作同义语使用。

第四节　知识产权的权利冲突 *

不应一般地否认知识产权的权利冲突的存在。无论中、外，两个或两个以上分别享有相同或不同知识产权的权利人，在行使权利中发生冲突的事，并不罕见。许多已有的及拟议中的立法及国际条约，正是为了解决这类冲突。问题在于，在我国，在 20 世纪末叶，一批被炒得沸沸扬扬的"权利冲突"知识产权案例，实际上并非真正意义上的权利冲突，而是地地道道的权利人与侵权人的冲突。这些冲突，依照原有的我国知识产权法，本来是可以顺理成章地解决的。而且，有关法院的判决、行政机关的裁决，也大都合理合法，或基本合理合法地解决了。① 只是理论界反倒觉得混混然，觉得似乎对有关的侵权人制裁实际只是法律不健全、从而产生出的权利冲突的牺牲品。因此，在 21 世纪修改原有知识产权法时，就会面临这样的问题了：是把已有的原本合理的规定改掉，还是保留原本合理的规定，进而去解决真正的（包括尚未在我国出现的）权利冲突。

例如，"先用权"性质的并无排他性的所谓"在先权"，与具有排他性的真正在先权的根本区别。以未曾向社会扩散方式先发明、先使用某一他人专利保护客体之人，在"注册"制国家，未注册但已在先使用某一商标多年之人，等等，方享有相对应的、在其后获行政批准而握有专利权、商标权的"在后权"权利人。这在大多数国家均是明明白白的（确有部分国家不承认在先使用商标而未注册

---

* 编者注：该部分选自郑成思著：《知识产权法新世纪初的若干研究重点》，法律出版社 2004 年版，第 49~50 页。

① 例如，北京第一中级人民法院 1997 年终审的"武松打虎图"一案，上海高级人民法院 1997 年终审的"三毛"形象一案，以及国家工商行政管理局商标评审委员会关于撤销"武松打虎图"及"三毛"商标注册的裁决。

者有"先用权"——这里另当别论）。而发生在我国的许多议论，则是未经许可而使用了他人已经受知识产权（或其他民事权利，如姓名权、肖像权）保护的内容，是应当判定为侵权，还是应当认为通过侵权便产生了"在后权"。

这一类听起来很简单的问题，若不在理论上弄清楚（从现有的司法判决看，它们在司法实践中倒往往是清楚的），对我国 21 世纪实施有效的知识产权保护，肯定会有妨碍。

第五节　知识产权概念的交叉与扩展 *

一、"边缘保护法"的理论与实践——工业产权与版权的交叉

法国在 18 世纪开始使用"工业产权"（Propriete Industrielle）时，就仅仅把专利权与商标权包含在内，它以应用在工、商领域的精神创作成果为保护对象。版权则是以文化领域的精神创作成果为主要保护对象。这种划分，一直持续了下来。19 世纪末的两个主要的国际公约（《保护工业产权巴黎公约》与《保护文学艺术作品伯尔尼公约》）更是明显地划出了两个领域的对专有权的保护。在多数国家里，工业产权法与版权法的行政管理机关也相应地分立着。例如，在美国，专利法与商标法的有关事务由商务部下的专利商标局管理，版权法的有关事务则由国会图书馆下的版权局管理。在日本，专利法及商标法事务由通产省下的特许厅负责，版权法（即著作权法）事务则由文部省负责。在我国，专利法事务由国务院直属局专利局负

* 编者注：该部分选自郑成思著《知识产权法（第二版）》，法律出版社 2003 年版，第 30~36 页。

责，商标法事务由国家工商行政管理局下的商标局负责，版权事务则由国家版权局负责。多数国家的情况都大同小异。只有英国、德国等例外地由贸易部统管专利法、商标法及版权法事务（英国在立法上首先使工业产权与版权交叉起来——这也许不是偶然的）。

传统上对工业产权与版权的划分不是没有道理的。工业产权中的专有权（尤其是专利权）对保护新的产品发明及制作方法发明极为有效。关键是专利法禁止了对发明内容的某些仿制。在这里，"内容"不是指发明的理论基础或指导思想。不保护思想与理论，是一切种类的知识产权法都遵循的原则（即使有科学发现法，也仅仅用以承认首先发现权及给予奖励，绝不会保护其中的什么专有权）。这里讲"内容"，是指实施发明的工艺、方法，或生产发明物的具体流程。版权则保护着另一个侧面——"表达形式"。专利发明内容的表达（即专利说明书）可以受到版权法的保护，是自不待言的。版权又不仅仅保护发明的表达形式，而是保护一切创作思想的表达形式。版权法之所以产生，以及它之所以对思想的表达形式能给予有效的保护，关键在于它禁止了对他人表达思想的特有形式进行复制。

不过，随着科学技术与生产的发展，是否曾出现过这样的精神创作成果：它既需要在内容上受到保护，又需要在表达形式上受到保护；但在内容的保护上它不需要达到发明专利那么高，在形式保护上又不需要持续版权保护期那么长。这种创作成果确曾出现过——工业品外观设计。

工业品外观设计，无疑是工、商领域中的受保护对象；但作为一种"外观"设计，它的受保护重点又集中在形式上。用版权法固然可以保护它，但由于工业产品必须经常更新外观才能在市场上站住脚，版权的传统保护期对它将是无意义的。

1968 年，英国颁布了一部《外观设计版权法》（*Design Copyright*

Act），与英国已有的《注册外观设计法》（*Registered Designs Act*）及《版权法》并存，目的是解决一部分悬而未决的创作成果的保护问题。过去，未付诸工业应用的外观设计，由版权法保护其形式；已付诸工业应用的，则可以提交专利局注册，由注册外观设计法保护其内容。不过，不少外观设计成果的所有人感到形式保护对外观设计更有效，因此虽然投入了工业性使用，也不愿去申请注册。于是，为保护这些既付诸工业应用又未注册的外观设计，就出现了1968年的法律。这部法律为它所保护的对象提供15年时间既含（部分）专利权、又含（部分）版权的"特别工业版权"。

在英国之后，虽然大多数国家并没有颁布类似的工业版权法，但普遍承认外观设计是处在工业产权与版权之间的受保护对象。

1984年，国际上的知识产权领域成文法中，出现了又一个"特别工业版权"的保护对象，这就是受美国版权法特殊保护的半导体芯片掩膜作品。

《美国半导体芯片保护法》虽然作为第九章而附在其原有的版权法标题之下，但又是一个相对独立的与该版权法"若即若离"的部分。该章的第912条宣布：原版权法（即第一章到第八章）中的绝大部分内容，将不适用于对半导体芯片掩膜作品的保护。其中最明显的相对独立之处有：

第一，一般的美国版权作品的保护期是作者有生之年加死后50年；而掩膜作品则是其首次投入商业使用后10年。

第二，原美国版权法肯定会保护掩膜作品的原设计图；而第九章则仅仅保护已经固定在（Fixed in）半导体芯片产品上的掩膜设计，对于"固定"步骤完成之前的设计（即一种几何图形），是不予保护的。

第三，原美国版权法赋予受保护主体的专有权范围很广，至少包括复制权、演绎权、广播权、表演权、录制权、发行权，等等；而第九章赋予掩膜作品所有人的专有权只有两项，即复制权与发行权。

第四，原美国版权法只要求受保护的作品是独创的；而第九章则要求掩膜作品除去是独创的外，还不能是平庸的，不能是"大路货"（Staple）。

从上述对比可以看到，美国对芯片掩膜作品的保护，确实减少了原版权保护的某些内容，又加进了专利保护的另一些内容。例如，不能是平庸的，也就等于要求一定的先进性，这不是版权法的要求，而是专利法的要求。

特别工业版权保护，并不等于专利法与版权法对同一具体的客体加以双重保护，因为它不包含两种专有产权的全部，而是各自的一部分（甚至一小部分）。它又不是游离于专利与版权之间的专有权，因为它毕竟兼有二者的特点。如果用一个黄色的圆形来表示专利保护，用一个红色圆形表示版权保护，那么两圆相交时产生的橙色区域，就是特别工业版权保护。

在 1985 年 11 月由欧洲研究会（ESC）与香港中文大学共同举办的"中国专利、商标及许可证贸易"国际学术会上，我曾提出过这个边缘保护法（或"橙区法"）的理论问题，并说明了它在实践中的意义。现在，我仍然认为边缘保护法适用于对计算机软件的保护，而且它比起单纯的版权法要更有效一些。

与工业品外观设计及半导体芯片掩膜作品相似，计算机软件的所有人虽然在一般情况下最担心的是其他人无偿复制其软件，但有时无偿使用其软件同样会给他带来损失。如果给软件以版权保护，15 年以上的保护期都会显得太长。因为软件技术的发展速度很快，在市场上 10 年不被更换的软件产品都是极少的。但如果给软件以完全的专利保护，则新颖性的检索就是第一个将面临的难题。世界上每年出现的软件产品，比每年研究出的新发明要多得多，一件申请专利的软件是否具有新颖性，将很难确认。而采用工业版权法保护软件，则可以避开单纯的专利法或单纯的版权法中难以解决的困难。

出于立法上的便利，出于传统的工业产权与版权的界线一时难以打破，出于急切地需要软件保护而不能在新的立法上拖太长时间，大多数国家采用了版权法保护软件。此外，不能不承认，也有一些国家采用了版权法，是出于某些大国的压力。

在成文法上较早以版权法保护计算机软件的美国，也并不尽是立法上进行了深思熟虑的结果。这里有历史的原因，或者不如说：是时间顺序的不可逆转性造成的。目前国际上不少法学家及一些国家、国际组织的立法机关都认为：《美国半导体芯片保护法》是一次较成功的尝试；如果美国保护计算机软件的问题在 1984 年之后才提出，则软件保护也许将采取芯片法的模式，而不再是简单地附着在原有版权法上了。就连一些美国人也这样认为。1996 年 1 月，美国荷花公司诉他人侵犯其 Lotus1-2-3 软件的"菜单"版权败诉之后，美国的不少软件产业中的大公司，都切身感到了依靠工业产权保护其软件似乎比版权更可靠些。

二、"信息产权"的理论——知识产权的扩展

上面讲的是：从科技发展引起工业产权与版权交叉的角度看，不应当固守陈规地沿用已有的版权法来保护计算机软件。现在要讲的是：科技的发展还引起了知识产权法整个适用范围的扩展。从这个角度看，也不应只看到原有的单行法——难道不会有新的单行法出现吗？

近年来，已有不少人把世界上正进行着的新技术革命称为"第

三次浪潮"。从财产及产权法的角度看，这次浪潮意味着什么呢？
"在第一次浪潮的社会中，土地是最重要的财产；在第二次浪潮的
社会中，机器取代了土地，成为最重要的财产；在第三次浪潮的社
会中，我们仍然需要土地、机器这些有形财产，但主要财产已经变
成了信息。这是一次革命的转折。这种前所未有的财产是无形的"。
"如果说股票是象征的符号，那么信息财产则是象征的象征。这样一
来，财产的概念面目全非了……"这是美国社会学家托夫勒（Alvin
Toffler）在《预测与前提》一书中的论述。

　　确实，人们常把所谓第三次浪潮的社会称为信息社会，把新技
术革命称为信息革命。至于信息包括什么内容，人们给予较多注意
的往往是通过报纸、广播、电视等等媒介了解到的、日常的经济、
政治、文化、社会等的有关情况。但应当知道，这种信息中的很大
一部分是古已有之的，至少不是进入信息社会后才产生的新东西。
信息社会中信息的特点，是传递更迅速，内容更准确，对经济、技
术及社会的发展（包括上至国家，下至企业、单位的决策）起着更
重要的作用。使一个国家进入信息社会的关键技术之一，就是数字
化技术与网络环境。信息革命是国际性的，但并不是一切国家都进
入了信息社会。至少不能否认：那些尚未普及应用电子计算机及计
算机网络的国家，还处在信息社会之外（但并未与信息社会隔绝）。
不过这里暂不深谈这方面的问题。

　　信息社会既然已经（或将要）把信息财产作为高于土地、机器
等有形财产的主要财产，这种社会的法律就不能不相应地对它加以
保护，就是说，不能不产生出一门"信息产权法"。

　　事实上，这门法律中的一部分，也是早已有之的（至少是信息
社会之前就已存在着的），这就是传统的知识产权法。

　　构成新技术信息大部分内容的，自 21 世纪以来，就是各国专

利申请案中的专利说明书。绝大多数专利说明书是公开刊登在出版物上的。在相同技术领域中工作的人都可以得到这种信息。当然，未经专利权人许可，任何人均无权按照该说明书去实施有关技术或出售有关技术制成的产品。从这后面一层意思看，这种技术信息（在一定时期内）是专有的。

商标是附在商品或服务上，用以说明商品或服务来源的标记。它使不同企业生产的同类商品得以区别开，因此成为市场上占重要地位的直觉信息源。用户往往是凭借商标来选择自己认为合适的商品。不靠商标，而靠"先尝后买"来选择商品的情况毕竟很少。人们购买商品前，都有权取得这种"区别商品的信息"；在买到商品后，当然也就得到了附在商品上的商标。不过，除了商标权人（或经其许可之人）外，任何人均无权擅自印制同样的商标，或以同样的商标来标示自己的商品。从这后一层意思看，商标信息，也是专有的。

报刊、书籍、电视、电影、广播等等，是主要的、最广泛的信息源。人人都可以通过这些媒介获得自己所需要的信息。但是（在颁布了版权法的国家），未经作者、出版社、电台、制片厂或其他有关权利人的许可，任何人都无权复制、翻译或为商业性目的（营利目的）而传播自己所得到的这类信息。因此也可以说，这类信息中的大部分，（在一定时期内）是专有的。

在信息财产中，除专有的财产外，还有更多的原先处于公有领域；也有一部分信息财产原先是靠保密来体现它的价值。这些则是传统的知识产权法难以过问的了。

在许多发达国家，早在 20 世纪 80 年代，随着电子计算机的广泛使用而出现了各种旨在保护电子计算机所存储的数据（亦即信息）的法律。有些法律已不是原来意义上的知识产权法。受法律保护的客体（数据）诚然可能是受版权保护的对象；但受保护的主体则不是数据所有人，而是数据的来源——信息被收集人。这样，一部分原属于公有的或属于靠保密来保持价值的信息，处于新的专门法保护之下了。而这种保护的目的，却不在于维护信息所有人的专有权，倒在于限制该所有人扩散某些信息。这种限制，是取得可靠信息的保证，因此总的讲，对社会是有益的。

进入 20 世纪 90 年代后，西欧率先提出了保护无创作性的数据库的设想，并在 1996 年 3 月以欧洲委员会"指令"的形式形成地区性公约。这样一来，可作为财产权标的的"信息"，又大大地增加了一部分内容。

这样，信息产权法就将包含不同内容了：传统的知识产权法；新的、虽与知识产权有关，但又具有完全不同的受保护主体或客体、完全不同的保护方式的法律。以上讲的是知识产权法之中不同产权的交叉，现在则讲的是知识产权本身被包括进一个更广的区域——当然，也可以说知识产权法在扩展。

如果说，就目前来看，计算机软件应当由工业版权法这种边缘法来保护，那么，软件进一步发展的将来，不是没有可能以现有知识产权法之外的某种新的信息产权法去保护。这要由软件的发展方向来决定。

计算机软件，实质上也是一种专有的信息财产。只不过它并非古已有之，因此人们会感到它与常识中所称的信息大相径庭了。而细分析起来，却可以看到它与古已有之的信息之间，存在着许多相似之处。

自古以来，信息首先是用自然的语言文字表达的。一个不会说汉语的英国人和一个不懂英文的中国人在一起，就会发生"信息障碍"，这时只有借助翻译人员，才能克服这一障碍。

与此相似的是，在人—机（电子计算机）的对话中，最初人们使用"汇编语言"来编写程序，但计算机只能"读"懂用机器语言（即 0 与 1——开路与闭路）编写的程序。这里也产生了信息障碍。而如果人直接用机器语言写程序，则一是编写太费事，二是出了错误也不便查找。那么，怎么排除这一障碍呢？人们发明了"汇编程序"，它起到了把汇编语言译为机器语言（即把源代码译成目标代码）的作用。

与自然人之间的对话及翻译的作用更为相似的是下面这一发展过程：汇编语言与相应的计算机关系极为密切。过去，机器种类不同，汇编语言就不一样；在一种型号的计算机上使用的汇编语言源程序，一般不能在另一个型号的计算机上使用。于是人们研究出了高级计算机语言来代替汇编语言。高级语言与计算机的型号无特别密切的关系。虽然以它编的程序，也需要中间加一道"翻译"（即编译程序）才能被计算机"读"懂，但各种型号的计算机上配备的编译程序，都可以把同一种高级语言编成的源程序译成自己能"读"懂的目标程序。这样，人—机之间的信息障碍和不同计算机之间的信息障碍统统被排除了。这对于人类进入信息社会曾起到了很大的推动作用。

不过，软件这种信息，与文学艺术作品这种享有版权的信息毕竟有一点重大的不同：前者的最终"阅读"者是机器，后者的最终阅读者是自然人。正是从这点不同出发，软件专有权不能等同于版权，它是信息产权中的一种新专有权。对软件的"阅读"，表现为它在计算机上的运行。这是以任何方式使用一件文艺作品都无法类比的。计算机无论怎样发展，也终归是人的创造物，而不可能与人等同。

第三章　知识产权与信息产权[*]

第一节　信息产权理论的提出与发展^{**}

"知识产权的客体表现为一定的信息，一般不能作为占有的标的，故不适用与占有相关的制度，如取得时效制度等"。① 国内外研究知识产权真正入了门的学者，从来都是这样认为的。世界知识产权组织的知识产权教科书，可以说是这种认识的代表。② 不过这种认识在我国一部分学者和立法者中，则属于尚待普及的知识。"信息产权"作为较系统的理论，是 1984 年由澳大利亚学者彭德尔顿教授（Michael Pendleton）在其专著（Butterworth 出版社出版）*The Law of Industrial and Intellectual Property in Hong Kong* 一书中初步阐述的。1987 年我在《计算机、软件与数据库的法律保护》一书中作了进一步的论述，又在 1988 年中国专利局的《工业产权》杂志第 3 期上撰文以专论形式再一次展开；1989 年，在当时牛津出版的《欧

＊　编者注：本标题为编者自拟。

＊＊　编者注：该部分选自郑成思著：《知识产权论（第三版）》，法律出版社 2003 年版，第 51~54 页。

①　见本书"民法典（知识产权篇）专家建议稿"第 5 条。

②　参见 *WIPO Background Reading Material on Intellectual Property 1988* 和 *WIPO Introduction to Intellectual Property—— Theory and Practice 1997*，这两部教科书是有继承性的。两书均由世界知识产权组织前总干事鲍格胥作序。

洲知识产权评论》第 7 期上，这篇专论被专门翻译成英文推荐给西方读者。

20 世纪 80 年代，有人把世界上正进行着的新技术革命称为"第三次浪潮"。从财产及产权法的角度看，"在第一次浪潮的社会中，土地是最重要的财产；在第二次浪潮的社会中，机器取代了土地，成为最重要的财产；在第三次浪潮的社会中，我们仍然需要土地、机器这些有形财产，但主要财产已经变成了信息。这是一次革命的转折。这种前所未有的财产是无形的"。"如果说股票是象征的符号，那么信息财产则是象征的象征。这样一来，财产的概念面目全非了……"这是美国社会学家托夫勒（Alvin Toffler）在《预测与前提》一书中的论述。

确实，人们把新技术革命称为信息革命。至于信息包括什么内容，人们给予较多注意的往往是通过报纸、广播、电视等等媒介了解到的、日常的经济、政治、文化、社会等等的有关情况。这种信息中的很大一部分是古已有之的，至少不是进入信息社会后才产生的新东西。信息社会中信息的特点是传递更迅速，对经济、技术及社会的发展起着更重要的作用。使一个国家进入信息社会的关键技术之一，就是数字化技术与网络环境。

信息社会既然已经（或将要）把信息财产作为高于土地、机器等有形财产的主要财产，这种社会的法律就不能不相应地对它加以保护，就是说，不能不产生出一门"信息产权法"。事实上，这门法律中的主要部分，也是早已有之的（至少是信息社会之前就已存在着的），这就是传统的知识产权法。

构成新技术信息大部分内容的，自 20 世纪以来，就是各国专利申请案中的专利说明书。至于商业秘密，则已经被世界贸易组织称为"未曾披露的信息"。

商标是附在商品或服务上，用以说明商品或服务来源的标记。

报刊、书籍、电视、电影、广播等等，是主要的、最广泛的信息源。人人都可以通过这些媒介获得自己所需要的信息。但是在颁布了版权法的国家，未经作者、出版社、电台、制片厂或其他有关权利人的许可，任何人都无权复制、翻译或传播自己所得到的这类信息。

在许多发达国家，早在 20 世纪七八十年代，随着电子计算机的广泛使用而出现了各种旨在保护电子计算机所存储的数据（亦即信息）的法律。有些法律已不是原来意义上的知识产权法。受法律保护的客体（数据）诚然可能是受版权保护的对象；但受保护的主体则不是数据所有人，而是数据的来源——信息被收集人。这样，一部分原属于公有的或属于靠保密来保持价值的信息，处于新的专门法保护之下了。而这种保护的目的，却不在于维护信息所有人的专有权，倒在于限制该所有人扩散某些信息。这种限制，是取得可靠信息的保证。

进入 20 世纪 90 年代后，西欧率先提出了保护无创作性的数据库的设想，并在 1996 年 3 月，以欧洲委员会"指令"的形式形成地区性公约。这样一来，可作为财产权标的的"信息"，又大大地增加了一部分内容。

这样，信息产权就包含传统的知识产权以及新的、虽与传统知识产权有关，但又具有完全不同的受保护主体或客体、完全不同的保护方式的法律。以上讲的是知识产权法之中不同产权的交叉，现在则讲的是知识产权本身被包括进一个更广的区域——当然，也可以说知识产权在扩展。

西方学者于 20 世纪 90 年代上半叶开始讨论"信息产权"问题，其代表性成果包括美国加州大学伯克利分校萨缪尔森教授（Pamela Samuelson）1991 年 在 Communications of the ACM 发 表 的 " 信息是财产吗"(*Is information Property？*) 一文。海牙的 Kluwer Law International 出版社 1998 年出版的《知识产权和信息产权》（*Intellectual Property and Information Property*）一书和缅因州大学李特曼教授（Jessica Liman）1999 年在《耶鲁法学评论》发表的"信息隐私和信息产权"（*Information Privacy/Information Property*）一文。美国 1999 年 7 月推出的《统一计算机信息交易法》主要覆盖的是知识产权的网上贸易，已经在实际上把"信息产权"与"知识产权"交替使用了。在中国，20 世纪末同样有论文重新开始重视起信息产权问题。例如《知识产权》杂志 1999 年第 4 期上，即有重开讨论的相关文章。

其实，知识产权这个概念与信息产权是可以互替的，正如它与无形产权可以互替一样。之所以提出"信息产权"的理论，意在提起人们对知识产权客体的信息本质的注意，以免时时把不可能被占有、在反复使用中又不会磨损的客体与可以被占有、在反复使用中必然磨损的物权客体相混淆。正如国际公约与国外学者提起"无形产权"时，往往是用它替代知识产权，以突出知识产权"无形"这一特点，而不是如我们一些学者，以为知识产权包容不了商号商誉等等客体，才不得不另外"创"出无形产权的"新理论"来。

第二节　知识产权与信息产权 *

一、知识产权

"知识产权"包括哪些内容？一般的回答是：包括"工业产权"与"版权"两大项。工业产权包括专利权、商标权、制止不正当竞争权等。版权包括作者权与传播者权（也称邻接权）。

早在近二百年前，当工业产权与版权还只是分别独立存在时，许多国家的法院就发现有一种横跨在这两种产权之间的客体——它既属于在工商领域中可以应用的，又像文艺领域中的作品一样易于复制；同时它又游离于工业产权与版权之外——它不需要专利发明那样严格的新颖性，只需要类似于版权作品的独创性，但它又不需要版权作品那样长的保护期，而只需要类似发明专利（甚至少于发明专利）的保护期。这种客体就是工业品外观设计。多年以来，许多国家都在探讨对这种客体应当如何保护的问题。1968年英国在立法中为工业品外观设计享有产权提供了一个新名称："特别工业版权"。二十多年后的今天，"工业版权"已显得不再"特别"了，因为在这个项目下所增添的分项已经不少于工业产权或版权所包含的内容。

1973年在维也纳缔结了一个《保护印刷字型及其国际注册协定》。作为受保护客体的"字型"，必须具有"独创性"（这是受版权保护的条件）或具有"新颖性"（这是受专利保护的条件）。受保护的字型必须提交注册，在国际保护中，这又是商标权受保护的条件（因为版权的国际保护是自动保护，至多以"加注版权标志"为

---

　　* 　编者注：该部分选自郑成思著：《郑成思文选》，法律出版社2003年版，第264~269页。原刊于《工业产权》1988年第3期。

条件）。字型专有权人的权利主要是禁止他人复制（即享有"复制权"，这是典型的版权内容），同时专有权人也有权禁止他人在制版中"应用"其字型，这又体现出专利权的内容。这一国际协定虽然尚未生效，但已有一部分国家采用了上述工业产权与版权并行的"工业版权法"来保护字型了。

1984 年美国颁布了《半导体芯片保护法》。随后日本、法国、联邦德国、瑞典、英国等，都相继颁布了与之类似的法律，保护半导体芯片的掩膜电路设计，或称"掩膜制品"。这种制品受保护的条件一是有独创性（不要求新颖性），二是技术水平应当"高于一般"，即要有一定的先进性。这是专利或类似专利要求。该制品专有权人的主要权利是禁止他人复制。但这种"复制"又不指简单地复印其原电路设计（设计图本身已经是传统版权法的保护对象），而是用化学方法腐蚀芯片以后再加以复制。这很类似专利法禁止的"仿制"。因此，这些国家的芯片保护法都被视为"工业版权法"。目前国际上正酝酿缔结一个"芯片保护公约"，以期既区别于只保护"工业产权"的巴黎公约，又区别于只保护"版权"的《伯尔尼公约》与《世界版权公约》。

计算机软件的法律保护已被二十多个国家列为成文法。虽然绝大部分国家是用版权法实现这一保护的，但实质上是在改变了传统版权法要款之后，才使这种保护适用于计算机软件的。如日本、法国版权法中给软件专有权人的"应用权"，日本、南朝鲜、巴西对软件保护的注册要求等。

可见，随着技术的发展及知识产权法的完善，传统知识产权的两大项（工业产权与版权）内容产生了交叉，出现了"工业版权"。不过，传统知识产权的特点并没有因此改变。无论是工业产权、版权还是工业版权，至少具有六个特点。首先，这些财产权都是无形的。

从"无形"出发，产生了它们的专有性、地域性、公开性、法定时间性及可复制性五个特点。其中有些特点，对世界知识产权组织所认定的某些"知识产权"很难适用。

二、信息产权

《建立世界知识产权组织公约》在第2条中指出，"知识产权"包括与下述内容有关的权利：（1）文学、艺术和科学作品；（2）艺术表演、摄影和广播；（3）人类在各种领域作出的发明；（4）科学发现；（5）工业品外观设计；（6）商标、服务标记、商业名称与字号；（7）制止不正当竞争及其他由工业、科学、文学艺术领域的精神创作产生的权利。

这里的"科学发现"不属于上面所讲的工业产权、版权或工业版权。对科学发现的"专有"，仅仅表现为承认第一个发现者的身份，而不表现为该发现者有权禁止他人应用有关被发现的科学原理。而且，按照《科学发现国际登记日内瓦条约》，这种承认应当是世界范围的，不具有"地域性"。最重要的是科学发现不像实用技术发明，不可能直接应用及体现在产品上，因而不具有专利发明那样的"可复制性"。又由于同一种科学发现可以通过许多不同的表现形式表达出来，故其本身也不像版权作品那样具有"可复制性"。如果确认爱因斯坦为"相对论"科学理论的发现者，绝不能规定"时效"，即不能规定他只享有这个称号若干年，若干年之后，他就不再是发现者了。可见，科学发现也不具有"法定时间性"。

那么，科学发现是一种什么样的"知识产权"呢？可以认为，它是传统知识产权的拓展，也可以认为它只是一种"理论信息源"，已不是原有意义上的知识产权了。

在过去很长一段时间里，人们认为Know-How（技术诀窍）不是知识产权的一部分，甚至不是财产权的一部分。许多专著甚至用"排除法"来为 Know–How 下定义。例如有人认为："Know–How 系指不受工业产权法保护的技术解决方案。"但 20 世纪 80 年代后，越来越多的国家在"知识产权法"教学中开始把 Know–How 作为内容之一。世界知识产权组织在制定各种知识产权示范法时，也把 Know–How 法作为其中的一项。当然，我们也可以把 Know–How 看作一种技术上的"秘密信息源"，即使划入知识产权，也绝不是原来意义上的知识产权。Know–How 的"专有性"远远不及专利，可能有两个以上的、分别独立的所有人。Know–How 没有"地域性"，在美国的 Know-How 到中国来可能仍旧是 Know–How。Know–How 之所以被称为 Know–How，正由于它不是公开的。Know–How 也不具有法定时间性，它的专有效力以实际保密时间为准。可见，传统知识产权的大多数特点，它都不具备。

当非洲知识产权组织在 1976 年把"民间文学保护法"列为与其跨国版权法并列的知识产权法时，许多发达国家的法学者表示了异议。他们认为：无法认定作者或根本未形成作品的民俗、民间典礼、民间游戏、民间曲调等，仅仅是一种"文艺创作的信息源"，而不应把它们当作知识产权加以保护。20 世纪 80 年代后，随着越来越多的发展中国家开始在版权法（或单行法）中保护（范围很广的）民间文学，国际上对它的认识也开始有了变化。英国在起草新版权法时，也把民间文学列为保护客体之一。世界知识产权组织则正与联合国教科文组织一道，着手起草"民间文学国际保护条约"。看来，在扩大了的"知识产权"中，迟早要增添这项内容。

当发达国家纷纷着手制定"个人数据保护法"时，从理论上讲，它们是从"保护人权"出发的，即任何人被档案机关或大公司收集了有关其个人的档案数据后，有权了解这些数据是否真实，有权禁

止数据所有人不合理地扩散数据，以防对被收集人造成危害。但在
20 世纪 80 年代后，许多发达国家的法学者发现：对于保护个人数据，
一些大公司远比被收集人更加关心。主要原因在于许多关于顾客的
个人数据为大公司的生产及销售方向提供了可靠的依据，有些个人
数据甚至构成大公司"商誉"的重要因素。显然掌握可靠的顾客数
据有助于增加公司的利润，因此也被看作是某种无形产权。不过，
把"个人数据"直接看作知识产权的人并不多，但我想至少可以把
它看作一种特殊的"工商经营信息源"。有时某些个人数据还是政治、
军事、外交等方面的信息源，不过这里讨论的重点不在这些方面。

　　早在 1984 年，香港大学高级讲师、澳大利亚律师彭德尔顿（M.
Pendleton）先生就已经把传统的知识产权看作某种信息产权。他认为，
专利是反映发明创造的信息，商标是在贸易活动中使人认明商品的信
息，版权则反映信息的固定存在形式。这样，我们可以认为传统知识
产权本身，就是信息产权的一项内容；当然，我们也可以认为信息产
权是传统知识产权扩大后的内容。

　　由于传统的知识产权都可以被认为是某种信息产权，而信息权
中却有个别尚不能称为知识产权的，这些"个别部分"还可能随着
技术的发展与法律的完善而增加。所以，一些知识产权组织或管理
机构更名为信息产权组织或管理机构会更加名副其实些。例如，世
界知识产权组织，虽然完全不必更改其字头缩写——WIPO，但其
中的 IP 可能给予新的解释，即不再是 Intellectual Property，而是
Information Property。

三、我国保护信息产权的现状

　　我国实行开放、搞活的政策之后，在保护知识产权乃至其扩大
后的信息产权方面的立法正在逐步订立和完善。

1979 年颁布（1984 年修订）的《中华人民共和国自然科学奖励条例》规定："凡阐明自然的现象、特征或规律的科学研究成果，在科学技术的发展中有重大意义的，可授予自然科学奖。"获奖者可得到荣誉证书、奖章及奖金。这实际上是对"科学发现"专有权的一种间接承认。

1982 年我国颁布了《中华人民共和国商标法》，1984 年又颁布了《中华人民共和国专利法》，在专利法中对具有新颖性的工业品外观设计也给予保护。

1985 年我国颁布的《中华人民共和国技术引进合同管理条例》在第 7 条中规定，技术的受方应当按照双方商定的范围和期限，对供方提供的技术中尚未公开的秘密部分，承担保密义务。1987 年我国颁布的《中华人民共和国技术合同法》第 39~41 条规定，非专利技术转让合同双方均承担合同约定的保密义务；如违反该义务，应当支付违约金或赔偿损失。这些规定，实质上是对 Know–How 专有权的承认与保护。

1987 年我国颁布的《广告管理条例》中规定，禁止利用广告从事不公平竞争活动。

此外，我国的民法通则在原则上承认了版权是一种应受到保护的知识产权。我国的广播电影电视部、文化部和国家版权局也通过一些行政法规，有限地承认和保护部分作者权（如出版权、翻译权、上演权等）及部分传播者权（如录音录像制品制作者权）。

目前在我国对电子计算机软件、半导部芯片掩膜制品、印刷字型、个人数据及民间文学等专有权的承认与保护尚处于空白。

不过，在已确立保护的几个领域，需要进一步完善的工作还很多。

例如，我国商标法仅仅对商品上使用的注册商标予以保护。而

"服务"（或称"劳务"）在许多国家已被视为一种特殊"商品"，服务商标被作为人们了解服务来源的必不可少的信息，而受到法律保护。我国则缺乏这方面的有效保护。

制止不正当竞争行为，应该是广泛的，不限于在广告上禁止。因此，仅有《广告管理条例》的有关规定就显得很不够。而如果没有一部全面的"制止不正当竞争法"作为补充，商标法实施起来就难免产生一些"合法不合理"的消极后果。例如对恶意的抢先注册商标的行为无法制裁，对不使用他人商标，也不使用他人商标标识作装潢，但确实损害或利用了他人商业信誉的活动，也无法制裁。

由于版权法保护的对象是"一切信息的固定形式"，所以版权保护几乎在绝大多数信息产权的交流活动中都会出现。在以商标转让为主的信息产权交流中，一般不会涉及专利问题，但"商标特许合同"中，肯定要有版权许可或转让条款。在不附带 Know-How 的技术转让合同及一部分附带 Know-How 的技术转让合同中，一般不涉及商标问题，但在绝大多数技术转让合同中，都会有"版权保留条款"。这些说明了如果缺乏版权保护，许多信息产权的交流就会发生困难。而我国至今尚缺少一部全面保护作者权与传播者权（亦即版权）的法律。这恐怕是我国信息产权保护中存在的最大问题了。①

---

① 至于进入 21 世纪后，有人说"信息是不能传播的、是不能创的"等等，认为"信息化""信息高速路"等说法均不通，只能讲"知识化""知识高速路等"，则属于"文字游戏"式的议论，可置之不理了。

第三节　信息与知识产权的基本概念 *

知识产权的基本概念，在建立了知识产权制度已经二十多年的中国，本不应该成为问题。但因近年来国内有些人力图打造"自己的"所谓"体系"而远离了常识，也有人在将"信息"与"知识产权"相关联时，往往产生困惑与歧义。因此，今天论述信息与知识产权的基本概念并不显得多余。尤其在发达国家纷纷制定了自己的知识产权战略、中国也正在研究本国的知识产权战略的今天，只有真正明白了"是什么""为什么"之后，才可能进一步讨论"做什么"。

一、总论

知识产权是一种私权，指对特定智力创造成果所依法享有的专有权利，或者说是以特定智力创造成果为客体的排他权、对世权。智力创造成果本质上是优化的信息，因此知识产权构成信息产权的核心部分。

"Intellectual Property"一词由德国人 Johann Rudolf Thurneysen 于 18 世纪提出，1967 年世界知识产权组织成立后开始在世界范围内广泛使用，字面含义为"智力财产权"或"智慧财产权"。由于任何知识都是人类凭借智力创造的成果，所以 20 世纪 70 年代以来我国普遍将该词译为"知识产权"。

广义的知识产权包括一切人类智力创造成果上的权利，狭义的知识产权则分为工业产权和版权。工业产权包括专利权、商标权、与智力创造成果有关的反不正当竞争权等，版权（我国亦称"著作权"）包括作者权和传播者权（即"邻接权"或"有关权"）。作者

---

　　* 编者注：该部分选自沈仁干主编：《郑成思版权文集（第三卷）》，中国人民大学出版社 2008 年版，第 45~64 页。原刊于《中国社会科学院研究生院学报》2004 年第 5 期。

权和传播者权中的表演者权既包括财产权利又包括精神权利。

相对于以保护物质（能量）的归属和流转为主干的各种传统私权而言，保护特定智力创造成果这种信息的知识产权是极特殊的一类私权，即使在以判例法为特征的普通法系国家，也为知识产权制定了大量的成文法，而在其他的私权领域，判例则仍是主要的法律渊源。

许多知识产权是由行政权力这种"公权力"创设的"私权"，其得丧变更必须经过行政审批程序，并不遵循"意思自治"的基本原则，知识产权法因此包含其他私法中不可能存在的大量行政程序性条款，因而各种知识产权的保护均在很大程度上依赖于行政权力的介入而不仅仅依赖民事救济。传统私权的权利变动严格坚持当事人"意思自治"原则，即使在不动产变动登记等极个别情形中，权利仍由当事人依法创设而非由行政机关授予，行政机关的登记只是公示、证明物权变动的基本方法，某些非行政权力的手段可以起到同样的证明作用，因而传统私权基本上不适用行政权力提供的保护。

知识产权领域存在着为数众多、内容全面的统一实体性国际条约，其中几部主要条约的"最低要求"条款确立了知识产权保护的"国际标准"，直接决定了当今世界绝大多数国家的国内知识产权立法，因此，知识产权具有国际性的特点。传统私权只是特定国家国内法上的权利，相关国际条约较少且基本上属于冲突规范，不能决定其参加国关于这些私权的国内立法，更无从确立某种统一的"国际标准"。

知识产权的排他性与物权的排他性不同。物权的排他性表现为对特定客体物本身的支配和控制，物权也因此由保障特定主体排他实现特定客体物上利益的权利演变为保障该主体排他支配、控制该客体物本身的权利。知识产权的客体具有共享性，可以被多人同时使用或被多人反复使用，因此，知识产权的排他性建立在对"客体"与"客体上利益"进行区分的基础上，非权利人可以掌握某特定智力成果（客体本身），但不能实现该特定智力成果所生之利益，该智力成果上利益只能由法律认可的特定主体凭借"法律上之力"专有。同样由于这种共享性，非权利人掌握了权利人的特定智力成果（客体）后，权利人并不因此失去智力成果因而仍然可以排他地实现其上利益。可见，物权是通过"客体排他"以实现"权利专有"，知识产权则是"客体共享，权利专有"。

与物权特别是其中的所有权这种历来被视为"有形"的财产权相比，知识产权是"无形"的财产权。物权与客体物只能始终保持同在（至少也要"推定"如此），特定物之所在即为物权之所在，物权总与一个看得见的"物"在一起，踪迹确定，易于辨识，因此称为"有形"的财产权。知识产权客体具有共享性，常与权利本身发生分离，知识产权客体之所在并不能成为判断知识产权之所在的依据，这是称知识产权为无形财产权的原因之一；除极个别例外，特定智力成果上的知识产权的变动与该智力成果载体物上的物权的变动各自遵循不同法律规则，特定智力成果的载体物承载着一个并不以该物自身为客体而是以其上特定智力成果为客体的专有权，该载体物之所在一般亦不能决定知识产权之所在——知识产权缺少一种有形的"外壳"，这是称知识产权为无形财产权的主要原因，也是知识产权不能适用占有、准占有、取得时效等物权制度的主要原因。

智力成果作为信息具有共享性，一般不会自然消灭。但智力成果上的专有权（知识产权）若与其客体一起永远存续，必然阻塞知识的发展之路，因此，法律断然为绝大多数知识产权设定了时间上的限制，一旦期限届满，原来专有的智力成果自动进入公有领域。所以，知识产权具有"法定"而非自然的时间性。任何物质都必将自然终结，因而物权的时间性不需法律明定。

知识产权客体具有共享性，不同国家、地区可以彼此独立地在同一时间，基于各自立法政策对同一智力成果设定不同内容或不同类别的知识产权，因此该智力成果上的知识产权必须分别单独适用各个具体的"权利登记地法"或"权利主张地法"，同一智力成果上的知识产权在同一时间因地域不同而呈现不同形态。知识产权的地域性作为一种权利的特点与法律的地域效力不能混淆——各国物权法也有相应的地域效力，但物权却没有地域性的特点，因为任何有形物都不具有共享性，不同国家、地区不可能在同一时间对同一个物设定物权，所以其上物权在一个时间只能也只需要适用特定一个国家或地区的法律。另外，知识产权地域性的形成还与其由"特权"发展而来有关。

知识产权的特点都主要来自于智力创造成果作为一种特定信息所具有的共享性（即知识产权客体的"可复制性"）。同一智力成果可以在多个时空、以多种方式被利用，但这只是行为方式上的多样性，就该智力成果上每一项具体的知识产权本身而言，其利益归属是单一的——只能归属于特定的权利主体而不可能人人均沾。利益归属的单一性是包括物权在内的每一种排他权都具有的共同属性。知识产权中利益归属的单一性意味着知识产权本身不存在"多元性"或"多重性"。

在信息化社会、知识经济的时代背景下，信息尤其是创新性智力成果这种优化信息已成为社会发展和进步的主要推动力量，其他资源的比较地位则日呈下降趋势，以智力创造成果为客体的知识产权不仅成为社会法律生活中的重点，同时也成为社会经济生活、文化生活中的重点和焦点。与其他私权相比，知识产权是一种具有"特殊"地位、应当予以"特殊"重视的权利。注意，这并不是说有形财产不再重要了，而是说在当代，有形财产的积累要靠无形财产（主要是知识产权）去推动。

二、信息与信息产权

从 20 世纪 80 年代，人们就开始普遍使用"信息社会"这一概念。90 年代以后，"信息高速公路""信息公开""信息化"等，成为人们口头及书面使用率均越来越高的日常用语。"以信息化带动工业化"以及"获得享有自主知识产权的成果"，更是近年来政府文件及新闻媒体经常提到的，而信息与知识产权这二者之间是什么关系，则较少被人提起。

信息处理技术与信息传输技术的快速发展，把人们带入了信息时代。人们现在讲起"信息化"，也主要指积极利用信息处理技术与信息传输技术，至于信息本身或者信息的内容，似乎反倒被忽视了。

日本在 2002 年出台的《知识产权基本法》及《知识产权战略大纲》中提出的"信息创新时代，知识产权立国"，应当说是较清晰、较完整地道出了信息、信息化与知识产权的关系，在理论上值得我们研究。当然，该法及该大纲的内容还有很多，其中不乏值得我们借鉴的，也有我们必须考虑对策的。

日本在《知识产权战略大纲》中，提到信息财产与知识财产是21 世纪最重要的财产。"信息财产"（information property）及"知识财产"（intellectual property）与"信息产权"及"知识产权"的含义是相同的，只是在中文里的表述不同。

"信息产权"指的是知识产权的扩展，这一概念突出了知识产权客体的"信息"本质。有人认为知识产权的客体是"形式"；认为人类只能创造形式不同的东西、不能创造实质不同的东西；认为知识产权的客体只有形式，没有内容，这是非常荒谬的。"信息创新"则要求所创成果必须与原有成果存在实质上的不同。在专利领域，没有实质不同的发明不能被授予专利；在版权领域，没有实质不同的所谓作品，不属抄袭，即属雷同。把它们当成知识产权保护的客体（或者"对象"）是不对的。在哲学上，"形式"与"实质"，"形式"与"内容"等，是相互对应的概念；而"意识"与"物质"则是另一领域中的相对应概念。有些基本概念尚未弄清的人，把"实质"中的"质"与"物质"中的"质"相混淆，其论谬以千里，是不足为怪的。把知识产权的客体认定为"信息"还是认定为"形式"，其根本不同也就在这里。作为知识产权保护客体的信息，既有形式又有内容，绝不仅仅是一种"形式"；有资格成为知识产权保护客体的信息创新成果，既应有形式上的创新也应有实质上的创新，否则就成了复制或者改头换面的复制，因而构成了侵权，不能受到知识产权保护。

"信息产权"的理论由澳大利亚学者彭德尔顿教授（Michael Pendleton）于 1984 年在其专著—— Butterworth 出版社出版的 *The Law of Industrial and Intellectual Property in Hong Kong* 一书中作了初步阐述。1987 年，我在《计算机、软件与数据库的法律保护》一书中对此理论作了全面的论述；又在中国专利局的《工业产权》杂志 1988 年第 3 期上撰文作了进一步展开，1989 年，当时英国牛津出版的《欧洲知识产权评论》第 7 期将该文专门翻译成英文，推荐给西方读者。

西方学者于 20 世纪 90 年代上半叶开始讨论"信息产权"问题，其代表性成果包括：美国加州大学伯克利分校萨缪尔森教授（Pamela Samuelson）1991 年在 Communications of the ACM 发表的"信息是财产吗？"（*Is Information Property*？）一文，荷兰海牙的 Kluwer Law International 出版社 1998 年出版的《知识产权和信息产权》（*Intellectual Property and Information Property*）一书和美国缅因州大学李特曼教授（Jessica Litman）1999 年在《耶鲁法学评论》发表的"信息隐私和信息产权"（*Information Privacy/Information Property*）一文等。此外，美国 1999 年 7 月推出的《统一计算机信息交易法》主要覆盖的是知识产权的网上贸易，已经在实际上把"信息产权"与"知识产权"交替使用了。俄罗斯 1999 年的《信息安全学说》则提出必须积极开发信息财产及利用这种财产。

20 世纪 80 年代，有人把世界上正进行着的新技术革命称为"第三次浪潮"。从财产及产权法的角度看，"在第一次浪潮的社会中，土地是最重要的财产；在第二次浪潮的社会中，机器取代了土地，成为最重要的财产；在第三次浪潮社会中，我们仍然需要土地、机器这些有形财产，但主要财产已经变成了信息。这是一次革命的转折。这种前所未有的财产是无形的。""如果说股票是象征的符号，那么信息财产则是象征的象征。这样一来，财产的概念面目全非了。"

确实，早在 20 年前，人们就把新技术革命称为信息革命。至于信息包括什么内容，人们给予较多注意的往往是通过报纸、广播、电视等媒介了解到的日常的经济、政治、文化、社会等方面的有关情况。这种信息中的很大一部分是处于公有领域之中的，而且不是进入信息社会后才产生的新东西。信息社会中信息的特点，是传递更迅速，对经济、技术及社会的发展起着更重要的作用。使一个国家进入信息社会的关键技术之一，就是数字化技术与网络环境。

信息社会既然已经（或将要）把信息财产作为高于土地、机器等有形财产的主要财产，这种社会的法律就不能不相应地对它加以保护，就是说，不能不产生出一门"信息产权法"。事实上，这门法律中的主要部分，也是早已有了的（至少是信息社会之前就已存在着的），这就是传统的知识产权法。

自 20 世纪以来，构成新技术信息大部分内容的，就是各国专利申请案中的专利说明书。没有申请专利的新技术信息一般被作为商业秘密保留着。但在世界贸易组织的《与贸易有关的知识产权协议》第 2 部分第 7 节中，"商业秘密"这个概念并不存在，它被表述为"未曾披露过的信息"，以示区别专利技术方案、作品、商标标识等已经公开的信息。商标是附在商品或服务上，用以说明商品或服务来源的信息。报刊、书籍、电视、电影、广播等，是主要的、最广泛的信息源。人人都可以通过这些媒介获得自己所需要的信息。但是在颁布了版权法的国家，未经作者、出版社、电台、制片厂或其他有关权利人的许可，人们在许多场合都无权复制、翻译或传播自己所得到的这类信息。

在许多发达国家，早在 20 世纪七八十年代，随着电子计算机的广泛使用就出现了各种旨在保护电子计算机所存储的信息的法律。有些法律已不是原来意义上的知识产权法。受法律保护的客体（数据）诚然可能是受版权保护的对象；但受保护的主体不是数据所有人，而是数据的来源——信息被收集人。这样，一部分原属于公有的或属于靠保密来保持价值的信息，就处于新的专门法保护之下了。而这种保护的目的，却不在于维护信息所有人的专有权，倒在于限制该所有人扩散某些信息。这种限制，是取得可靠信息的保证。进入 90 年代后，西欧国家率先提出了保护无创作性的数据库的设想，并在 1996 年 3 月以欧洲委员会"指令"的形式形成了地区性公约。这样一来，可作为财产权标的的"信息"，又大大地增加了一部分内容。为促使产业界更好地理解与实施"以信息化带动工业化"，推动立法部门更加重视信息立法以使上层建筑符合经济基础发展的要求，正确认识信息、信息产权及其与知识产权的关系，在今天实在是非常必要的。总的来讲，信息覆盖了知识产权保护的客体，信息产权的核心仍旧是知识产权。

信息科学经过半个多世纪的发展，虽仍属年轻学科，但已形成诸多共识和定论，并日渐渗透到包括法学在内的其他研究领域。因此，在法学研究中借鉴、运用信息科学的原理时，就不能完全不顾及信息科学中已经实践检验的成果，更不能曲解信息科学的基本原理，以服务于某种预设的结论。

不能简单、笼统地认为"信息是物质的属性"。随便翻开一本信息科学的书都可以看到，这句话至少有两层相互关联的含义：（1）信息如同时间、空间、运动等，是一切物质都具备的普遍属性，这是就任何物质形态而言；（2）针对具体某个物质，信息则是该物质属性的反映、表征。这样说很容易遭到反诘：如果该物质的属性未被反映、表征，是否就不存在该物质的信息？其实这是一个"伪问题"。因为任何物质都处于绝对运动之中，彼此间必然相互作用，因此，特定物质的属性，即该物质内、外部的运动状态和方式必然对其他物质的运动产生影响，在其他物质上留下"痕迹"，或者说必然被其他物质反映出来，没有哪一种物质的属性是不被反映的。所以，信息是"一物的属性在其他物质上的反映、表征"。正因为存在这种反映与被反映的关系，物质之间才是普遍联系的，否则，所谓的联系将是空洞而无法成立的。也正因为信息是"一物的属性在其他物质上的反映、表征"，所以信息必然以某个物质为载体，若甲物的属性被反映到乙物上，则乙物为甲物信息的载体。

形象地讲，一物的属性在其他物质上得以反映，就如同水中月。水面反映、表征了月亮的形状、亮度等属性，形成了水中月这一关于月亮的信息，换个角度说，是月亮在水中的再现。显然这种再现并非月亮物质实体的再现（月亮并未离开夜空而进入这块水面），因此关于月亮的信息并不是月亮本身。这说明，特定的物质与该物的信息是完全不同的，信息表征物质的属性，但绝不是物质本身。同时也不难看出，一物的属性被其他物质反映后，该物并未丧失其属性，该物本身更不会丧失。正如水面反映、表征了月亮的形状、亮度等属性，但月亮并不因此就失去了原有的形状和亮度，更不会因此就没有了月亮。

某特定物质（甲物）的运动对另一物质（乙物）的运动产生影响，或者说甲物的属性被反映于乙物之上时，必然引起乙物运动状态和方式的变化或差异（其实由于是相互作用，甲物的运动也受到乙物属性的影响从而产生变化，在此我们仅以乙物为观察对象），因此也有人（如艾什比、乌克兰因采夫等）认为信息就是这种变化、变异。由于乙物与其他更多的物质也处于普遍联系之中，相互影响、彼此作用，所以乙物运动状态和方式上所产生的变化（即甲物属性的反映或直接说——关于甲物的信息）同样会在其他更多物质上被反映出来，而且与甲物直接互相影响的绝不止乙物一个，所以，甲物的信息被直接或间接地传递到多种多样的物质上，这就是信息的传递性，是信息最基本的特征之一。可见，物质的绝对运动及由此而形成的普遍联系必然导致信息的传递。无论在无机界、有机界还是人类社会，信息的传递无时无刻不在发生，而且，信息的传递不仅可以在空间发生（如侦察蜂将某朵花有蜜的信息通过不同的飞行动作传递给其他多只工蜂），也可以在时间上发生（如DNA中代代遗传的生物信息），信息在时间上的传递也被认为是信息的存贮。

当然，信息的传递有赖于信号。然而，信号只是完成信息传递的形式（所以信号被认为是信息的"运载工具"），信息则是信号的载荷内容，二者并不相同。同一信息可由不同信号传递，如电信号、声信号、光信号等，但无论使用何种信号，该信息自身都同时发生着传递，而不能认为传递的只是某种信号。例如，某动物发现天敌来袭时，既可以号叫这种声频信号向同伴传递"有危险"这一信息，也可以突然的奔跑这种光频信号向同伴传递"有危险"这一信息，无论使用号叫还是奔跑，结果都是将"有危险"这一信息传递给同伴。可见，被传递的绝不仅仅是信号，信号只是信息传递时所采用的形式，信息本身才是真正被传递的内容。而且，也可以看出，信号绝不仅仅是"人的创造物"。

由上述对信息传递性的介绍不难发现，由于物质间的普遍联系，特定的一个信息能够传递到多个不同的物质，这些物质还可以将该信息继续向更多的物质传递，而提供该信息的各个物质并不因此失去这个信息。简单讲，同一信息可以同时附载于多个不同的物质之上、同时存在于多个空间，或者说，同一信息可以有多个载体物，载体物的变换不影响该信息本身，这就是信息的共享性，又称无损耗性、可复制性，也是信息与物质最主要的区别之一。任何物质，在同一时间只能存在于一个空间，因此，对物的利用方式与对信息的利用方式迥然相异。认识到这一点，对研究知识产权具有至关重要的意义。

另外，既然信息是对某物质属性的反映、表征，那么，就有可能有"失真"的，即该物质的属性未被如实地反映出来，从而不能表征该物质真实的运动方式和状态，这被称为信息的可伪性，也是信息与物质的重要区别。信息科学上将这种"失真"的反映称为虚假信息、伪性信息。虚假信息在自然界中屡见不鲜，如"变色龙"通过随环境变换自身颜色这种光信号向其天敌发出"我不在这里"的虚假信息，使自己的真实地理位置不被如实地反映出来。人类社会中更是广泛存在着各种虚假信息，如"增兵减灶""指鹿为马"、假冒商品（此处之"假"恰恰不指向该有形商品，而指向该商品的产源信息）等。尤须指出，虚假信息一旦形成，就是一种客观存在，不依人能否意识到其虚假性为转移，换句话说，无论人们是否对其真伪作出判断或作出何种判断，已出现的虚假信息都是对某种运动方式和状态的不真实反映，因而是"伪"或"假"的。可见，虚假信息之"伪性"与人的主观认识无关，是一种确定的客观存在，正如假冒商品，无论人们对其产源作出何种判断，该商品上所标示的产源信息（即假冒的商标）都是对该商品真实产源的虚假反映。

"信息"在英文中是"Information"，来源于拉丁语"Informatio"，意为"使……接收、感知"，可见其与信息的概念有着天然的联系。与信息相关的概念包括知识（Knowledge）、情报（Intelligence，有时也译为 Information）、消息（Message，有时也译为 News）、信号（Signal）、数据（Data）等。信息学界普遍认为，知识、情报、消息、数据均属于信息范畴，分别指涉不同内容或不同形态的信息，信号则是信息的传输形式。特别是"情报"一词，曾经被广泛使用，但后来考虑到应借助于"信息"涵盖面大于"情报"的特点以拓宽有关的研究与工作领域，并避免因混用 Intelligence 与 Information 而可能造成的不必要的误解，原使用"情报"的许多场合已改用"信息"。例如，据新华社 1992 年 9 月 20 日北京电，国家科委决定，采用"科技信息"的称呼取代原来的"科技情报"，并决定将该系统内从事科技信息收集、整理和服务的工作机构随之改名："国家科委科技情报司"改为"国家科委科技信息司"，"中国科技情报研究所"改为"中国科技信息研究所"等。

三、知识与知识产权

知识学认为，知识是人类关于自然界、人类社会及思维方式与运动规律的认识、经验的总和，简言之，是人类对客观世界运动状态和方式的一种特定的反映和概括。知识产生的物质基础是具有高度思维能力（高度发达的智力）的人脑。作为一种物质存在，人脑的内部组成物质及其作为一个整体均处于绝对运动之中，并与客观世界普遍联系、相互影响着，因此客观世界的运动状态和方式必然反映于人脑，这种反映显然是一种信息，必然引起人脑内、外部运动状态和方式的种种变化。由于人脑具有高度发达的智力，能够对上述关于客观世界的信息进行概括、抽象、整理（这些都是人脑内部特殊的运动、变化方式），从而形成对客观世界本质性、规律性的反映，即所谓的"知识"。可见，知识实质上是人脑内部的物质间相互作用及其作为一个整体与外部客观世界彼此影响的"痕迹"和反映，因而是一种信息。但知识不是关于客观世界简单、直观的反映（信息科学上称"自为信息"——这种信息在其他物质，特别是其他生物中也能产生而非人类独有）。知识作为人类社会特有的现象，是经由人类独具的思维能力深度加工过的、浓缩的、系统化了的特定信息。反言之，正是由于人类具有高度发达的智力，才产生了对客观世界前所未有的、系统化的反映，即"知识"这种优化的信息。从这个角度说，任何知识都是人类智力创造的成果（信息科学上称"再生信息"）。所以，学者们常把信息与知识的关系比作两个大小不同的同心圆，信息是外层圆，知识是内心圆，这形象地表明了知识与信息间的种属关系，知识属于信息范畴，是信息的一部分。但就人类社会而言，知识是信息的核心。既然知识是一种特定信息，那么知识就具有信息的一切属性，如前述的传递性、共享性、可伪性等。质言之，知识之所以可被传递、共享，正因为它属于一种信息。其实，认定知识属于信息，有一种更简单的推导办法：当代科学界、哲学界普遍认为，物质、能量、信息是构成世界的三大基本元素，知识显然不是物质、能量，若再非信息，还能是什么？可见，如果坚持将知识排除于信息范畴，或者说知识本质上不属于信息，显然违背科学甚至违背科学中的常识。

如前所述，任何知识都是人类在与客观世界彼此作用的过程中凭借智力创造的成果，其本质是一种特定的优化信息。因此，将保护特定智力成果的权利称为 Intellectual Property 是很有道理的；将此种权利译为"知识产权"，揭示了知识与智力成果的同构关系，也难谓不当。进而言之，基于知识（智力成果）本质上是一种特定信息，将知识产权确定为一种"信息产权"，更是顺理成章的。当然，正如知识只是信息的核心部分而非其全部，知识产权也只是信息产权的核心部分，信息产权的范围大于知识产权的范围。另外，由于"知识产权"早于"信息产权"出现，因此可以认为信息产权是知识产权的扩展。

认识到知识产权的客体属于一种信息并了解了信息的一些基本属性，就可以（至少有助于）理解知识产权的性质和特征。应当指出，一种权利的内容设计会受到历史、政治、经济、文化等多种因素的影响，但主要依赖于其权利客体的属性。原因在于，不同客体产生的利益不同，其能承载的利益实现行为方式也不同，所以不同客体上设定的权利必然不同甚至大相径庭。

TRIPS 前言中明确指出，知识产权是一种私权，对此鲜有争议。但是，由于人类对信息的认识远远晚于对物质、能量的认识，更由于信息与物质、能量之间本质性的差异，因此，相对于以保护物质（能量）的归属和流转为主干的传统民事权利原则理念、规范体系而言，知识产权有着太多的特殊性。显例之一即为不少知识产权的得丧变更是由行政权力这种公权力决定的，而非"私法自治"，由此也使得知识产权法中含有大量行政程序性条款，因为对信息内容的判断、价值的评定等比对物的判断、评定复杂得多、困难得多。仅鉴于此，知识产权与传统上历来作为纯粹实体性私权的普通民事权利之间的差异已无须多言、不容否认。另外需要强调的是，在当今信息社会、知识经济的时代背景下，信息（知识）的重要性愈益突显，其价值已呈超越土地、机器甚至资本价值之势，但对知识产权、信息产权的关注程度却难以与此相适应，因此知识产权乃至信息产权尤其需要"特别"的重视。

知识产权的"专有性"，亦称"排他性"。所谓排他性，是指特定客体上的利益只能由特定权利人排他地实现，即任何其他人均被排除于该客体利益的实现可能之外。笼统地讲，物权、人身权等均具备排他性。但稍加分析，即可发现知识产权的排他性具有特殊品格，不应淹没于其他权利的排他性概念之中。试以排他权之典型——物权为例。任何物均不具有共享性，某特定物在一个时间只能被特定主体控制。因此，特定主体只要排他地控制住该物本身，自然也就可以排他地实现该物上之利益，因为其他人皆因与该物脱离而不能实现该物所生之利益，亦即被排除在该利益实现可能之外；反过来，要实现特定物上的利益，必须控制住该物本身，不能落入他人之手，否则，该特定物上之利益无从实现，所以"对物的支配、控制"在物权的内容设计中永远处于统率地位，易言之，物权由保障特定主体排他实现该特定客体物上利益的权利演变为保障该主体排他支配、控制该客体物本身的权利。应该说，对物权而言，其排他性内容上的这种转换并无不当，因为在物权领域，客体上利益恒与客体物同在，不加区别并无大碍反倒更易于观察（物只能在一处）。知识产权的客体是智力成果这种特定的信息，具有共享性。因此，知识产权的排他性建立在对"客体"与"客体上利益"进行区分的基础上，允许客体（某特定信息）的共享，同时运用法律的强制力将该特定信息所生利益确定地配置给法律认可的特定主体（权利人），质言之，非权利人可以掌握某特定信息，但不能实现特定信息所生之利益，该信息上利益只能由特定主体凭借"法律上之力"去排他地实现。同样由于信息的共享性，非权利人掌握了权利人的特定信息（客体）后，权利人并不因此失去该信息因而仍然可以排他地实现其上利益。可见，知识产权是"客体共享，利益排他"，这意味着不必通过配置客体再间接地配置客体上利益，而是直接对客体上利益进行排他性配置。物权则是通过"客体排他"间接地完成"利益排他"。由此应不难看出知识产权排他性的特别之处。

诚然，可以认为权利都是无形的。但长久以来，物权特别是其中的所有权均被视为"有形"财产权。罗马法上"物的分类"将多种权利列为"无形物"（暂不论其将权利与权利客体混杂安排），却未将有形物的所有权划入"无形物"中。知识产权的"无形"性正是针对此而提出的。由于物权权利内容表现为对物本身和物之控制的保护，物权与客体物只能始终保持同在，至少也要"推定"如此，所以特定物之所在即为物权之所在，或者说，物权总与一个看得见的"物"在一起，或者说总有一个有形的"外壳"，踪迹确定，非常直观，易于观察也易于辨识，因此称为"有形"财产权。而知识产权的客体是特定智力成果这种信息，具有共享性。因此知识产权客体常与该权利本身发生分离，知识产权客体之所在并不能成为判断知识产权之所在的依据，这是将知识产权称为无形财产权的主要原因之一；另外，虽然智力成果作为信息对物质具有依附性，但除极个别例外，特定智力成果上的知识产权的变动与该智力成果载体物上的物权的变动各自遵循不同法律规则，或者说，特定智力成果的载体物承载着一个并不以该物自身为客体而是以其上特定智力成果为客体的专有权，因此该载体物之所在一般亦不能决定知识产权之所在，这是将知识产权称为无形财产权的另一个主要原因，也是知识产权不能适用占有、准占有、取得时效等物权制度的主要原因。

简单讲，作为某一知识产权客体的同一智力成果随处可见，该特定客体上的权利却踪迹难觅，既不能依该智力成果之所在确定权利所在，更不能依该智力成果的载体物之所在确定权利所在。或者说，知识产权缺少一种有形的"外壳"，因此很容易让人觉得知识产权无影无踪，所以称之为"无形"财产权。

知识产权的客体作为一种特定信息，具有共享性。从时间上说，这意味着不同时间的人可以共享同一个智力成果，甚至几乎可以认为该智力成果是永存的（当然也有某智力成果随载体物的灭失而灭失的特例），仅以此为据，该智力成果上的专有权应可永远存续，知识产权并无"时间性"可言。但是，任何知识的进步必然是以已有知识积累为基础的（现时任何智力成果的权利人也是在已有的知识积累基础上完成智力创造进而取得专有权的），智力成果上的专有权若永远存续，意味着其他人尤其后世人将无法利用这些智力成果，显然这将阻塞知识的发展之路，说严重些，人类的子孙将深陷各个知识专有权的囹圄中而无从进步，这显然有违人类追求进步的公益。换个角度讲，知识产权若无时间限制，将使知识产权人向全社会索取的回报远远超过其对社会作出的贡献，极不公平。因此，法律断然为绝大多数知识产权设定了时间上的限制，一旦期限届满，原来专有的智力成果自动进入公有领域。可见，知识产权的时间性是法律直接设定的。物权中没有类似的"法定时间性"，因为任何物质都有其存在终结的自然时刻，不可能被子子孙孙共享，因而可以说，物权的时间性不言而喻，无须明定。可见，知识产权的时间性是法定的，而非自然的，因此，不能笼统地讲知识产权具有时间性，应该讲知识产权具有"法定时间性"。

智力成果作为一种信息具有共享性，因此，一个特定的智力成果可以同时存在于多个不同的国家或特定地区。但是，各国家、地区这时对在此同一智力成果上是否设定知识产权、设定何种知识产权以及所设定的知识产权的具体内容（如果设定某种知识产权）等问题的答案显然不可能相同。具体说，在甲国被设定此种知识产权的某个智力成果，在乙国及其他更多国家中可能被设定彼种权利甚至不被设定权利，即使被设定相同名称的知识产权，其具体权利内容也不会完全一致。可见，该特定智力成果虽同时存在于各个国家，但在这些国家中所得到的"知识产权待遇"不同，而且彼此独立、互不影响。因此，就该智力成果的知识产权问题必须分别单独适用各个具体的"权利登记地法"或"权利主张地法"，而任何一个特定物都不可能同时存在于多个国家、地区，所以其上物权在一个时间只能也只需要适用特定的一个"物之所在地法"。换句话说，不同国家、地区不可能在同一时间对同一个物设定物权，却可以在同一时间对同一智力成果设定不同内容或不同类别的知识产权，或者说，同一智力成果上的知识产权在同一时间因地域不同而呈现不同形态。这一比较充分显示了知识产权的地域性特点，也说明知识产权的地域性作为一种权利的特点与法律的地域效力虽有联系却绝不能混淆——各国物权法也有相应的地域效力，但物权却没有地域性的特点。当然，知识产权地域性特点的形成也有历史原因，此处不赘述。

　　由以上分析可以看出，知识产权的各个特点主要都来自于智力成果（知识）的共享性，而智力成果（知识）之所以具有共享性，是因为其本质上属于一种特定信息。共享性是信息与物最根本的区别之一，正是由此出发，才导致了知识产权乃至信息产权与物权的巨大差异。因此，要说明知识产权的特点，就不能不考察、介绍信息的共享性（即知识产权客体的"可复制性"）——这不仅不违反逻辑而且极其必要，否则无法正确理解知识产权的各种特点。同时，又必须认识到，共享性只是知识产权客体的属性，而知识产权本身却是专有的、排他的，这一点不能混淆。同一智力成果可以在多个时空、以多种方式被利用，但这只是行为方式上的多样性，就该智力成果上每一项具体的知识产权本身而言，其利益归属是单一的——只能归属于特定的权利主体而不可能人人均沾，这也正是知识产权作为排他权的题中应有之义。进一步说，利益归属的单一性是包括物权在内的每一种排他权都具有的共同属性，不然无法称为"排他"或"专有"。"权利的本质是受法律保护的利益"，知识产权中利益归属的单一性意味着知识产权本身不存在"多元性"或"多重性"。可见，如果因为知识产权客体使用行为方式上的多样性而推论出知识产权本身的"多元性"或"多重性"是不合法理也不合逻辑的。有人为了避开传统上使用的关于知识产权的客体无数次的"可复制"的概念，而表达为知识产权的对象可以无数次地"再现"。这样并没有建立起任何新的体系，只是玩了并不高明的文字游戏。因为，在这里用"再现"代替"复制"显然使论者的论述神化了，仿佛作品、商标标志、技术方案等可以离开人的复制活动而自我再现一样。

第四节　信息、信息产权与个人信息保护立法 *

一、信息与信息产权

从 20 世纪 80 年代，人们就开始普遍使用"信息社会"这一概念；

---

　* 编者注：该部分选自郑成思主编：《知识产权文丛》第十卷（代前言），中国方正出版社2004 年版，第 1~24 页。

90 年代后,"信息高速公路""信息公开""信息化"等等,更是口头及书面使用率均越来越高的日常用语。本来,对于"信息"是什么,已经无需多言的。但 21 世纪个别杂志上产生的"新论",却又不能不让人对此重新说上几句。正如在 20 世纪初,人们不得不面对"物质不见了"这类本来不必认真对待的奇谈怪论。

客观世界由物质、能量、信息构成。"信息是物质的属性""信息离不开物质"等等,到此为止如果还说得通,再往下论去,得出"信息不能同物质分离",因此"信息不能传递""只有人创造的知识才能传递"的结论,就十分荒谬了。

例如客观世界中有一株绿树,这"绿色"作为信息,确实不可能离开树而存在。这绿色并非"人创造的知识",它若不能传递,你是怎么看到的?它明明"传递"到了你的眼里。远处有一头驴在叫,不错,"驴鸣"作为信息如果与驴分离,就不称其为"驴鸣"了。但它毕竟传递到了我们的耳朵里,我们才实实在在地知道(而不是凭空想象到)有驴在叫。如果作为物质之属性的信息不具有可传递性,那么人的认识将永远与客观世界分离开,即永远不能认识世界。无数客观事物的信息,正是通人的眼、耳、鼻、舌、身这五个官能,"传递"给人们,经过人们的大脑进行"去粗取精、去伪存真"的加工,人们方才认识了世界,又转过来改造世界。复习一下这些认识论的常识,有助于我们在信息时代讨论问题时,避免回到数百年前的"贝克莱时代"。

在当代,人们把自己的认识写成书。一本书放在我们面前,不是我们想象它在,而是客观存在的。书中所载信息,同样是客观存在的。所载信息离不开载它的书,离开了,书不成为书,书中信息也不成为信息,这是对的。但把一本书中的信息扫描上网,通过互联网传递给万里之外的人,这种"信息与其所属物质无需分离而传递出去"的事例，在当代举不胜举。如果不读书、不上网，闭目塞听，因而得出"信息不能传递"的结论，则并不奇怪。不过这也是古已有之、现代人重复的谬说，并非创新。

"信息是客观存在的，故不能造假"，这一命题之谬显而易见。客观世界的信息中肯定存在虚假信息。否则人只要简单接受即可，无需做"去伪存真"的加工了。有人进而言之"假，永远只属于认识范畴"，这就更远离了现实社会与认识论的常识。人们每天呼唤着要打击的市场上的"假货"，难道不是客观地摆放在货架上，反倒仅仅是人们"认识"中主观想象有假货而已吗？事实上，"文抄公"的"作品"或长篇的谬论本身，一旦发表在杂志或书上，这本属于"认识"领域的"假"，也就转化成为客观存在的"伪"了。我们不大可能针对尚未摆在我们面前的任何人的主观"认识"去讨论问题。只可能根据已经客观地存在于杂志上或书上的、已经表达出的"作品"去评判真伪。

在现代社会，当人们采用摄影术拍摄自然景观时，山、水、树木的各种信息都传递到了镜头中。例如以全息摄影去拍摄一朵野花，则该客观物的色彩、形状等信息，就全部传递到了镜头里，而色彩、形状等，并没有离开这一客观物。当人们用摄影机去拍街景时，广告画、商标标识等客观地存在于大街上的信息，也在并不离开其所属"物"的情况下，传递到了镜头里。如果换一个非公共场合作这种拍摄或利用，则可能产生知识产权纠纷。我们讲知识产权保护的客体属于某种信息，具有"可复制性"，正是这个道理。当史尚宽先生在《物权法论》中说专利可以"为数回之制造或复制"而不会产生磨损，也正是讲的"可复制性"这一特征。

至于有人坚持说自然界野花的色彩、形状才是"信息"，人造的假花或人剪的纸花的色彩和形状就只能称"情报"或"信号"，而不能称"信息"。这种说法第一，是毫无意义的文字游戏；第二，是根本没有读懂他们所引证的培根、罗素等人书中所说的"信息"与"情报"本来是一个词—— Information。越是在现代社会，人类创造出的实实在在客观展现着的建筑物、商品（包括专利产品），信息高速公路及其基础设施等等就越多。硬要作所谓自然物的"信息"与人的创造物的"信号""情报"的区分，实在没有意义。应当知道：自然物诚然是客观存在的，人们改变客观世界的创造性成果出来之后，同样是客观存在的。日本 2002 年出台的《知识产权基本法》中，讲到"信息创新时代与知识产权立国"，其正式英文译本，也将"信息"译为"Information"。在这里，事实再一次告诉人们，在信息社会（现代社会）里讲信息或研究知识产权（信息产权的核心），除了不懂认识论的基本原理会出差错之外，如果不熟悉外文也会走弯路或者出笑话。还请大家注意：在世界贸易组织的《与贸易有关的知识产权协议》第二部分第七节中，"商业秘密"这个概念并不存在，它被表述为"未曾披露过的信息"，以示区别技术方案、作品、商标标识等已经公开的信息。

有人认为知识产权客体的"可复制性"，与其权利本身的"法定时间性""专有性"等等并列，应属不合逻辑，而他们将"法定"删除而只讲"时间性"，本已是不合知识产权领域的中国法律及现有各国法律。再将"权利内容的多元性"与"时间性"并列为知识产权作为"权利"的特点，就更值得研究。因为其所举例子是"一张绘画，作为造型艺术可以悦目，同时可作外观设计品或装潢"。人们会问："权利怎么个悦目法？"能"悦目"的，实际上还是权利客体——美术作品。可见，否定知识产权特征之一为"可复制性"的人，自己又不得不回到讲"客体"的特点上去。况且，其例中"多元"的三个功能，实质只是一个"悦目"。归根结底，还是论者自己没有把问题弄清楚。

在中国，早在 1994 年，国务院就颁布了行政法规《计算机信息系统安全条例》，其中指明：条例目的之一是保护信息的传输（并不是告诉人们"信息不可传递"！）。2000 年全国人大常委会通过保护网络"信息"安全的决定。朱镕基 2001 年 3 月在政府工作报告中，提出了"以信息化带动工业化"的企业发展方针（虽然该报告也讲及"知识经济"，却没有依有的人的建议提"知识化带动工业化"或"情报化带动工业化"）。

法国 2001 年 3 月公布了《信息社会法》草案征求公众意见。

欧盟 2001 年 12 月通过《信息社会的版权与有关权指令》，成员国已经和正在根据该指令修正本国知识产权法乃至整个民法（主要是其中的债法）。

日本 2002 年提出"信息创新时代，知识产权立国"的口号。

我们讲这些的目的，是让大家沿着正常的对"信息"的理解，进一步去了解"信息产权"与个人信息保护，而不要被有些文不对题的关于"信息"的"新论"所左右。

"信息产权"指的是知识产权的扩展。这一概念突出了知识产权客体的"信息"本质。

"信息产权"的理论于 1984 年由澳大利亚学者彭德尔顿教授（Michael Pendleton）在由 Butterworth 出版社出版的专著 *The Law of Industrial and Intellectual Property in Hong Kong* 一书中作了初步阐述；1987 年我在《计算机、软件与数据库的法律保护》一书中作了全面论述，又在 1988 年中国专利局的《工业产权》杂志第 3 期上撰文作了进一步展开。1989 年，当时牛津出版的《欧洲知识产权评论》第 7 期将该文专门翻译成英文，推荐给西方读者。

西方学者于 20 世纪 90 年代上半叶开始讨论"信息产权"问题，

其代表性成果包括：美国加州大学伯克利分校萨缪尔森教授（Pamela Samuelson）1991 年在 *Communications of the ACM* 发表的"信息是财产吗？"（*Is information Property？*）一文，荷兰海牙的 Kluwer Law International 出版社 1998 年出版的《知识产权和信息产权》（*Intellectual Property and Information Property*）一书和美国缅因州大学李特曼教授（Jessica Litman）1999 年在《耶鲁法学评论》发表的"信息隐私和信息产权"（*Information Privacy/Information Property*）一文等。此外，美国 1999 年 7 月推出的《统一计算机信息交易法》，主要覆盖的是知识产权的网上贸易，已经在实际上把"信息产权"与"知识产权"交替使用了。

20 世纪 80 年代，有人把世界上正进行着的新技术革命称为"第三次浪潮"。从财产及产权法的角度看，"在第一次浪潮的社会中，土地是最重要的财产；在第二次浪潮的社会中，机器取代了土地，成为最重要的财产；在第三次浪潮的社会中，我们仍然需要土地、机器这些有形财产，但主要财产已经变成了信息。这是一次革命的转折。这种前所未有的财产是无形的"。"如果说股票是象征的符号，那么信息财产则是象征的象征。这样一来，财产的概念面目全非了……"这是美国社会学家托夫勒（Alvin Toffler）在《预测与前提》一书中的论述。

确实，人们 20 多年前即把新技术革命称为信息革命。至于信息包括什么内容，人们给予较多注意的往往是通过报纸、广播、电视等媒介了解到的、日常的经济、政治、文化、社会等等的有关情况。这种信息中的很大一部分是早已有之的，至少不是进入信息社会后才产生的新东西。信息社会中信息的特点，是传递更迅速，对经济、技术及社会的发展起着更重要的作用。使一个国家进入信息社会的关键技术之一，就是数字化技术与网络环境。

信息社会既然已经（或将要）把信息财产作为高于土地、机器等有形财产的主要财产，这种社会的法律就不能不相应地对它加以保护。就是说，不能不产生出一门"信息产权法"。事实上，这门法律中的主要部分，也是早已有之的（至少是信息社会之前就已存在着的），这就是传统的知识产权法。

构成新技术信息大部分内容的，自 20 世纪以来，就是各国专利申请案中的专利说明书。至于商业秘密，则已经被世界贸易组织称为"未曾披露的信息"。

商标是附在商品或服务上，用以说明商品或服务来源的信息。

报刊、书籍、电视、电影、广播，等等，是主要的、最广泛的信息源。人人都可以通过这些媒介获得自己所需要的信息。但是在颁布了版权法的国家，未经作者、出版社、电台、制片厂或其他有关权利人的许可，任何人都无权复制、翻译或传播自己所得到的这类信息。

在许多发达国家，早在 20 世纪七八十年代，随着电子计算机的广泛使用而出现了各种旨在保护电子计算机所存储的信息的法律。有些法律已不是原来意义上的知识产权法。受法律保护的客体（数据）诚然可能是受版权保护的对象；但受保护的主体则不是数据所有人，而是数据的来源——信息被收集人。这样，一部分原属于公有的或属于靠保密来保持价值的信息，处于新的专门法保护之下了，而这种保护的目的，却不在于维护信息所有人的专有权，倒在于限制该所有人扩散某些信息。这种限制，是取得可靠信息的保证。

进入 20 世纪 90 年代后，西欧率先提出了保护无创作性的数据库的设想，并在 1996 年 3 月以欧洲委员会"指令"的形式形成地区性公约。这样一来，可作为财产权标的的"信息"，又大大地增加了一部分内容。

信息所指很广，信息财产权则所指有限。本文下面虽涉及、但并不注重在信息作为财产权应予保护这一角度。重点将放在：信息作为个人隐私的一部分并被记录后，一方面可能成为一种无形财产受到保护；另一方面，也是更重要的，作为与个人安全有重大关系的记录，也应予保护，以免被不适当地传递出去或传播开。

二、个人信息保护问题的提起

在当代，信息网络技术对人类文明的影响超过了其他任何高新技术。信息网络化的发展水平，已经成为衡量国家现代化水平与综合国力的一个重要标志。

网络（主要指互联网络，特别是国际互联网络）给人们带来的利（或便利）在于其开放性、兼容性、快捷性与跨国传播，而网络的"弊"，也恰恰出自它的这些特点。正是由于这些特点，产生出应用网络来传播信息的重要问题——安全问题，以及其他一些需要以法律去规范的问题。

自古以来，信息的内容、信息的处理与信息的传输，一直是国家的治理者所关注的。要使一个国家安全、稳定，继而发展、繁荣，国家从立法的角度，就不能不对这三个方面进行某种程度的管理。因此，信息安全与国家安全之间的联系，实际上是自古就存在。信息的内容本身，受技术发展影响并不大。而信息的处理与传输，则极大地受到技术发展的影响。

首次对文字信息以较快速度处理并能使之传输较广的技术是印刷术。中国隋唐发明及发展了印刷术之后，五代开始大量应用。五代田敏印售《九经》，"天下书籍逐广"，与之相应的以国家行为体现的管理，是宋代出现的版权保护萌芽。至于对信息内容的各种管理乃至强制性的管制，则上自周、秦，古籍中已有简单记载；下至明朝的洪武，清朝的康、乾，史料中更有详细记载。

说到古代信息传递的速度对国家安全的影响，人们不得不记起两句有名的唐诗："校尉羽书飞瀚海，单于猎火照狼山。"靠奔马或者靠烽火，算是古代最快的传递信息的方式。在这种传输速度下，国家进行管理是比较容易的。明《大诰》中，就不乏相关的规定。

现代技术的发展过程中，对信息的处理出现了计算机，对信息的传输出现了互联网络。信息的处理速度、传输速度及广度，已远非计算机与网络技术出现之前的任何时代可比了。因此，可以说，在当代讲起"信息安全"，主要是指计算机与计算机网络带来的安全问题；讲起"信息安全立法"，也主要指规范计算机与计算机网络在信息处理及信息传输上产生的新问题。当然，这种立法不可避免地会涉及"古已有之"的信息内容影响到信息安全的老问题。

早在20世纪40年代，也就是第一台电子计算机问世时，在该计算机的产生地美国，已有人提出：刑事法律学家们应当把他们的注意力从传统的犯罪手段，转向利用技术及技术成果实施犯罪上来。但这种意见在当时却遭到强烈的非议。1979年，美国《新闻周刊》报道了计算机专家 S.M. 里夫肯通过银行的计算机系统，把其他人的存款转到自己的账户上，不破门入户，即盗走1000万美元的案子。这使人们震惊并引起了警惕。事实上，在20世纪七八十年代，当电子计算机使一些发达国家向"无现金社会"发展时，利用计算机进行的犯罪活动也就应运而生了。

除了利用电子计算机直接从银行提取不属于自己的存款之外，有些罪犯还利用电子计算机进行其他形式的盗窃。例如，他们可能对一家公司的计算机下达指令，要求将现金支付给实际上并不存在的另一家公司，从而使现金落入自己手中。他们还可能通过一家公司的计算机"订购"各种商品，并要求在指定地点交货。另外，企业或公司本身，也可能利用计算机进行金融诈骗活动，如虚报资产等等。这些犯罪活动的手段，已完全不同于传统手段。

从 20 世纪七八十年代起，还有一类随电子计算机的产生而出现的犯罪或违法活动，即针对计算机本身的活动。这类活动的范围就更广泛，它包括下列不同形式：

（1）挪用计算机时间；

（2）盗窃计算机软件；

（3）盗窃计算机所存储的秘密数据或信息加以利用或出售；

（4）复制他人的计算机软件并出售；

（5）毁坏他人的计算机；

（6）破坏或干扰计算机的信息处理，破坏或涂抹计算机的处理结果；

（7）未经许可而将计算机中存储的有关他人的个人信息公布或向有利害关系的第三者透露；等等。

这些行为中，有些在 20 世纪 70 年代前，还很难被称为犯罪或违法，因为当时还没有相应的法律。从 70 年代开始，一些发达国家已经在判例法中确认了上述某些行为属于犯罪。例如，美国 1977 年对"伦德诉英联邦"（Lund V. Commonwealth）一案的判决，确认了挪用计算机时间与"盗窃有价财物"一样，属于触犯刑律；其后，又在"印第安纳州诉麦克格劳"（State V. McGraw）案等一系列判决中作出了相同的结论。1981 年，美国第二巡回法院在"美国政府诉莫尼"（United States V. Muni）一案中的判决中，确认了利用伪造的信用卡通过计算机系统骗取现款的活动为犯罪。

利用及针对计算机的犯罪活动日益增加，仅仅依靠判例来制裁已显得远远不够。在日本，仅 1981 年一年中，利用银行计算机系统进行犯罪活动的案例就达 288 件，英国 1984 年仅从判例集中反映出的就有 67 件。据美国律师协会统计，早在 1984 年美国刑事案件中，已有 40％属于利用或针对计算机的犯罪活动，其中平均每次作案造成的损失为 10 万美元（最高的达到 50 亿美元）。因此，许多国家很早就开始考虑制定新的成文法或修改原有的刑法，否则很难应付 70 年代后的新局面。美国法律界在 70 年代末，已有人认为：他们面临着"20 世纪的法院与 21 世纪的犯罪活动"的矛盾。

后来，一些发达国家颁布了相应的法律。例如美国 1984 年的《计算机欺骗与滥用法》（*Computer Fraud and Abuse Act*，载美国法典第 18 篇），美国 1984 年佛罗里达州的《计算机刑法》（*Computer Crime Act*）。也有的国家在原有刑法中增加了新的、适用于针对与利用计算机的犯罪活动的条款。例如英国 1982 年的《刑事审判法》（*Criminal Justice Act*）第 72 条，加拿大 1970 年《刑法典》（*Criminal Code*）1984 年修订本第 173 条、第 178 条、第 283 条、第 287 条等条款。有的国家还为保护银行业及保障用户存款的安全而针对计算机的应用颁布了专门法律。如美国 1978 年的《电子基金转移法》（*Electronic Funds Transfer Act*，载美国法典第 15 篇，第 1693 条）和 1980 年的《保管机构与金融控制法》（*The Depository Institutions and Monetary Control Act*）。

对于电子计算机所存储的信息也不是从来就有法律去过问的。只是在第二代电子计算机问世之后，数据或信息的法律保护才开始显得必要，并越来越重要。"信息"（Information）与"数据"（Data）之间不能划等号。不过，在计算机领域，一切数据，无非是储入计算机的信息，亦即数据化的信息。从这个意义上，这两个词又经常被交替使用。

1967 年，计算机产业最发达的美国颁布了《信息自由法》（*Freedom of Information Act*，载美国法典第 5 篇）。其他国家也先后颁布了一些类似的法律，如丹麦 1970 年颁布的《行政信息使用权法》等。这一类法律，与其说主要在于保护信息，不如说在于保障个人与企业获得和使用他人所拥有的信息。1970 年，美国又颁布了《公平信贷票据法》(*Fair Credit Billing Act*，载美国法典第 15 篇)、《公平信用报告法》(*Fair Credit Reporting Act*，载美国法典第 15 篇)、《金融秘密权利法》(*The Right to Financial Privacy Act*，载美国法典第 12 篇)，等等。这些法律才确实可以称为保护信息的法律了。它们对于一般个人或法人了解银行、保险及其他金融行业的计算机所存储的数据，规定了必要的限制，以保护债务人的个人信息，禁止在一定时期内把有关顾客的"消极信息"向第三者转让，等等。后来，西欧与北欧的多数国家，以及加拿大、新西兰等，也都制定和颁布了有关计算机存储的信息的保护法。早在 20 世纪 80 年代，"计算机信息保护法"，作为一个相对独立的部门法，在许多发达国家已经确立。

所以，说到底，作为应对"处理信息"的计算机技术的立法，对许多国家来说已是个既老又新的问题了（因为计算机技术本身的发展仍旧很迅速）。而应对"传输信息"的计算机网络的立法，才不折不扣地对大多数国家都是全新的问题。

此外，卫星通信技术、与之有部分交叉并将与计算机网络有较多交叉的移动通信技术等等，也是使信息能够比以往更广泛、更快捷地传输的技术，它们肯定也会影响信息安全问题，因此也应当纳入信息安全立法的框架内加以考虑。

由于我国前些年忙于各种传统法律体系的构建与"补课"，上述涉及信息安全的"老问题"，在我国则并不显得老；至于与网络有关的新问题，在我国实实在在是处于立法的起步阶段。

信息网络安全问题的几个主要方面可以归纳为：(1)国家安全；

（2）社会安全；（3）经济安全，或市场安全；（4）个人安全。信用制度与个人信息保护立法是与上面（3）（4）两个方面相联系的。

在经济领域，首先应用网络技术的，是金融市场。"金融电子化与信息化"减少了银行营业门市部的数量、方便了储户；使"储蓄实名制"成为可能；同时还加速了证券交易在网上运行的进程。企业开展"电子商务"有助于提高管理效率，降低经营成本，增强竞争能力。以至于国外英特尔公司的总裁与国内北大方正的王选都说过一句相同的话："企业若不上网经营，就只有死路一条。"2001年年初"纳斯达克"指数的暴跌及大量中介性网络公司的倒闭的事实，绝不说明电子商务应当被否定。它与电子商务的兴起这一事实，反映的是同一事物的两个方面。它说明了网络经济本身不能靠"炒作"，网络经济只有同物质经济、传统产业结合，才有生命力。从1998年至今，北京郊区一些收益较好的菜农，已经得益于"网上经营"（或"电子商务"）。1999年，上海市政府开通"农业网"，鼓励农民上网经营。上海奉贤县仅去年1年就在网上获得1亿元订单。但同时，在网上把他人的商标抢注为自己的域名，网上的金融诈骗、合同欺诈，利用网络宣传与销售假冒的与伪劣的产品，利用网络搞不正当竞争等种种违法活动也应运而起。若不及时禁止这些活动，人们就会对网络上的虚拟市场缺乏安全感，从而将妨碍我国企业的电子商务活动。

三、电子商务、信用制度与个人信息保护

目前，中国电子商务（尤其是 B2C 电子商务）难以开展的主要原因之一，在于中国尚未建立起个人信用制度。这是许多业内人士的共识。中国媒体曾报道过：一个农民可以用 64 张信用卡，恶性透支几百万元而频频得手 。媒体也把这种现象归结为"中国尚未建立

健全个人信用记录体系",而如果真正要建立健全个人信用记录体系,其前提是必须有法律对进入记录的个人信息给予保护,使被记录人有安全感。这正是个人信息安全与市场乃至社会安全的重要交结点或界面。

此外,要使公民乐于接受、支持乃至协助行政执法部门对网上信息及其他有关信息进行监控(尤其是特殊情况下对个人,例如,从保护角度出发对未成年人浏览网上信息的情况进行监控),也须有个人信息保护的法律这一前提。否则,公民必然担心监控过程中可能出现的失控。

所以,无论从民商法的角度还是从行政法的角度来看,信用制度及有限监控制度,都是与个人信息保护密切联系的。

在发达国家,个人信用制度的建立已历时上百年,而计算机这种处理与存储个人信用记录的技术普及之后,有关的立法从 20 世纪 70 年代即开始,目前已经逐步完善。

(一)英国的《数据保护法》

早在 1972 年,英国议会的隐私立法委员会(Younger Committee on Privacy)就已提出过一份立法报告,建议对政府之外的团体、公司等所拥有的计算机存储个人信息的活动进行管理。1974 年,英国颁布了一部《用户信贷法》(Consumer Credit Act),对个人信息中的一部分进行有限保护。根据这部法律,债务人有权要求他的债权人告诉他,向债权人提供债务人信贷证明的代理机构是哪一个;然后,该债务人可以要求该代理机构把它所存储的有关自己的档案复制本提供给自己(但要支付成本费);该债务人有权要求代理机构修改或增删有关自己档案的材料。不过,这部法律管辖的个人信息,不限于电子计算机所存储的信息。一切信贷证明的代理机构所保存的个人信息,不论以纸张文档形式还是以计算机数据形式存储,都适用该法。

随后，在 1975 年、1978 及 1982 年，英国议会的立法委员会又提交了几份关于个人档案信息（数据）保护法的立法报告及白皮书。在 20 世纪 50 年代之前，保护个人档案信息的呼声主要出自许多个人对自己的私人秘密被扩散的担心；而 20 世纪 80 年代之后，要求立法的呼声主要来自许多大公司。这些公司都希望自己的竞争者在收集、存储和使用个人信息的活动中，能恪守公平竞争原则，并希望有一部法律给以保证。此外，欧洲地区在 1981 年又缔结了专门保护个人信息跨国流通的公约。这些因素，都推动了英国保护个人信息立法的进程。

1984 年 7 月，英国颁布了《数据保护法》（*The Data Protection Act of 1984*，有些英国专论中简称为 DPA），下面对这部法律作一些介绍。

1. 总结构

《英国数据保护法》共有 5 篇 43 条，另外有 4 个附件，分别对第 2 条（八项保护原则）、第 3 条（"数据保护登记处"及"数据保护仲裁庭"的构成）、第 13 条（申诉程序）、第 16 条（检查程序）作出具体规定。可以说这部法律既是国内法，又是涉外法。颁布它的目的之一，就是使英国能够为批准参加欧洲的数据保护公约创造条件，该法在第五篇中专门对一些涉外法律问题作出了规定。

2. 定义

《数据保护法》给一些术语所下的定义，与联合国经济合作与发展组织的数据保护准则中下的定义基本相同，但更加详细。按照这部法律，数据指的是可依既定指令、由设备自动处理的信息的记载形式；个人数据，指的是涉及可以被识别的自然人的信息，这种信息中也包括除客观记录之外的、对有关自然人的评价（但数据使用人的评价不在此列）；数据主体（Data Subject），即其个人信息被作为个人数据收集存储起来的自然人；数据使用人（Data User），指持有（Holding）数据、控制并使用这些数据的人；计算机局经营人（A person Who Carries on a Computer Bureau），指自己作为代理人向其他人提供数据服务的人；数据处理，指修改、增删或重新安排数据，或析取（Extracting）构成数据的信息。数据透露，指数据的转让或扩散，它包括有关数据的摘录部分的透露。但如果某些个人数据只有加上数据使用人自己持有（而尚未作为"个人数据"存储）的信息，才能识别某个自然人，则仅仅透露前者而未透露后者，不构成"数据透露"。

3. 八项原则

英国在 20 世纪 70 年代后的许多立法中，很注意法律的"国际化"，即注意使有关法律同英国即将参加的国际公约一致。例如，英国 1977 年颁布的专利法，不仅在原则上，而且在许多条文上，都逐字与 70 年代初缔结的《欧洲专利公约》及后来缔结的《共同体专利公约》相同。1984 年《数据保护法》，则尽量做到了与《欧洲数据保护公约》一致。其中第 2 条及附件一规定的八项保护原则的部分内容，几乎是逐字从《欧洲数据保护公约》中搬来的。

这八项原则是：

第一，必须公平合法地取得供个人数据存储用的信息。这指的是不允许以欺骗手段从数据主体那儿取得信息，取得有关信息必须经本人同意，等等。

第二，只有为特定的、合法的目的，才能持有个人数据。目的是否合法，要看持有人是否依法被准许就有关数据在登记处登了记。

第三，使用或透露个人数据的方式不能与持有数据的目的相冲突。二者是否相冲突，也主要看持有人在登记时所申报的数据持有目的是什么。

第四，持有个人数据的目的本身，也必须适当，中肯，不显得过分。

第五，个人数据必须准确；对于需要以最新材料存档的那些内容来讲，还必须不陈旧，不过时。

第六，如果持有某些个人数据要达到的目的是有期限的，则持有时间不得超过该期限。

第七，任何个人均有权在支付了合理费用后，向数据使用人了解：有关自己的信息是否被当作个人数据存储了；如果是的话，该人有权要求见到有关数据，并在适当的情况下要求更改有关数据。

第八，必须采取安全措施，以防止个人数据未经许可而被扩散、被更改、被透露或被销毁。

此外，在附件一中，《数据保护法》补充规定：仅仅为历史、统计及研究目的而存储的个人档案，可以无限期保存；其获取方式是否"公平"，也可以用较宽的标准去衡量。

4. 登记义务与保护措施

《数据保护法》与知识产权法中的专利法及商标法等有一个显著的不同，按这部法进行登记（registration）的人，并不是受保护的主体（数据主体才是受保护主体）。数据使用人是依法有义务进行登记的人。这种登记并不像商标注册那样，为取得什么专有权，倒很像领取营业执照的登记。所以，这里讲的登记义务，是指数据使用人的义务；保护措施则指对数据主体的保护。

《数据保护法》第5条规定：只有经登记被批准为数据使用人（或数据使用人兼计算机局经营人）之后，该人才有权持有个人数据。登记人所持有的数据不能超出其申报登记的范围，也不能超出其申报的持有数据的目的去使用它们，不能超出其登记的转让范围转让有关数据。

依照《数据保护法》第一篇第 3 条建立起来的登记处，由英国国务大臣（Home Secretary）代管。登记处仅仅在个别场合作为政府的代表机构进行活动，而在一般情况下则带有民间组织的性质。登记处处长由政府指派，副处长及副处长以下职员与雇员均由处长指派。与登记处同时建立的还有数据保护仲裁庭。仲裁庭主席由英国大法官（Lord Chancellor）指定。仲裁庭成员必须是律师，无论出庭律师（Barrister）、庭外律师（Solicitor）还是苏格兰律师（Advocate），均可担任。

想要持有个人数据者，都必须按照《数据保护法》第 6 条，向登记处提交申请案。申请案中应写明申请登记为数据使用人，或登记为计算机局经营人，或兼为二者。如果一个登记人为了两种以上使用目的而申请登记，则应分别提交申请案。如日后打算更改已经登记的任何内容，也应提交更改申请案。提交申请案时均须交纳申请费。

登记处在收悉申请案的 6 个月之内，应审查完毕并决定批准或驳回。登记处如认为申请案内容不全或格式不符，或认为申请登记的项目与八项原则中任何一项相违背，则可以驳回申请。被批准登记的申请案，仅仅在申请案中写明的期限内有效；如使用人（或计算机局经营人）在期满后希望继续持有有关数据，则必须申请续展。

如果登记申请或续展申请被驳回而申请人不服，可以依照《数据保护法》第 13 条，向数据保护仲裁庭请求裁决。登记处或申请人任何一方如果对裁决不服，可以向英国高等法院、苏格兰最高民事法院（Court of Session）或北爱尔兰高等法院起诉。依申请人的居住地决定上述三个法院中哪一个有管辖权。

从 1984 年 12 月起，任何数据主体都有权依照《数据保护法》第 22~25 条，要求数据使用人赔偿因使用不当而给该主体造成的损害或损失。对于使用人遗失、毁坏有关数据，或未经许可而透露数据，数据主体也有权要求赔偿。受理这一类诉讼案的法院是使用人所在地的郡法院或英国高等法院（如在苏格兰，则为郡法院或苏格兰最高民事法院）。除令使用人支付赔偿费外，法院还有权要求使用人删去（Erasure）或更正（Rectification）某些数据。

5. 免责范围

《数据保护法》第 26~35 条规定了持有哪些人数据可以不受该法的管辖（即不必申请登记），以及哪些虽然仍须登记，但条件（如登记有效期等）可以放得较宽。总的讲，一切专为国家安全、刑事侦查、司法管理、国家税收等目的而持有的个人数据，均不受《数据保护法》管辖。此外，仅仅为个人（或自己的家庭）使用的个人数据，企业或单位的工资名单、退休金名单、账目等数据，俱乐部成员名单地址等数据，仅为统计或研究目的使用的数据，基本不受该法管辖（为统计或研究而使用的个人数据须提交登记）。有些个人数据可以不受《数据保护法》某些条文的管辖。例如，有关数据主体的精神或身体健康的数据、福利救济数据等等，经国务大臣批准后，可以禁止数据主体查询。

6. 数据主体的查询权

数据主体的查询权在前面曾经提到，即该人有权询问任何数据使用人是否使用了（即持有）自己的个人数据；如果使用了，则有权要求使用人提供关于自己个人数据的拷贝（但要支付成本费）。数据使用人必须在接到书面要求之后 40 天内给予答复。如果数据主体的要求遭到无理拒绝，他有权向法院提出查询申请。法院经审理认为申请合理，即可以命令数据使用人向主体提供拷贝。如果所提供的拷贝必须另加文字解释才可能被理解，则数据使用人有义务同时提供解释（数据主体须支付成本费）。

7. 涉外条款

《数据保护法》第 37 条规定,按照《欧洲数据保护公约》的要求,指定英国的数据保护登记处处长（The Data Protection Registrar），作为与欧洲委员会秘书长进行联系的代表。该处长处理涉外事务的权限，由英国国务大臣决定。

《数据保护法》第 39 条规定，该法在一般情况下，不适用于联合王国境外的数据使用人或计算机局经营人，但适用于下列数据及使用人（或经营人）：全部在联合王国之外处理的却在王国内或准备在王国内使用的数据；居住于联合王国之外但通过设在联合王国境内的服务点或代理人收集、控制及使用有关数据，或提供数据服务的使用人（或经营人）。

（二）加拿大的《隐私权法》

加拿大的个人信息保护法，在 20 世纪末的立法中也有一定代表性。

在个人信息记录保护法方面，加拿大虽在 20 世纪 70 年代在联邦一级颁布过几个法律，但 1982 年颁布的《隐私权法》（*Privacy Act*）则具有权威性和代表性，以往的联邦法律中与它相冲突的，在它生效（即 1983 年 7 月）后一律废止。

这部法律主要是要求政府机构中收集和掌握个人信息的部门，必须把收集范围限制在直接"为本部门的规划及活动"而不得不收集的信息。这类信息应当直接从被收集人本人那里，而不是从第三方那里去收集。掌握个人信息的部门必须采取一切措施确保信息的准确、完整和不过时。政府有关部门至少每年应将个人信息库（Personal Information Banks）的索引公布一次。

这部法律规定，只有当信息部门的负责人认为透露某人的信息是公共利益的需要或对涉及信息的个人有益时，才可以透露。

被收集了信息的个人，有权要求看到信息库中关于自己的信息，也有权要求改正其中不确切的部分。但信息部门可以因国际事务、国防、司法等理由拒绝个人见到某些信息。此外，如果信息部门认为某些信息被个人见到后，将有损加拿大联邦政府或省政府的政务，也可以拒绝某些个人的要求。与庭外律师的业务有关的个人信息，及与医疗有关的个人信息，也可以拒绝让本人见到。如果任何个人对于拒绝其见到本人信息的做法不满，可以向依照《隐私权法》专设的"隐私权委员会"委员（Privacy Commissioner）申诉；对该委员的决定仍旧不满，还可以向联邦法院起诉，要求复审。

在加拿大的省一级，也颁布了一些个人信息保护法，如马尼托巴省（Manitoba）1970 年的《隐私权法》、萨斯喀彻温省（Saskatchewen）1978 年的《隐私权法》、不列颠哥伦比亚省（British Columbia）1979 年的《隐私权法》、安大略省（Ontario）1980 年的《顾客报告法》（Consumer Reporting Act）等等。其中安大略省 1980 年法的内容比较典型。它是前言中提及的《美国公平信用报告法》及《英国数据保护法》的结合（或者可以说《英国数据保护法》中的一些规定沿用了安大略省的 1980 年法，因为英国法的制定在后）。这部法律，要求一切持有顾客个人信息的代理公司，都必须在省辖的顾客报告代理登记处申请登记后，方可以营业。申请登记时必须说明自己持有顾客信息的目的。被收集了信息的个人，有权要求这种代理公司向自己提供涉及本人信息的拷贝，等等。

（三）《欧洲数据保护公约》

在个人信息的保护方面，早已存在一些地区性国际公约，也可供我们参考。

早在 1968 年"欧洲委员会"的议员大会（Parliamentary Assembly

of the Council of Europe）曾提议，应当把《欧洲人权公约》（*the European Convention on Human Rights*）适用于信息技术领域的私人秘密的保护。接着，欧洲委员会的部长委员会（Committee of Ministers）通过了关于数据保护原则的两个决议。一个决议是针对私人团体使用个人数据而作出的，另一个是针对公共机构作出的。在这个基础上，欧洲委员会的部长委员会于 1981 年 1 月在法国斯特拉斯堡通过了《在个人数据的自动处理领域保护个人的欧洲公约》（*Council of Europe: Convention for the Protection of Individuals with Regard to Automatic Processing of Personal Data*）简称"欧洲数据保护公约"。这个公约由法文、英文作为正式文本，两种文字的文本具有同样效力。1985 年 10 月 1 日，这个公约正式生效。公约第 23 条规定：在它生效之后，欧洲委员会成员国之外的国家，如果受欧洲部长委员会邀请，也可以参加这个公约。

下面对这个公约作一些介绍。

1. 缔结目的

从该公约产生的背景看，它是以在计算机技术领域保护所谓人权为主要目的。这一目的在公约第 1 条明确地表达出来："本公约的目的，是在各成员国地域内，针对个人数据的自动处理，保障各国国民或居民个人的权利与基本自由。"而这一目的前提，则是肯定与承认信息的跨国使用、承认信息的自由流通。从这里我们不难看到，缔结这个公约的实际出发点，与联合国经济合作与发展组织起草数据保护准则的出发点是一样的，即通过对个人数据的国际保护，使国际间的大公司在持有和使用信息商品方面尽量合理，竞争尽量公平。对于这一点，英国"伦敦城市大学"（The City University London）的学者艾森施茨（T. Eisenschitz）的评论更加直言不讳。他认为：20 世纪 80 年代后，对保护个人数据，大公司要比作为数据主体的个人更加关心。

2. 定义

公约给一些名词、术语下的定义，基本与联合国经济合作与发展组织的"数据保护准则"中的定义，以及英国数据保护法中的定义相同。

3. 适用范围

公约第 3 条第 1 款规定：它适用于成员国的一切用于自动处理的个人数据文档（Personal Data Files）以及这种自动处理活动本身；它既适用于私人团体，也适用于公共机构。但公约在第 3 条第 2 款中，允许成员国在批准参加时，声明保留某些种类的个人数据不受公约的制约；允许成员国声明将公约扩大适用于上述规定范围之外的文档（例如，不仅适用于个人的数据，而且适用于法人、合伙团体等等的信息或数据），或将公约扩大用于非自动处理的个人数据文档。

4. 八项原则

公约从第 5 条到第 8 条，列出了个人数据保护应遵循的八条原则（即第 5 条 a、b、c、d、e 五款，及第 6 条、第 7 条、第 8 条）。英国《数据保护法》的八项原则即从这里沿用。上文也已介绍过。

5. 免责范围

公约第 9 条允许各成员国依照本国国内法，为国家安全和公共秩序等目的，灵活运用八项保护原则，可以把某些数据作为例外，不适用这些原则，也可以限制性地适用这些原则。

6. 成员国的义务

在公约中占篇幅最多，也规定得最具体的，是公约成员国的义务。

公约第 4 条要求各成员国必须在国内立法中有相应的措施，以保障公约原则的实施。这是任何一个国家参加公约之前就必须具备的条件。

公约第 10 条要求各成员国在国内法中，对违反（体现公约原则的）国内数据保护法的行为，规定出具体的惩罚手段及司法救济手段。

公约第 12 条规定：公约的成员国不能仅仅以保护私人秘密为理由，禁止本国的个人数据流入另一成员国，也不得为这种跨国流通设置额外的障碍（例如由特别主管部门批准等等）。但如果一个成员国认为另一成员国对某类数据缺乏相应的有效保护，或本国法律规定了某些性质的数据不得出口，则可以禁止它们流入另一成员国。如果个人数据向另一成员国流动的最终目的，是流向一个非成员国的第三国，则也可以禁止该数据出口。

公约第 13 条要求各成员国必须指定一个（或一个以上）主管机构，以便于欧洲委员会秘书长联系数据保护的有关事宜。该主管机构有义务应其他成员国的要求，向其他国提供本国保护数据的立法及行政管理方面的信息，以及数据处理技术方面的信息。

公约第 14 条规定：如果数据主体居住在公约成员国境外，要求行使其查询权，则有关成员国必须予以协助；如果某个成员国的居民系另一成员国个人数据的主体，则另一成员国也有义务协助该主体行使查询权。只有成员国的主管机构认为境外数据主体的要求有损本国主权、国家安全或公共秩序时，或认为其要求将与本国某些个人的人权及自由相冲突时，才可以拒绝提供协助。

2001 年 9 月及 2002 年 6 月，欧盟进一步通过了向第三国传输个人信息决定及电子传输中个人信息及隐私保护指令，以适应网络时代的个人信息保护。

四、我国制定个人信息保护法刻不容缓

近年，常有在欧盟国家、北美国家开拓市场的我国大企业集团，被当地禁止收集客户信息，而国际市场上竞争的必备条件之一，是产品与服务的销售渠道畅通。为此，竞争者都会收集尽可能多、详细的客户信息。在许多知识产权立法与执法健全的国家，一个企业所掌握的客户信息，被视为该企业的"商业秘密"，甚至是击败其他竞争者的王牌。我国企业被上述国家禁止收集客户信息，必将使我国企业在该地市场竞争中处于不利地位。而这些国家下这种禁止令的理由，都是"中国没有个人信息保护法"。以这种理由将中国企业与其他国家企业（我们的竞争对手）区别对待的"差别待遇"，又并不违反 WTO 的原则。因为没有个人信息保护法而允许企业收集涉及个人（客户）的信息，至少有三种不良后果：第一，有可能因缺少收集人"恰当保存"的义务而使信息扩展到社会上，流入犯罪分子手中，给信息被收集人造成威胁；第二，极有可能流入第三方手中，即使其并非犯罪分子，也会给侵害信息被收集人的权益提供了便利（例如无休止地给信息被收集人发推销产品的短信息、垃圾广告、电子邮件等等）；第三，被收集人不知收集者所收集的信息是否准确，可能造成对被收集人名誉、声誉或信誉的损害（例如一位从来不沾烟、酒者，被错误地作为"瘾君子"列入烟、酒推销企业"收集"的客户名单）。

缺少"个人信息保护法"在今天给一个国家带来的害处，还远远不只是体现在市场上。

2003 年 4~5 月我国的抗"非典"高峰时期，为有效控制疫情，国内火车站、长途汽车站等均设立了填表制度，要求乘客填写详细的姓名、家庭地址、联系电话（或其他联系方式）、身体状况等等。这种表格大都是一式两份，一份交车站，一份留给乘客。据许多报

刊报道：许多填表人不情愿地填完之后，均把留给自己的那一份随手扔掉。这说明多数人并没有如实填写相关内容。因为人们知道自己真实的家庭住址、联系方式等是绝不能扔在公共场所的。这种基本上流于形式的填表后果，不能完全归责于乘客"不配合"。在没有个人信息保护制度的情况下，填表人有理由担心自己的真实信息一旦流入犯罪分子或侵权人手中，将给自己带来危险。

此外，因为我国没有个人信息保护法，已经产生的影响社会稳定的后果，已不容忽视。例如，许多"人才招聘中心"将大量前来应聘者填写的详细个人资料，全部当废纸卖掉，其中一些流入犯罪分子手中，已引发了一些刑事犯罪案件。这类事已经屡见报端。

老的市场经济国家，早在 20 世纪 70 年代前后，"个人信息保护法"就已经基本健全。欧洲甚至已缔结了与个人信息保护有关的国际公约。就是说，这一领域的立法，在国际上早已不是空白，在结合中国实际的前提下，我们是有成例可参考、借鉴的。

早在 1987 年，即我国被"第三次浪潮""信息革命"等冲击了一阵的时期，我出了一本《计算机、软件与数据的法律保护》，想提请立法机关对"个人信息保护法"予以关注。但当时我国尚未向市场经济转轨，也没有"入世"这样的机遇使大批国内企业参与国际竞争，更无抗"非典"这样的特殊实践，当时未引起关注，是很自然的。

我感到，这一立法对中国已经是不容迟延的了。如果我们现在还不重视并立即开始这一立法，对我国企业在国际市场上的竞争，对我国自己为开展电子商务，对我国再发生（如"非典"这样的）疫情时对个人信息的收集，乃至对社会的稳定，都将是十分不利的。

个人信息保护与隐私权有着密不可分的联系。长期以来，我国缺乏隐私权保护方面的专门立法，有关隐私权益被纳入"名誉权"

的调整范围，这一现状正因网络的出现而受到更加严峻的挑战。人们逐渐意识到，不仅姓名、住址、职业、收入状况等与个人身份相关的信息具有隐私权属性，就是个人的上网习惯、网上消费倾向等信息若被不当利用，也会侵犯个人生活的安宁甚至造成经济损失而应予以保护；同时，隐私权观念拓展为个人不仅有权要求保障个人信息免受非法和不当使用的侵害，而且个人应当有自行决定何时、何地、以何种方式与外界沟通个人信息的主动支配权。应当说，个人信息保护不周，既不符合充分保障个体权益的法治要求，也成为阻碍电子商务发展的巨大障碍。因此，除了采取必要的技术措施保护个人信息外，我国还应当通过修订法律和制定新法等方式，确认个人信息安全的法律地位，规定个人对其信息资料所享有的权利，如知悉资料收集人的身份、收集目的、使用方式、资料转移的可能性、资料保管情况等的知情权，是否将个人资料提供给第三方、提供哪些资料、对资料如何使用的限制等情况的资料控制权，有权查阅、修改个人资料的权利以及资料被非法或不当使用时的赔偿请求权等等，规定收集个人资料的条件，收集的资料内容，资料使用目的的限制，资料传输的限制，对资料储存的要求，资料安全保证措施等事项。此外，还要对当事人权利遭受侵害时的救济途径、资料收集人未按所声明的目的使用信息、不当泄露资料甚至出售给第三方所应当承担的法律责任等予以明确。

个人数据法的制定应当说在我国信息安全的保证上，起着十分重要的作用。它实际上兼跨民事与行政两个法律领域。电子商务、电子税务、电子银行等等方面的法律规范，均有待于个人数据法的制定和完善。

在网络时代，各国原有法律中属于空白的（例如对电子商务的规范、对"域名"的规范、对破解技术保护措施的规范等等），我们必须填补，而且应作为构建信息安全体系的重点之一；在其他国家原已具备但网络时代显露出而在我国仍处于空白的（例如侵权法的深层规范、个人信息在保护与使用上的规范等等），我们更必须填补，而且也应作为重点之一。由于存在这两方面的空白，又由于我国信息网络化的发展速度比许多外国（包括一些发达国家）都要快，故我国在信息安全立法方面的任务，实际上比许多外国（尤其比发达国家）要重得多。

国外已十分重视信息安全立法，而我国在这方面立法任务更重的今天，如果我国的现有立法重点仍旧不向信息网络偏转，或仍旧不把信息网络立法作为一个重点，特别是如果不迈出个人信息保护立法的第一步，势必影响我国传统产业的发展、影响我国社会主义市场经济的发展，影响"以信息化带动工业化"的实施。用一句马克思主义理论中的话来讲，就是势必产生上层建筑中的某一部分（法律部分）与经济基础不相适应，从而妨碍生产力的发展。

如果说，在几年之前（即 1999 年前），一部分国内外法学者，还认为网络世界应不受法律干扰，由于一大批国家（包括发达国家与发展中国家）已经在这一领域积极地、大量地开展立法活动，也由于我国的司法实践已突出感到，规范网络再"无法可依"已经不行，实际上作为信息安全核心的网络立法已刻不容缓。呼吁这种立法不能以"管死"为目的、必须有利于"积极发展"是对的；但如果依旧反对网络立法或呼吁"网络立法应该缓行"，则属于既未跟踪国际发展的动向，又未关注我国的司法实践而得出的不恰当结论。事实上，到 2002 年年底，上海、广东、重庆等省市，均已颁布了有关的地方法规。不过信用制度及个人信息保护在今天的网络环境下，已经不是地方立法所能够规范得了的事了。作为信用制度与信息网络安全前提的个人信息保护立法这一步必须迈出了。

第五节　运用法律手段保障和促进信息网络健康发展 [*]

在当今世界，信息网络技术对人类文明的影响，超过了其他任何高新技术。信息网络化的发展水平，已经成为衡量一个国家现代化水平与综合国力的重要标志。推动国民经济和社会信息化，是党中央高瞻远瞩，总揽全局，面向新世纪作出的重要战略决策。对于信息网络化问题，江泽民同志提出了"积极发展、加强管理、趋利避害、为我所用，努力在全球信息网络化的发展中占据主动地位"的要求，这不仅是我国信息网络发展的指导方针，也是我们运用法律手段保障和促进信息网络健康发展的重要指导思想。

一、信息网络的发展与加强法律规范的必要性和重要性

（一）依法加强管理已经成为许多国家的共识

信息传播技术的发展，在历史上一直推动着人类社会、经济与文化的发展，同时也不断产生出新问题，需要人们不断去解决。在古代，印刷出版技术的发明与发展，为大量复制与传播文化产品创造了条件，同时也为盗用他人智力成果非法牟利提供了便利，于是产生了版权保护的法律制度。近、现代无线电通信技术的出现，录音、录像技术的出现以及卫星传播技术的出现等等，也都曾给人们带来便利，推动了经济发展，繁荣了文化生活，同时也带来了需要用法律解决的问题。中国古老的辩证法告诉我们：利弊相生、有无相成。法律规范得当，就能够兴利除弊，促进技术的发展，进而促进社会的发展。

---

　　* 　编者注：该部分选自沈仁干主编：《郑成思版权文集（第三卷）》，中国人民大学出版社2008 年版，第 531~550 页。原刊于《河南省政法管理干部学院学报》2002 年第 1 期。

20 世纪 90 年代至今，信息网络的迅速发展，对政治、经济、社会等各个领域都产生了广泛、巨大而又深远的影响。截至 2000 年年底，全球互联网上网人数共 4.71 亿。美国上网人数超过 1.5 亿，欧盟国家上网人数超过 4600 万，日本超过 4700 万。截至 2000 年 7 月，我国上网人数也已经达到了 2600 万。1997 年 10 月，我国上网计算机共 29.9 万台，而到 2001 年 7 月，已经发展到 1000 万台，这种发展速度，令人瞩目。

根据美国知识产权协会的统计，自 1996 年之后，美国每年信息产业中版权产业的核心部分，即软件业、电影业、图书出版业等产品的出口额，都超过农业与机器制造业。该协会把这当作美国已经进入“知识经济”的标志。根据我国今年年初“国家经济信息系统工作会议”公布的数据，2000 年我国电子信息产品制造业增长速度已经大大高于传统产业，总产值已经突破 1 万亿元，成为我国工业的第一支柱。

网络（主要指互联网络，特别是国际互联网络）给人们带来的利（或便利）在于其开放性、兼容性、快捷性与跨国传播。而网络的“弊”，也恰恰出自它的这些特点。正是由于这些特点，产生出应用网络来传播信息的重要问题——安全问题，以及其他一些需要用法律去规范的问题。

国内外都曾有一种观点认为：计算机互联网络的发展环境是“无法律”的。在互联网发展初期，由于缺乏专门以互联网为调整对象的法律，而大都以原有的相关法律来规范互联网上的行为，许多国家认为可以不立新法。于是，这被一些人误解为“无法律”。所谓“无法律”，一开始就仅仅是一部分网络业内人士对法律的误解。计算机网络上日益增多的违法犯罪活动，促使人们认识到必须运用法律对计算机信息网络进行管理，而网络技术本身的发展也为这种管理提供了客观的基础。计算机互联网络是 20 世纪 90 年代才全面推广开的新技术，而且发展迅速，对它的法律调整滞后、不健全，是不足为奇的。但若由此断言互联网络处于法律调整的"真空"之中，是现实社会的法律所不能触及的"虚拟世界"，那就错了。国际互联网的跨国界传播，无疑增加了各国在其主权范围内独立调整和管理网上行为的困难，但这并不意味着无法管理。而且，由于出现了强烈的网络管理的社会要求，各种行之有效的网络管理技术也应运而生。面对安全问题，起初很多国家考虑的是通过技术手段去解决。而今天，越来越多的国家已经认识到：仅仅靠技术手段是不够的，还必须有法律手段。网络作为一种传播媒介，不仅不可能自动消除不良信息的危害，而且因其使用便利、传播快捷的特点，反而可能在缺乏管理的状态下大大增强其危害性。

事实上，通过法律手段加强管理，解决信息网络化进程中产生的安全问题，已经成为相当多国家的一致呼声。几乎所有应用和推广网络传播技术的国家，无论发达国家还是发展中国家，都颁布了或正在起草相应的法律法规，都不同程度地采用法律手段开始了或加强了对计算机信息网络的管理。

（二）信息网络安全问题的几个主要方面与法律规范的必要性

涉及信息网络安全的问题，主要有四个方面。

第一，国家安全。网络的应用，给国家的管理，例如统计、档案管理、收集与分析数据、发布政令或公告等带来了便利。"电子政务"的开展，有利于密切政府与人民群众的联系，有利于提高国家机关的工作效率，有利于加强人民对国家事务的参与。近年来，我国海关在查处走私活动，公安部门在"严打"的过程中，很多显著成效也得益于计算机网络的应用。网络的应用还为国防建设提供了新的技术手段，为尖端科学技术的研究与开发提供了条件。但同时，一旦有人利用网络，侵入国防计算机信息系统或侵入处于极度保密状态的高科技研究的计算机信息系统，乃至窃取国家、国防、科研等机密，其危害就远不是非网络状态下的危害可比的了。国内外敌对势力煽动反对政府、颠覆国家政权、破坏国家统一等有害信息，也可以通过网络得到迅速传播。而保障国家安全，是稳定与发展的前提。迄今为止，所有应用及推广信息网络技术的国家，无论发达国家还是发展中国家，都极度重视伴随着这种应用与推广而产生的国家安全问题。

第二，社会安全。网络以迅捷、便利、廉价的优点，丰富了社会文化生活与人们的精神生活。但同时，发送计算机病毒，传播黄色、暴力、教唆犯罪等精神毒品，网上盗版，网上煽动民族仇恨、破坏民族团结，网上传播伪科学、反人类的邪教宣传，如"法轮功"等，也利用了这种迅捷、便利、廉价的传播工具。对网上的这些非法活动必须加以禁止和打击，以保障社会的安全。例如，如果不在网上"扫黄打非"，那么，有形的传统市场上打击黄色的、盗版的音像及图书的执法活动，就在很大程度上会落空，因为制黄与制非活动会大量转移到网上。

第三，经济安全或市场安全。在经济领域，首先应用网络技术的是金融市场。"金融电子化与信息化"方便了储户，使"储蓄实名制"成为可能，同时还加速了证券交易在网上运行的进程。企业开展"电子商务"，有助于提高管理效率，降低经营成本，增强竞争能力。国外英特尔公司的总裁与国内北大方正的王选都说过一句相同的话："企业若不上网经营，就只有死路一条。"今年年初以来"纳斯达克"指数的暴跌以及大量中介性网络公司倒闭的事实，绝不说明电子商务应当被否定。它与电子商务的兴起这一事实，反映的是同一事物的两个方面。它说明了网络经济本身不能靠"炒作",网络经济只有同物质经济、传统产业相结合,才有生命力。从 1998 年至今,北京郊区一些收益较好的菜农,已经得益于"网上经营"(或"电子商务")。1999 年,上海市政府开通"农业网",鼓励农民上网经营。上海奉贤县仅去年一年,就在网上获得 1 亿元订单。但同时,在网上把他人的商标抢注为自己的域名,网上的金融诈骗、合同欺诈,利用网络宣传、销售假冒伪劣产品,搞不正当竞争等种种违法犯罪活动,也不断增加。若不及时禁止这些活动,人们会对网络上的虚拟市场缺乏安全感,从而将妨碍我国企业的电子商务活动。

第四,个人安全。随网络发展起来的电子邮件、网络电话、电子银行信用卡等等,给大多数"网民"提供了便捷与低价的服务,大大提高了网民们的工作效率和生活质量。但同时也出现了破译他人电子邮箱密码,阅读、篡改或删除他人电子邮件,破解他人网上信用卡密码,利用网络窃取他人钱财、乃至敲诈勒索,利用网络散布谣言、诽谤他人、侵犯他人隐私权等等侵权或犯罪活动。今年 4 月,鞍山市中级人民法院审结的通过"网络交友"引诱与绑架人质勒索钱财的案件,表明了以法律手段规范网络运营,保障个人安全的必要性。

上述几个方面的安全问题是相互联系的。国家安全与社会安全非常重要;市场安全与个人安全的问题,则是大量的。今年 4 月至 5 月,在黑客大量攻击我国网站的事件中,被攻击的商业网站占 54%。市场与个人安全问题,又都直接或间接影响国家安全与社会安全。例如,若不能依法制止利用互联网络编造并传播影响证券、期货交易或其他扰乱金融市场的虚假信息,社会稳定就必然出现隐患,进而会影响到国家安全。

二、国外的做法及立法现状

由于信息网络技术在世界范围内广泛应用的时间还不太长，加上信息网络技术的发展更新很快，目前，世界各国还没有建立健全完善的法律体系。总的讲，各国在这方面的立法与依法管理的实践都处于初期。不过，有些起步相对早一些的国家及国际组织，已经有了一些经验可供我们研究与参考。

（一）打击网络犯罪的国际合作与立法情况

20 世纪 90 年代以来，针对计算机网络的犯罪和利用计算机网络犯罪的数量，在许多国家包括我国，都有较大幅度的增长。针对这种情况，许多国家明显加大了运用法律手段防范和打击网络犯罪的力度。同时，在这方面的国际合作也迅速发展起来。

欧盟委员会于 2000 年年初及 12 月底先后两次颁布了《网络刑事公约（草案）》。这个公约草案目前虽然只是面对欧盟成员国地区性立法的一部分，但它开宗明义表示要吸纳非欧盟成员国参加，试图逐步变成一个世界性的公约。现在，已有 43 个国家（包括美国、日本等）表示了对这一公约草案的兴趣。这个草案很有可能成为打击网络犯罪国际合作的第一个公约。这个公约草案对非法进入计算机系统，非法窃取计算机中未公开的数据等针对计算机网络的犯罪活动，以及利用网络造假、侵害他人财产、传播有害信息等使用计算机网络从事犯罪的活动，均详细规定了罪名和相应的刑罚。草案还明确了法人（即单位）网上犯罪的责任，阐述了打击网络犯罪国际合作的意义，并具体规定了国际合作的方式及细节，如引渡、根据双边条约实行刑事司法协助，在没有双边条约的国家之间怎样专为打击网络犯罪实行司法协助，等等。

在各国的刑事立法中，印度的有关做法具有一定代表性。印度于 2000 年 6 月颁布了《信息技术法》。印度并没有"物权法"之类规范有形财产的基本法，却优先制定出一部规范网络世界的基本法。这部《信息技术法》主要包括刑法、行政管理法、电子商务法三个大的方面。同时，还包括对已有刑法典、证据法和金融法进行全面修订的一系列附件。刑法部分的主要内容与欧盟的"刑事公约"大致相同。有两点内容是欧盟公约中没有的：一是规定向任何计算机或计算机系统释放病毒或导致释放病毒的行为，均为犯罪；二是对于商业活动中的犯罪行为列举得比较具体。例如，为获取电子签名认证而向有关主管部门或电子认证机构谎报、瞒报任何文件或任何事实的，均认定为犯罪。该法对犯罪的惩罚也作了详细的规定。例如，第 70 条规定：未经许可进入他人受保护的计算机系统，可判处 10 年以下徒刑；第 71 条规定：在电子商务活动中向主管部门谎报与瞒报，将处 2 年以下徒刑，还可以并处罚金。

还有一些国家修订了原有刑法，以适应保障计算机网络安全的需要。例如，美国 2000 年修订了 1986 年的《计算机反欺诈与滥用法》，增加了法人犯罪的责任，增加了与上述印度法律第 70 条相同的规定，等等。

（二）禁止破解数字化技术保护措施的法律手段

1996 年 12 月，世界知识产权组织在两个版权条约中，作出了禁止擅自破解他人数字化技术保护措施的规定。至今，欧盟、日本、美国等多数国家，都把它作为一种网络安全保护的内容，规定在本国的法律中。尤其是美国，虽然总的来说，它认为网络时代无须立任何新法，全部靠司法解释就能解决网络安全问题，但却例外地为"禁止破解他人技术保护措施"制定了专门法，而且从网络安全目的出发，把条文规定得极其详细——不仅破坏他人技术保护措施违法，连提供可用以搞这种破坏的软硬件设备也违法，同时还详细规定了图书馆、教育单位及执法单位在法定条件下，可以破解有关技术措施，以便不妨碍文化、科研及国家执法。值得注意的是，有关网络安全的许多问题，均是首先在版权领域产生的，其解决方案，又首先是在版权保护中提出，再扩展到整个网络安全领域的。例如，破解技术保护措施的违法性，就是因为 1992 年英国发生的一起违法收看加密电视节目的版权纠纷，而引起国际关注的。

（三）与"入世"有关的网络法律问题

在 1996 年 12 月联合国第 51 次大会上，通过了联合国贸易法委员会的《电子商务示范法》。这部示范法对于网络市场中的数据电文，网上合同成立及生效条件，运输等专项领域的电子商务等，都作了十分具体的规范。这部示范法的缺点是：当时还没有意识到"数字签名认证机构"的关键作用，所以针对这方面作的规定较少，也较原则。1998 年 7 月，《新加坡电子交易法》出台后，被认为是解决这一类关键问题较成功的法律。我国的香港特别行政区，于 2000 年 1 月颁布了《电子交易条例》。它把联合国贸易法委员会《电子商务示范法》与《新加坡电子交易法》较好地融合在一起，又结合了香港本地实际，被国际上认为是较成功的一部保障网络市场安全的法规。

早在 1999 年 12 月，世贸组织西雅图外交会议上，制定对"电子商务"的规范就是一个主要议题。这是因为 1994 年 4 月世贸组织在马拉喀什成立时，网络市场作为世界贸易的一部分还没有被充分认识，而 1996 年之后，这一虚拟市场已经以相当快的速度发展起来了。联合国已有了示范法，世贸组织也不甘落后。西雅图会议虽然流产，但下一次世贸组织的多边外交会议，仍将以规范电子商务为主要议题。届时我国可能已经"入世"。所以从现在起，我国有关主管部门就应对这一议题做深入研究，以便在必要时提出我们的方案，或决定支持那些于我国网络市场安全及健康发展有利的方案。

（四）其他有关立法

有一些发展中国家，在单独制定从不同角度保障网络健康发展的部门法之外，还专门制定了综合性的、原则性的网络基本法。例如韩国 1992 年 2 月制定、2000 年 1 月又修订的《信息通信网络利用促进法》，就属于这样一部法。它与我国的《科技进步法》的形式类似，但内容更广泛些。它虽不及印度的基本法那样详细，但有些内容却是印度所没有的。例如其中对"信息网络标准化"的规定，对成立"韩国信息通信振兴协会"等民间自律组织的规定，等等。

在印度，则依法成立了"网络事件裁判所"，以解决包括影响网络安全的诸多民事纠纷。这种机构不是法院中的一部分，也不是民间仲裁机构，而是地道的政府机构。它的主管人员及职员均由中央政府任命，但主管人员资格是法定的。

西欧国家及日本，近年来在各个领域都制定了一大批专门为使信息网络在本国能够顺利发展的法律、法规，同时大量修订了现有法律，使之能适应网络安全的需要。例如，德国 1997 年的《网络服务提供者责任法》与《数字签名法》，它们出现在欧盟共同指令发布之前，足以说明其规范网络活动的迫切性。日本 1999 年的《信息公开法》与同时颁布的《协调法》，对作者行使精神权利（即我国版权法中的"人身权"），规定了过去从来没有过的限制，以保证政府有权不再经过作者许可，即可发布某些必须发布的信息。英国 2000 年的《通信监控权法》第三部分专门规定了对网上信息的监控。这部法的主要篇幅是对行使监控权的机关必须符合怎样的程序作出规定。在符合法定程序的前提下，"为国家安全或为保护英国的经济利益"，该法授权国务大臣颁发许可证，以截收某些信息，或强制性公开某些信息。

（五）民间管理、行业自律及道德规范手段

无论发达国家还是发展中国家，在规范与管理网络行为方面，都很注重发挥民间组织的作用，尤其是行业的作用。德国、英国、澳大利亚等国学校中网络使用的"行业规范"均十分严格，在澳大利亚，大学各系的秘书每周都要求教师填写一份保证书，申明不从网上下载违法内容；在德国，凡计算机终端使用人，一旦在联网计算机上有校方规定禁止的行为，学校的服务器立即会传来警告。慕尼黑大学、明斯特大学等学校，都订有《关于数据处理与信息技术设备使用管理办法》，要求师生严格遵守。

1996年，英国的网络服务提供者们在政府引导和影响下，组成一个行业自律组织，即英国信息网络监察基金会。它的工作是搜寻网络上的非法信息（主要是色情资料），并把发布这些非法信息的网站通知网络服务提供者，以便他们采取措施，阻止网民访问这些网站，也使网络服务提供者避免被指控故意传播非法信息而招致法律制裁。

韩国在保障网络安全方面，尤其是防止不良信息及有害信息方面，也很注意发挥民间组织的作用。韩国在民间建立起"信息通信伦理委员会"，其主要作用是监督网络上的有害信息，保护青少年的身心健康。新加坡也很注重民间力量在网络安全方面的作用，在其1996年7月颁布的《新加坡广播管理法》中规定："凡是向儿童提供互联网络服务的学校、图书馆和其他互联网络服务商，都应制定严格的控制标准。"该法还规定："鼓励各定点网络服务商和广大家长使用，诸如'网络监督员'软件、'网络巡警'软件等等，阻止（青少年）对有害信息的访问。"

（六）国外立法保障信息网络健康发展的两个重点问题

网络上信息传播有公开与兼容的特点，各国网络的发展目标又都是使越来越多的人能够利用它。这与印刷出版等传统的信息传播方式完全不同。许多国家的立法界、司法界及学术界普遍认为：在网上，每一个人都可能是出版者。用法律规范网络上每个人的行为，从理论上说是必要的，从执法实践上看则是相当困难的。从上述各国的情况看，它们主要是抓住两个关键点，采取相应的管理措施。

1. 加强对网络服务提供者经营活动的规范与管理

网络服务提供者又称"在线服务提供者"，他们是网络空间重要的信息传播媒介，支撑着网络上的信息通讯。网络服务提供者有许多类别，主要包括以下五种：（1）网络基础设施经营者；（2）接入服务提供者；（3）主机服务提供者；（4）电子公告板系统经营者；（5）信息搜索工具提供者。

上述各类网络服务提供者对用户利用网络浏览、下载或上载信息都起着关键作用。网络服务提供者的基本特征是按照用户的选择传输或接受信息。但是作为信息在网络上传输的媒介，网络服务提供者的计算机系统或其他设施，却不可避免地要存储和发送信息。从信息安全的角度看，网络服务提供者是否应当为其计算机系统存储和发送的有害信息承担责任，按照什么标准承担责任，是网络时代的法律必须回答的关键问题。

网络服务提供者法律责任的标准和范围，不仅直接影响信息网络安全的水平和质量，而且关系到互联网能否健康发展；既关系到国家利益，也关系到无数网络用户的利益。因此，法律在界定网络服务提供者责任的同时，必须考虑对其责任加以必要的限制。

总的讲，法律如果使网络服务提供者在合法的空间里和正确的轨道上放手开展活动，那么网络的安全、信息网络的健康发展，就基本有保障了。

　　网络安全的法律规范主要针对网络服务提供者，同时许多国家还在法律中采用了"避风港"制度。就是说，一旦网络服务提供者的行为符合法律规范，他们就不再与网上的违法分子一道负违法的连带责任，不会与犯罪分子一道作为共犯处理。这样，他们的经营环境就宽松了，这将有利于网络的发展。正像传统生活中我们对旅店的管理，许多犯罪分子在流窜、隐藏时都会利用旅店，如果对犯罪分子逗留过的旅店一概追究法律责任，那么正当经营者就都不敢开店了。如果旅店经营者做到：（1）客人住店时认真查验了身份证；（2）发现房客有犯罪行为或嫌疑，及时报告执法部门；（3）执法部门查询犯罪嫌疑人时积极配合，那么，就可以免除旅店经营者的法律责任，就是说，他不再有被追究法律责任的风险。这样，在打击犯罪的同时，又不妨碍旅店业的健康发展。法律在规范网络服务提供者的责任时采用的"避风港"制度，正是这样一种制度。网络服务提供者从技术上讲，掌握着确认其"网民"或接入的网站身份的记录，他们只要做到：（1）自己不制造违法信息；（2）确认了违法信息后立即删除或作其他处理，如中止链接等；（3）在执法机关找寻网上违法者时予以协助，那么，他们也就可以进入"避风港"，放心经营自己的业务了。如果绝大多数网络服务提供者真正做到了这几点，则网络安全也就基本有保障了。

　　所以，大多数以法律规范网络行为的国家，都是首先明确网络服务提供者的责任，又大都采用了"避风港"制度。从美国1995年的《国家信息基础设施白皮书》，新加坡1996年的《新加坡广播管理法》，直到法国2001年的《信息社会法（草案）》，都是如此。

2. 加强对认证机构的规范与管理

　　"数字签名的认证机构"，是法律必须规范的又一个关键点。数字签名认证机构的重要作用，远远不限于电子商务。在电子证据的采用方面，在电子政务、电子邮件及其他网上传输活动中，它都起着重要作用。就是说，凡是需要参与方提供法定身份证明的情况，都需要"数字签名认证机构"。因为数字签名是最有效的身份证明，是保障信息安全的基本技术手段之一。

三、我国在信息网络法制建设方面的基本情况

（一）已有的法律法规及管理措施

从 20 世纪 90 年代中期至今，我国已出台了一批专门针对信息网络安全的法律、法规及行政规章。属于国家法律一级的，有全国人大常委会 2000 年 12 月通过的《关于维护互联网安全的决定》；属于行政法规的，有从 1994 年的《计算机信息系统安全保护条例》到 2000 年的《电信条例》等五个法规；属于部门规章与地方性法规的则有上百件。我国各级人民法院，也已经受理及审结了一批涉及信息网络安全的民事与刑事案件。

此外，在我国的《合同法》中，增加了有关网络上电子合同的规范内容。《预防未成年人犯罪法》规定"任何单位和个人不得利用通信、计算机网络等方式"，提供危害未成年人身心健康的内容与信息。

2000 年是我国网络立法较多的一年。据不完全统计，专门针对网络的立法，包括最高人民法院的司法解释，达到几十件，超过以往全部网络立法文件的总和，调整范围涉及网络版权纠纷、互联网中文域名管理、电子广告管理、网上新闻发布、网上信息服务、网站名称注册、网上证券委托、国际联网保密管理等许多方面。过去进行网络立法的部门主要是公安部、信息产业部等少数几个部门，2000 年则明显增加，文化部、教育部、国家工商局、中国证券监督

委员会以及一些省、市地方政府均在各自职权范围内，颁布了有关网络的法律文件。这些立法及管理活动对推进我国网络健康发展起到了积极作用。

在行业自律方面，今年 5 月，在信息产业部的指导下，我国成立了"互联网协会"。它将借鉴国外已有经验，结合中国的实际，发挥自己的作用。

（二）存在的问题和不足

1. 缺少必要的基本法，已产生多头管理、相互冲突的情况

我国规范网络的部门规章及地方性法规很多，这反映出各方面力图促使网络健康发展的积极性，是应该予以肯定的。但暴露出来的问题也不容忽视：第一，立法层次低。现有的网络立法绝大多数属于管理性的行政规章，而属于国家法律层次上的网络立法只有一件，并且不具备基本法性质。第二，立法内容"管"的色彩太浓，通过管理促进"积极发展"的一面则显得不够。第三，行政部门多头立法、多头管理，甚至连必须统一的一些标准，都出现过部门冲突的情况。例如，北京市通信管理局 2000 年 11 月的"通知"中，认定企业仅为自我宣传而设的网站，属于非经营性的"网络内容提供者"，而北京工商行政管理局在同年颁布的《经营性网站管理办法》中，则又认定凡是企业办的网站，均属经营性的网络内容提供者。这样一来，像"同仁堂药业集团"为同仁堂医药做广告的专设网站，与"搜狐""首都在线"等专门从事在线服务的网站，就没有区别了。依前一行政规章，"同仁堂"属于非经营性的；依后一规章，它又属于经营性的了。诸如此类的不一致乃至冲突的规章及管理方式，有时让企业无所适从，妨碍了企业正常使用网络；有时则产生漏洞，使真正想保障的信息网络安全又得不到保障。

由于网络服务器的经营者必须租用线路才能开通其运作，例如

北京的网络服务器，均须向北京电信行业管理办公室（信息产业部委托的部门）申请，并写明身份、地址，才可能获得线路的租用，所以，对一切网络服务设备，电信部门统统可以确认其所在地及所有人，正如这个部门完全能掌握和管理向它申请了电话号码并安装了电话的用户一样。由信息产业主管部门统管，便于技术上的防范措施与法律手段相结合。《印度信息技术法》在行政管理方面的主要内容之一，就是明确规定由中央政府建立"信息技术局"，统一行使网络管理的行政权，避免"政出多头"，以免既妨碍了网络的发展，又不能真正制止住影响网络安全的各种活动。

2. 侵权责任法有缺欠

我国目前尚没有任何法律、法规对网络服务提供者的责任与限制条件同时作出明确规定，以至这方面的法律规范还是空白。有的发达国家在法律中也没有对此作专门规定，那是因为这些国家的"侵权责任法"本身已经十分完善了。而我国，几乎只有《民法通则》的第106条这一条有这方面的规定。而"严格责任""协助侵权""代位侵权"等传统"侵权责任法"中应当有，同时在信息网络安全方面又很重要的法律概念，在我国侵权法体系中，一直就不存在。在这种情况下，我们要以法律手段保障网络健康发展，就很难抓住问题的关键，造成事倍功半的结果。

3. 缺少大多数发达国家及一些发展中国家已经制定的有关电子商务的法律

江泽民主席在1998年的亚太经合组织大会上就曾指出：电子商务代表着未来的贸易方式发展的方向，其应用推广将给成员国带来更多的贸易机会。

对于上面提到的世贸组织将增加的调整国际电子商务的法律手段，欧盟已有了《电子商务指令》作为应对，日本则有了《电子签名法》

及《数字化日本行动纲领》（政策性政府基本文件），澳大利亚也颁布了《电子交易法》。美国虽然在民商事领域总的讲不针对网络单独立法，但也推出了无强制作用的联邦示范法《统一计算机信息交易法》。许多发展中国家也都在这方面做了积极的准备。相比之下，我国在这一方面的准备工作，尤其在研究与出台相应的法律法规方面，还显得不足，步子还可以再大一点，使之与我国的国际贸易大国地位更协调一些。

我国《合同法》虽然确认了网上合同作为"书面合同"的有效性，却没有对数字签名作出规范，更没有对数字签名的认证这一关键问题作出规范，无法保障电子商务的安全，因此，不足以促进电子商务的开展。我国网络基础设施已列世界第二，但网上经营的数额在世界上还排不上名次，原因之一是缺乏法律规范，使大量正当的经营者仍感网上经营风险太大，不愿进入网络市场，仍固守在传统市场中。如果我们能够积极改变这种状况，那么在进入世贸组织之后，在高管理效率与低经营成本方面，我们就可能有更多的企业可以与发达国家的企业竞争，与一批在信息技术上新兴的发展中国家的企业竞争，我们在国际市场上的地位就会更加乐观。

4. 已有的立法中存在缺陷

我国现有刑法中对计算机犯罪的主体仅限定为自然人，但从实践来看，还存在各种各样的由法人实施的计算机犯罪。又如，计算机网络犯罪往往造成巨大的经济损失，其中许多犯罪分子本身就是为了牟利，因而对其科以罚金等财产刑是合理的。同时，由于犯罪分子大多对其犯罪方法具有迷恋性，因而对其判处一定的资格刑，如剥夺其长期或短期从事某种与计算机相关的职业、某类与计算机相关的活动的资格，也是合理的，但我国刑法对计算机犯罪的处罚，却既没有规定罚金刑，也没有规定资格刑。

另外，现有诉讼法中，缺少对"电子证据"的规定。无论上面讲过的欧盟《网络刑事公约》，还是《印度信息技术法》，都是把"电子证据"作为一种特殊证据单列，而我国现有的民事、刑事、行政等三部诉讼法，只能从"视听资料"中解释出"电子证据"的存在，这样有时显得很牵强，有时甚至无法解释，这都不利于保障网络安全。

5. 以法律手段鼓励网上传播中国的声音方面还显得不够

一方面，网络的跨国界信息传播，增加了西方宣扬其价值观的范围与强度；另一方面，过去在传统的有形文化产品的印刷、出版、发行方面，由于经济实力所限，我们难与发达国家竞争。现在，网络传输大大降低了文化产品传播的成本，这对我国是一个机遇。从技术上讲，网上的参与成本低，对穷国、富国基本上是平等的。一个国家尤其是发展中国家，如果能以法律手段鼓励传播本国的声音，则对于防范文化与道德的入侵与保障信息安全，将起到积极的作用。印度鼓励使用英语，其结果是宣传了本国的文化，而法国一度强调上网内容只用法语，结果造成点击法国网站用户日减：这正反两方面的情况，都值得我们研究。

我国有不少涉外法律、法规、规章、司法判决、行政裁决、仲裁裁决等等，在对外宣传我国法制建设与改革开放方面很有作用，却往往在长时间里见不到英文本，在网络上则中、英文本都见不到。在国际上很有影响的我国《合同法》，其英文本首先是由美国一家公司从加利福尼亚的网站上网的。集我国古典文学之大成的《四库全书》也不是由内地，而是由香港特区的网络服务提供者上网的。

四、几点建议

（一）将信息网络立法问题作通盘研究，尽早列入国家立法规划

首先，在信息网络立法规划上，应考虑尽早制定一部基本法。它既有原则性规定，又有必要的实体条文，如同我国的《民法通则》那样。立法既要吸收世界各国好的经验，又要结合中国的实际。从内容上讲，它必须以积极发展信息网络化为目的，体现加强管理，以达到趋利避害，为我所用的目的。如果有了网络基本法，无论部门还是地方立法，均不能违反它，行政机关管理时也便于"依法行政"。这将有利于最大限度地减少部门规章间及不同部门管理之间的冲突。最后，信息网络的管理，与土地、房屋、动产等等的管理不同。网络的管理是实实在在的"全国一盘棋"，不宜有过多的部门规章及地方性法规，应以国家法律、国务院行政法规为主，主管部门可颁布必要的行政规章。

其次，在正起草的有关法律中，应注意研究与增加涉及信息网络安全保障的相关内容。例如正在起草的《证据法》中，即应考虑"电子证据"的问题。

再次，在修订现有的有关法律时，也应注意增加涉及信息网络的内容。例如，在修订刑法时，应考虑针对计算机网络犯罪活动，增加法人（单位）犯罪、罚金刑、资格刑等内容。

最后，在网络基本法出台之前，可以先着手制定某些急需的单行法，成熟一个，制定一个。例如，可在《电信条例》的基础上，尽快制定"电信法"。再如，"数字签名法""网络服务提供者责任法"等等，也应尽早制定，或者包含在"电信法"中，以减少信息网络健康发展的障碍。

（二）加强信息网络业"行业自律"的立法，鼓励行业自律

"行业自律"的重点之一，应是各种学校及文化市场相关的行业。"学校"是教书育人的地方，网络上的有害信息，很大部分是针对正在成长的青少年学生传播的。对这种有害信息的传播如果打击、禁止不力，会危害家庭、个人，进而影响社会安全、国家前途。在积极发展网上教学、利用网络传播有益知识的同时，学校对学生及教员访问不良网站或接触有害信息的约束也非常必要，而且很多学校尤其是大专院校本身就有服务器，本身就是"网络服务提供者"。

法律还可针对有关行业可以尽到的一些义务作出规定。诸如英国及新加坡那样，指导网络服务提供者采取措施阻止网民访问不良网站，等等。

（三）鼓励通过网络弘扬中华文化，进行传统教育，开展精神文明建设

"鼓励"弘扬本国文化：一方面，可以通过立法，对创作出受人们欢迎的优秀文化成果以及积极传播这些成果的单位和个人给予奖励，对成果的知识产权，给予保护；另一方面，在信息通过网络的跨国传播面前，在信息网络的公开性、兼容性面前，法律手段也不可能是万能的。因为国内法很难规范一大部分从境外上载并传播有害信息的行为。技术措施也不能解决其中的全部问题，而要减少这类信息对网络安全带来的负面影响，就需要我们有更多正面的、又为人们所喜闻乐见的传播社会主义价值观的内容上网，需要我们从社会主义道德方面进行教育。

（四）认真研究国际动向，积极参与保障网络安全的国际合作

研究信息网络立法与管理的国际动向有两个目的：一是使我们在制定相关国内法及实施管理时，可以借鉴国外成功的经验；二是由于网络主要是国际互联网络传播信息的特殊性，使得我们在打击跨国计算机网络犯罪，在解决因网络侵权、网络商务中违约等等跨国民商事纠纷时，都需要开展不同程度的国际合作。

（五）应当对各级领导干部进行网络知识的培训

因为只有在了解网络的基础上，才可能进一步加强各级领导干部信息网络安全意识，才能自觉认识运用法律手段保障和促进信息网络健康发展，才能实现依法决策、依法行政、依法管理。

总之，保障与促进信息网络的健康发展，需要将技术措施、法律手段与道德教育结合起来。

第六节　信息、知识产权与中国知识产权战略若干问题 *

一、信息、信息产权与知识产权

从 20 世纪 80 年代，人们就开始普遍使用"信息社会"这一概念；90 年代后，"信息高速公路""信息公开""信息化"等等，是口头及书面使用率均越来越高的日常用语。"以信息化带动工业化"及"获得享有自主知识产权的成果"，更是近年来政府文件及

---

* 编者注：该部分选自沈仁干主编：《郑成思版权文集（第三卷）》，中国人民大学出版社 2008 年版，第 5~21 页，其中，部分内容进行了删节。原刊于《法律适用》2004 年第 7 期。

新闻媒体经常提到的。而信息与知识产权这二者之间是什么关系，则较少被人提起。

信息处理技术与信息传输技术的快速发展，把人们带入了信息时代。人们现在讲起"信息化"，也主要指积极利用信息处理技术与信息传输技术，至于信息本身或者信息的内容，似乎反倒被忽视了。

日本 2002 年出台的《知识产权基本法》及《知识产权战略大纲》中，提出"信息创新时代，知识产权立国"，应当说是较清晰、较完整地道出了信息、信息化与知识产权的关系，在理论上值得我们研究。当然，该法及该大纲的内容还有很多，其中既不乏值得我们借鉴的，也有我们必须考虑对策的。

日本在《知识产权战略大纲》中，提到信息财产与知识财产是21 世纪最重要的财产。"信息财产"（information property）及"知识财产"（intellectual property）与"信息产权"及"知识产权"含义是相同的，只是在中文里的表述不同。"信息产权"指的是知识产权的扩展，这一概念突出了知识产权客体的"信息"本质。

有人认为知识产权的客体是"形式"，认为人类只能创造形式不同的东西，不能创造实质不同的东西，因此知识产权的客体只有形式，没有内容。这是非常荒谬的。"信息创新"要求所创成果必须与原有成果存在实质上的不同。在专利领域，没有实质不同的发明不能被授予专利；在版权领域，没有实质不同的所谓作品，不属抄袭，即属雷同。把它们当成知识产权保护的客体（或者"对象"）是不对的。在哲学上，"形式"与"实质"，"形式"与"内容"等，是相互对应的概念；而"意识"与"物质"则是另一领域中的相对应概念。作为知识产权保护客体的信息，既有形式又有内容，而绝不仅仅是一种"形式"；有资格成为知识产权保护客体的信息创新成果，既应有形式上的创新也应有实质上的创新，否则就成了复制或者改头换面的复制，因而构成了侵权，不能受到知识产权保护。

早在 20 年前，人们就把新技术革命称为信息革命。至于信息包括什么内容，人们给予较多注意的往往是通过报纸、广播、电视等媒介了解到的日常的经济、政治、文化、社会等的有关情况。这种信息中的很大一部分是处于公有领域之中的，而且不是进入信息社会后才产生的新东西。信息社会中信息的特点，则是传递更迅速，对经济、技术及社会的发展起着更重要的作用。使一个国家进入信息社会的关键技术之一，就是数字化技术与网络环境。

信息社会既然已经（或将要）把信息财产作为高于土地、机器等有形财产的主要财产，这种社会的法律就不能不相应地对它加以保护，就是说，不能不产生出一门"信息产权法"。事实上，这门法律中的主要部分，也是早已有之的（至少是信息社会之前就已存在着的），这就是传统的知识产权法。

构成新技术信息大部分内容的，自 20 世纪以来，就是各国专利申请案中的专利说明书。没有申请专利的新技术信息一般被作为商业秘密保留。但在世界贸易组织的《与贸易有关的知识产权协议》第 2 部分第 7 节中，"商业秘密"这个概念并不存在，它被表述为"未曾披露过的信息"，以示区别专利技术方案、作品、商标标识等已经公开的信息。商标是附在商品或服务上，用以说明商品或服务来源的信息。报刊、书籍、电视、电影、广播等等，是主要的、最广泛的信息源。人人都可以通过这些媒介获得自己所需要的信息。但是在颁布了版权法的国家，未经作者、出版社、电台、制片厂或其他有关权利人的许可，人们在许多场合都无权复制、翻译或传播自己所得到的这类信息。

在许多发达国家，早在 20 世纪七八十年代，随着电子计算机的广泛使用而出现了各种旨在保护电子计算机所存储的信息的法律。有些法律已不是原来意义上的知识产权法。受法律保护的客体（数据）诚然可能是受版权保护的对象，但受保护的主体则不是数据所有人，而是数据的来源——信息被收集人。这样，一部分原属于公有的或属于靠保密来保持价值的信息，就处于新的专门法保护之下。而这种保护的目的，却不在于维护信息所有人的专有权，倒在于限制该所有人扩散某些信息，这种限制，是取得可靠信息的保证。进入 20 世纪 90 年代后，西欧率先提出了保护无创作性的数据库的设想，并在 1996 年 3 月以欧洲委员会"指令"的形式形成地区性公约。这样一来，可作为财产权标的的"信息"，又大大地增加了一部分内容。

为促使产业界更好地理解与实施"以信息化带动工业化"推动立法部门更加重视信息立法以使上层建筑符合经济基础发展的要求，正确认识信息、信息产权及其与知识产权的关系，在今天实在是非常必要的。总的来讲，信息覆盖了知识产权保护的客体，信息产权的核心仍旧是知识产权。

二、知识产权及其与工业化的关系

知识产权指的是专利权、商标权、版权（也称著作权）、商业秘密专有权等，是人们对自己创造性的智力劳动成果所享有的民事权利。知识产权法，就是保护这类民事权利的法律，这些权利主要是财产权利。其中，专利权与商标权又被统称为"工业产权"。它们是需要通过申请、经行政主管部门审查批准才产生的民事权利。版权与商业秘密专有权，则从有关创作活动完成时起，就依法自动产生。

与一般民事权利一样，知识产权也有与之相应的受保护主体与客体。发明人、专利权人、注册商标所有人、作家、艺术家、表演者等等是相应的主体。新的技术方案、商标标识、文字著作、音乐、美术作品、计算机软件等，是相应的客体。在这里，专利权与商业秘密专有权的主体与客体有相当大一部分是重叠的。发明人开发出新的技术方案后，既可以通过向行政主管部门申请专利，公开发明，从而获得专利权，也可以自己通过保密而享有实际上的专有权。就是说技术方案的所有人可以选择专利保护途径，也可以选择商业秘密的保护途径。与大多数民事权利不同的是，知识产权的出现，大大晚于其他民事权利。恩格斯认为，大多数民事权利，早在奴隶制的罗马帝国时代，就已经基本成型，而工业产权，则只是在商品经济、市场经济发展起来的近代才产生的。版权，则是随着印刷技术的发展才产生的，又随着其后不断开发的录音、录像、广播等新技术的发展逐步发展的。商业秘密被列为财产权(亦即知识产权)中的一项，只是在世界贸易组织成立之后。同时，随着经济、技术的发展，知识产权的内容，受保护客体的范围，总是以较快的速度变化着。至今也很难说它们已经"成型"。

　　与有形财产权相同，知识产权也是一种专有权，即不经财产权的权利人许可，其他人不能使用或者利用它。与有形财产权不同的是：第一，知识产权的客体具有"难开发、易复制"的特点。如果一个小偷从车场偷了一部汽车（有形财产），他最多只能卖掉这一部车获取赃款，他不大可能再复制几部车去卖。如果小偷从一个软件开发公司偷出一个软件，他完全能够很快复制出成千上万盘同样的软件去卖，足以使那个软件开发公司破产。第二，知识产权与有形财产权虽然都是专有权，但有形财产的专有权一般都可以通过占有相关的客体得到保护；知识产权的客体却表现为一定的信息，对信息是很难通过"占有"加以保护的。而且，有形财产的客体与专有权一般是不可分离的，对它们施加保护相对比较简单。知识产权的客体与专有权却往往是分离的，对它们的保护就要困难得多。例如，画家出卖一幅画，这幅画无疑是受版权保护的客体。这一客体在买方手中，但买方若想把它印在挂历上，或印在书上，则仍须经该画家许可，并向他付酬。原因是"复制权"（即版权中的专有权之一）仍旧在画家手里，并没有随着画一并转移给买方。知识产权与有形财产权的这些不同之处，使得可以适用于有形财产权的"取得时效"制度，适用于侵害有形财产权的"返还原物"责任等等，很难适用于知识产权。因此，我们又说知识产权是一种特殊的民事权利。

创作成果享有版权保护的首要条件是"原创性"。就是说，它不能是抄来的、复制来的或以其他方式侵犯其他人版权而产生的，它必须是作者创作的。"原创性"的要求与"首创性"不同。"原创性"并不排除创作上的"巧合"。例如，甲、乙二人分别在同一角度拍摄下八达岭长城的镜头，虽然甲拍摄在先，乙在后，两张摄影作品十分近似，但二人都分别享有自己的版权。如果乙并没有自己到长城去拍照，而是翻拍了甲的摄影作品，则属于"抄袭"，就不享有自己的版权了。正是由于版权保护不排斥各自独立创作的相同作品，司法机关与行政执法机关在解决版权纠纷时，要认定是否构成侵权，比起在专利及商标领域，都会困难得多。

对于享有专利的发明，则恰恰要求具有"首创性"，专利制度是排除开发中的"巧合"的。如果甲申请专利在先，而搞出了同样发明的乙申请在后，则即使乙从来没有接触过甲的开发过程，完全是自己独立搞出的发明，他也绝不可能再取得专利了。这就是我国《专利法》中的"新颖性"要求与"申请在先"原则。因为在同一个技术领域搞发明的人很多，当不同的人以同样的发明申请专利时，专利审批机关不太可能断定谁实际上首先搞出某个发明的。因此就依法推定首先申请的那一个应当被受理，其他的就都被排除了。当我们的研究成果属于新的科学发现时，为获取同业乃至全世界对"首先发现权"的确认，有必要尽早公诸媒体，进行宣传。但当我们的开发或研究成果属于实用发明（亦即新的技术方案）时，我们首先应当考虑的是申请专利，占住市场。这时如果急于公诸媒体，既可能在专利申请上被别人占先，也可能自己毁坏了自己的新颖性，是不可取的。如果自己确信别人不依赖自己就不可能独立搞出同样的发明，那就可以选择以商业秘密的途径保护自己的成果，而无须申请专利。

对于可以获得注册，从而享有商标权的标识，法律要求其具有"识别性"。如果用"牛奶"作为袋装奶商品的商标，消费者就无法把这种袋装奶与其他厂家生产的其他袋装奶区分开，这就叫没有识别性。而只有用"伊利""蒙牛""光明"等等这些具有识别性的标识，才能把来自不同厂家的相同商品区分开，这正是商标的主要功能。

日本在过去几十年里，提出过"教育立国""科技立国"等等口号。只是在这次的《知识产权战略大纲》中才开始反思过去各种提法的不足。大纲中谈到的"知识产权战略"，包括创新战略、应用战略、保护战略、人才战略四个方面，过去讲"教育立国"仅仅涉及人才一方面，讲"科技立国"则只涉及创新战略这一方面中的一部分，都没有讲全，也没有抓住要点。日本的这种反思，实际上也很值得我们反思。例如，我们直到现在可能很多人仍旧不懂得，知识创新或者信息创新绝不仅仅是技术创新的问题。

在我国颁布了几部知识产权法之后的相当长时间里，许多人对商标的重视程度，远远低于其他知识产权。在理论上，有的人认为商标只有标示性作用，似乎不是什么知识产权。在实践中，有的人认为创名牌，只是高新技术产业的事，初级产品（诸如矿砂、粮食等等）的经营根本用不着商标。实际上，一个商标，从权利人选择标识起，就不断有创作性的智力劳动投入。其后商标信誉的不断提高，也主要靠经营者的营销方法、为提高质量及更新产品而投入的技术含量等等，这些都是创作性劳动成果。发达国家的初级产品，几乎无例外地都带有商标在市场上出现。因为他们都明白：在经营着有形货物的同时，自己的无形财产——商标也会不断增值。一旦自己的有形货物全部丧失（例如遇到海损、遇到天灾等不可抗力、遇到金融危机等商业风险），至少自己的商标仍有价值。"可口可乐"公司的老板曾说，一旦本公司在全球的厂房、货物全部失于火灾，自己第二天就能用"可口可乐"这一商标作质押，贷出资金来恢复生产。因为每年"金融世界"都把"可口可乐"的价值评估到数百亿美元。企业多年靠智力劳动投入到商标中的信誉，绝不会因一时经营失误（或因其他未可预料的事故）企业倒闭而立即完全丧失。可见，提高我国经营者（尤其是大量初级产品的经营者）的商标意识，对发展我国经济是非常重要的。此外，不创自己的牌子，只图省事去仿冒别人的牌子，除了会遭侵权诉讼外，永远只能给别人做宣传，或者给别人打工。

也正是由于知识产权与一般民事权利、有形财产权利相比，具有许多不同点，知识产权法律的完善、不断修订，就显得比民事领域的其他法律更有必要。

发达国家在20世纪末之前的一二百年中，以其传统民事法律中物权法（即有形财产法）与货物买卖合同法为重点。原因是在工业经济中，机器、土地、房产等有形资产的投入起着关键作用。20世纪八九十年代以来，与知识经济的发展相适应，发达国家及一批发展中国家（如新加坡、菲律宾、印度等等），在民事立法领域，逐步转变为以知识产权法、电子商务法为重点。这并不是说人们不再靠有形财产为生，也不是说传统的物权法、合同法不再需要了，而是说重点转移了。原因是在知识经济中，专利发明、商业秘密、不断更新的计算机程序等无形资产在起关键作用。随着生产方式的变动，上层建筑中的立法重点必然变更，一批尚未走完工业经济进程的发展中国家，已经意识到在当代，仍旧靠"出大力、流大汗"，仍旧把注意力盯在有形资产的积累上，有形资产的积累就永远上不去，其经济实力将永远赶不上发达国家。必须以无形资产的积累（其中主要指"自主知识产权"的开发）促进有形资产的积累，才有可能赶上发达国家。

三、中国知识产权法律体系还缺什么

自 1979 年《刑法》开始保护商标专用权，《中外合资经营企业法》开始承认知识产权是财产权以来，经过 20 多年不断地立法与修法，尤其是加入 WTO 前为符合国际条约要求的"大修补"，使中国的知识产权法律体系"基本"完备了，这已经是国内外多数人的评价。

不过，远看 10 年前已立知识产权法典的发达国家法国、两年前已缔结法典式知识产权地区条约的安第斯国家，近看目前已开始实施"知识产权战略"的日本、软件出口总把我们远远甩在后面的印度，然后再着重看一看我们自己执法与司法中对法律的实际需求，我们就有必要在欣然面对"基本"完备的这一体系的同时，默然反思一下中国的知识产权法律体系还缺些什么。

从大的方面讲，我国《政府工作报告》及其他许多政府文件中多次提到知识产权。把它们归纳起来，包括三层意思：第一，加强知识产权保护；第二，取得一批拥有知识产权的成果；第三，将这样的成果"产业化"（即进入市场）。这三层是缺一不可的，把它们结合起来，即可以看作是我们的知识产权战略。"保护"法的基本完

备，则仅仅迈出了第一步。如果缺少直接鼓励人们用智慧去创成果（而绝不能停留在仅用双手去创成果）的法律措施，如果缺少在"智力成果"与"产业化"之间搭起桥来的法律措施，那就很难推动一个国家从"肢体经济"向"头脑经济"发展，要在国际竞争中击败对手（至少不被对手击败），就不容易做到了。

上述第一层的法律体系是必要的，但如果第二层与第三层的法律不健全，不仅会使我们处在劣势的竞争地位，"以信息化带动工业化"的进程，也可能受到阻碍。所以，笔者感到当前最为迫切的，是认真研究这两层还需要立哪些法。

待到这后面两层的立法也"基本"完备之后，我们再来考虑我国知识产权法中已有的"保护"法（或加上将来补充的"鼓励创新"法与"搭桥"法）是散见于单行法好，还是纳入民法典好？抑或是自行法典化好？对此，不妨用较长时间去讨论。

当然，现在"保护"法（并不是说它们只有"保护"规定，其中显然有"取得""转让"等等规范，只是说与"鼓励创新"和"搭桥"相比，现有法主要是落脚在"保护"上）也有自身应予补上的欠缺。其中多数问题，也可能要用较长时间去讨论。例如，对于我国现有的长项——传统知识及生物多样化——尚无明文保护；对反不正当竞争的附加保护尚定得残缺不全。此外,本来几个主要法（专利法、商标法、版权法）可以一致的某些细节，还很不一致。例如，《专利法》中对于仅仅自然人能够搞发明是十分明确的，而《著作权法》中却让人看到"法人"居然动起脑子"创作"出作品来了！在专利领域人们都很明白：仅仅承认自然人动脑筋搞发明的能力，不会导致否认法人可以享有发明成果；而著作权立法中则为认定法人在许多场合享有创作成果这一事实，就干脆宣布法人可以用脑子去创作（而不是说法人单位的自然人职工搞创作，然后由法人享有相应成果）。再如，在专利和商标侵权中，被侵权人均是或可得到自己的实际损失作为赔偿，或可得到侵权人的侵权获得作为赔偿。著作权侵权中则又是另一样：只有在被侵权人的损失难以计算时，才可能进而寻求侵权人的获得作为赔偿。如果被侵权人的损失很好计算——只有 2 元钱，那就不能再有别的选择了，即使侵权人因侵权获利 200 万元。

但这些理论上及实际上的欠缺，均属于补缺之列。实践在发展，人们的认识也在发展，所以这种补缺，可能是永远没有穷尽的。我们切不可把立法的重点与补缺相混淆，尤其不能颠倒主次。在整个民商法领域是如此，在知识产权法领域也是如此。"重点"是要立即去做的，是不宜花很长时间去讨论的。况且，中国要有自己的创新成果产业化，对此人们的认识是比较一致的，不像"法人有没有大脑、能否搞创作"这类问题在认识上差异很大。如果把真正的立法重点扔在一边，集中力量去补那些永远补不完的缺，历史会告诉我们：这是重大失误。

四、考虑中国知识产权战略应注意的若干问题

我国《宪法》2004 年修正案，明确了对私有财产的保护，这在国内外均引起了巨大的反响。作为私权的知识产权，是私有财产权的一部分，有人还认为，在当代，它是私有财产权最重要的一部分。在我们考虑中国的知识产权战略应当如何制定时，《宪法》2004 年修正案中关于私有财产的保护和权利限制的内容的增加，更有其指导意义。至少《著作权法》第 1 条与《专利法》第 14 条，都实实在在地有了宪法依据。

进入 21 世纪前后，一些国家立足于知识经济、信息社会、可持续发展等等，提出了本国的知识产权战略，尤其是日本 2002 年

出台的知识产权战略大纲及 2003 年成立的国家知识产权本部，很大程度上是针对我国的。而几乎在同时，知识产权制度建立得最早的英国发表了知识产权报告，知识产权拥有量最大的美国则在立法建议方面及司法方面均显示出了至少专利授予的刹车及商标保护的弱化趋势。面对这种复杂的国际知识产权发展趋势，我国应当作何选择？

改革开放 20 多年来，中国知识产权制度走了一些外国一二百年才走完的路。加入世界贸易组织两三年后，外国知识产权人在中国的诉讼（以及"以侵权诉讼相威胁"）开始大大增加，许多企业开始感到了压力，抱怨依照世界贸易组织要求修改的知识产权法"超过了中国经济发展水平"，要求往回收。相当一部分人认为当前我国知识产权保护已经过度，产生了失衡，提出应当重点打击知识霸权与制止知识产权滥用，而不是保护知识产权。另一方面，像王选一类的发明家、谷建芬一类的音乐家，以及名牌企业（它们始终只占中国企业的少数），则一直认为中国的知识产权保护离有效保护他们的权利存在较大差距。

对这种认识上的巨大反差如果没有认真分析、没有正确的结论，那么中国知识产权战略的制定者就可能在矛盾中把"往前走"和"往回收"这两种思想写入同一篇文章。这篇文章不太可能写好。思科对华为的诉讼、6C 集团向中国企业索取使用费等事实，似乎支持着前一种认识。与地方保护主义结合的商标假冒，盛行的"傍名牌"使国内诚信的名牌企业多数做不大、无法与国际竞争对手抗衡的事实，盗版使大批国内软件企业不得不放弃面对国内市场的自主研发，转而为外国公司的外国市场做加工，以避开国内盗版市场，从国外收回一点劳务费的事实，又像支持着后一种认识。

知识产权制度绝非无弊端，但只要其利大于弊，或通过"趋利避害"可使最终结果利大于弊，就不应否定它。至少，现在如果再让科技、文化领域的创作者们回到过去的科技、文化成果"大锅饭"的时代，恐怕只有议论者，并无响应者。至于创作者与使用者权利义务的平衡上出现问题，可以通过不断完善"权利限制"去逐步解决。知识产权制度中对我们自己的长项（例如传统知识）保护不够，也可以通过逐步增加相关的受保护客体去解决。

任何私权与公共利益之间，都不仅有"平衡"问题，而且有前者服从后者的问题，不唯知识产权如此。任何私权的所有人与使用人、所有权人与用益权人之间、不同权利之间，却未必存在"平衡"问题，或主要不是所谓"平衡"问题。这两组问题是不应被混淆的。由于作为物权客体的有形物（特定物）不太可能被多人分别独立使用，因此在物权领域不太可能发生把使用人的利益与公共利益混淆的事。作为知识产权客体的信息（无论是技术方案、作品，还是商标标识），由于可以被多人分别独立使用，在知识产权领域把使用人的利益与公共利益混淆的事就经常发生。现在的多数"知识产权平衡论"均存在这种混淆，而这又是进行知识产权战略研究之前必须搞清楚的基本理论问题。另外，权利滥用现象的存在与否，与权利保护的法律制度水平的高与低，本不是一回事，也无必然联系。这二者也是目前被众多学者混淆起来并大发议论的题目之一。例如，在我国物权法尚未独立成法、物权保护水平不可言高的今天，滥用物权（如加高建筑遮人阳光、路上设卡阻人通行等等）现象并不少见。所以，我们有必要在立法中禁止知识产权的滥用，与我们是否有必要宣布我国依 TRIPS 协议提高了的知识产权保护"超高"了，应当退回来，是完全不同的两个问题，只能分别研究、分别作结论。

把仅仅适合发达国家（乃至个别发达国家）的知识产权制度强加给全世界，是发达国家的一贯做法。发展中国家的抗争，从制度总体的层面上看，从未奏效过。1967 年《伯尔尼公约》修订的失败，1985 年大多数国家反对以版权保护计算机软件的失败，TRIPS 协议谈判时，秘鲁与巴西等建议的失败，都是实例。我们在经济实力尚无法与发达国家抗衡的今天，是接受对我们确有弊端的制度，然后研究如何趋利避害，还是站出来作为发展中国家的领头羊再度发起一次 1969 年或 1985 年那样的战役，力促国际知识产权制度从 TRIPS 协议退回来，退到对发展中国家较为公平的制度？这也是确定我们的知识产权战略时必须考虑的一个重大问题。

此外，许多人在抱怨我国知识产权保护水平"太高"时，经常提到美国 20 世纪 30 年代、日本 20 世纪六七十年代与我国目前经济发展水平相似，而当时它们的知识产权保护水平则比我们现在低得多。这种对比用以反诘日、美对我国知识产权保护的不合理的指责，是可以的。但如果用来支持他们要求降低我国目前知识产权保护立法的水平或批评我国不应依照世界贸易组织的要求提高知识产权保护水平，则属于没有历史地看问题。20 世纪 70 年代之前，国际上经济一体化的进程基本没有开始。我们如果在今天坚持按照我们认为合理的水平保护知识产权，而不愿考虑经济一体化的要求以及相应国际条约的要求，那么在一国的小范围内看，这种坚持可能是合理的，而在国际竞争的大环境中看，其唯一的结果只可能是我们在竞争中被淘汰出局。

为了使知识产权制度有利的一面不断得到发挥，不利的一面不断受到遏制，除了靠立法之外，就主要靠执法了。而在知识产权执法中，法院的作用永远是在首位的。因为行政执法对知识产权这种私权的作用，在国外、在中国，均是逐步让位于司法的。由于中国知识产权法的行文总的讲尚未完全摆脱传统立法"宜粗不宜细"之弊，故法官对法的解释，法官的酌处权，中国法官的素质，中国的知识产权司法结构，就显得十分重要了。对于偶然的、仅仅因过失的侵权，与反复的、故意的侵权不加区分，同样处理，既是许多人认为中国知识产权保护过度的主要原因，也是许多人认为保护不力的主要原因。解决这个问题既要有更加细化的法律，也要有更合理的司法解释和更高的法官素质。如果大家注意就会发现，面对中国目前这种侵权与权利滥用同样严重的复杂状况，在如何评价我们的知识产权制度这个问题上，中国法院的观点似乎比我们许多学者的观点更为可取。

　　在立法之外的对策方面，国际组织（包括欧盟之类地区性国际组织）的立法及研究结果对我们的影响，外国（例如美国、日本、印度、俄罗斯等）立法及国家学说对我们的影响，我们均应研究。此外，几个外国如果联手，将对我们产生何种影响，我们更应当研究。例如，对于我们发明专利的短项"商业方法专利"，国家专利局固然可以通过把紧专利审批关，为国内企业赢得时间，但终究不是长远之计。试想，美国、日本、欧洲国家在传统技术专利方面"标准化"发展曾给并正给我们的产品出口带来不利，如果美、日（或再加上几个其他发达国家）在商业方法专利上如果也向"标准化"发展，即如果实施"金融方法专利化、专利标准化、标准许可化"，那么会给我国银行进入国际金融市场带来何种影响以及会不会把我们挤出国际金融市场？这就不仅仅是专利局把紧专利审批关能够解决的问题了。在这些方面作出较深入的研究，有助于我们拿出对策，"趋利避害"。

第四章　知识产权法（之一）：概述 *

第一节　知识产权法的归类 **

应当把知识产权法归入哪一类法律？许多人感到这是个不易回答的问题。无论从知识产权法作为国内法来讲，还是从知识产权法的国际保护角度讲，都存在归类难的问题。

就其作为国内法来讲，过去有人认为应把它归入"经济法"，另有人则提出在法院审理中，版权纠纷归"民庭"处理；也有人认为应归入"民法"，反对意见也是一样：工业产权部分在法院又归"经济庭"受理；还有人认为应归入"科技法"，反对意见则认为商标法的全部及版权法的大部归不进去。甚至有人从工业产权经行政批准方产生这一事实，认为应归入"行政法"，但对于自动产生的版权，又作何解释呢？于是更有人提出，知识产权法，乃至其中的某一项法（如专利法），均是一个不必归入任何法律类的"独立的"、自成体系的"法律部门"。提出这种意见的论著中，往往只涉及某类知识产权的获得，而极少涉及或不涉及权利的维护与转让。这说明论述人尚不知后二者也构成知识产权法的重要部分。虽然它们往往

---

* 编者注：本标题为编者自拟。

** 编者注：该部分选自郑成思著：《知识产权法（第二版）》，法律出版社 2003 年版，第 36~38 页。

不见于某一部门法中。几乎不谈诉讼程序的著作权法，在版权权利维护这一部分必然要适用民事诉讼法与行政诉讼法、仲裁法等法律；几乎不谈转让合同的专利法，在专利转让这一部分又必然要去适用合同法等法律。而且，专利法本身不止一处"比照刑法"某条处理等规定，已说明它很难是个"独立的法律部门"。

不论人们从理论上可以继续怎样讨论归类问题，我国立法实际上已经把知识产权法归入了民法这一大类。我国《民法通则》第五章、第六章，尤其是第五章，把专利权、商标权、版权及世界知识产权组织所称的其他知识产权，统统纳入其中了。当然，应当指出，明文把"知识产权"写入民法典的国家并不多。

研究传统民法的一些人，初遇知识产权，往往会吃惊地发现：民法中许多通行的原则，在知识产权上似乎行不通了；即使把知识产权法归入民法，也只能算民法中一块极特殊的领地。诸如财产权有限期的转让、作者死后的"人身权"、灵魂出壳般的客体与权利的分离等，这些在民法原理看来几乎是荒诞的现象，在知识产权法中则广泛地存在着；而当有人执意要用自己原有的民法知识去"解释"时，又往往发现陷入更深的困境。

从知识论的角度看，这并不奇怪。"一般性存在于特殊性之中"。一些人至今所认识的民法原理，也是从对过去熟悉的一类特殊民事权利的认识上升而来的。例如，货物买卖与租赁这两种不同的民事活动，即各有自己的特殊性。其中买主与承租人各有不同的权利。在历史上，当有人仅仅对货物买卖有所认识时，也会认为只有调整这种活动的特殊原理才能入民法原理之列，于是用它去硬套承租人应享有的权利，于是也曾走进过死胡同。如果在今天，只认识到（或尚未认识到）知识产权的特殊性，说明认识还有待深化，有待把尚未上升到一般性的理论提高一步。只有在民法一般原理中也给知识产权找到一个恰如其分的、并非勉强的位置，这种认识的深化过程才能算告一段落。

在知识产权国际保护中，有人认为它理所当然地应归入"国际经济法"一类。另有人则指这种认识为跟着个别发达国家的"强权经济"理论走。因为建议这样归类的人，原在自己的国际经济法专著中，也只擦了一点工业产权的边，并不涉及版权或其他。只是在作为国际经济法支柱之一的关贸总协定近年把知识产权作为新议题之后，他们才在理论上随之提出这种"跟着走"的建议。在国外，则尚无这种归类建议、也尚未见到把知识产权法归入国际经济法的专著。

也有建议及已存在的不少专著，把知识产权的国际保护归入"国际私法"一类。不过这种"国际私法"，是包括冲突法与国际贸易法乃至国际经济法在内的，除国际公法之外无所不包的"大国际私法"。更多的反对意见则认为这种"大国际私法"究竟本身能否称为"国际私法"都值得商榷，且不说它包含什么是否能言之成理了。而且，国际上通常把国际私法看作是各国国内法，而不是"国际法"。

知识产权在涉外保护中，确有国际私法问题。例如在英国创作的职务作品若在中国被侵权，应视雇员为版权人（有权诉讼之人）还是以雇主为版权人？这类问题即国际私法问题。但这类问题一般只涉及程序，不涉及实体，把整个知识产权国际保护归入某种程序法范围内，是说不通的。

那么，把知识产权的国际保护归入国际公法怎样呢？曾有些国际法教研人员对这种建议大吃一惊，因为他们"从未听说过"。其实，这种归类不仅比归入国际经济法或国际私法更顺理成章，也确实早已有人提出过。英国律师斯第沃特、苏联学者勃格斯拉夫斯基都在七八十年代有专著论述过。知识产权法在我国是个较新的领域，在教学与研究中，切不要把自己未听说过的，都断言为未曾有过。也不要把即使确未曾有过的列为禁区，阻止他人提出合理的新观点。当然，同样不能把国外在历史上已放弃的并不合理的旧观点，当成自己的新观点又提出来。在这里，也应遵行"实践是检验真理的唯一标准"。

如果说知识产权的国际保护在一百多年前主要是通过互惠乃至通过单方承担保护义务去实现的，那么从19世纪末至今，它已主要是通过国际双边与多边条约来实现了。有些只研究国际政治学的人，在遇到实际问题时往往只把涉及国家间政治关系的国际条约看成国际法。其实，那些国际经济领域、冲突法领域的国际条约，一旦成为国家间或政府间的条约，也就进入了国际公法领域；在教学与研究中，也即成为国际公法这个总学科下的研究对象。原因很简单，它们作为国际条约，已是国家间、政府间的有约束力的法律文件，而不是民间的合同，不可能被排斥在"国际公法"之外。在我国的知识产权研究中，曾有人提出参加版权公约后，可以通过与各国的双边协议广泛降低公约的最低保护要求，也有人曾提出"未与另一国同受国际条约约束，也须承认该国的知识产权"等，都正是因为在国际公法范围之外去研究知识产权的国际保护，方才导致的错误结论。

无论保护工业产权的巴黎公约还是世界贸易组织的知识产权协议，或是其他工业产权领域或邻接权、相关权领域的公约，都已经处于国际公法之内，又都构成知识产权国际保护的支柱。

知识产权国际保护的公法问题，即知识产权与国际关系，将在本编第三章中论及。至于知识产权公约（公法）中所规范的国际私法原则，将主要在第二编（分论）讲到各不同的基本公约时论及。

有的人分不清"知识产权国际保护"与"知识产权涉外保护"

的区别。当提到将"国际保护"列入国际公法范围时，他们认为这
是错误地混淆了"公权"与"私权"，认为一国在保护外国人的知识
产权时，只能依本国民法（即私法）。事实上，他们并未弄清"国际
保护"要讨论的究竟是什么。这里讲属于国际公法范围的，指的是
一国怎样依照它加入的公约的要求，以"国家"的地位调整其国内法，
使之符合公约，从而在其以国内法从事涉外（及不涉外）的保护时，
不致违反国际公约。这与"以国内法进行涉外保护"是完全不同的
两回事。

第二节　知识产权法研究与相关国内法、国际法 *

一、有关立法与国际条约；国内法与国际法的关系

中国的知识产权保护制度的全面建立，起步于党的十一届三中
全会之后。中国的知识产权研究，则与知识产权立法准备及立法后
法律的不断修订与完善在理论上的需要密切联系着。

知识产权保护立法及法律完善所需涉及的法学学科主要是民
法、民诉法、国际私法、国际公法等。可以认为，知识产权不仅仅
是个跨自然科学与社会科学的学科，就是在法学领域，它也是个跨
多个二级学科的特殊学科。

中国的立法，一般认为从严格意义上讲应包括法律，即全国人
民代表大会及其常务委员会颁布的法律、法令等等；行政法规，即
国务院起草或颁布的条例、办法等等，以及已经转化为中国法的中

---

* 编者注：该部分选自郑成思著：《知识产权法新世纪初的若干研究重点》，法律出版社
2004 年版，第 14~22 页。

国参加的国际条约与中国政府参加缔结的双边条约。

在进入 21 世纪之时，中国的知识产权法的大体内容如下：

（1）商标法及实施细则；

（2）专利法及实施细则；

（3）著作权法实施条例，计算机软件保护条例；

（4）其他有关的法律法规。诸如反不正当竞争法、民法通则，继承法，税法，广告法，技术进出口合同管理条例，企业名称登记条例，海关知识产权保护条例，植物新品种保护条例，半导体集成电路保护条例，等等。

按照本国的国内法，保护本国权利人与外国权利人的知识产权，与按照国际公约的最低要求，调整国内的知识产权保护制度（亦即"接轨"），将涉及国际法与国内法两个不同领域的问题。

如果说知识产权的国际保护在一百多年前主要是通过互惠，乃至通过单方承担保护义务去实现的，那么从 19 世纪末至今，这已主要是通过国际双边与多边条约来实现了。有些研究国际政治学的人，在遇到实际问题时，往往只把涉及国家间政治关系的国际条约看成国际法。其实，即使那些国际经济领域、冲突法域的国际条约，一旦成为国家间或政府间的条约，也就进入了国际公法领域；在教学与研究中，也即成为国际公法这个总学科下的研究对象。原因很简单，它们作为国际条约，已是国家间、政府间的有约束力的法律文件，而不是民间的合同，不可能被排斥在"国际公法"之外。

无论保护工业产权的巴黎公约还是版权领域的主要公约，或是其他工业产权领域或邻接权、相关权领域的公约，都已经处于国际公法之内，又都构成知识产权国际保护的主要内容。

如果分不清"知识产权国际保护"与"知识产权涉外保护"的区别，当提到将"国际保护"列入国际公法范围时，就会认为这是错误地混淆了"公权"与"私权",认为一国在保护外国人的知识产权时,只能依本国民法(即私法)。事实上,这就并未弄清"国际保护"要讨论的究竟是什么。这里讲属于国际公法范围的,指的是一国怎样依照它加入的公约的要求,以"国家"的地位调整其国内法,使之符合公约,从而在其以国内法从事涉外(及不涉外)的保护时,不致违反国际公约。这是国家间的"公"行为,是无法纳入私法(民法)领域的。这与国内法进行"涉外保护"(这确系民法或私法领域的问题)是完全不同的两回事。

在我国的知识产权研究中,曾同时存在两种倾向:一方面,否认中国古代曾有过知识产权保护,认为把印刷术起源于中国与版权保护发源于中国相联系是荒唐的,认为"知识产权"纯系从国外引进的;另一方面,却又认为中国的知识产权立法与执法,没有必要参考外国的成例,甚至没有必要参考国际惯例。这两种认识实际是自相矛盾的。好在第一种认识的正确与否与我国的改革开放关系不很密切;第二种认识,则足以妨碍我们跟上(即使不是在立法、执法方面跟上,也应在研究上、理论上跟上)国际知识产权保护发展的步伐。况且,即使我们决定了不与某些国际公约或国际惯例的某些部分接轨,我们也更有必要重视和研究这些部分,才可能拿出"有理、有利、有节"的对策。

今天,国际上对各国(包括我国)知识产权法影响最大的,主要有联合国的世界知识产权组织(WIPO)与世界贸易组织管理的知识产权领域的世界性多边公约。

世界知识产权组织(通过其国际局)管理的国际公约有下列27个:

(1)《保护工业产权巴黎公约》(简称"巴黎公约"),1883年于巴黎缔结,1967年于斯德哥尔摩最后修订(1979年又作了个别修正)。

（2）《制裁商品来源的虚假或欺骗性标志协定》，1891 年于马德里缔结，1958 年在里斯本最后修订（又于 1967 再次补充）。

（3）《商标国际注册马德里协定》（简称"马德里协定"），1891 年于马德里缔结，1967 年于斯德哥尔摩最后修订（又于 1979 年作了个别修正），1989 年又增订了议定书。

（4）《工业品外观设计国际备案协定》，1925 年于海牙缔结，1967 年于斯德哥尔摩最后修订（后又于 1975 年增加了议定书、1979 年作了个别修正），1992 年 2 月，世界知识产权组织又为进一步修订协定起草出意见书。

（5）《为商标注册目的而使用的商品与服务的国际分类协定》（简称"尼斯协定"），1957 年于尼斯缔结，1977 年于日内瓦最后修订（又于 1979 年作了个别修正）。

（6）《保护原产地名称及其国际注册协定》（简称"里斯本协定"），1958 年于里斯本缔结，1967 年于斯德哥尔摩最后修订（又于 1979 年作了个别修正）。

（7）《工业品外观设计国际分类协定》（简称"洛迦诺协定"），1968 年于洛迦诺缔结，于 1979 年作了个别修正。

（8）《专利合作条约》，1970 年于华盛顿缔结，于 1979 年及 1984 年作了个别修正及更改。

（9）《专利国际分类协定》，1971 年在斯德拉斯堡缔结，于 1979 年作了个别修正。

（10）《商标图形国际分类协定》（简称"维也纳协定"），1973 年于维也纳缔结。

（11）《为专利申请程序的微生物备案取得国际承认条约》（简称"布达佩斯条约"），1977 年于布达佩斯缔结，于 1980 年作了个别修正。

（12）《商标注册条约》，1980 年于维也纳缔结。

（13）《商标法条约》，1994 年在日内瓦缔结，1996 年生效。

（14）《保护植物新品种国际公约》，1961 年缔结，1991 年于日内瓦最后修订。

（15）《科学发现的国际登记条约》，1978 年于日内瓦缔结，至今尚未生效。

（16）《保护奥林匹克会徽条约》，1981 年于内罗毕缔结。

（17）《集成电路知识产权条约》，1989 年于华盛顿缔结。

（18）《保护文学艺术作品伯尔尼公约》（简称"伯尔尼公约"），1886 年于伯尔尼缔结，1971 年于巴黎最后修订（又于 1979 年作了个别修正）。

（19）《保护表演者、录音制品制作者与广播组织公约》（简称"罗马公约"），1961 年于罗马缔结。

（20）《保护录音制品制作者防止未经许可复制其制品公约》（简称"录音制品公约"或"唱片公约"），1971 年于日内瓦缔结。

（21）《印刷字体的保护及其国际保存协定》，1973 年于维也纳缔结，至今尚未生效。

（22）《关于播送由人造卫星传播的载有节目信号公约》（简称"布鲁塞尔卫星公约"），1974 年于布鲁塞尔缔结。

（23）《避免对版权使用费收入重复征税多边公约》，1979 年于马德里缔结，至今尚未生效。

（24）《视听作品国际登记条约》，1989 年于日内瓦缔结。

（25）《世界知识产权组织版权条约》，1996 年于日内瓦缔结。

（26）《世界知识产权组织表演与录音制品条约》，1996 年缔结。

（27）《专利法条约》，2000 年缔结，到 2003 年 1 月尚未生效。

在这些公约中，我国已经参加的有：（1）（3）（5）（7）（8）（9）

（11）（14）（18）（20）等。在世界贸易组织管理的"货物买卖""服务贸易"与"知识产权"三大项中，有一个《与贸易有关的知识产权协议》（即 TRIPS）。它是 1994 年缔结，1995 年生效的。我国加入世界贸易组织后，它也已经适用于我国。

上面开列了这么多知识产权领域的国际公约，目的在于说明世界各国"知识产权法一体化"的进程。目前，在各国的知识产权法理论专著或教科书中，以本国法与外国法作比较的并不多。大多是与国际公约相比较，以确认尚存在的差距并提出完善本国立法的措施。

二、我国知识产权法与有关国际公约的对比

我国国内法并没有必要与现有的一切国际公约都一致起来。所以，这里拿来作对比的"有关"公约，仅指我国已经参加和即将参加的知识产权国际公约。

（一）商标法

《商标法》是我国知识产权领域第一部单行法，它颁布于 1982 年，于 1993 年、2001 年两次修正。根据我国商标法的规定：经过商标注册申请而获批准后，商标权方才产生。所以，在我国可以成为商标权主体的，首先是有资格申请商标注册的人。我国《商标法》第 4 条、第 9 条及实施细则第 2 条规定，在我国，商标注册申请人，必须是依法登记，并能够独立承担民事责任的企业、个体工商户或具有法人资格的事业单位，以及作为《保护工业产权巴黎公约》成员国或与我国有商标保护协定的其他国家的外国人或外国企业。此外，由于我国商标法允许商标专有权的转让，因此商标权的主体，除有权申请并获得商标注册的人，还可能是商标权转让活动的受让人。我国商标保护采取"注册在先"及"注册保护"的原则是与世

界上大多数国家的制度一致的。目前，全世界只有美国商标保护中
采取"使用在先"原则，即商标权在使用中获得，而不必通过注册
获得。在申请注册发生冲突而决定取舍时，也不是以谁先申请为标
准，而是以谁先使用为标准。

1993 年《商标法》修正后，仍欠缺的主要是两个方面。从实体
条款部分看，缺少对"驰名商标"的明文保护，而这是我国已经参
加的《保护工业产权巴黎公约》及世界贸易组织均要求加以特别保
护的。从程序条款部分看，我国商标法一方面给工商行政管理机关
处理假冒等违法活动的权力过窄，造成行政执法难以有力地打击假
冒活动。

另一方面在确认商标权方面又给了工商行政管理机关以"终局
裁决权"，对裁决不满的当事人，无权再诉诸法院。这又不符合多数
国家的做法，也不符合世界贸易组织的要求。不过经过 2001 年的
再次修正，这些欠缺都已经不存在了。

当然，由于 2001 年修改《商标法》，着眼点主要在于与世贸组
织的差距上，故除此之外的问题，人们则关心得不多，也研究得不
多。例如，除中国（包括台湾地区）的商标法仅仅保护到"商标专
用权"，其他国家或地区性国际组织的商标法，均是保护到"商标
权"或"排他权"。我国（及台湾地区）的商标法正式英译本中，均
是"Exclusive Right to Use"（专用权），其他国家则是"Trademark
Right"或"Exclusive Right"。无论作为完整权利的商标权，还是作
为对世权同义语的"排他权"，都更接近完整的财产权或我国民法学
者常用的"物权"，亦即所有权、用益权、质押权等等的总和。在使
用英文的国际经济、法律交流的场合，将明显反映出只有我国在商
标领域赋予注册人的权利是不完整的。而实际上，我国的商标注册
人，也应享有这种更完整的财产权，才更接近"知识产权"（亦即"知

识财产权"）的实质。不过，从这次修改商标法的过程看，我国从"商标专用权"到"商标权"，至少还有很长一段理论与实践上的路要走。

最后，无论在我国的市场经济实践中，还是在一些外国今天的商标法中，都能明显看到信息网络化的影响，例如实体法中商标与域名的协调及反协调，程序法中的无纸化申请之类。这些在这次的修正案中均无踪迹；相反，历史的痕迹却仍旧不鲜。与同一次会上修改的《著作权法》相比，它在这方面也是略显逊色的。

（二）专利法

我国《专利法》颁布于1984年，修订于1992年及2000年，我国《专利法》同时保护发明、实用新型与外观设计三种专利。对发明专利申请，采取实质审查制度。对后两种专利申请，则仅仅采取"注册"制度。2000年的修订之后，除执法程序上仍有不完善之处外，基本符合了我国已参加或即将参加的国际条约的要求。所谓"执法程序上仍有不完善之处"主要指诸如商标法及版权法均已增加了的"诉前证据保全"制度，在专利法中还没有。

（三）版权法（亦即著作权法）

我国《著作权法》颁于1990年，2001年第一次修正。

版权与商标权及专利权最大的不同点，在于后二者依国家行政主管机关的审查、批准而产生，版权则无须申请注册，无须审批，在作品创作完成后，依法自动产生。

我国的版权保护制度，既保护创作者的精神权利，又保护版权人的经济权利。

在任何国家，版权的主体均主要由作者构成，这一点与专利权不同。在不少国家，构成专利权人的主要部分，并不是发明人，而是有权享有专利的其他自然人或法人。这一区别，主要是因为在大多数国家，版权是依法自动产生的，而不像专利权那样通过行政程序产生。

在一部分不允许版权转让的大陆法系国家，版权的主体只能是作者（至多加上作者的继承人）。而在允许版权转让的大陆法系国家及英美法系国家，版权的主体可以是作者，也可以是作者之外的自然人或法人。但无论伯尔尼公约还是大多数国家的版权法，均仅仅作为自然人的作者方享有精神权利，而按照我国的著作权法，非作者的著作权人，也可以享有这种权利。这一差别，主要反映出了理论上的差距。

我国版权法虽然并不属于英美法系，但对于版权主体的规定，则接近上述第二种情况。如果把传播者的权利也划入版权范围，则主体中还有表演者及其他传播作品的人。

（四）反不正当竞争法

我国《反不正当竞争法》颁布于 1993 年。这部法律中的一部分条款，是给上述三部单行法起一个"兜底"的作用。即禁止（除侵犯注册商标权之外的）市场上的假冒、误导等行为，禁止侵害除专利之外的他人发明创造成果（主要指商业秘密）等等。

在国际多边公约中，除巴黎公约、世界贸易组织的有关协定从原则上涉及反不正当竞争之外，尚没有专门的公约。1996 年，世界知识产权组织颁布了一项《发展中国家反不正当竞争示范法》，其中把与知识产权有关的不正当竞争行为归纳为五种：

（1）假冒他人标识、形象；

（2）淡化、丑化他人标识、形象；

（3）对自己的商品或服务质量、价格、功能等进行误导；

（4）对他人的商品或服务质量、价格、功能等进行误导；

（5）侵害他人商业秘密。

对这 5 个方面，我国《反不正当竞争法》只对一部分有规范，已经规范了的部分也过于原则，尚需进一步细化。其中，在商业秘密的保护方面，我国提出了"实用性"要求，这不仅不符合示范法，甚至不符合我国已经参加的世界贸易组织的要求。因为"实用性"要求使我国大大缩小了对商业秘密的保护范围。

此外，我国法律中尚欠缺对"商品化权"的保护，而在我国市场经济实践中，则相关的纠纷已经很多。所以，在将来修订《反不正当竞争法》时，有必要认真研究世界知识产权组织的"示范法"并吸收相应的内容。

20 多年来，我国知识产权学科中的一大部分优秀的研究成果，都是与上述立法、法律修订、国际条约或缔约的论证与准备等等直接相联系而产生的。由于国际上知识产权立法及缔约发展的速度极快，总结或评论多年前的成果或问题，可能没有太大意义。在进入 21 世纪之时，也许有必要谈一谈 20 世纪末一两年中的学科研究状况。

第五章　知识产权法（之二）：知识产权法与民法的关系问题 *

第一节　知识产权法与民事实体法及程序法中的几个问题 **

　　一位在国际刑法、国际私法等公、私法领域均有高质量专著问世的教授曾说：民法是他研究国际法的基础，不懂民法原理而研究的国际法，充其量只是国际"关系"，而不是国际"法"。例如，国际公法的许多原则（如"条约必须遵守"之类）追源可追到盖尤斯时代创立的民法体系。我很赞同他的看法。

　　我的研究生一入学，无论过去招收国际法方向的，还是后来招收知识产权方向的，我安排的必读材料中，均包括史尚宽的几本书。原因是它们几乎无例外地一直是海峡两岸真有造诣的民法学者的基础读物。当然，有的入学前已读过这几本书，或其德文很好，已读过作为这几本书之源的德国民法理论原作，则不在此例了。

　　知识产权本身，在当代，是民事权利的一部分——虽然知识产

---

　　*　编者注：本标题为编者自拟。

　　**　编者注：该部分选自郑成思著：《知识产权法新世纪初的若干研究重点》，法律出版社2004 年版，第 59~62 页。

权的大部分来源于古代或近代的特权，它们与一般民事权利似乎并不同源。知识产权法是民法的一部分，这在十多年前中国的《民法通则》中已有了定论。《德国民法典》中，虽然未直接提及知识产权，但它被学者推论为"权利物权"。《意大利民法典》中，知识产权属于"劳动"项下的特例。20世纪90年代后的《俄罗斯民法典》中，知识产权虽然也未立专章，但知识产权保护的客体被列在"非物质利益客体"之类。

传统民法的大多数原则，适用于知识产权。

知识产权取得后的最终确权，知识产权的维护，主要通过民事诉讼程序，在多数外国均是如此。在2000年之后修订了主要知识产权部门法的中国，也是如此。世贸组织的TRIPS协议第41条、第42条及第49条，均指出了知识产权的保护（无论通过司法还是行政执法），均主要适用民事诉讼法的原则。

知识产权与一般（传统）民事权利的共同点、知识产权保护程序与一般民事权利保护程序的共同点，是进入知识产权领域首先应当了解的。

一、关于知识产权的特殊性

不过，由于知识产权的依法保护与一般民事权利尤其与同样属于绝对权（对世权）的物权相比，出现较迟，新问题较多，所以我认为无论从事研究的研究生、学者，还是立法与执法者，既已进入这一研究领域之后，主要精力应放在研究知识产权与传统民事权利的不同，即研究它的特殊性。研究其特殊性的目的，是把它们抽象与上升到民法的一般性，即上升为民法原理的一部分，这才是真正学者应有的思维方式。如果走相反的路子，即不加判断与取舍地用人们传统上熟悉的一切已被前人抽象出的民法原理，一成不变地硬往知识产权上套，则恐怕并不可取。这样虽然省时、省力，但可能出较大的谬误。至于因为根本不了解知识产权的特点，而将其特殊性置于"低水平"，将自认为已了解到的民事权利"共性"置于"高水平"，其结果将是永难登知识产权理论之堂，更不必说入奥了。例如，把"权利受到限制"作为知识产权的特点，正是既不了解知识产权，又不了解其他民事权利的典型。

再如，知识产权这种有价权利的"无形"，许多人总说这不是它的特点，因为物权中，物之"所有权"本身也是无形的。这些人至少忘记了：当我们提供或买卖有形物（商品）时，提供标的与物权客体是一致的，均是商品本身（只提供给买主"所有权"而无商品本身的卖主，无疑是骗子），而我们提供或转让知识产权时，提供的标的是权利本身（如复制权、翻译权）。[①] 而相应客体则另是无体的有关信息（如专利领域中的技术方案、版权领域中的作品）。作为物权客体的物，一般是可以被特定人占有的，而作为知识产权客体的技术方案、商标标识或作品，则大都不可能被特定人占有——它们可能被无限地复制，因此可能被无限数量的人占有。照着一幢房子盖了又一幢房子，就出现了又一个新的物；照着一部作品复制出又一部，则绝不产生新的作品。这些常识，往往又被有些法学者及其推出的教材遗忘。

所以，经典的史尚宽老先生的《物权法论》中错误地认为"准占有"适用于知识产权。从而可以推论，"取得时效"也适用于知识产权。[②] 注意，史先生认为诸如股东权之类权利物权适用准占有并不错。特定的股东权及其客体不可无限制地交给无数人，而特定

---

① 对于这方面的不同，甚至在盖尤斯的《法学阶梯》中都已有论述，可惜有些现代民法学家却未加注意。

② 史尚宽：《物权法论》，荣泰印书馆 1979 年版，第 547~549 页。

的复制权、改编权、翻译权之类及相应作品，则可以无限制地交给无数人。中国大陆当代物权法领域有的学者则比史先生更大胆地不再让别人去"推论"，而直接断言："取得时效"完全适用于专利权、版权、商标权等等。①不研究不了解知识产权的特殊性，新、老民法学者都曾一再地出现过类似的很值得商榷的论述。

由于无体，作为知识产权客体的信息，不可能被单独占有，又由于有关权利可以被多人"实际行使"因此以占有或准占有为第一要件的民法上的"取得时效"，就绝不可能适用于知识产权。设想一项专利权的所有人与 97 家使用者订立了使用许可合同，而第 98 家未经许可就把该专利当成自己所有的一样使用了，专利所有人在"时效"期内未加追究，是否那 97 家就都应转而向这位未经许可者交许可费呢？因为他已经通过"取得时效"得到了该专利！但如果第 99 家、第 100 家、第 101 家也都与第 98 家同时同样地为其所为而未被追究，那么究竟谁通过"时效"获得了该专利？这就不仅是个使 97 家守法人为难的问题，而且是个使当代学者为难的问题了。

又如，有人把物权中"物在权利在"的原则套在知识产权上，坚持认为：只要作品有价值，就应当有版权。他们无视欧盟 1996 年已在认定时间表（包括广播节目时间表）之类汇编作品不享有版权的基础上，制定了专门指令，也不论美国至今仍难通过类似专门指令而根本不保护这种汇编，更不论中国《著作权法》在 2001 年修正之前连有独创性的数据汇编都不尽保护，根本谈不上保护无独创性的汇编。

除了对版权的独创性要求指的是什么不了解外，"有价值就有版权"论者也不了解知识产权的"法定时间性"。它使仍旧极有价值

①　中国社会科学文献出版社 2000 年版，第 237 页。

的鲁迅的绝大多数作品早已没有了版权（其中《两地书》除外，因为包含另一位死后不满 50 年的作者许广平的作品）。

二、传统民事权利与知识产权似相重叠而实不重叠的问题 *

我国一些知识产权研究论述，往往把作者的人身权与传统民法中一般人的人身权相混淆。这固然在形式上与我国《著作权法》不适当地使用了"著作权人的人身权"这一来自日本及中国台湾地区的表述有关①，但更有深一层法理上的原因值得探索。

在市场经济已经很发达的现代，其地位越来越高的知识产权中，有许多概念并非市场经济尚不发达时即能够形成的。在国际上，有不少后起的发达国家从先起的发达国家、从更加发达的外国引进知识产权保护的特有概念的先例在。我国向市场经济转轨过程中，也可能发生类似的"引进"的必要。我们诚然可以拒绝引进，只要拒绝得有道理。如果认为传统民法中某些固有概念已经可以解决知识产权的特有问题而拒绝引进（或根本不知道国外存在这类可供引进的特有概念），就可能把传统民法中看上去与知识产权中相重叠、实则不重叠的概念，轻率地下了"等同"的结论。这会不利于解决我国市场中已有表现并即将大量出现的纠纷。

例如，有人认为知识产权项下的"商品化权"（或"形象权"）根本没有存在和加以研究的必要，认为它已经被传统民法中的"姓名权""肖像权"等所覆盖。他们很难解释 20 世纪 30 年代美国法院

---

* 编者注：该部分选自郑成思著：《知识产权法新世纪初的若干研究重点》，法律出版社 2004 年版，第 55~57 页。

① 请注意，《法国知识产权法典》在用语上，则不会引起误解。它使用的是"Droitsmoraux"，亦即"精神权利"。参看该法典第二编第一章。

对"米老鼠"纠纷、20 世纪 70 年代日本法院对"螺江先生""阿童木"等纠纷，是如何解决的。当然也就难以处理中国 20 世纪 90 年代"小龙人"纠纷、"三毛"纠纷，也难处理日后还将大量发生的类似纠纷。很显然，上述这类应受保护的对象，有些不是真正存在的人或法人，因此谈不上享有"姓名权"或"肖像权"。联合国世界知识产权组织在 1996 年的示范法中，已经把国际上司法实践中承认多年的"商品化权"列为知识产权中的一项。被我们常常去借用民法概念的日本，也在更早就产生了全国范围的"商品化权保护协会"，而我们直到 1998 年却仍弄不清为什么"三毛"形象即使未合法作为商标使用，仍能够作为知识产权评估出上亿元的价值。

相信在 21 世纪初，这类问题随着我国市场经济的法治化，也随着更多的人意识到它们的重要性，会在我国也被认真研究并弄清。

还有一些与知识产权法及传统民法均密切相关、但在 20 世纪的研究中未得到应有重视的问题。

这类问题中相当大一部分，应推前文提过的新技术的应用引发的新问题，诸如电子商务与基因技术有关的发明等引发的新问题，这里不再复述。还有一部分则与新技术的应用无关（至少无直接关系）。

例如，"信托财产"在法律中的地位。

既难归入"物权"又难归入"债权"的"信托"，是在很长一段时间里，固守民法物权与债权泾渭分明的一些大陆法系国家所不愿接受的概念。但国际金融业务的发展，已经使这种"不愿接受"成为历史。

在我国，在《信托法》草案提出并暂时搁置之前，反倒是知识产权集体管理的实践毫无困难地接受了它，进而又被部分法院的司法实践所接受。① 不过，似乎应当承认，信托概念在知识产权领域的合理被接受，从我国当时的立法角度看，是缺乏支持的；从民法学界研究的进度上看，也缺乏法理的支持。法国在 1992 年即建议把"信托"作为一种合同列入《民法典》并已列出了具体的建议条文。我国在那之后开始起草的《合同法》，无论在较早的专家建议稿还是在接近尾声的立法机关公布的征求意见稿上，均未出现过"信托"。我国的"物权法"起草时也未加考虑。无形财产中知识产权的信托活动却已经在实际进行着。司法机关如果再遇到稍复杂一些的相关知识产权纠纷，必然将面对适用法律乃至寻求法理支持上的困难。幸好 2001 年通过的《信托法》大体上解了围，否则在网络环境下，在版权的集体管理在市场经济中显得更加重要的 21 世纪，无法律依据的信托活动如何进一步开展，必然成为问题。

20 世纪 90 年代末，我国在信托法的研究上，确有优秀的成果问世。例如，沈达明教授的《衡平法初论》就是。衡平法的重点是信托法。沈教授的专著中，如果删去"禁止翻言"一章，称"信托法初论"也无不可。

但与知识产权相关联而研究信托，则在我国是极为薄弱的。乃至英美法系国家专利法中"依衡平法享有的权利"，总是被误译成"股权"。

在类似的一些问题的深入研究上，知识产权领域先行一步的实践及研究成果，极可能促进我国较完整、较完善的民法体系的形成（虽然我依然赞成法国式的知识产权法典与民法典的分立）。20 世纪 90 年代我国一些专利管理人员对质押问题的研究，我国一些出版管

---

① 1998 年 7 月上海法院处理的音乐著作权协会诉张学友演唱会组织者一案正是把该协会当作音乐家版权财产权信托的"受托人"对待的。

理人员对服务贸易的研究，已经证明了这一点。在 21 世纪，会有更多的知识产权领域的研究成果，继续证明这一点。

三、从民法到民诉，看知识产权的特殊性 *

虽然德、意、俄民法中直接或间接提及知识产权，但绝大多数国家民法典，均不涉知识产权，而由专门法去规范。

在保护知识产权的实体及程序法上，完全套用或适用一般民事权利的法律或程序，同样会产生不当。例如，知识产权的被侵权人起诉侵权人的绝大多数情况下，侵权行为仍在继续；而物权的被侵权人、人身权的被侵权人起诉侵权人的多数情况，则是侵权已经停止。因此，侵权诉讼的核心或首要问题，是损害赔偿、恢复原状，还是停止侵害，对知识产权与对物权或一般人身权，是绝不会完全一样的。相应地，诉讼时效的适用，也绝不会完全一样的。

最高人民法院在民事审判制度改革中，将本来即应属于民事领域的原经济庭、知识产权庭等等，均归入民事审判庭（"民二""民三""民四"等），是完全正确的，从总体上理顺了民事审判制度，这是一个很大的进步，它不仅顺应了国内司法改革的实际需要，而且与世贸组织各项协议所要求的执法体系（结构）更靠近了。

知识产权审判毫无疑问主要属于民事审判。但由于知识产权侵权与确权中的独有特点（例如，一部分重要的知识产权，如专利权、商标权，是"经行政批准方才产生的民事权利"），多数知识产权保护较有效的国家，如法国、德国、英国、美国等主要两大法系国家，均是由特定的民事审判法院（或法庭）全面受理及裁判与知识产权侵权、确权乃至合同等纠纷相关的一切民事、行政及刑事案件，而

---

　*　编者注：自此至本节结束选自郑成思著：《知识产权法新世纪初的若干研究重点》，法律出版社 2004 年版，第 62~74 页。

绝不会仅仅把这种特定民事审判机构的职能仅限于知识产权的民事纠纷，却将侵权严重构成刑事或确权中的行政案件推转给另外的刑事、行政审判机构去做。主要原因是知识产权案件技术性、专业性过强，而把具备这种技术及专业知识的审判人员集中在特定的知识产权审判机构中（不分散在民、刑、行政等各种不同的审判机构中），一是节省人力财力，二是避免出差错。由于相应知识产权的技术性、专业性不熟悉，刑事、行政审判机构出差错是难免的。

不仅主要国家均是这样做，而且在世贸组织的"知识产权协议"中，主要规范"知识产权执法"问题的"第三部分"，在大量条款涉民事程序的同时，也涉行政、刑事程序，尤其把"行政机关裁决后，当事人不服而要求的司法复审"，作为知识产权民事审判不可缺少的补充。由知识产权庭或相应的知识产权法院，越出"民事审判"的范围，一并受理涉知识产权的行政与刑事诉讼案，已经是实实在在的国际惯例。如果最高法院的民事审判改革后，"民三庭"（即知识产权审判庭）被"一刀切"地定为与其他几个民庭一样，只审理民事案，凡进入行政、刑事领域，案件即转归行政、刑事审判庭，那么，在整个改革向国际惯例靠近的进程中，民三庭的改革就离国际惯例越来越远了。20世纪末，北京高院知识产权庭已尝试受理涉知识产权的行政诉讼案（主要是当事人诉专利局），效果明显好于将这类案子转给并不熟悉专利的行政审判庭。上海浦东法院甚至更大胆地尝试将涉知识产权的民、刑、行政案均由知识产权庭受理，这实际已经与国际接轨了。"一刀切"式的"改革"如果贯彻到这些法院，实质上就走了回头路。

2000年修正的《专利法》，已把专利最终确权的权力给了法院，2001年《商标法》的修正也作了同样的改革。当事人到法院诉专利局、商标局及相应的复审委员会的案子，将均由法院有关审判庭处理。我们是走多数国家及国际条约所走的路，还是坚持"一刀切"，规定民三庭仅有职权审涉知识产权的民事案子，而在刑庭、行政庭中再各备一批熟悉专利、商业秘密、版权、商标及新出现的域名、传统知识、生物多样化等等的审判人员，使我们审判人力分散、差错率不断上升？这是国内外十分关注，尤其是国内知识产权权利人所关注的。

我国立法、司法机关应当进一步了解国外的普遍做法、国内原有审判经验中的得失，认真研究一下，是否民三庭（及各级法院相应的知识产权庭）可以作为我国民事审判机构的一个极特殊的庭（亦即国外较一般的并非只审民事案的庭）？是否在这个问题上以不搞"一刀切"为宜？民、刑、行政审判分开，总的是对的。但辩证法在一般承认"非此即彼"时，也在特殊情况下承认"亦此亦彼"。这是恩格斯在一百多年前就多次强调的。在 1979 年有刑法而无商标法时，刑法中的商标专用权保护条款就曾使商标权在 1979 年至 1983 年成为一种"依刑法产生的民事权利"。我们近年经常谈到"入世"以及与 WTO 接轨的问题，却很少有人注意到：完全处于国际民商事领域的 WTO，旨在规范国际领域财产流转制度的 WTO，却在（而且仅仅在）其众多协议中的知识产权协议（即 TRIPS 协议）中，对司法审判程序中的民事，刑事、行政不同程序，统一作出了规定。从法理来看，民商事国际条约却涉及行政、刑事，是不是"文不对题"或"名实不相符"？实际这正是国际条约实事求是地解决问题，而不"因名废实"的例证。如果认为"民"三庭却受理涉知识产权的行政、刑事案件超出了"民"的范围，名实不符等等，正是较典型的因名废实，也与 WTO 难以接轨。

四、我国民法理论的缺陷与知识产权研究

在维护知识产权的问题上，中国知识产权理论界在 20 世纪 90 年代之前，由于基本上未引入传统民法的侵权法与物权法理论，所以未遇到太多的困难。90 年代初，被侵权人难证明侵权人过错的知识产权纠纷、被侵权人难以证明自己实际损失的纠纷逐渐多了起来。这时，一部分人试图完全撇开民法的基本原理，在知识产权领域独树一帜。例如，他们论述着"物权的客体不能是物""知识产权的客体也不能是作品或技术方案""复制权中的'复制'销售权中的'销售'才是客体"；"凡有权利限制的权利均不是专有权""债权不受权利限制，因此无例外地属于专有权"，等等。① 好在以往十多年里传统民法理论在法学界比较普及，这一方面的失误对我国知识产权研究的影响并不大。

另一部分知识产权界的人，试图引入传统民法原理，探讨"无过错者无民事责任"的《民法通则》第 106 条的适用问题——麻烦就来了。② 人们发现：专利管理机关、工商行政管理机关在多年的查处侵权商品的活动中，大都是违反民法原理或《民法通则》的。例如，工商行政管理人员一旦查到带侵权商标标识的商品，绝不会先去了解商品所有人的主观状态（有无过错），也不会先去了解商标注册权利人是否已有了实际损失，而是立即要商品所有人先负一定民事责任——至少是"责令封存"。专利管理机关人员还发现：按照"侵权认定四要件"之一的"实际损失"，专利法中的专利权人的"制造权"是不可能被侵犯的。因为任何未经许可之人如果仅仅在"制造"阶段，大都尚未给权利人造成"实际损失"，从而不能被认定为"侵权"。

---

① 《知识产权研究》，中国方正出版社 1996 年版。
② 《著作权》，1996 年第 4 期，《专利法研究》，1999 年，等等。

　　这时有人出来作了解释:《民法通则》第 106 条所讲的 "过错责任" 仅仅指 "损害赔偿" 责任，即债权责任；而停止侵权（如封存侵权商品、制止侵权制造活动）则是依 "物上请求权" 产生的物权责任，这是不需要以过错为要件的。可惜这种解释不仅没把问题解决，反而让人越听越糊涂了。

　　首先，几乎国内一切 "侵权法" 专著上，均讲 "四要件" 是认定侵权是否成立的前提，而不是说它们仅仅是 "损害赔偿" 的前提。

　　其次，如果把侵害活动强制性地制止，又不首先认定它是违法或侵权活动，那么执法机关的强制执行令本身就失去了法律依据，本身就违法了。而且，有相当一部分解释这一问题的民法学家的论述中，把对无过错的行为的制止，称为物权责任中的 "停止侵害"。那么 "侵害" 不是 "侵权"，是侵什么呢? 既然是 "物权责任" 或 "物上请求权"，它们指向的只能是对 "物权" 的侵害，如果说这不叫 "侵权" 只能叫 "侵害"，那无异于玩文字游戏了。许多人反对以《德国版权法》第 97 条与第 101 条相比较来说明制止侵权无须考虑主观过错，原因是其中无过错而可禁止的，是物权上的 "侵害"，需要做损害赔偿的，才是债权上的 "侵权"。但这两条无论在德文本还是英文本中，都使用的是同一个 "侵权" 概念，绝无与之不同的另一个 "侵害" 概念。

　　最后，切勿忘记了知识产权侵权中，有时一并涉及侵害精神权利与经济权利，例如侵犯作者的 "发表权"。在这种情况下，"物上请求" 不足以补上原有中国侵权法理论的缺，还欠一个 "人身请求权"，而几乎所有出来作解释的民法学者，在论及知识产权侵权时均未涉及这一问题。

　　实际上，所谓 "侵权" 也者，除侵犯他人人身权之外，只剩下侵犯他人物权（如果把知识产权等视为 "权利物权" 的话）。至于有人提出的所谓"侵害债权",我认为它仅仅在理论上存在。中国《合同法》1998 年 9 月登报的征求意见稿上曾有一条关于"侵害债权"的规定,最后终于删去,原因之一正是多数立法者认为"侵害债权"理论站不住脚。债权是相对权或"对人权",如果某一合同权可能被合同当事人之外的第三方、第四方或任何一方所侵权,而受侵害者又有权针对这些"任何一方"提出诉求,那么这时,这种特殊的合同权就已经转化为"对世权"(亦即"物权")而不再是"对人权"了!而且,德国民法祖师关于物权请求与债权请求的严格划分是否合理,在孟勤国、彭诚信的专著、李锡鹤的专论中都多处做过精彩的评论。[①]

合同权之转化为"对世权"的特殊情况,下面再多说几句。把世贸组织所规范的范围或者是世贸组织诸协议规范的范围归纳起来,可以说是规范三种财产,也就是规范商品的自由流通、服务的自由流动和知识产权的保护。说商品是一种财产这个比较好理解,说知识产权是一种财产多数人也不会有歧义。但是说服务是一种财产,很多人觉得不好理解。多数服务是通过某种合同体现的。讲到合同权是一种财产也可以。不过那已经不是法国民法或者英美法系里讲的 property 了。通常讲 property,指的是一种绝对的对世权,和我们中国有的民法学家讲的"泛财产"不一样。"泛财产"论认为除了人身权以外的通通是财产权,这值得商榷。

合同权一般只是对人权。规定"不作为"义务的合同中的一部分未必能产生出财产权。只是在特殊情况下,从特殊角度看,合同权可以被当成财产权。例如,你的电话被他人盗打了。他偷了你的

---

① 参看《物权二元结构论》,人民法院出版社 2002 年版;"物权的自我救济"《法制与社会发展》1999 年第 6 期;"论物权优先之所在",上海《法学》2002 年第 3 期,等论著。

什么东西？是偷了你的财产。你与电信局签了服务合同，向电信局付了钱，电信局向你提供电信服务。但是你本应得到的服务被他人拿走了，你一分钱的电话没打，电信局给你算了 5000 块钱的电话费。这与从你家拿走了一台电视机有什么区别？你可以侵害财产权告他。

第一起因服务引起的而法官认为可以不主张对人权却主张对世权的诉讼案是 1852 年在英国的 Lumley v. Wagner 一案。大百科全书出版社出版的《财产法》一书的翻译本中引的这一案例实际上是英国劳森写的《财产法》里的一段。中译本把意思译出来了。但翻译得不太准确。原文是 a piece of that boy belongs to me，即"那个人的一部分属于我了"。哪一部分呢？他的服务属于我了，他提供的服务作为一种财产是我的了。现在你把这个东西拿走了，与抢走我的财产一样。在这个时候法官认为，原告实际上是有对世权的。只可惜有的法学学者解释的时候，认为这是一种侵害债权，这跟该书的原意就不一样了。劳森在财产法这一章，举这个案例的标题就叫作"不属于债权的合同权"。

所以说，世贸组织调整的范围是三种财产，把服务也作为一种财产来对待。当然服务有时候是无体的，有时候是有体的。人们常常讲"服务无形"，在与有形货物买卖相对而言时，不会发生误解，不必去咬文嚼字，这样讲未可厚非。它们与一般的有体有形的商品不一样。当然，有些服务也是有体有形的，就是说他固化在有形物上了。例如，把表演录下像来，经营音像制品，这个在世贸组织里属于服务贸易，不属于商品贸易。因为把服务固化下来以后，卖固化产品，实际上卖的还是服务，并不是卖的盘，那个盘并不值钱。

事实上，中国法院已经多次遇到知识产权、作品及"物"的不同及联系的问题。例如，出版社丢失作者手稿应当负何种责任？时至今日，多数法官及绝大多数学者，均认为出版社仅仅负有物的保管合同中保管者的违约责任。他们只把着眼点放在载有作品的"纸"这种"物"上，而似乎全然忘记了这种物上所载的本来可以无穷尽地被复制而不产生磨损的"精神产品"这种信息。他们把载有这种信息的物与一般物同等对待，因此结论显然对作者不公平，也就不足怪了。德国慕尼黑上诉法院法官 Hans Marshall 则认为：丢失作者手稿的情况，如果作品系尚未出版，出版社除了违约之外，还侵犯了作者的大部分精神权利。作者除请求违约赔偿之外，还有权请求作者精神权利的侵害赔偿。①这才是真正搞懂了作品这种无体受保护客体与有体受保护客体的区别。我国在有关精神损害赔偿及著作权法实施的几个司法解释中，认定了仅仅有纪念意义的物品的丢失，都要支付精神损害赔偿，而精神产品体现物的丢失，反倒只按保管合同的违约对待，没有精神损害赔偿。这是十分明显的失衡，有必要做进一步的研究。

无论解释者们如何解释，我国《民法通则》第 106 条明明写的是无过错不负"民事责任"，而不是"损害赔偿责任"。这与《德国民法典》第 823 条，《法国民法典》第 1382 条等是根本不同的。

此外，我们不要忘了，在物权责任中，也有"损害赔偿"。不仅史尚宽老先生早就讲过，中国社会科学院《物权法》2000 年专家稿第 60 条也有重述。所以，讲"损害赔偿"仅仅是"债权请求"指向的，至少不完全。当然，新老学者都可能在理论上列出物权请求中的赔偿与债权请求中的赔偿有一二三四条不同，但若一定要他们拿出实例来说明，可能又是一个令人为难的要求。

进一步说，在理论上，为说明损害赔偿一般以过错及实际损失

———————

① 马歇尔法官 2000 年 11 月 14 日在"中（国）欧（盟）知识产权法官培训班"的答疑。

为要件，停止侵权（或按部分人所坚持的，只能称停止"侵害"）则无需以过错为要件，因而把诉求分为"债权请求"与"物上请求"，未尝不可。但在任何情况下，尤其是在实际生活中，也要坚持这种"非此即彼"的划分，则第一，有时（如上所述）连划分者自己都分不清，况且"物权请求"项下明明又出了一个使用完全相同术语的"损害赔偿"。笼统地断言"物权请求"不以主观过错为要件也并不正确——部分"物权请求"中的"损害赔偿"又明明是要以主观过错为要件的。例如，《德国民法典》第 989 条所规定的情况，以及"返还原物"之诉中包含的返还孳息物的情况。即属于"物权请求"，又要以过错为要件。第二，停止侵权的物权责任与损害赔偿的债权责任，在有些情况下还是可以互替的——它们之间并无形而上学者所划的截然分明的界线。例如，在下禁止令违反公平原则或公共利益原则（这两个原则也在不同场合被当作"帝王条款"对待过）时，在下禁令已无实际意义时，国外法院均曾以增计赔偿额以取代禁令——亦即认可了侵权的继续。这种看起来违反常理的事，却并不罕见。较近的一个这类判例，是英国最高法院（House of Lords）于 2000 年 7 月 27 日就英国政府诉布莱克一案所作的判决。[①]

说到这里，可能还需要讲几句与本题密切相关的题外话，亦即所谓"泛财产论"。

在论及债权与物权的关系时，我们现有的不少论述是值得商榷的。例如，在讲民法一般原理时，告诉人们："财产权"包括"物权、债权、知识产权等"。在讲物权原理时，又告诉人们："财产法"包括规范财产归属的物权法与规范财产流转的债权法，这两句话怎么协调，可能是个难题。说"物"是财产问题不大；说财产的"流转"（即

---

① 案例见 http://www.parliament.the-stationery—office.co.uk. 的。

"债")也是财产，就有些费解了。过程本身怎么变成了财产，至少从语法语序——及逻辑上应找个出路。而且，既然债也是财产，那么规范财产流转的债权法，是否也规范各种债的流转呢？在"物权法"中是否也应界定各种债权的归属呢？

而且，我们所说的"债"，包括"作为""不作为"及"给付"，这也是在民法原理中人们常讲的。其中，一切"不作为"怎样统统被归入了"财产"范畴，也有些费解。实际上，把债权（obligation）不加分析地一概入"财产"范畴因而导致的逻辑上的难以自拔，古代的民法学家盖尤斯就已有前车之鉴。至少百年前的 Austin 及 10年前的 Zimmermann 已经一再指出并加以纠正。①

如果断言，"债权法规范财产的流转"，至少首先忽略了合同法中规范的"代理合同"，这里规范的是什么样的"财产流转"？其次，还忽略了侵权法（即"债法"的一部分）中无须经济赔偿的那部分人身侵害。

在上文讲到禁令与公平原则及公共利益原则时，又让人想到"诚实信用"原则这一适用于民法的"帝王条款"。既然是"帝王"，则"率土之滨，莫非王臣"。但至少"公平"与"公共利益"（还有其他一些原则）似乎不愿称臣，而是与"诚实信用"原则平起平坐地各自覆盖着不同的领域（当然有时会有交叉）。

例如，公共利益原则在知识产权保护中，有时也让人感到是一个"至高无上"的原则，也可以说是又一个"帝王"吧（当然，都是帝王，也就无所谓帝王了）。依照公共利益原则建立起的专利上的强制许可制度，保证了第二专利权人不受第一专利权人制约而可

---

① J.Austin: Lectures on Jurisprudence, 5th. ed. London, 1885; Zimmermann The Law of Obligations, Capetown, Wetton, Johannesburg 1990, p.26.

以发展实用技术，又保证了在紧急状态下某些实用技术的广泛应用。这些，似乎均与"诚实信用"关系不大。①

又如，公平原则有时也让人感到是"至高无上"的。"公平"与"诚实信用"有时的确有交叉。但在多数情况下，它们还是主宰各不相同的领域。

至于讲到"公平"与"诚实信用"的各自覆盖面，早已被欧陆法系吸收的、英国古老的民商事领域普通法的"禁止反悔"制度及衡平法的"可以反悔"制度（实际与我国有的民法学者一直推崇的"情势变更"制度极相近），是个很好的说明。

就普通法而言，禁止反悔法则不仅仅适用于"对某一事实作过某种不真实的陈述的"情况，同时还适用于对某个事实作过某种真实陈述的情况，而且主要适用于后者。专门适用于"不真实陈述"的，是另一个法则，称为 misrepresentation。禁止反悔法则在适用时有个前提条件，即对方已经按照陈述者的陈述开始了不可挽回的行动。例如，合同的要约人在要约条件中讲明自己有船，对方若将货物运抵港口，要约人就将承担装船的责任；如果后来要约人表明"我没有船，不负责装船"，否认原来的陈述，法院就将以此作为 estoppel 的适用范围。但如果承诺人还没有开始把货物向港口运送，要约人后来的声明有可能被法院判为"补充陈述"，而不被视为"反悔"（虽然它实质上是推翻了原有陈述）。到这里为止，适用的是"诚实信用"原则。

与普通法的禁止反悔法则（estoppel in common law）同时存在的还有许多其他 estoppel。其中最重要的是衡平法在反悔上的法则。它的原文是 equitable estoppel，按照意思翻译出来，应当是"根据

---

① 世界贸易组织《与贸易有关的知识产权协议》的前言，第7条、第8条、第31条等等。

衡平法可以反悔的法则"。这个法则是英国上议院一百多年前在"约旦诉莫尼"的判例中立下的。它在 1947 年又被后来的英国上诉法院院长丹宁在"中伦敦财产信托公司诉海特利斯房产公司"一案中作了进一步发挥。丹宁在判决中指出：只要形势或环境发生了一定实质性变化，原陈述人可以反悔。这个判例成为英国合同法历史上最重要的判例之一。后来人们每讲起普通法的"禁止反悔法则"时，总要同时介绍衡平法的"可以反悔法则"（至少英国现有的各种合同法教科书都是如此）。在这里，"诚实信用"原则就显得不太相干，而"公平"原则倒是实实在在地适用了。

可见，"诚实信用"固然是民法中极其重要的一个原则，但不宜将其抬到"帝王"高度，使之君临一切。另外，把它仅限于民法领域，也值得商榷。在公法领域，许多历史上的统治者都认为这一原则的地位同样十分重要，况且，中国的"诚实信用"作为法律语言，正是源于公法。它至少在 2000 多年前的战国中前期已有。这就是商鞅刚刚主管秦政时，实践了自己百金奖赏一件平常事的诺言。1000 年前的王安石为相时，曾有诗称道此事："自古驱民在信诚，一言为重百金轻"说的正是统治者管理国家的"公"行为，也须讲"诚实信用"。所以，总的讲起来，在肯定"诚实信用"原则的重要地位的前提下，我同意一些学者对"帝王条款"提出的质疑[①]，这里不过是增加几个知识产权领域及其他民商领域的例子。

五、"法哲学"——当心形而上学

最后，随着数字技术的应用，盖尤斯时代即已提出过的权利及客体的"形"与"质"的问题，又值得我们再度研究了。只是切不

---

① 见武汉大学《法学评论》2000 年第 2 期。

可返回盖尤斯时代乃至还落后于该时代。正如在物理学领域，人们不能否认亚里士多德是伟大的。但人们同样不能在伽利略已经把自由落体运动定律更新了 400 年后，仍旧去重复亚里士多德的定律。

20 世纪末，数字技术的普遍应用，使我们又在法哲学领域间或听到历史上曾有过的两种议论。在知识产权法学领域，有胆小些的"哲学家"感到版权制度已经走到了尽头，其专有性要被淡化。有胆大些的"哲学家"则感到不仅版权，而且包括专利在内的知识产权保护几乎都失去了意义。因为从"质"上讲，"物质不灭"，人们能创造的只是形式（发明专利也不例外！）。从"形式"上讲，一切形式又都归结为数码，其差别又何在呢？其实，"人们只能创形、不能创质"的论者，自己都没有搞清楚物理学中物质的"质"与知识产权法中"实质区别"的"质"，而把这二者混在一起，献给读者。

与当初一部分人认为版权是保护"形式"，不保护"内容"一样，今天，也有些人把知识产权客体在本质上属于信息这一事实，与哲学上的"形式"与"内容"二分法相混淆。实际上他们并不知道自己在说什么。Dietz 当初以版权既保护作品的外在形式，也保护其内在形式，解决了不保护"内容"的困惑。今天，我们也应告诉将知识产权归结为只能创作"形式"者：当人们创作出无体的信息时，在专利领域，它是实实在在的技术解决方案，它与另一发明或"现有技术"必须有"质"的区别，方可获得专利。说其有形无体，并不是从哲学意义上的"形式""内容"之形来说的。只有形式而无内容的专利是无用的花架子，没有人愿意去实施，也没有人可能去实施。况且，按照专利法，与前人的发明没有"质"的区别的所谓新发明，是不可能获得专利的。

好在当代数字技术应用中的这种副产品，远不及历史上那两种无意义的议论影响广泛。主要原因是，另一种声音几乎把这种无意义的议论完全淹没了。真正乘上数字之驹，而没有反过来被它骑在头上的更多的人，开始在研究的阔野上驰骋。一大批脚踏实地的研究成果开始涌现。这些成果中，固然不乏幼稚之作，但它们终归是向上的，欣欣向荣的。的确，现代的信息传播方式，已使历史不能重演了。国际上已开展起的对于数字技术、互联网络给社会（不仅仅是给法学界或知识产权法学界）带来的巨大冲击的研究，不可能不反映到中国来。国际上多年前已被丢弃的"理论"，即使在中国被独立地再度翻写出来，也仅仅在版权角度有点意义（它不是抄袭或沿用，而可能确是"再创的"，或称"沉渣的再泛起"），但不再可能被多数了解国际知识产权研究的历史与现状者误认为"新"东西。

到这里，又要讲几句题外话。沈达明教授在其《衡平法初论》中介绍过，在当代社会，缺少了信托制度，则动产、不动产、资金中的相当一部分，均难以得到有效的利用。于是原先一直坚持"一物一权"信条的法国、日本等等，均先后从英美法系引进了这一制度。沈达明教授的书中曾形象地借德国人的话表达出德国法中的"形而上学"在面临信托制度时遇到的困难："你认为应该把信托列入《德国民法典》的'债权篇'还是'物权篇'"？①

如果遇到任何法律问题，都只愿走一概念、二定位、三法律体系、四法律关系的思路，看起来似乎很合逻辑，却有不少路走不通，问题解决不了。欧陆法系国家在 20 世纪一再引入英美法系的"预期违约""即发侵权""反向假冒"等初看起来在法理上说不通的概念及原则，已向学习欧陆法系法理的学生们指出：老师都在发展变化，学生绝不可再墨守成规了。

① 参看沈达明编著：《衡平法初论》，对外经济贸易大学出版社 1997 年版，第 342 页。

第二节　"入世"、知识产权保护与民法的现代化*

中国"入世"前后，立法、司法、行政机关乃至许多企业都很忙了一阵，有的还会再忙相当一段时期，以修改、废止与世贸组织的要求相冲突的法律、法规、规章乃至司法解释等，企业则不断研究着对策。法学研究与"入世"似乎还没有这样直接的关系。不过"入世"对法学研究（尤其是对民商事法学研究）的影响的广度及深度，可能将超过上述国家机关与企业。因为法学研究不能停留在了解和解释修改、废止与世贸组织的要求相冲突的法律、法规、规章及司法解释上，这不仅仅是第一层面的东西，而中国知识产权的几部主要法律都在"入世"前夕作了较大修改，目的正是解决这第一层面的问题。本文也就从这里说起吧。

一、世界贸易组织中的知识产权制度

商品贸易、服务贸易与知识产权保护是世界贸易组织的三根支柱。商品贸易指的是有形货物买卖，对此大家比较熟悉。服务贸易在世贸组织的协议里，指四种情况：（1）跨境提供（例如电信服务、网络服务）；（2）人员流动（例如劳务输出）；（3）出国消费（例如旅游服务）；（4）商业到位（例如外国银行到中国建点所提供的金融服务）。①

从两个方面看，可以是说"知识产权保护"在今天是世界贸易组织的三根支柱中起最重要作用的。

第一，在商品贸易与服务贸易两项内容中，实际上也充满了知

---

* 编者注：该部分选自郑成思著：《郑成思文选》，法律出版社 2003 年版，第 352~371 页。该文系在深圳大学 2002 年 3 月的一次讲演稿，同月由深圳大学法学院印出。

① 参看赵维田著《WTO 的法律制度》，吉林人民出版社 2000 年出版，第 353 页。

识产权保护问题。

就商品贸易而言，一切来自合法渠道的商品，都有自身商标的保护问题。商品的包装、装潢设计、促销商品的广告（包括广告画、广告词、广告影视等）都有版权保护问题。销售渠道较畅通的新商品，一般都有专利或商业秘密的含量作支撑。来自非法渠道的商品则大都有假冒商标及盗版等问题。在服务贸易中，服务商标的保护及为提供服务所作广告的版权问题，与商品贸易是相同的。不同的是：在跨境服务中，特别是在计算机网络服务中，一个企业在本国作广告，可能侵害外国企业在外国享有的商标权。因为网络的特点是跨国界传播。商标权的特点却是地域性。版权及专利领域也会出现类似的纠纷，这种特别的侵权纠纷，在有形货物买卖中是不可能出现的。

第二，从世界正在向知识经济发展的方向看，知识产权保护的作用也应当是居首位的。

发达国家在 20 世纪末之前的一二百年中，以其传统民事法律中物权法（即有形财产法）与货物买卖合同法为重点。原因是在工业经济中，机器、土地、房产等有形资产的投入起关键作用。20 世纪八九十年代以来，与知识经济的发展相适应、发达国家及一批发展中国家（如新加坡、菲律宾、印度等），在民事立法领域，逐步转变为以知识产权法、电子商务法为重点。这并不是说传统的物权法、合同法不再需要了，而是说重点转移了。原因是：在知识经济中，专利发明、商业秘密、不断更新的计算机程序等无形资产在起关键作用。随着生产方式的变动，上层建筑中的立法重点必然变更。一批尚未走完工业经济进程的发展中国家，已经意识到在当代，仍旧靠"出大力、流大汗"，仍旧把注意力盯在有形资产的积累上，其经济实力将永远赶不上发达国家。必须以无形资产的积累（其中主要指"自主知识产权"的开发）促进有形资产的积累，才有可能赶上发达国家。

美国从 1996 年开始，版权产业中的核心产业（即软件业、影视业等等）的产品出口额，已经超过了农业、机械制造业（即飞机制造、汽车制造等等）的产品出口额。美国知识产权协会把这当作美国已进入"知识经济"发展时期的重要标志。[①] 我国从 2000 年起，信息产业已经成为第一支柱产业。[②]

世贸组织要求它的成员国必须保护的知识产权有 7 项：版权、商标、发明专利、外观设计、地理标记、半导体集成电路设计、商业秘密。[③] 其中的外观设计已经包含在我国《专利法》中了；地理标记已经包含在修改后的《商标法》中；商业秘密保护则在反不正当竞争法中；半导体集成电路设计的保护，2001 年在我国"入世"前已经颁布了行政法规。

二、我国为"入世"对知识产权法作的改进以及仍旧存在的不足

从我国的立法来讲，针对"入世"，要考虑通过立法与修法使我们的知识产权制度与世贸组织的知识产权协议（即 TRIPS 协议）不冲突。要做到这一点，我们只要满足知识产权协议的"最低要求"，就可以了。在"入世"前的几部知识产权单行法的修正中，仅仅商标法是主要为"入世"而修正的。

在过去，中国已有的各知识产权单行法，与世贸组织的差距最大的，应属商标法，这一问题已经随"入世"前的商标法修订而基

---

① http://www.iipa.com.

② 参看《互联网世界》2001 年第 5 期。

③ 参看《与贸易有关的知识产权协议》第二部分。

本解决。

"入世"后，更广泛的商品跨国流通与服务的市场准入，是双向的。故中国企业进一步了解商标、了解商标法，制定正确的商标战略，对于在国内外增强自己的竞争力，不断发展自己，就非常重要了。

对于可以获得注册从而享有商标权的标识，法律要求其具有"识别性"。如果用"牛奶"作为袋装奶商品的商标，消费者就无法把这种袋装奶与其他厂家生产的其他袋装奶区分开，这就叫没有识别性，而只有用"三元""蒙牛""帕玛拉特"等等这些具有识别性的标识，才能把来自不同厂家的相同商品区分开，这正是商标的主要功能。

在我国颁布了几部知识产权法之后的相当长时间里，许多人对商标权的重视程度，远远低于其他知识产权。在理论上，有的人认为商标只有标示性作用，似乎不是什么知识产权。在实践中，有的人认为创名牌，只是高新技术产业的事，初级产品（诸如矿砂、粮食等等）的经营根本用不着商标。实际上，一个商标，从权利人选择标识起，就不断有创作性的智力劳动投入。其后商标信誉的不断提高，也主要靠经营者的营销方法及为提高质量与更新产品而投入的技术含量等等，这些都是创作性劳动成果。发达国家的初级产品，几乎无例外地都带有商标在市场上出现。因为他们都明白：在经营着有形货物的同时自己的无形财产——商标权也会不断增值。一旦自己的有形货物全部丧失（如遇到海损、遇到天灾等不可抗力、遇到金融危机等商业风险），至少自己的商标仍有价值。世贸组织的《知识产权协议》第 21 条规定商标可以离开企业的经营做有价转让，正是国际条约对商标离开"标识"功能仍旧有价值的肯定。有人曾认为，如果一个企业倒闭了，它的商标就会一钱不值。实际上，企业倒闭后，商标还相当值钱的例子很多。例如 1998 年 3 月，广州照相机厂倒闭，评估公司给该厂的"珠江"商标估了 4000 元人民币，许多人还认为估高了，而在当月的拍卖会上，这一商标卖出了 39.5 万元①！ 1999 年 11 月，上海景福针织厂破产后，原该厂的"飞马商标"，则拍卖出 310 万元！② 很明显，企业多年靠智力劳动投入到商标中的信誉，绝不会因一时经营失误（或因其他未可预料的事故）、企业倒闭而立即完全丧失。可见，提高我国经营者（尤其是大量初级产品的经营者）的商标意识，对发展我国经济是非常重要的。

这次《商标法修正案》，我认为至少有下面几个问题值得重视或值得继续研究。

"地理标志"保护的增加③

这种保护过去于中国商标法中完全不存在，所以人们首先应知道它"是什么"。

"地理标志"是世贸组织的知识产权协议中提出应予保护的一种商业标记，它又称"原产地标志"。它指的是这样的地名：有关的商品或服务所具有的特点、质量或声誉与该地的自然环境或人文环境有密不可分的联系。④

世贸组织协议中讲的原产地标志，是从它含有的无形产权的意义上讲的。尤其对于酒类产品，原产地标志有着重要的经济意义，因此表现出一种实在的"财产权"。设想黑龙江某厂产的啤酒，如果加注"青岛啤酒"的标签，将会给该厂带来多大的本不应得到的利润！协议总的讲是禁止使用原产地名称作商标使用的。但如果在使用中产生了"第二含义"并已经善意取得了这种标记的商标的注册，

---

① 参看《商标通讯》1998 年第 5 期。

② 参看《中华商标》2001 年第 8 期。

③ 见 2001 年《商标法修正案》第 3 条、第 16 条。

④ 见《与贸易有关的知识产权协议》第 22 条。

又不会在公众中引起误解的，则可以不撤销其注册，不禁止其使用。我国的"茅台"酒、"泸州"老窖，等等，均属于这种善意而又不至于引起混淆的"原产地名称"型商标。1991 年，瑞士最高法院也确认过瑞士的"瓦尔司"（瑞士地名）牌矿泉水的商标可以合法地继续使用。

世贸组织的《知识产权协议》在第 22 条中，讲明了什么是"地理标志"。它可能包含国名（例如"法国白葡萄酒"）、也可能包含一国之内的地区名（例如"新疆库尔勒香梨"），还可能包含一些地区内的更小的地方名（例如"景德镇瓷器"）。只要有关商品或服务与该地（无论大小）这个"来源"，在质量、声誉或特征上密切相关，这种地理名称就构成应予保护的"地理标志"。这种标志与一般的商品"制造国"落款（有人称之为产地标志或者货源标志）有所不同。制造国落款一般与商品特性或质量并无关系。日本索尼公司的集成电路板，如果是其在新加坡的子公司造的，可能落上"新加坡制造"字样，这并不是应予保护的"地理标志"。过去我国有的行政部门曾在其部门规章中，把这二者弄混了，把"Made in China"当作了"地理标志"。当然，也并不是说，凡是国名就统统只可能是制造国落款（产地标志）的组成部分。《知识产权协议》第 22 条放在首位的，正是以国名构成的地理标志。"地理标志"有时可以涵盖制造国标记，但反过来用货源标记涵盖地理标志却不行。

2001 年《商标法修正案》在第 3 条及其后一些条款中，增加了对地理标志的保护。不过，该法第 3 条使用了"原产地"标志，随后的条文中却使用了"地理标志"。虽说这二者可视为同义语，但极少有在立法中不加说明而同时使用两个术语去指同一个内容的（注意：《著作权法》对于"版权"与"著作权"系同义语，则是有明文指出的）。由于增加了这一保护客体本身是意义重大的，所以立法技术上本来可以避免的缺憾，就可不去深究了。

在美国等一大批国家，地理标志是通过"证明商标"或（和）集体商标的形式去保护的。我国目前也采用了类似形式。

地理标志有可能成为我国知识产权中的"长项"之一，而不像专利、驰名商标，在很长时间内将一直是我们的"短项"。所以如何更好地利用对地理标志的保护在国际竞争中"扬长避短"，是有关企业可以研究的一个问题。

"驰名商标"保护的增加 ①

早在我国 1985 年参加的《巴黎公约》中，已经要求成员国对驰名商标给予特殊保护。世贸组织的知识产权协议，则把这种特殊保护从商品扩大到服务，从相同或类似的商品与服务，扩大到不相同、不类似的商品与服务。

在侵权认定时，如果原告是驰名商标的所有人，则行政执法或司法机关判定被告与其商标"近似"的可能性就大一些。在德国，甚至曾判定日本的"三菱"商标与德国的"奔驰"商标相近似。主要因为"奔驰"是驰名商标，这是对驰名商标的一种特殊保护。在欧洲法院 20 世纪 90 年代中后期裁决的"佳能"（Cannon）"彪马"（Puma）等案件中，也都是首先认定有关商标是否驰名，然后再来看争议商标标识本身是否近似或所涉商品是否类似。

我国过去行政规章中，确有对驰名商标的特殊保护，但没有提高到法律、法规的层次，所以在遇到须首先认定商标是否驰名的侵权纠纷中，往往使法院无所适从。现在法律不仅规定了对驰名商标的特殊保护，而且列出了一部分国外已通行多年的认定时应予考虑的因素。这样，不仅更加有助于行政机关"依法行政"，而且有助于

---

①　见 2001 年《商标法修正案》第 13 条、第 14 条。

法院对驰名商标的司法保护，从而，有助于鼓励我国企业的"名牌战略"。

对"在先权"保护的突出 ①

世贸组织的《知识产权协议》在第 16 条 1 款中，把"不得损害已有的在先权"，作为获得注册乃至使用商标的条件之一。

在协议没有明确包括哪些权利可以对抗注册商标的"在先权"。但在巴黎公约的修订过程中，在一些非政府间工业产权国际组织的讨论中以及在 WIPO 的示范法中，比较一致的意见，认为至少应包括下面这些权利：

（1）已经受保护的厂商名称权（亦称"商号权"）；

（2）已经受保护的工业品外观设计专有权；

（3）版权；

（4）已受保护的地理标志权；

（5）姓名权；

（6）肖像权；

（7）商品化权。

中国《商标法实施细则》在 1993 年修改之后，已经把"在先权"这一概念引入了当时该细则第 25 条之中，但（除了应当细化之外）与 TRIPS 的差距主要在于中国的商标法及实施细则均强调了行为人的"主观状态"。如果行为人不是"以欺骗手段或其他不正当手段取得注册的"，那么任何在先权人就都无能为力了。实际上，至少对于版权、外观设计权、肖像权等在先权来讲，不应强调在后者的主观状态。TRIPS 就并没有把在后申请者的主观状态作为保护在先权的前提或要件。

———————————

① 见 2001 年《商标法修正案》第 9 条、第 31 条。

在 2001 年的《商标法修正案》中，两处分别规定了对在先权的保护，同时删除了把行为人的主观条件作为认定是否侵害在先权的前提。这与 2000 年同属工业产权领域《专利法修正案》中对在先权的保护相对应了，同时也符合了世贸组织的要求。

禁止"反向假冒"——唯一与 WTO 的要求无关的重要修正 ①

商标假冒未经许可而以他人商标来标示自己的商品或服务，是一般称的"商标假冒"，这种行为应予禁止，是没有争议的。

倒过来，未经许可而撤换他人注册商标，以使消费者对产品、服务来源，对生产者、提供者产生误认，是否违法，是否应予禁止，是否侵害注册商标人的利益？在过去，还缺少明文规定。

1997 年 4 月 9 日，国家工商局认定了第二批 23 个商标为"驰名商标"。位居序号第 1 的，是天津油漆厂的"灯塔"商标。这一商标被认定为驰名，将有着比人们在一般情况下能认识到的更深一层的意义。原因是大多数商标在创名牌的过程中以及驰名之后，均会有非法嗜利之徒跟踪假冒。这种假冒活动又一般仅限于把驰名商标非法用在假冒者自己的产品上。而"灯塔"之出名，则不仅有人针对它从事这种常见的假冒，而且（主要在灯塔产品出口之后）专有人针对它从事"反向假冒"，即撤换掉"灯塔"商标，附加上假冒者自己的商标，用天津油漆厂价廉质高的产品，为假冒者去"创牌子"。

在市场经济中，在真诚的现代生产、经营者向市场推出其商品时，他们实际出于两个目的。一是切近的，即尽快得到利润；二是长远的，即闯出自己商品的"牌子"（包括商标、商号等等），不断提高市场信誉，以便既能尽快获得利润，又能得到可靠的、不断增

---

① 见 2001 年《商标法修正案》第 9 条。

长的利润。否定"反向假冒"构成对他人商标的侵害，主要是只看到（或只承认）现代真诚经营者的第一个目的。所以，他们认为：别人只要付钱，商品拿到手之后，怎样改换成他的商标再卖，与原经营者就毫无关系了。这种看法在理论上是错误的，在实践中是有害的。其理论上的错误是不承认商标与其标示的商品或服务的全方位的内在与外在联系及否认商标中的知识产权因素。这在前面已重点分析过了。该看法也混淆了"专购再销"行为与反向假冒的区别。下面再进一步分析这种看法在实践中的危害及其与国际商标保护制度发展方向的相背。

目前我国在国际市场上得到消费者公认的驰名（名牌）商标数量很少，这对我国在国际市场上的竞争地位是不利的。许多企业已经意识到这一点，正加强本企业在国内、国际市场创名牌的各项措施。我国的立法、执法机关也已意识到这一点。从国家工商局到人民法院，都已加强了对驰名商标保护的研究与实际保护。但发达国家很早已经在立法及执法中实行的制止反向假冒，在我国则尚未得到足够重视，反向假冒者得不到应有的惩罚、得不到制止，就将成为我国企业创名牌的一大障碍。

从国外商标保护的情况看，依法禁止这种反向假冒行为，也是国际惯例。《美国商标法》第1125条及其法院执法实践，明白无误地将上述反向假冒，视同侵犯商标权。《法国知识产权法典》则在第713-2条中，明确规定：注册商标权人享有正、反两方面的权利，即有权禁止他人未经许可使用与自己相同或近似的商标，也有权禁止他人未经许可撤换自己依法贴附在商品上的商标标识。希腊1994年《商标法》第18条、第26条的规定，与法国完全相同。澳大利亚1995年《商标法》第148条明文规定：未经许可撤换他人商品上的注册商标或出售这种经撤换商标后的商品，均构成刑事犯罪。香港地区的商标法例也有相同的规定。意大利 1992 年《商标法》第 11 条、第 12 条规定：任何售货人均无权撤换供货人商品上原有的注册商标。葡萄牙 1995 年《工业产权法》第 264 条也有相同规定，并对反向假冒者处以刑罚。可见，不论大陆法系国家还是英美法系国家，反向假冒都是要受到法律禁止及制裁的。

如果有人认为禁止反向假冒仅仅是保护水平较高的发达国家或地区的商标法所特有的内容，那他们就又错了。发展中国家较成熟的商标法，也有与法国完全相同的规定。例如：1996 年的巴西《工业产权法》"商标"篇第 189 条规定：凡改换商标权人合法加贴于商品或服务上之注册商标的行为，"均构成对注册商标权的侵犯"。又如，肯尼亚 1994 年《商标法》第 58 条 C 项，也是禁止反向假冒的规定。而发展中国家禁止反向假冒最典型的法律，应属 2000 年 9 月《安第斯条约组织》的工业产权协议（即 486 号决定）。该协议在第 154 条（b）款使用了与法国知识产权法典一样明确的表达、与美国商标法一样详细的规定，明明白白地指出反向假冒构成对注册商标权的侵犯。

联合国世界知识产权组织 1988 年曾出版过一部 "*Introduction to Intellectual Property*"。在当时的 "商标权权利范围" 一节中，尚不涉及 "反向假冒" 问题。1997 年该组织重新编辑出版该书时，则在解释 "注册商标所产生的权利" 时，明文写出了 "消除注册商标权人合法附贴在自己商品上的注册商标，然后再行出售" 的行为，同样属于 "侵犯商标权"。这见于该书（英文本）第 205 页。世界知识产权组织的论述在这方面总的讲与《法国知识产权法典》第 713-2 条一致。所不同的是：法国法律把 "禁止他人未经许可使用商标权人的商标放在第一位，而把 "禁止他人未经许可改动或撤换" 商标权人的商标放在第二位。世界知识产权组织则把后者放在第一位，认为这是商标权人"积极权利"中的一项内容，而禁止他人使用则是其"消极权利"中的一项内容。

可见，就世界上主管大多数知识产权国际公约的组织来讲，也无异议地认为"未经许可而使用他人注册商标"与"未经许可而中断他人合法使用自己的注册商标"，都同样属于违法使用。

在中国，过去商标法中无明文禁止"反向假冒"，而初入市场经济的我国，未经许可而改、换他人注册商标，以使消费者对产品、服务来源，对生产者、提供者产生误认的行为又比较严重。为有利社会主义市场经济的健康发展，这次在《商标法》第 52 条中明文增加这种许多国家及国际条约都有的禁止性规定，是十分必要的。它一方面使注册人的权利作为一种财产权更趋完整，另一方面对鼓励企业创名牌必将起到积极的作用。

程序法方面的完善 ①

与 2000 年《专利法修正案》一样，商标的"确权"之权，最终移交到法院，这不仅仅与世贸组织的要求更加一致，而且（也是更重要的）使中国的商标制度进一步走向人们期望的"法制"与"法治"，这对增强人们对知识产权保护制度的信心，是十分重要的。

此外，法定赔偿制度的确定，将"不知"并且不能推断其"知"（即以是否能说明"提供者"）改为与赔偿责任相联系而不再与侵权认定相联系等等，都有利于制止侵权和保护商标权人。《专利法》修改时被"忽略"的诉前证据保全制度与《专利法》的修改时已经注意到的诉前禁令制度等等的增加，不仅有利于保护商标权人，而且对日后进一步完善我国的《民事诉讼法》也是一个贡献。

---

① 见 2001 年《商标法修正案》第 32 条、第 33 条、第 43 条、第 53 条等等。

其他修改

商标权主体中明文增加"自然人"，反映了我国市场经济的发展。

将"不得作为商标使用"的条文与"不得注册"的条文分立，在商标的合法构成中增加立体商标乃至将原有行文的"商标不得使用"哪些标志改为哪些标志不能"作为商标使用"等等这些看上去似无大异的增、改，都更进一步符合我国的商标管理实践、进一步符合国际惯例了。

还有其他一些，不一一列举了。这次修改所缺的是较少考虑以可行的建议促使我国代表在多边谈判中不断增加有利于我国经济发展的内容。当然，立法机关通过立法先在国内开始自行保护属于我们长项的知识产权客体，也是一种积极的促进方式。多年来，亚非一批国家为争取把民间文学艺术的保护纳入国际公约，都是自己首先在国内法中开始保护的。

世贸组织在下一轮多边谈判中，发展中国家将力争讨论把"生物多品种"的保护与"传统知识"的保护纳入知识产权范围的问题，这应引起我们的关注。大量我国独有而外国没有的动植物品种（包括濒临灭绝的动植物）的保护，就属于前者；我国的中医药及中医疗法的保护，我国几乎各地均有的民间文学艺术的保护等等，则属于后者。这些，应当说是我国的长项，不像专利、驰名商标等在国际上目前显然还是我国的短项。我们关注这些问题的目的：一是要争取把它们纳入知识产权国际保护的范围。二是一旦纳入之后，应考虑我们的立法如何立即跟上。这有利于我们在知识产权的国际保护中"扬长避短"，使我国在国际市场上的知识产权产品也有可能不断增加。

此外，在《商标法修正案》中已经提到一笔的地理标记保护，我感到还很不够。法国仅仅有几个与葡萄酒有关的地理标记，就知道要在国内法和国际公约中大作文章，不遗余力地强调对它们的保护。1985 年我国参加了保护地理标记的《巴黎公约》之后，法国即要求我们在自产的葡萄酒上禁用"香槟"二字，因为它是法国葡萄酒的地理标记，而我国有大理石、莱阳梨、金华火腿等等数不清的世界知名的可保护的地理标记，我们的立法中却对此轻描淡写。意大利出产的许多石料及石制品、中国台湾地区花莲县的许多石制品，在国际市场上都叫"大理石"或大理石制品。我们要想"入世"后发挥我国地理标记在知识产权国际保护中的优势、禁止他人随便使用，首先在我们自己的法律中要突出这些受保护客体的地位，加强对它们的保护力度。

千万不可一提起知识产权，就以为我们统统是弱项；一讲知识产权保护，好像就只是保护了外国的东西；一谈到"入世"与修订知识产权法，就只想到那些世贸成员要求我们修改的内容。其实，我们首先应当考虑的是我们自己有哪些长项？我们是否保护了我们自己的权利？这一方面保护的力度够不够？

程序法方面我们有了很大进步，同时也留有一些问题。

世贸组织的知识产权协议是第一个对知识产权程序法作出具体规定的国际条约。

在保护知识产权的程序上，我们还有些明显的欠缺。例如，诉讼前的证据保全，是世贸组织明文为保护知识产权的执法提出的要求。我国现行《民事诉讼法》中没有这项制度。这一类缺陷，与诉前禁止令一样，虽然在我国专利法及商标法、著作权法的"入世"前修改中，均已经从原则上增加了，但是把它作为民事诉讼中的一项完整制度，则差距还很大。例如，在依法下达了诉前禁止令后，如果诉讼中已经认定不构成侵权或者认定可以，那么解除禁止令的决定是否一定要等到最终判决时下达？如果可以在诉讼中下达，那么又依照什么法定程序？因为民事诉讼法中根本没有这项制度，新修订的知识产权法中则虽有诉前禁令的下达制度却又缺少诉中解除禁止令的制度。就是说，我们为了"入世"而增加的有些内容，虽然为民事诉讼法的日后完善作出了贡献，但它们本身仍旧不是完整的。

在《著作权法》与《专利法》中，明显的不足主要是理论上的。《反不正当竞争法》中，与世界贸易组织知识产权协议的主要差距是在商业秘密的构成三要件上，我国增加了"实用性"这一第四要件，于是缩小了保护范围。这些须由另外的专门著述去讨论了。

由于对这三法进行修改（以及其他许多法律的修改），大都是因为"入世"谈判中其他成员提出我们的法律与世贸相关条文的明显差距（或者叫"不接轨"之处），以及因为我们自己发现了我们的法律与世贸相关条文的不接轨之处，所以我认为对应当深入下去的法学研究来说，这些只是第一层面的问题。

三、"入世"对法学研究提出的第二层面问题

有些重大的理论问题如果不解决就会影响到我们的立法，会影响到我们的司法实践。大家知道，大陆法系和英美法系这两个法系传统上有不同的理论、不同的法律制度，甚至法律用语也不同，这种差异在历史上一直延续了很久。但是从20世纪80年代之后，国际上出现了一种经济全球化的趋势，包括知识产权保护在内的商事法律制度也是如此。经济的全球化以及知识产权法律制度以及其他一些民商事法律制度的趋同化，已经使得英美法系和大陆法系中许多过去不相容的制度逐渐趋于一致。世界贸易组织的各个协议实际上就是这两个具有不同法律传统的法系相互融合而趋于一致的结

果。在这种背景下，如果我们的研究仍旧盯在过去的大陆法系，特别是盯在也是从欧洲大陆法国家舶来的我国台湾和日本法律，我们就会自己给自己造成一个误区，甚至停留在 20 世纪 70 年代之前。我们加入 WTO 可以说给我国带来了一种全新的法律体系，我们作为立法者和司法者，我们的思想尤其应该有所更新。

这里仅商业秘密为例作一些说明。大陆法系国家的立法过去把物权和债权分得很清楚，但两者有时是很难分清楚的，有时是可以相互替换的，有时则是会互相转化的。这在大陆法系的过去的法学理论中是完全不能接受的，但是现在则已经接受，原因是 TRIPS 协议已经把它们融合起来了。20 世纪 70 年代初，德国一位律师在其著作中将商业秘密定义为不属于知识产权的技术秘密，即把它从知识产权排除出去了。当时的美国有些州也有类似的看法，认为商业秘密只是合同法或侵权法（也就是大陆法系中的债权法）规范的内容。依据这些法产生的权利只是一种对人权，只对某一个或几个的特定对象有效力，不是对世权。换句话说，商业秘密既不是大陆法系理论中的物权，也不是英美法系理论中的财产权，而是一种依合同或侵权行为而产生的债权。但是，世贸组织已经把它作为七项知识产权中的一项放在与贸易有关的知识产权协议里。这就表明，商业秘密已经无可争辩地变成为大陆法系中的权利物权，或者英美法系中的无形财产权，商业秘密权已经成为一种对世权，不再是对人权了。对于两大法系国家来说，商业秘密的权利属性经历了从债权到物权的转变过程。从美国的判例法来看，这种变化是非常清晰的。在 20 世纪 70 年代末以前，美国的法院几乎没有任何争论地认为商业秘密仅仅是对人权，而不是财产权（对世权）。这种认识在法院审理有关杜邦公司诉克里斯托夫的案件时产生了较大的争议，这个案件的判决导致了后来美国的"反不正当竞争法重述"的改变，有关的立法也改变了。这个案件的判决说得很清楚，如果只把商业秘密作为一种因合同产生的权利或因侵权法产生的权利来保护，在有的情况下就没有办法保护。

其实，类似这种的法学理论上的突破早就有过。过去我说过服务有时也是财产。当然，我讲的财产不是我国有些民法学者所谓物权与债权之上位概念的财产，而是说它有时候具有物权的性质，能够产生对世权。这个话也不是我杜撰出来的。早在 19 世纪，英国就有这样的判例。[①]这个判例说的是有一个剧院曾经雇了一名演员演出，并签了合同，合同约定他在这期间就不能到别的地方演出了，这样，该剧院的票就可以卖高价了。但是，另一个剧院用更高的工资把这个演员挖过去了，这个演员同时在两个剧院演出。这时候原来的剧院因票卖不出高价而起诉到法院。法院说，剧院可以依照合同告演员，但是这样的话它就捞不回失去的东西。另一个选择是告后一个剧院的老板，但他们之间没有合同怎么告。法院的解释是，演员提供给剧院的服务在有些情况下是对世权。这个案例出现在英国学者劳森的《财产法》当中，但有的人并没有看懂这个案例就认为这是侵害债权的案例。倒是最高法院的法官孔祥俊博士翻译该书时讲清楚了，说这时服务已经成为对世权。[②]这是债权转换成物权的第一个案例。第二个才是美国的杜邦公司的那个案例。当然，到了世界贸易组织成立，这个转换过程结束了，虽然在理论上有些人仍然认为商业秘密不是一种对世权，但现在在实践中也没有什么可争论的了。

不仅物权和债权可以互相转换，而且物权请求与债权请求也可

---

① 参看 *The Law of Property*，F. H. Lawson and co.，1982 edit，Clarendon Press，Oxford，at page 32。

② 参看《财产法》孔祥俊等译，中国大百科全书出版社，第 30~31 页。

以相互替换，现在实践中已经习以为常了。只是在一般民法学家看来，民事诉讼中的两种诉求是必须分清楚的，一是主张物权之诉，另一是主张债权之诉。主张物权之诉无需被诉人存在任何过错，而主张债权之诉一般必须有过错。实际上，我国过去的司法实践、司法解释和行政管理已经打破过这种认识。比如，最高人民法院参照多年前国家科委的有关规章起草的合同法技术合同分则的司法解释里有这样的规定：如果第三人通过合同善意地取得了某人的商业秘密，该第三人有权继续使用，但需要向权利人支付报酬。就是说，以赔偿代替了禁令。这也就是把人家的物权诉求去掉了，而代之以债权之诉。无论它取得的报酬是什么，是不当得利也好，是侵权所得也好，都得给人家。但是，禁令则不同，禁令是与物权之诉相对应的。要保护财产权首先是要求有禁令，而禁令则不管你是否有主观过错。善意的第三者一般是没有过错的，没有过错反倒要人家赔偿，让人家承担债权之诉而不是物权之诉，按照民法的逻辑似乎是讲不通的。但实际上我们就是这么做的，也是合理的。这就是物权之诉和债权之诉的相互替换的体现。

其实，WTO 知识产权协议中也有相关的条文，这就是第 44 条和第 45 条的规定。当时，我就一直看不明白第 44 条，觉得这些规定很怪：如果销售商销售的是侵权产品，包括假冒别人商标的产品，为什么还允许国家不下禁令，反而让他们继续销售呢？我到 WTO 总部询问相关的专家才明白了里面的道理。当时，他们给我讲了一个英国的判例。在苏联时代英国曾经有一个情报机关的人跑到苏联去了，写了一本小说，披露了一些英国情报机关没有披露的东西。英国情报机关说他他未经许可就发表了英国情报机关的作品，侵害了它们的版权，要求禁止出版该书并给予赔偿。但苏联不理会，书还是出版了，并在许多国家发行。苏联垮台后，该书要在英国出英文版，英国情报机关又到法院起诉出版商，要求法院下禁令并赔偿。这个案件最后上诉到作为英国终审法院的上议院那儿。审议这个案件的合议庭由五个人组成，四个法官都认为在这个案子再下禁令没有意义了，英国之外的所有国家都看到这本书了，倒不如把赔偿额加倍来代这个禁令。唯一持异议的法官认为其他四个法官把物权请求和债权请求搞混了，赔偿是债权请求，禁令是物权请求，不能互替。他的不同意见和我们有些硬搬大陆法系的民法学者的理论如出一辙。但四个法官认为这是僵化的观点，如果固守传统的理论而在这里不将物权请求和债权请求相互替换，即使下禁令也没有任何么意义，多一倍的赔偿金，对各方都有好处，何乐而不为呢？最后这个案件就这么判了。

TRPIS 协议第 44~45 条里的规定也就是这个意思。同样，1980年《联合国国际货物销售公约》也有这样的规定。如果某一产品侵害了别人的知识产权，但进货商进货的时候不知道，也不可能知道，那他可以继续销售，但销售后的利润有一部分得给被侵害人。这就是用债权请求代替了物权请求。从这里我们可以看出，国际贸易里的理论是灵活的，而不是僵死的。无论是什么权威的或是传统的理论，都必须适应和符合国际贸易发展的需要，使国际贸易能够前进，使贸易双方不受损失或使双方都获利。只要有这样的结果，受侵害的权利人未必就不同意。

针对世界贸易组织规则的这些灵活性，所以我认为，我们的思想在"入世"后必须要有所更新，不要认为英美法系和大陆法系仍旧是对立的，它们在某些方面融合了。世界贸易组织的规则就是这两个法系相互融合的成果，如果我们过去学的是英美法系的东西，该丢弃的就要丢弃。例如专利的先申请原则、商标及地理标记的不注册原则，等等。同样，如果我们过去学的是大陆法系的东西，该丢弃的也要丢弃，否则就适应不了世贸组织的法律框架。

讲到世贸组织的知识产权协议，我觉得还有一个条款大家应该注意，那就是第 62 条第 5 款。在世贸组织也好，在其他国家也好，知识产权并不全都是投入智力劳动后就自动能依法产生权利。除美国等极少数国家外（美国的专利法实行"发明在先"原则），至少专利权和商标权在大多数国家必须经过行政批准后才产生相应的权利。在 WTO 知识产权协议里地理标志也要经过行政批准。这种依行政批准或注册而产生的权利就比较特殊，在诉讼中就会产生比较特殊的问题。知识产权侵权诉讼的原告一般说是权利人，被告一般是侵权人或者被指控侵权的人。对于专利、商标或地理标志这些依行政批准或注册而产生效力的知识产权来说（版权是依法自动产生的权利，产生类似问题的情况比较少），被控侵权的被告在多数情况下并不作自己没有侵权的辩解，而是会主张权利人的权利无效，从而达到认定自己不存在侵权行为的目的。这个时候，侵权之诉就转变成为确权之诉，并与确权之诉交织在一起。所以，无论是英美法系国家，还是大陆法系国家，有关知识产权侵权诉讼的判决书里一般都含有确权的内容，也就是说知识产权的有效性直接由法院认定。但是，在有的国家则要回到行政审批机关去认定专利权或商标权的有效性，然后再由法院再来判。过去我国的专利法就存在这种情况，在诉讼中遇有专利确权的时候，法院中止审判，等待专利复审委员会作出终局裁决。现在我们已经改过来了，虽然行政审批机关仍然可以对专利或商标的有效性作出裁决，但法院享有最终的司法审查权。

然而，这种安排也会出现另一个问题。有的知识产权存在一部分模糊区，特别是专利和商标更是如此。无论是行政裁决，还是司法裁决，说权利存在或不存在，或者说侵权或不侵权有时候都可能不为错。这样的话，不同的机关，甚至同一个法院里的不同的审判庭或不同的法官作出的裁决就会大相径庭。某些知识产权模糊区，谁也讲不清楚。比如美国的知识产权诉讼有一审、二审、三审甚至四审，结论是来回翻的，翻到最后最高法院判完了，法学家还可能认为最高法院的判决是错的，等着下一次由别的判例来纠正它。所以，我主张，知识产权诉讼，或者至少是侵权诉讼中反诉知识产权无效的案件还是由原审侵权的审判庭一直审下来，不要把它中断或中间交给其他庭来审理为好。虽然专利权和商标权的效力是由行政审批机关确定，但针对这一确权决定的诉讼与一般行政诉讼毕竟不是一个领域的问题。这里也就涉及对 WTO《知识产权协议》第 62 条第 5 款的理解的问题，我的理解是，知识产权确权诉讼不同于一般的行政诉讼，不能理解为一般的民告官，他要确定自己的某一项权利。因此，为了保持涉及知识产权侵权和确权两个问题的诉讼的一致性，特别是专利权和商标权涉及原先行政审查机关裁决的问题，应由同一个法庭来审理这两个问题，以尽量避免出现同一法院不同法庭相互矛盾的裁与判。

与行政庭、民三庭机械分工相联系的又一个问题是：2000 年修正后的《专利法》第 57 条与 2001 年修正后的《商标法》第 53 条都有相同的规定，即侵权认定可由行政机关作裁决；而同样的行政机关却仅仅有权对侵权赔偿额作调解，只有法院才有权确定侵权赔偿额。于是知识产权侵权纠纷的当事人如果对行政裁决不满，则必须去同一法院的行政庭与民三庭分别起诉——在行政庭请求撤销行政裁决，在民三庭请求赔偿。这样一是对当事人极为不便，二是非常可能出现一庭认定不侵权而另一庭则确定了侵权赔偿额的冲突判决。这对知识产权的有效保护也是极为不利的。

由于我们对世贸组织协议条文再作进一步研究，可以暴露出我们过去研究成果中的一些有待深入的问题，所以我把这当作第二层面。如果不限于研究世贸组织协议的具体条文，而从宏观上对世贸协议的产生与发展趋势再作一些研究，我们才有可能接触到第三层面。

四、我们的研究与立法怎样才能在总体上不落后

在中国"入世"前后，关于如何转变政府职能，关于如何修改与世贸组织的要求有差距的国内法，关于如何使行政裁决均能受到司法审查，等等，人们关心得较多，报刊上讲得较多，立法与行政机关围绕这些问题采取的相应措施也较多。应当说，这都是对的，都是使"入世"后的中国市场能够在世贸组织要求的法律框架中参加进国际市场的运行所必需的。

作为立法机关，以及为立法机关的法律起草而从事立法研究的人们，恐怕就不能停止在仅仅关注上述问题上了。

仅以有形商品贸易为支柱的原"关贸总协定"演化成"世界贸易组织"，最明显的变化就是增加了服务贸易与知识产权保护两根支柱。这种变化的实质究竟是什么？如何在立法方面跟上这种变化？这些更重要的问题，却不是所有应当思考它们的人都在思考。

与中国争取"入世"的进程几乎同步的，是"知识经济""信息网络化"等等越来越被人们提起和关注的问题。这些，与上述国际贸易活动及规范的发展趋势又有什么内在联系，也不是所有应当思考它们的人们都在思考。

这样看来，我们与发展着的世界贸易法律规范之间的差距还有可能拉大。原因是我们对现象已有了足够的重视并采取了相应的措施，对实质却还缺乏思考，更不消说深入研究了。

我们如果认真分析一下，就不难看到：第一，世贸组织时代与

"关贸总协定"时代相比，无体财产的重要性大大提高了；从而规范无体的服务、无形的知识产权的国际规则显得十分重要了。第二，如本文前面所述，知识经济与工业经济（及至农业经济）时代相比，知识成果的投入开始取代土地、厂房、机器等有形财产的投入，起到关键作用；从而规范知识产成果的知识产权法，开始取代有形财产法，在市场规范中起关键作用。第三，信息网络化的时代与公路、铁路乃至航空网络时代相比，无形市场（网络市场）已经开始在促进有形市场的发展上起关键作用；从而电子商务法将取代货物买卖（保管、租赁等）合同法，起关键作用。这些，并不是说有形财产法、传统合同法等等不再需要了，只是说重点转移了；也不是说人类可以不再依赖有形财产去生存，只是说有形财产的积累和有形市场的发展，在当代要靠无形财产的积累和无形市场的发展去推动。

拿党的十五届五中全会的话来讲，就是必须"以信息化促工业化"。

但是，绕围着社会主义市场经济的发展，我们的立法以及相应的法学研究至今依然几乎是把全力放在有形财产与有形市场的规范上，而这与生产力领域的"信息化促工业化"已经不相适应，当然也跟不上世贸组织出现后所展示的发展趋势了。

我感到，这的确是我国"入世"后，在"接轨"问题上应当认真思考和深入研究的。

第三节　知识产权法在民法中的地位 [*]

与传统民法若即若离的知识产权法，经常使人们遇到重重难题。在勉强以规范传统民事权利的准则去规范知识产权时，就往往本想解决难题结果却离了题。在新世纪初，若打算起草出中国自己的"民法典"，就不能不把知识产权与传统民事权利的异同搞清楚。研究二者之"同"，许多人已是感到轻车熟路：对二者之异，许多人则知之甚少，甚至视异为同。因此，研究二者关系的重点，似应放在二者之异上。

一、知识产权法典与民法典分立问题

法国 19 世纪初的民法典，为近、现代有重大影响的民法法典化之始。法国 20 世纪末、自 1992 年起开始制定的知识产权法典是否会成为 21 世纪知识产权法典与民法典分立之始，是值得研究的。

法国知识产权法典之所以值得我们重视，首先在于它明确规定了知识产权保护在哪些具体问题上"不适用"现行民商法的条文，就是说，它明确了二者之异在何处 ^①（当然，其中也有规定哪些问题适用现行民商法的条文）。其次在于它在行文中，较清楚地反映出一些看上去似与传统民法相同的概念实质上有何不同。这后一方面最典型的，就是该法典第 L121-1 条。它告诉人们：作者享有独立于其作品的"姓名权"，该权是作者精神权利的一部分而不属于民法中任何人均可享有的那种"姓名权"。

＊　编者注：本标题为编者自拟。本节前言与第一部分选自郑成思著：《知识产权法新世纪初的若干研究重点》，法律出版社 2004 年版，第 51~55 页。本节第二、三部分选自《知识产权论（第三版）》，法律出版社 2003 年第 3 版，第 77~139 页。

①　参看《法国知识产权法典》，黄晖译，商务印书馆 1999 年版，第 L.613-30 条，第 L.132-15 条、第 L.321-11 条等。

国际上已有的将民法法典化的国家不少，但以民法典包容知识产权的国家则极少：已有的各国民法典在不断修订时增加新内容者不少，但增加规范知识产权内容者则极少。这些现象并非偶然，也值得我们研究。对国际上的现状视而不见，我们就还会走弯路，恰如当年执意将版权合同纳入合同法、最终仍不得不拿出一样。

于 2002 年 12 月 23 日提交九届全国人大第三十一次常委会的《民法（草案）》规定了知识产权的保护范围，同时又没有将"知识产权"按照原计划作为专篇列入法中，是一个比较令人满意的选择。这一选择看上去与 20 世纪 90 年代的荷兰民法典、俄罗斯民法典的选择相似，而实际上又优于这两个民法的选择。

早在全国人大法工委 2002 年 1 月 11 日会上，确定起草中国民法典中的知识产权篇。当时我即感到这是一个难题。因为世界上除了意大利不成功的经验之外，现有的稍有影响的民法典，均没有把知识产权纳入。1996 年，世界知识产权组织主持的华盛顿会议上，各国与会专家在"知识产权不纳入民法典"这一点上，已经达成了共识。

如今我们要突破这一共识，在理论上及立法技术上均可能有一些风险。所以，在征求国内外专家意见的基础上的起草与修改，仍旧采取十分谨慎的步骤。一般条文，至少要有外国影响较大的知识产权法的一个立法例；有一些不同意见的条文，则至少要有国际公约中一例或者外国影响较大的知识产权法中的五个以上的立法例。

到 2002 年 4 月，民法典知识产权篇的专家建议稿一共起草了六章，控制在百条之内。起草《知识产权篇》六章的过程中，主要参考了：（1）世界贸易组织的 TRIPS 协议（1994）；世贸组织多哈会议部长会议声明知识产权部分（2001）；（2）《建立世界知识产权组织公约》（1967）；（3）《世界知识产权组织版权条约》（1996）；

（4）巴黎公约（1967）；（5）伯尔尼公约（1972）；（6）世界知识产权组织《反不正当竞争示范法》（1996）、《商标示范法》等；（7）欧盟知识产权指令（2000）包括版权、专利、商标；（8）拉丁美洲安第斯组织 2000 年《知识产权共同规范》；（9）《法国知识产权法典》（1998）；（10）《菲律宾知识产权法典》（1999）；（11）《澳大利亚版权法》（2001）；（12）《德国专利法》、商标法、版权法（1998）；（13）《瑞士版权法》（1994）；（14）《西班牙知识产权法》（1998）；（15）《美国版权法》（1998）；《专利法》（2000）；（16）《英国专利法》（1977）；（17）《英国版权法》（1988）；（18）《爱尔兰版权法》（2000）；（19）《日本专利法》（2000）；（20）《德国民法典》；（21）《法国民法典》；（22）《瑞士民法典》；（23）《日本民法典》。

起草初稿后，书面征求了下列专家意见：（1）世界贸易组织"投资与知识产权部"主任欧登（Otten）；（2）国际知识产权教学与研究促进协会主席威尔玛（Verma）；（3）德国马普学会知识产权研究会研究员迪茨（Dietz）；（4）美国华盛顿大学教授盖茨（Jaszi）；（5）美国加利弗尼亚大学教授盖勒（Geller）。例如，在知识产权篇建议稿中有关"国民待遇"及防止滥用知识产权的规定，全部是根据欧登（Otten）先生的建议再参照世界贸易组织的 TRIPS 协议起草的。

在参考条约及法条与国外专家的答复中，有一个共同的问题，即知识产权保护有适用与不适用传统民法一般原则的两个方面（或称"特有的两面性"）。在多数情况下，知识产权保护适用民法一般原则。由于人们对此不持异议，就不专门引证了。在为数不少（虽不占多数）的重要场合，知识产权保护不适用一般民法原则——这在许多国际条约中有反映，特别在有民法典的国家，其知识产权单行法（或法典）专门作出了明文规定，以防日常行使权力或执法中人们不加分析地硬套，弄出乱子。对这一面，不大参考国际条约及外国法的一部分国内学者常有异议。

在我国合同法起草的 1996~1998 年，我曾多次提出：知识产权合同中的版权合同的许多特点，使其不宜纳入《合同法》中；商标合同正相反，其特点之少使得《合同法》中完全没有必要专列"商标合同"分则；专利合同则虽可以纳入"技术合同"一章，但宜突出"专利单行法律、法规规规定与《合同法》不同者，依其规定"。立法者最终接受了我的意见。但民法学界及其中知识产权学界一部分人至今对这些意见持有异议。对此，国内外实践证明孰是孰非，毋庸多言。这部分人所推崇的德国立法经验，似可以多讲几句，以便读者明辨。稍微注意了一点德国版权法的人不会不知道：德国版权合同规范一向是其版权法的一部分、而不是德国民法典的一部分。2002 年 1 月在德国国会通过、2002 年夏开始实施的最近一次《德国版权法》的较大修订，正是专门为该法中的版权合同规范条款而修订的。德国学者 Martin Schippan 博士似乎心知中国部分学者的误解，在其评论 2002 年《德国版权法》修订案的文章中，开宗明义就以无需争议的一句话，告诉人们：不仅德国，而且"大多数欧洲国家及世界上其他国家"均是把版权合同纳入版权法去规范的（参看 EIPR 2002 年第 4 期第 171 页）。与此相映成趣的是：德国民法典面世百年以来，修订了超过百次，近年将其较成熟的一些单行法（诸如《一般交易条件法》《消费者信贷法》等等）均纳入了民法典，却始终没有把知识产权法纳入。而且如上所说，就连与知识产权有关的合同——版权合同的规范，也只是在知识产权单行法自身中扩展与完善。

不过，不仅仅我自己在 2002 年 1 月同意了这项起草工作，在 2002 年 9 月法工委召开的民法典专家讨论会上，与会的知识产权专家们，包括已经发表文章明确不赞成将知识产权整体纳入民法典的教授，也都表示了不反对，并且积极参与民法典知识产权篇的起草。这种"知其不可为而为之"的出发点主要是：日后如果发现建议稿中一部分"一般条款"不是能收入民法典总则就是能收入民诉法，而真正属于"知识产权一般规定"的并不多，起草工作也没有白作。原因是那时的民法、民诉法就将真正被归纳与抽象到能够覆盖知识产权的高度了。例如，已经在我国三部主要知识产权法均作了规定的"即发侵权"、诉前禁令与诉前证据保全等等制度，一旦被确认为并非知识产权领域特有的而是同样适用其他民事权利的保护，那可真是"善莫大焉"了。类似的问题还很多。它们在非知识产权领域不突出、反映不尖锐或者容易被忽视。从这个角度看，与民法起草同步地研究着知识产权在其中的位置及作用，能够促进而不是妨害民法典的不断完善。

二、中国民法典知识产权篇框架

第一章 一般规定

第一条 知识产权是私权。

第二条 "知识产权"应包括就下列各项内容所享有的权利：

（一）文字、艺术、科学作品及其传播；

（二）商标及其他有关商业标识；

（三）专利；

（四）集成电路布图设计；

（五）商业秘密；

（六）传统知识；

（七）生物多样化；[另一方案：将（六）（七）另外专写于本章末]

（八）其他智力创作成果。

第三条 上一条所称知识产权，已经享有本篇专章及单行法专门保护的，并不影响其享有反不正当竞争的附加保护。

第四条 知识产权是专有权，或称对世权。

第五条 知识产权的客体表现为一定的信息，一般不能作为占有的标的，故不适用与占有相关的制度，如取得时效制度等。

第六条 知识产权的许可或转让，除法律或合同另有规定外，不意味着相关信息的有体介质（载体）的转移；相关信息的载体的出租、出售及其他转移，除法律或合同另有规定外，也不意味着知识产权的许可或转让。

第七条 知识产权不属于夫妻共同财产。当事人另有协议的，协议涉及财产权的部分，从协议。

在婚姻存续期间，知识产权的收益，属于夫妻共同财产。当事人另有协议的除外。

第八条 从事智力创作，不得侵害他人的在先权利。

第九条 正在实施或者即将实施的侵犯知识产权的行为，应予制止，并可根据情况要求行为实施人承担交出、销毁或封存侵权物品的责任。行为实施人不能证明没有过错的，还应当承担赔偿责任。

第十条 知识产权权利人有证据证明他人正在实施或即将实施侵犯其知识产权的行为，如不及时制止，将会使其合法权益受到难以弥补的损害的，可以在起诉前向人民法院申请采取责令停止有关行为和财产保全措施。

第十一条 为制止侵权行为，在证据可能失灭或以后难以取得的情况下，知识产权权利人或利害关系人可以在起诉前向人民法院申请保全证据。

第十二条 知识产权的独占被许可人有权独立地对侵害知识产权的行为起诉、请求赔偿及请求其他法律救济。

第十三条 知识产权的非独占被许可人，依照与许可人订立的合同，也可以享有上一条权利。

如果合同无明确规定，则只有在被许可人告知权利人或独占被许可人，而被告知者仍不作为、其不作为已经或必将使被许可人遭受损害的情况下，方享有上一条权利。

第十四条 在共同侵害知识权纠纷中，如果难以直接追究主侵权人的责任，被侵权人可以向法院请求直接追究协助侵权人或者替代侵权人的责任，而不论是否将主侵权人作为被告。

第十五条 知识产权纠纷中的协助侵权人，只负过错责任。

第十六条 侵犯知识产权的诉讼时效为二年，自权利人或者利害关系人知道或者应当知道侵权行为之日计算。

权利人或者利害关系人超过二年起诉的，如果侵权行为在起诉时仍在继续，在该项权利有效期内，人民法院应当判决被告停止侵权行为及负其他民事责任，但侵权赔偿数额只能自权利人向人民法院起诉之日起向前推算二年计算。

第十七条 权利人或者利害关系人并非由于自己的过失而在诉讼时效内未起诉的，时效过后一年内仍旧有权提起请求侵权赔偿及请求其他民事救济的诉讼。

第十八条 在有关知识产权须经授权或注册方可获得的情况下，以符合获得该权利的实质条件为前提，授权或注册程序应当能够保证在合理期限内，以免无保障地缩短保护期。

经任何程序作出的关于确权的行政决定，均应接受司法或准司法审查。并非由行政主管部门依职权启动的知识产权的确权程序引起的诉讼，或因侵权纠纷引起的确权诉讼，应视为维护知识产权的民事诉讼。

第十九条 须行政审批方最终获权利确认的知识产权权利人，

依照法律与相关国际条约享有国际优先权。

第二十条　在知识产权保护上，应依照中国与相对国家或地区共同参加或缔结的条约，为相对国家或地区的国民或居民，提供国民待遇及最惠国待遇。

第二十一条　知识产权的保护与权利行使，目的应在于促进技术的革新、知识的创新、技术的转让与知识的传播，以有利于社会及经济的方式去促进技术及其他知识成果的创作者与使用者互利，并促进权利与义务的平衡。

第二十二条　知识产权的权利持有人不得滥用权力，尤其不得借助知识产权在转让中实施不合理的限制贸易行为。

第二章　作者权与传播者权

第一条　作者经创作产生的文字、艺术、科学等作品，依法享有作者权。在现行法律中，作者权也称著作权或版权。

表演者，录音及录像制品制作者、广播电台、电视台、出版者等为传播作品而产生的创作成果，依法享有传播者权。传播者经许可或转让获得的作者权，不属于传播者权。

第二条　作者及传播者的创作活动，不得违反法律或侵害他人合法的在先权利。

第三条　作者权与传播者权的保护范围，均只及于表达，而不延及思想、技艺、操作方法与数学概念本身。

第四条　创作作品的人是作者。没有进行创作的人不能成为作者。如无相反证明，在作品上署名的人为作者。

第五条　两人及两人以上合作创作的作品，著作权由合作作者共同享有。合作作品的不同著作权人如果为行使权利达不成一致意见，可以经仲裁裁决，也可以由法院判决。

第六条　作者权包含人身权与财产权。作者享有发表权，署名权，修改权, 保护作品完整权。作者及其他著作权人享有复制权、演绎权、传播权等财产权。

第七条 在职务作品、委托作品的财产权依法或依合同属于非作者的著作权人的情况下, 作者的人身权视为部分用尽, 而不是从作者转移给非作者的著作权人。

第八条 作者的署名权、修改权、保护作品完整权的保护期不受限制。 自然人的作品, 其发表权及其他财产权利的保护期为作者终生及其死亡后五十年, 截止于作者死亡后第五十年的12月31日; 如果是合作作品, 截止于最后死亡的作者死亡后第五十年的12月31日。

著作权由法人或者其他组织原始享有的作品, 其发表权及其他财产权的保护期为五十年, 截止于作品首次发表后第五十年的12月31日, 但作品自创作完成后五十年内未发表的, 不再保护。

电影作品和以类似摄制电影的方法创作的作品、摄影作品, 其发表权及其他财产权利的保护期为五十年, 截止于作品首次发表后第五十年的12月31日, 但作品自创作完成后五十年内未发表的, 不再保护。

第九条 未发表过、但已过保护期的作品, 或未发表过、也从未处于著作权保护制度之下的作品, 将该作品首次发表之人, 享有二十五年著作权。

第十条 表演者享有表明表演者身份及保护表演形象不受歪曲的权利。表演者及其他传播者权权利人享有复制权、传播权。

第十一条 表演者上条一款之权利保护期不受限制; 其上条二款之权利保护期为50年, 截止于该表演发生后第50年的12月31日。

录音录像制作者权利的保护期为五十年, 截止于该制品首次制作完成后第五十年的12月31日。

广播电台、电视台权利的保护期为五十年，截止于该广播、电视首次播放后第五十年的 12 月 31 日。

出版者权利的保护期为十年，截止于使用有关版式设计的图书、期刊首次出版后第十年的 12 月 31 日。

第十二条 对作者权及传播者权的权利限制，均只适用于法定的特例中，该特例不应与作品的正常利用冲突，也不应不合理地损害权利人的合法利益。

第十三条 本章不适用于：

（一）依法禁止出版、传播的作品；

（二）法律、法规，国家机关的决议、决定、命令和其他具有立法、行政、司法性质的文件，及其官方正式译文；

（三）时事新闻；

（四）历法、通用数表、通用表格和公式；

（五）已经正式公布的专利文件。

第三章 专利权

第一条 发明创造专利权受法律保护。发明创造是指发明、实用新型和外观设计。

第二条 国务院专利行政部门负责管理全国的专利工作；统一受理和审查专利申请，依法授予专利权。

省、自治区、直辖市人民政府管理专利工作的部门负责本行政区域内的专利管理工作。

第三条 对违反国家法律、社会公德或者妨害公共利益的发明创造，不授予专利权。

第四条 执行本单位的任务或者主要是利用本单位的物质技术条件所完成的发明创造为职务发明创造。职务发明创造申请专利的权利属于该单位；申请被批准后，该单位为专利权人。

非职务发明创造，申请专利的权利属于发明人或者设计人；申请被批准后，该发明人或者设计人为专利权人。

利用本单位的物质技术条件所完成的发明创造，单位与发明人或者设计人订有合同，对申请专利的权利和专利权的归属作出约定的，从其约定。

第五条 两个以上单位或者个人合作完成的发明创造、一个单位或者个人接受其他单位或者个人委托所完成的发明创造，除另有协议的以外，申请专利的权利属于完成或者共同完成的单位或者个人；申请被批准后，申请的单位或者个人为专利权人。

第六条 两个以上的申请人分别就同样的发明创造申请专利的，专利权授予最先申请的人。

第七条 发明和实用新型专利权被授予后，除本法另有规定的以外，任何单位或者个人未经专利权人许可，都不得实施其专利，即不得为生产经营目的制造、使用、许诺销售、销售、进口其专利产品，或者使用其专利方法以及使用、许诺销售、销售、进口依照该专利方法直接获得的产品。

外观设计专利权被授予后，任何单位或者个人未经专利权人许可，都不得实施其专利，即不得为生产经营目的制造、销售、进口其外观设计专利产品。

第八条 专利权人有权在其专利产品或者该产品的包装上标明专利标记和专利号。

第九条 发明人或者设计人有在专利文件中写明自己是发明人或者设计人的权利。

第十条 在中国没有经常居所或者营业所的外国人、外国企业或者外国其他组织在中国申请专利的，依照其所属国同中国签订的协议或者共同参加的国际条约，或者依照互惠原则办理。

第十一条　授予专利权的发明和实用新型，应当具备新颖性、创造性和实用性。

新颖性，是指在申请日以前没有同样的发明或者实用新型在国内外出版物上或通过网络线路公开发表过、在国内公开使用过或者以其他方式为公众所知，也没有同样的发明或者实用新型由他人向国务院专利行政部门提出过申请并且记载在申请日以后（含申请日）公布的专利申请文件中。

创造性，是指同申请日以前已有的技术相比，该发明有突出的实质性特点，该实用新型有实质性特点。

实用性，是指该发明或者实用新型在产业中能够被制造或者被使用。①

第十二条　申请专利的发明创造在申请日以前六个月内，有下列情形之一的，不丧失新颖性：

（一）在中国政府主办或者承认的国际展览会上首次公开展出的；

（二）在出版物上、通过网络线路或者在规定的学术会议或者技术会议上首次公开发表的；

（三）为验证发明或者实用新型的技术效果进行实验而首次公

---

①　在新颖性条件中，增加通过网络公开丧失新颖性的规定。根据 2001 年公布的审查指南，抵触申请已经包含了他人在申请日前向专利行政部分提出过并在申请日公布的专利申请案。故作相应修订。

在创造性条件中取消"显著的进步"和"进步"的要求，由此，使我国法律对于创造性条件的要求与美国专利法、欧洲专利公约以及日本专利法保持一致。

在实用性条件中取消"并且能够产生积极效果"的要求。专利法中规定实用性条件的目的，一方面是排除对违背自然规律的技术方案授予专利权；另一方面是通过实用性条件在可以得到专利保护的应用性研究成果与不能得到专利保护的属于人类共有知识的基础研究成果之间划分界线。实用性只是要求发明或实用新型的技术方案具有技术性，并不要求发明或实用新型的技术方案能够产生所属技术领域的技术人员可以预料到的积极的和有益的经济、技术和社会效果。

开的；

（四）他人未经申请人同意而泄露其内容的。

在申请日以前六个月内，前款第（二）项和第（三）项公开的技术内容，不损害申请专利的发明或者实用新型的创造性。①

第十三条 对下列各项，不授予专利权：

（一）科学发现；

（二）智力活动的规则和方法；

（三）疾病的诊断和治疗方法；

（四）用原子核变换方法获得的物质。②

第十四条 申请人自发明或者实用新型在外国第一次提出专利申请之日起十二个月内，或者自外观设计在外国第一次提出专利申请之日起六个月内，又在中国就相同主题提出专利申请的，依照该外国同中国签订的协议或者共同参加的国际条约，或者依照相互承认优先权的原则，可以享有优先权。

---

① 第一，参考日本专利法的规定，将不丧失新颖性适用的范围适当扩大，即在出版物上、通过网络线路首次公开发表和为验证发明的技术效果进行实验而首次公开均可适用不丧失新颖性例外。

第二，参考日本专利法的新修改，将申请人自己在先公开的技术内容（即使申请人自己在先公开的技术内容与专利申请中的发明或实用新型不同）不作为判断其后来提出的专利申请的创造性的现有技术。

② 该条对专利权保护客体的排除去掉了原专利法中规定应排除的"动物和植物品种"。原因在于：尽管 TRIPS 协议在第 27 条规定其成员可以不给予动植物提供专利保护，但越来越多的基因相关产品会通过转基因动植物来生产，而转基因动植物当然是属于动植物。鉴于转基因动植物在生物技术产业中的重要性，鉴于在生物技术领域，尽管中国与发达国家相比还有相当大的差距，但中国在生物技术领域的技术水平也已有相当的基础。在生物技术世纪的 21 世纪，中国要在生物技术产业有所作为不能靠免费对国外技术的模仿，而主要的是要依靠自主的创新，对包括转基因动植物在内的生物技术发明提供专利保护是至关重要的，故我国应对主要表现为转基因动植物发明的动植物发明提供专利保护。这只是个人意见，是否真应在我国为动植物提供专利保护，应由相关部门根据各方面的情况权衡利弊后确定。

申请人自发明或者实用新型在中国第一次提出专利申请之日起十二个月内，又向国务院专利行政部门就相同主题提出专利申请的，可以享有优先权。

第十五条　发明专利申请经实质审查没有发现驳回理由的，由国务院专利行政部门作出授予发明专利权的决定，发给发明专利证书，同时予以登记和公告。发明专利权自公告之日起生效。

第十六条　实用新型和外观设计专利申请经初步审查没有发现驳回理由的，由国务院专利行政部门作出授予实用新型专利权或者外观设计专利权的决定，发给相应的专利证书，同时予以登记和公告。实用新型专利权和外观设计专利权自公告之日起生效。

第十七条　国务院专利行政部门设立专利复审委员会。专利申请人对国务院专利行政部门驳回申请的决定不服的，可以自收到通知之日起三个月内，向专利复审委员会请求复审。专利复审委员会复审后，作出决定，并通知专利申请人。

专利申请人对专利复审委员会的复审决定不服的，可以自收到通知之日起三个月内向人民法院起诉。

第十八条　发明专利权的期限为二十年，实用新型专利权和外观设计专利权的期限为十年，均自申请日起计算。

第十九条　自国务院专利行政部门公告授予专利权之日起，任何单位或者个人认为该专利权的授予不符合本法有关规定的，可以请求专利复审委员会宣告该专利权无效。

第二十条　专利复审委员会对宣告专利权无效的请求应当及时审查和作出决定，并通知请求人和专利权人。宣告专利权无效的决定，由国务院专利行政部门登记和公告。

对专利复审委员会宣告专利权无效或者维持专利权的决定不服的，可以自收到通知之日起三个月内向人民法院起诉。无效宣告请求程序的对方当事人可以作为第三人参加诉讼。

第二十一条 发明或者实用新型专利权的保护范围以其权利要求的内容为准，说明书及附图可以用于解释权利要求。

外观设计专利权的保护范围以表示在图片或者照片中的该外观设计专利产品为准。

第二十二条 许诺销售、销售或者进口明知是为侵犯专利权而用于制造专利产品或者实施专利方法的物品，且该物品不具有实质性非侵权用途的，承担共同侵权责任。①

第二十三条 对于明知他人的行为显然不构成侵害自己的专利权，而对他人以侵权诉讼相威胁的，受威胁人可向法院提起诉讼，请求对不构成侵权作出裁判。由于受威胁而显然损害了有关合法经营活动的，受威胁人有权在诉讼中要求赔偿。

第四章 商标权

第一条 商标局设立商标注册簿，根据本法典及商标法的规定，在商标注册簿上注册的商标为注册商标，注册商标发给《商标注册证》，受法律保护；商标权可以共有形式取得。

商标权自申请注册之日起十年有效，并且可以无限次续展；续展时，只需缴纳费用，不得进行实质审查；每次续展有效期为十年。

有关商标的任何变更、许可、转让、质押，没有在商标注册簿上注册的，不得对抗他人。任何人均可以按规定公开查询注册簿，并可以付费获得经证明的注册簿副本。

商标局定期发布《商标公告》。

---

① 本条是关于间接专利侵权的规定。参考了《美国专利法》第271条与《日本专利法》第101条的规定。教唆、引诱他人侵犯专利权的，在这里没有规定。该种行为可以根据直接共同侵权追究教唆、引诱人的责任。但美国是规定在相同的第271条中里的。

第二条　注册商标需要变更注册人的名义、地址或者其他注册事项的，应当提出变更申请。

商标权可以许可他人使用，许可可以是独占许可，也可以是非独占许可；许可时必须签订许可使用合同，实际使用时，应当标明许可使用关系；被许可人违反许可使用合同的，商标权人可以商标权对抗之。

商标权可以独立于或随同企业全部或部分转让他人，但必须签订转让协议并不得误导公众，否则无效。

商标权可以质押；质押期间，未经质押人同意，任何关于商标的变更，许可，转让，行为均属无效行为。

商标权可以成为破产或其他强制执行程序的标的。

第三条　任何能够将自然人、法人或者其他组织的商品和／或服务与他人的商品和／或服务区别开的可视性标志，尤其是文字、图形、字母、数字、三维标志和颜色组合，以及上述要素的组合，均可以作为商标申请注册。

第四条　申请注册的商标，应当有显著特征，便于识别。

下列标志不得作为商标注册，已经注册的商标可以宣布无效：

（一）仅有本商品的通用名称、图形、型号的；

（二）仅仅直接表示商品的质量、主要原料、功能、用途、重量、数量及其他特点的；

（三）缺乏显著特征的。

前款所列标志经过使用取得显著特征，并便于识别的，可以作为商标注册。

第五条　以三维标志申请注册商标的，仅由商品及其包装自身的性质产生的形状、为获得技术效果而需有的商品及其包装形状或者使商品及其包装具有实质性价值的形状，不得注册，已经注册的商标可以宣布无效。

商品的颜色及其组合具有功能性的，不得注册，已经注册的商标可以宣布无效。

第六条 下列标志不得作为商标使用和注册，已经注册的商标可以宣布无效并禁止使用：

（一）同中华人民共和国的国家名称、国旗、国徽、军旗、勋章相同或者近似的，以及同中央国家机关所在地特定地点的名称或者标志性建筑物的名称、图形相同的；

（二）同外国的国家名称、国旗、国徽、军旗相同或者近似的，但该国政府同意的除外；

（三）同政府间国际组织的名称、旗帜、徽记相同或者近似的，但经该组织同意或者不易误导公众的除外；

（四）同"红十字""红新月"的名称、标志相同或者近似的；

（五）《保护工业产权巴黎公约》第6条之3所禁止的，但经授权的除外；

（六）《与贸易有关的知识产权协定》第23条第二段所禁止的；

（七）带有民族歧视性的；

（八）带有欺骗性的；

（九）有害于社会主义道德风尚或者有其他不良影响的。

（十）违反诚实信用原则的。

第七条 申请注册的商标不得与他人在先取得的合法权利相冲突，尤其不得侵犯：

（一）他人的在先注册商标或受保护的驰名商标；

（二）他人的企业名称，如果在公众中有混淆的可能；

（三）他人的商号，如果在公众中有混淆的可能；

（四）他人的著作权；

（五）他人的外观设计专利权；

（六）他人的人身权，尤其是姓名权或肖像权；

违反前款规定的，不得注册，除非已经取得在先权利人的授权。已经注册的商标，在先权利人可以在该商标注册之日起五年内请求宣布其无效。

第八条　商标注册后应当在商业中实际使用。没有正当理由，连续五年不使用的，任何人均可申请撤销该商标注册，除非申请之前商标注册人已开始或恢复使用。但如果注册人是在知悉他人将对其提起撤销申请之前的三个月中开始或恢复使用，则仍可撤销该商标。

第九条　如果商标出现以下所列的情况，其所有人也可能丧失权利：

（一）因商标所有人的作为或不作为，商标在其注册的商品或服务的商业中成为常用称谓的；

（二）因商标所有人本人或经其同意的使用，商标可能就其注册的商品或服务，尤其在这些商品或服务的性质、质量或地理来源方面误导公众的。

第十条　已经注册的商标如果被宣布无效，则视为自始不发生效力，但不影响已经善意履行的许可使用协议和已经执行完毕的司法、行政裁决。

已经注册的商标如果被宣布失效，则自失效理由成立之日起商标权利不再有效。

驳回、无效或失效的理由如果仅就部分商品或服务存在，驳回注册、失效或无效亦仅涉及有关的商品或服务。

第十一条　注册商标赋予其注册人对抗一切他人的专有权，未经商标注册人许可，任何人不得在可能引起混淆的情况下使用其商标，这些行为尤其包括以下行为：

（一）在商品或其包装上贴附该标记；

（二）在该标记下提供商品，投放市场或为此类目的而持有商品，或在该标记下供应或提供服务；

（三）在该标记下出口商品；

（四）在商业文函及广告中使用该标记。

（五）未经商标注册人同意，更换其注册商标并将该更换商标的商品又投入市场的；

（六）给他人的注册商标专用权造成其他损害的。

第十二条 商标赋予其所有人的权利不得用来禁止第三人在商业中：

（一）使用其姓名和地址；

（二）使用有关商品或服务的种类、质量、数量、用途、价值、地理来源，或商品的生产年代或服务的提供年代，或商品或服务的其他特征的指示；

（三）为标指商品或服务的用途，尤其是作为零配件所必需时，使用该商标，但上述使用应符合工商业的诚实惯例。

第十三条 1. 商标所有人本人或经其同意，将带有商标的商品在中国内投放市场后，商标赋予其所有人的权利，不得用来禁止在该商品上使用该商标。

2. 商标所有人有正当理由对抗商品的进一步商业流通，尤其是商品状况在投放市场后遭到改变或损坏时，不适用第1款的规定。

第十四条 违反第十一条、第十二条、第十三条的行为属于商标侵权行为。

第十五条 对于商标侵权行为，商标权人可以向法院起诉，侵权人应当停止侵权；造成损失的，还应当予以赔偿，赔偿的数额为商标所有人所受的实际损失或者侵权人所获利润，人民法院可以根据情况，在不超过三倍数额的限度内确定赔偿额。在赔偿数额难以计算时，法院可以判服商标法中所规定的赔偿额。销售不知道是侵犯注册商标专用权的商品，能证明该商品是自己合法取得的并说明提供者的，不承担赔偿责任。

第十六条　本法典所称集体商标，是指以团体、协会或者其他组织名义注册，供该组织成员在商事活动中使用，以表明使用者在该组织中的成员资格的标志。

本法典所称证明商标，是指由对某种商品或者服务具有监督能力的组织所控制，而由该组织以外的单位或者个人使用于其商品或者服务，用以证明该商品或者服务的原产地、原料、制造方法、质量或者其他特定品质的标志。

集体商标、证明商标注册和管理的特殊事项，由国务院工商行政管理部门规定。

第十七条　商标中有商品的地理标志，而该商品并非来源于该标志所标示的地区，误导公众的，不予注册并禁止使用；但是，已经善意取得注册的继续有效。

前款所称地理标志，是指标示某商品来源于某地区，该商品的特定质量、信誉或者其他特征，主要由该地区的自然因素或者人文因素所决定的标志。

县级以上行政区划的地名或者公众知晓的外国地名，不得作为商标。但是，地名具有其他含义或者作为集体商标、证明商标组成部分的除外；已经注册的使用地名的商标继续有效。

第十八条　就相同或者类似商品申请注册的商标是复制、模仿或者翻译他人未在中国注册的驰名商标，容易导致混淆的，不予注册并禁止使用。

即使不会导致混淆，但同著名商标容易产生联想并致使该著名商标注册人的利益受到损害的，不予注册并禁止使用。

认定驰名商标可以考虑下列因素：

（一）相关公众尤其是被告所在领域所在公众对该商标的知晓程度；

（二）该商标使用的持续时间、程度和地理范围；

（三）该商标的任何宣传工作的持续时间、程度和地理范围；

（四）该商标作为驰名商标受保护的记录；

（五）该商标驰名的其他因素。

认定著名商标时，还需考虑商标是否具有较强的识别作用和表彰作用，并广为人知。

第五章 商业秘密

第一条 只要符合下列全部条件，即应被认定为商业秘密：

（一）有关的信息作为整体或作为其中某些部分的确切构成与组合，未被通常从事相关领域工作的人们所普遍知晓，或不易被通常从事相关领域工作的人们所获得；

（二）因其属于秘密而具有商业价值；

（三）合法控制有关信息的人，根据情况采取了合理的保密措施。

第二条 在经营活动中，未经商业秘密所有人许可，以违背诚实商业惯例的方式披露、获得或使用有关商业秘密的行为，均在被禁止之列。以侵害商业秘密为目的的下列行为，尤其应予禁止：

（一）工业或商业间谍行为；

（二）违约行为；

（三）泄密行为；

（四）虽系作为第三方获得有关商业秘密，但该第三方明知或因重大过失不知在获得的过程中，已有上述（一）（二）（三）所指的任何行为。

第三条　如果法律或规章要求以提出交未披露过的实验数据或其他数据，作为批准采用新化学成分的医药或药用化工产品上市和条件，而该数据包含了数据所有人相当的独创性成果，则被提交方应保护该数据，以防非所有人不正当的商业使用。同时，除非出于保护公众的需要，或除非已采取措施保证对该数据的保护、防止不正当的商业使用，被提交方应保护该数据以防其被泄露。

第六章 反不正当竞争保护

第一条　本章第二条至第五条所列行为，以及凡在经营活动中违反诚实惯例的其他行为，均构成不正当竞争。

因他人的不正当竞争而受损害或必将受损害者，有权获得损害赔偿或者其他救济。

第二条　在经营活动中，针对其他企业或其他企业的活动，尤其是针对其他企业提供的商品或服务，采用导致或必将导致混淆的任何做法，均构成不正当竞争。

特别是针对下列客体所为的上款行为，构成不正当竞争：

（一）注册或者未注册商标，商号或其他标识（包含知名商品特有名称）；

（二）商品外形；

（三）商品或服务的外观特征；

（四）知名人士的形象、名称或者知名的虚构形象或该形象的名称。

第三条　在经营活动中，损害或者必将损害其他企业的商誉或声誉的任何行为，不论是否导致混淆，均构成不正当竞争。

特别是针对下列客体所为的上款行为，构成不正当竞争：

（一）注册或者未注册商标、商号或者其他商业标识（包含知名商品特有名称）；

（二）商品外形；

（三）商品或服务的外观特征；

（四）知名人士的形象、名称或者知名的虚构形象或该形象的名称。

第四条 在经营活动中，针对其他企业或其他企业的活动，尤其是针对其他企业所提供的商品或者服务，采用误导或者必将误导公众的任何做法，均构成不正当竞争。

特别是针对下列情况所采用的误导，构成上款所称不正当竞争：

（一）商品的制造方法；

（二）商品或服务对特定目的的适用性或功能；

（三）商品或服务的质量、数量或其他特点；

（四）商品或服务的地理来源；

（五）提供商品或服务的条件；

（六）商品或服务的价格或价格的计算方法。

第五条 在经营活动中，以虚假或不合理的陈述，损害或必将损害其他企业或者其他企业活动的声誉，尤其是损害其他企业所提供的商品或服务的声誉的，均构成不正当竞争。

特别是通过广告或宣传，针对下列情况产生或必将产生声誉损害的，构成上款所称不正当竞争：

（一）商品的制造方法；

（二）商品或服务对特定目的的适用性或功能；

（三）商品或服务的质量、数量或其他特点；

（四）商品或服务的地理来源；

（五）提供商品或服务的条件；

（六）商品或服务的价格或价格的计算方法。

三、对民法典知识产权篇"一般规定"的讲解

第一条　知识产权是私权。

"知识产权是私权"一条，来自世贸组织的 TRIPS 协议前言。[①]

做这一规定的必要性在于：至今国内仍有一部分人认为知识产权中的工业产权，部分系公权利。部门与地方也有自己制定行政规章更改现有知识产权法对权利的取得及维护的规定。例如，国家技术监督局通过行政规章要求企业在该局系统登记"地理名称"，否则有一定行政措施，即较典型。工业产权的行政主管机关的作用，与管理某些公权利的行政机关的作用完全不同。许多法学家常常向人们不断强调这种不同，即是提醒人们在知识产权领域不要把私权与公权相混淆。例如江平教授就强调过："绝不能把商标管理等同于枪支管理。"[②]

《著作权法》第一条起草过程中，不少人将《宪法》第 47 条赋予公民的公权利，作为著作权的依据及来源，也是将私权混同于公权利的一例。

知识产权虽有不同于一般民事权利的特殊性，但在"私权"性质上，则与其他民事权利是共同的。所以规定这一条不是多余，而

---

①　世贸组织的 TRIPS 协议前言如下：

全体成员，

期望着减少国际贸易中的扭曲与阻力，考虑到有必要促进对知识产权充分、有效的保护，保证知识产权执法的措施与程序不至于变成合法贸易的障碍……

承认为处理国际假冒商品贸易而在原则、规则、纪律上建立多边结构的必要性；

承认知识产权为私权；

承认保护知识产权的诸国内制度中被强调的保护公共利益的目的，包括发展目的与技术目的；

就此达成如下协议……

②　见《WTO 与中国法制建设》，李步云、江平主编，中国方正出版社 2001 年版，第 232 页。

是澄清歧议。

第二条"知识产权"应包括就下列各项内容所享有的权利：

（一）文字、艺术、科学作品及其传播；

（二）商标及其他有关商业标识；

（三）专利；

（四）集成电路布图设计；

（五）商业秘密；

（六）传统知识；

（七）生物多样化；[另一方案：将（六）、（七）另外专写于本章末]

（八）其他智力创作成果。

以划定保护范围来给知识产权下定义，是《建立世界知识产权组织公约》在 1967 年开始的。其后一些国际条约、地区性条约和外国知识产权法典，也采用了这种方式。例如：世贸组织的 TRIPS 协议"第二部分"①，拉丁美洲安第斯组织 2000 年《知识产权共同

---

① TRIPS 协议第二部分原文如下：

第二部分有关知识产权的效力、范围及利用的标准：

1. 版权与有关权；

2. 商标；

3. 地理标志；

4. 工业品外观设计；

5. 专利；

6. 集成电路布图设计（拓扑图）；

7. 未披露过的信息的保护；

8. 协议许可证中对限制竞争行为的控制。

规范》总则第 3 条,① 菲律宾 1998 年《知识产权法典》第 4 条之 1,② 都是如此。

本"知识产权篇"之"一般规定"第 2 条，以《建立世界知识产权组织公约》第 2 条的原文为基础，根据中国已有的立法实际及国际上近年的发展，作了一些变动。

其中第（一）段合并了《建立世界知识产权组织公约》第 2 条的两款,系指版权与邻接权。使用"文字"作品,比我国现行法中"文学"作品，更接近该公约及伯尔尼公约的"Literary works"的原意。

第（二）段中"其他商业标识"是广义的,诸如地理名称、商号,乃至可注册的书、刊、报纸名称，均可包括。在这方面，除公约外，还参考了德国 1998 年修订的《商标法》。同时，其中既已包含了地理名称，世贸组织 TRIPS 协议中单列的这类知识产权客体，在这里也就无需单列了。

第（三）段中的"专利"，在下面"专利"一章中已明确，是指发明专利、实用新型专利与外观设计专利。这样，世贸组织 TRIPS

---

① 拉丁美洲安第斯组织 2000 年《知识产权共同规范》总则第 3 条如下：

Member countries shall ensure that the protection conferred on the various forms of industrial property shall be granted in such a way as to safeguard and respect their biologic heritage and also the traditional knowledge of their indigenous Afro-American or local communities……

② 《菲律宾知识产权法典》第 4 条之 1 如下：

4. 1. The term intellectual property rights consists of:

a) Copyright and Related Rights；

b) Trademarks and Service Marks；

c) Geographic Indications；

d) Industrial Designs；

e) Patents；

f) Layout-Designs (Topographies) of Integrated Circuits；and

g) Protection of Undisclosed Information (n, TRIPS) .

协议中的"外观设计"就不必单列了。

第（四）段在下文中不列专章，原因一是它在我国仅仅是个行政法规保护的客体，二是无论在任何国家，均极少有侵害集成电路布图设计的实际纠纷，几乎所有国家都把它当作一种"备而不用"的知识产权法律中的受保护客体。故点到为止也就行了，以便突出保护重点。

第（五）段商业秘密，因其自 20 世纪 70 年代后在国际、国内的地位越来越重要，故本篇下文中列有专章。

第（六）段"传统知识"，是在世贸组织成立时，印度等国就提出应在世贸框架中保护的内容。近年世界知识产权组织已召开多次国际会议讨论这一问题。世贸组织在 2001 年 11 月的多哈会议的"部长声明"第 18~19 条已列为下一次多边谈判应考虑的议题。安第斯组织在其 2000 年的《知识产权共同规范》中，已要求该组织成员在国内法中予以保护。①

"传统知识"按世贸组织、世界知识产权组织及国外已有的立法中的解释，主要包含"民间文学艺术"与"地方传统医药"两大部分。其中"民间文学"部分，已经暗示保护或明文保护的国际条约与外国法很多。如，《伯尔尼公约》第 15 条，英国 1988 年《版权法》第 169 条，是"暗示"性规定的典型。实际上，世界知识产权组织在给《伯尔尼公约》第 15 条加标题时，已明文加上"民间文学艺术"。仅 20 世纪 90 年代，在版权法体系中明文规定保护民间文学艺术的至少有：

《突尼斯文学艺术产权法》（1994 年）第 1 条，第 7 条；

《安哥拉作者权法》（1990 年）第 4 条，第 8 条，第 15 条；

---

① 参看安第斯组织 2000 年的《知识产权共同规范》第 3 条。

《多哥版权、民间文艺与邻接权法》（1991 年）第 6 条，第 66~72 条；

《巴拿马版权法》（1994 年）第 2 条，第 8 条。

此外，在 20 世纪 90 年代之前，斯里兰卡及法语非洲国家等一批发展中国家，就已经在知识产权法中开始了对民间艺术的保护。目前，世界上明文以知识产权法保护民间文学艺术的国家已有五十个左右，还有一些国家（如澳大利亚等）已经在判例法中，确认了民间文学艺术的知识产权保护。

"地方传统医药"的保护，虽然亚、非一些发展中国家早就提出，却是在 1998 年印度学者发现了某些发达国家的医药、化工公司把印度的传统药品拿去几乎未加更多改进，就申请了专利这一事实后，在发展中国家引起更大关注的。发展中国家认为，像无报酬地拿走民间文学艺术去营利一样，无报酬地拿走地方传统医药去营利也是对这种知识来源地创作群体极不公平的。发展中国家的安第斯组织已在其《知识产权共同规范》总则第 3 条中，把"传统知识"（即包含上述两部分）明文列为知识产权保护客体。印度德里大学知识产权教授、国际知识产权教学与研究促进协会现任主席维尔玛在给我的关于中国起草民法典知识产权篇的复信中，特别指出了希望中国能将传统知识及生物多样化纳入知识产权保护范围。

这两部分，在中国都是长项，如果我们只是在发达国家推动下对他们的长项（专利、驰名商标等等）加强保护，对自己的长项则根本不保护，那么在国策上将是一个重大失误。即使传统知识的这两部分不能完全像专利、商标一样受到保护，也应受"一定的"保护。我认为中国在这个问题上与印度等发展中国家的利益是一致的，应在立法中表现出支持对传统知识的保护。更何况国际（乃至国内）市场上，外国公司对中医药提出的挑战，已使我们不可能对这种保护再不闻不问或一拖再拖了。"民间文学"即使只限于"作品"的保护，我国 1990 年颁布《著作权法》曾宣布的"另定"，但至今也一直没"定"出来。所以先在民法典中肯定这种保护，已经是十分必要的。

第（七）段中的"植物新品种"保护，已有 1997 年 3 月的《植物新品种保护条例》作出了规定，除保护专有权之处，该规定大都是程序性内容，不宜在民法典中重复，所以下文中也不列专章。

第（七）段中的"生物多样化"，是 1999 年世贸组织西雅图会议本来要讨论而未成行的。2001 年多哈会议部长声明第 18~19 条再次列为下一次多边谈判议题。安第斯组织的《知识产权共同规范》总则第 3 条已明文规定为成员国知识产权保护的一项内容。

对"生物多样化"给予知识产权保护，主要是保护基因资源。基因资源与传统知识相似，是我国的又一个长项。许多发展中国家，以及基因资源较丰富的发达国家（如澳大利亚），已经开始重视这方面的保护。我国仅仅在《种子法》等法律中开始了有限的行政管理。把基因资源作为一种民事权利，特别是作为知识产权来保护，我国与一些外国相比，还非常不够。

当然，（六）（七）两种受保护客体毕竟与人们熟悉的专利、版权等等有很大不同。所以，有人主张把它们另外写在"一般规定"的最后，而不是与其他客体一样并列在一条中。

第（八）段是《建立世界知识产权组织公约》第 2 条原意保留。

第三条 上一条所称知识产权，已经享有本篇专章及单行法专门保护的，并不影响其享有反不正当竞争的附加保护。

这条规定的来源是世界知识产权组织《反不正当竞争示范法》

第 1 条（2）款及该组织对这一条的解释。①

"反不正当竞争"远远不限于知识产权领域。但"反不正当竞争保护"确实是在知识产权单行法之外，对版权、专利、商标等等附加的不可缺少的保护，也可以看作是一种"兜底"保护。这在许多国家、多数知识产权学者中已形成了共识。例如，美国 1995 年的《反不正当竞争法重述》就较深刻地分析了这种附加保护的必要性及重要性。②

第四条 知识产权是专有权，或称对世权。

知识产权是专有权或对世权，这在已建立知识产权制度上百年的发达国家不成为问题，而在我国，则不论在学界还是在实践中，

---

① 世界知识产权组织《反不正当竞争示范法》第 1 条（2）款及该组织对这一条的解释如下：

第 1 条总纲

（1）[总则]（a）除第 2 至 6 条提及的行为和做法之外，凡在工商业活动中违反诚实的习惯做法的行为或做法亦应构成不正当竞争的行为。

（b）凡遭受或可能遭受不正当竞争行为损害的自然人或法人，应有权得到……中提及的补救。

（2）[第 1 至 6 条与保护发明、工业品外观设计、商标、文学和艺术作品及其他知识产权主题的规定之间的关系]适用第 1 至 6 条应不依赖于、并应补充任何保护发明、工业品外观设计、商标、文学和艺术作品及其他知识产权主题的立法规定。

1.01 总则。依《保护工业产权巴黎公约》（以下称为《巴黎公约》）第 10 条之 2，成员国有义务对反不正当竞争保护作出规定。《与贸易有关的知识产权协议》（以下称为 TRIPS 协议）第 2 条规定了同样的义务，根据其规定，受该协议第 2 条约束的世界贸易组织成员有义务遵守《巴黎公约》的第 10 条之 2。本示范规定在第 2 至 6 条中对需授予保护加以制止的主要行为或做法下了定义，并在第 1 条第（1）款中为制止不正当竞争任何其他行为的保护提供了依据，从而对该项义务予以实施。应当指出，第 2 至 6 条中所载的定义并不相互排斥，在实践中可能几项同时适用于某一特定情况。

1.02 除规定反不正当竞争的基本保护之外，第 1 条第（1）款还同时是对不正当竞争行为的总定义。在这一方面，该条仿效了《巴黎公约》的第 10 条之 2 第（2）款。决定性的标准是这种行为"违反诚实的习惯做法"。这一概念将需由有关国家的司法当局来解释。但是，对于不同国家的企业之间的竞争，这一概念不应局限于发生不正当竞争行为国家的诚实习惯做法，还应顾及国际贸易中所确立的诚实习惯做法的观念。

② 参看美国 1995 年的《反不正当竞争法重述》第 1 章第 1 节与第 4 章第 38 节等章节。

却往往得不到认可。所以，专门把它规定在一般原则中并不多余。

绝大多数知识产权国际公约及外国知识产权法中，都称知识产权为"Exclusive Right"或"Right in rem"，这是相同含义的不同表达。在起草本篇参考到的公约及法条中，明文做这样表达的就有：

WTO 的 TRIPS 协议第 13 条、第 14 条（4）、第 16 条（1）、第 28 条（1）、第 30 条，等等；①

《保护工业产权巴黎公约》第 6 条之 4；

《保护文学艺术作品伯尔尼公约》第 8 条、第 9 条、第 11 条、第 11 条之第 2 条、第 11 条之 3 等等；②

安第斯组织《知识产权共同规范》第 98 条、第 129 条（特指"外观设计专有权"）、第 154~155 条（特指"商标专有权"）、第 191 条（特指"商号专有权"）等等；

欧盟 2001 年的《信息社会版权及邻接权指令》第 2~4 条；

瑞士 1994 年《版权法》第 9~11 条；

《法国知识产权法典》L.111-1 条、L.511-1 条（特指"外观设

---

① WTO 的 TRIPS 协议第 13 条、第 14 条（4）等有关条款如下：

"全体成员均应将专有权的限制或例外局限于一定特例中，该特例应不与作品的正常利用冲突……"

"……只要在该制度下录音制品的商业性出租不产生实质性损害权利持有人的复制专有权的后果。"

"注册商标所有人应享有专有权防止任何第三方未经许可而在贸易活动中使用与注册商标相同或近似的标记去标示相同或类似的商品或服务，以造成混淆的可能……"

"专利应赋予其所有人下列专有权"：……

② 《保护文学艺术作品伯尔尼公约》第 8 条、第 9 条等条款如下：

第 8 条 受本公约保护的文学艺术作品的作者，在对原著享有权利的整个保护期内，享有翻译和授权翻译其作品的专有权。

第 9 条 一、受本公约保护的文学艺术作品的作者，享有批准以任何方式和采取任何形式复制这些作品的专有权。

计专有权"）；

《德国商标法》（1998 年修订文本）第 14 条（1）款（特指"商标专有权"）、第 15 条（1）款（特指"商号专有权"）、第 29 条（专门使用了"right in rem"）；[①]

西班牙《知识产权法》（1998 年修订文本）第 2 条、第 109 条（特

---

① 《德国商标法》（1998 年修订文本）第 14 条（1）款（特指"商标专有权"）、第 15 条（1）款、第 29 条如下：

Exclusive Right of the Proprietor of a Trade Mark; Injunctive Relief; Damages

14. (1) The acquisition of trade mark protection pursuant to Section 4 shall confer on the proprietor of the trade mark exclusive rights therein.

15. (1) The acquisition of protection for a commercial designation shall confer on its proprietor an exclusive right……

29. (1) The right conferred by the registration, use or notoriety of a trade mark

1. may be given as security or be the subject of rights in rem; or

2. may be levied in execution.

(2) If the rights referred to in subsection (1), No. 1, or measures referred to in subsection (1), No.2, concern the right conferred by the registration of a trade mark, they shall on request of one of the parties be recorded in the Register, if proof there of is furnished to the Patent Office.

瑞士 1994 年《版权法》第 99~11 条如下：

Federal Law on Copyright and Neighboring Rights (Federal Copyright Law) (of October 9, 1992) (Switzland)

Article 9.

Recognition of authorship

1. The author shall have an exclusive right in his own work and the right to recognition of his authorship.

2. The author shall have the exclusive right to decide whether, when, how and under what name his own work may be published.

Article 10.

Use of work

1. The author shall have the exclusive right to decide whether, when and how his work is to be used.

指"表演者专有权"); ^①

《德国版权法》（1998 年修订文本）第 12 条、第 15 条、第 75 条（特指"表演者专有权"）、第 85 条（特指"录音制品制作者专有权"）、第 87 条（特指"广播组织专有权"）；

《爱尔兰版权法》2000 年第 37 条；

《菲律宾知识产权法典》第 2 条；

英国 1977 年《专利法》第 30~31 条、第 32~33 条（特别规定了专利权作为专有权与动产专有权的相同之处）。

第五条 知识产权的客体表现为一定的信息，一般不能作为占有的标的，故不适用与占有相关的制度，如取得时效制度等。

这一条是明确知识产权客体的信息本质，目的是避免人们错误地把这种客体与物权的有形体的那些客体同样对待。

世界知识产权组织认为：知识产权与有形财产的最主要不同点，在于：对于诸如一张桌子，所有人可以通过占有它而基本上达到保护自己的财产不受侵害的目的；而对于诸如一项发明、一部作品或一个商标，所有人基本上不能通过占有它们而达到保护它们不受侵害的目的。^②

事实上，中国法院已经多次遇到知识产权、作品及"物"的不同及联系的问题。例如，出版社丢失作者手稿应当负何种责任？时至今日，一部分法官及绝大多数学者，均认为出版社仅仅负有物的

---

① 《西班牙知识产权法》（1998 年修订文本）第 2 条、第 109 条如下：

第 2 条 知识产权应当由具有人身性质和经济性质的权利所组成，这些权利使作者对其作品的使用拥有完全的控制并享有专有权，除本法之特别规定外，不受任何其他限制。

第 109 条（1）表演者享有专有权将其表演的固定形式，依据本法第 19 条第（1）款的规定，授权发行。该权利可以通过合同转让、让与或许可使用。……

② 参见 WIPO 编：*Introduction to IP*，1997 年 Kluwer Law International 出版公司出版。

保管合同中保管者的违约责任。他们只把着眼点放在载有作品的"纸"这种"物"上，而似乎全然忘记了这种物上所载的本来可以无穷尽地被复制的"作品"这种信息。他们把载有这种信息的物与一般物同等对待，因此结论显然对作者不公平，也就不足怪了。德国慕尼黑上诉法院法官 Hans Marshall 则认为：丢失作者手稿的情况，如果作品系尚未出版，出版社除了违约之外，还侵犯了作者的大部分精神权利。作者除请求违约赔偿之外，还有权请求作者精神权利的侵害赔偿，这才是真正搞懂了作品真正这种无体受保护客体与有体受保护客体的区别。

知识产权这种有价权利的"无形"，许多人总说这不是它的特点，因为物权中，物之"所有权"本身也是无形的。这些人至少忘记了：当我们提供或买卖有形物（商品）时，提供标的与物权客体是一致的，均是商品本身（只提供给买主"所有权"而无商品本身的卖主，无疑是骗子），而我们提供或转让知识产权时，提供的标的是权利本身（如复制权、翻译权），而相应客体则另是有形无体的有关信息（如专利领域中的技术方案、版权领域中的作品）。作为物权客体的物，一般是可以被特定人占有的，而作为知识产权客体的技术方案、商标标识或作品，则不可能被特定人占有——它们可能被无限地复制、因此可能被无限数量的人占有。照着一幢房子盖了又一幢房子，就出现了又一个新的物；照着一部作品复制出又一部，则绝不产生新的作品。这些常识，往往又被有些民法学家遗忘。

所以，经典的史尚宽老先生的《物权法论》中错误地认为"准占有"适用于知识产权。从而可以推论"取得时效"也适用于知识产权。[③] 注意，史先生认为诸如股东权之类权利物权适用准占有并不

---

③　见史尚宽著：《物权法论》，台湾地区荣泰印书馆 1979 年版本，第 547~549 页。

错。特定的股东权及其客体不可无限制地交给无数人，而特定的复制权、改编权、翻译权之类及相应作品，则可以无限制地交给无数人。我国大陆当代物权法领域有的学者则比史先生更大胆地不再让别人去"推论"，而直接断言："取得时效"完全适用于专利权、版权、商标权等等。不研究不了解知识产权的特殊性，新、老民法学家都曾一再地出现过类似的很值得商榷的论述。

由于无体，作为知识产权客体的信息，不可能被单独占有，因此以占有或准占有为第一要件的民法上的"取得时效"，就绝不可能适用于知识产权。设想一项专利权的所有人与97家使用者订立了使用许可合同，而第98家未经许可就把该专利当成自己所有的一样使用了，专利所有人在"时效"期内未加追究，是否那97家就都应转而向这位未经许可者交许可费了？因为他已经通过"取得时效"得到了该专利！但如果第99家、第100家、第101家也都与第98家同时同样地为其所为而未被追究，那么究竟谁通过"时效"获得了该专利？这就不仅是个使97家守法人为难的问题，而且是个使当代学者为难的问题了。

在有些国家的知识产权法中，即使规定在先权利的权利人于他人已善意使用有关在先权乃至获得商标注册5年之后，不能再以自己的在先权去要求撤销善意使用人已得到的权利，也会随后立即附加规定，但善意注册人也无权阻止在先权人继续使用自己在先已使用的商标。就是说：商标权的客体并未像物权客体一样完全从在先权利人那里转移到了在后善意取得者那里，而是先、后二人分别享有了有关的商标权。这在有体物的占有及取得时效领域是极少见的，而在知识产权领域则是普遍的。例如，《德国商标法》第21条，就是这样规定的一个典型。

此外，搞清楚知识产权保护客体之为"信息"这一本质问题，我们还可以避免许多误解和歧义，便于人们在了解知识产权的门槛上就抓住本质，而不被其他一些故弄玄虚实则不知所云的所谓"形体哲学"引入歧路。

这一条最切中知识产权客体的本质，却又往往被许多人所不解。乃至一些立法主管者认为它不一定站得住。另一些学者在本《知识产权篇》之后再度"试拟"的《知识产权篇》，虽然几乎逐条"吸收"了本《知识产权篇》一般条款的许多条文，却小心地避开了这第5条。① 反倒是未必见到本《知识产权篇》的一些外国立法者及学者，在此后的法律与文件中，首肯了这一条，乃至用几乎相同的方式重述了这一条。②

第六条 知识产权的许可或转让，除法律或合同另有规定外，不意味着相关信息的有体介质（载体）的转移；相关信息的载体的出租、出售及其他转移，除法律或合同另有规定外，也不意味着知识产权的许可或转让。

债权、著作权、股份权、商业票据权等无形动产，都是一些抽象的财产，这与不动产及动产都不同。它们可能只是某种财产的象征。例如，股票或任何商业票据，作为那张纸本身即使能构成"财产"，也并不值多少钱，但它代表的则可能是比土地、房屋值钱得多的财产。曾有一些民法专著将知识产权与商业票据权、股份权等并列作为"权利物权"的一种。但这些论述的漏洞是很明显的。例如，在述及德国物权法的"权利物权"时，认为债权、著作权、股份权、商业票据权等，均可以作为德国民法中的"权利物权"存在。同时，

---

① 参见《中国法学》2003 年第 1 期，第 56~58 页。

② 参见日本 2002 年 7 月的《知识产权战略大纲》"前言"之二、第一章之二，以及日本 2002 年 11 月的《知识产权基本法》第一章第二条之 1。注意，这两个文件是日本立法者与学者共同起草的。

又论述道德国民法规定：不可转让之权，不可以成为权利物权。而我们知道：按照德国版权法的规定，著作权（版权）恰恰是不可转让的权利！用自己熟悉的一般民法原则在这里套知识产权，又一次被证明了行不通。追其直接原因，在这里我认为是：与股票、商业票据等相比，知识产权更为抽象，它成了"象征的象征"。股票无论怎么抽象，它的价值总能体现在那张相应的纸上，持有那张纸，就象征着持有人享有了某种财产权。而知识产权则与代表着它们的相应的"纸"也往往是分离的。持有文字作品手稿的人，未必享有复制权。最明显的例子是当你收到他人的信时，尽管信件本身是归你所有，信件的发表权、复制权则仍在写信的"他人"手中。从另一个角度看，甲许可乙使用甲的房屋，必须明白无误地把房屋这个物连同出租、出借之类的凭证一并交给乙，否则乙不可能去使用。甲要把自己的股票权转让给乙，也至少必须把象征财产权的股票从甲手中转移乙手中。但甲如果许可乙复制或翻译其作品，甲完全可以不必向乙提供作品原稿、作品印成的图书等等。他可以要乙自己去购买一本有关图书。甚至连这些都不必要，可以要求乙自己从计算机网络中"下载"该作品。如果乙认为连"下载"都不必要，他仍可借助每天从"内存"中随时阅读并翻译该作品。甲必须给乙的只是"复制权"或"翻译权"本身，而无需提供任何这种财产的"象征"。专利权也是如此。专利权人固然一般均应向被许可人提供专利说明书。但即使他根本不提供，被许可人也完全可以从中国专利局或世界知识产权组织的 PCT 文献中得到。那些看上去似乎代表了版权或专利权的东西，并不在或不完全在权利人的控制之下，它们是可以通过其他途径合法得到的。而要使用他人所有的土地、计算机之类，不从他人手中就不可能合法得到。如果他人只给你"使用权"而不连同实物给你，你得到的"权"就完全是空的。

在人们千百年来已熟悉的动产或不动产专有权的转让中，一般总是连同相关有体物、有形载体一道转让。知识产权却恰恰不是这样。为避免人们在行使权利、转让权利或执法时，忽视了知识产权与相关有体物、有形载体的可分性乃至必分性，包括我国在内的不少国家都在知识产权法或其他涉及知识产权的条文中，作出专门的规定。例如：

中国《著作权法》第 18 条；

中国《合同法》第 137 条；

《西班牙知识产权法》第 3 条、第 56 条；①

《法国知识产权法典》L.111-3 条；②

---

① 《西班牙知识产权法》第 3 条、第 56 条如下：

第 3 条

作者权应当独立于下列权利，并且不与下列权利相冲突：

（1）表现了智力创作的物质载体的所有权和其他有关权利；

（2）可能与作品相关而存在的工业产权；

（3）本法第二编所确认的其他知识产权。

第 56 条

（1）获得某一作品载体所有权的人，并不能仅因获得所有权就拥有对该作品载体中所含有之作品的使用权。

（2）但一件立体艺术作品或摄影作品原件的所有人，即使作品从未发表过，亦拥有在公开场合展示作品的权利，除非作者在处置该原件的文件中明确排除了该项权利。不过，如作品以一种有损于作者荣誉或职业名声的方式展出，作者在任何时候都可以反对该项权利的行使，申请采取本法为此所规定的相应预防措施。

② 《法国知识产权法典》L.111-3 条如下：

L.111-3 条，L.111-1 条规定的无形财产权与原件的财产所有权相独立。

原件取得人，除 L.123-4 条第二、三款规定的情形外，不因取得原件本身获得本法典规定的任何权利。这些权利只属作者及其权利继受人本人，但作者及其权利继受人不得要求原件所有人交出原件供其行使权利之用。但原件所有人明显滥用权利妨碍发表权的行使时，大审法院可根据 L.121-3 条的规定采取一切适当之措施。

《美国版权法》第 202 条。[①]

第七条 知识产权不属于夫妻共同财产。当事人另有协议的，协议涉及财产权的部分，从协议。

在婚姻存续期间，知识产权的收益，属于夫妻共同财产。当事人另有协议的除外。

本条后一款来自我国《婚姻法》2001 年修正案，不必细论。放在这里不是简单地复述《婚姻法》，而是为了与第一款相对应。

第一款所讲明的原理，我国《婚姻法》中并没有明确规定。但它对作者等原始权利人十分重要，对版权能够正常行使也非常重要，进而对尽可能多地使用优秀作品、繁荣社会文化也很重要。所以，在民法典知识产权篇中，有必要加以明确。

不少国家的民法或专门法中，均有与本条第一款类似或完全相同的规定，例如：

《法国民法典》第 1404 条；[②]

---

① 《美国版权法》第 202 条如下：

§ 202. Ownership of copyright as distinct from ownership of material object

Ownership of a copyright, or of any of the exclusive rights under a copyright, is distinct from ownership of any material object in which the work is embodied. Transfer of ownership of any material object, including the copy or phonoreco rd in which the work is first fixed, does not of itself convey any rights in the copyrighted work embodied in the object; nor, in the absence of an agreement, does transfer of ownership of a copyright or of any exclusive rights under a copyright convey property rights in any material object.

② 《法国民法典》第 1404 条如下：

第 1404 条，下列财产，即使为婚姻期间取得者，按其性质为各自财产：属夫或妻一方使用的衣服及日用布制品、赔偿身体或精神上损害的诉讼、不能让与的债权及补助金，以及更广而言之，一切具有个人特点的财产及专属个人的权利。

夫或妻一方为其职业所必需的劳动工具，按其性质亦为各自所有的财产，但一方对另一方给予补偿者，不在此限，且如此种工具为商业资产的附属物或属于共同财产经营场所的附属物时，不属于各自所有的财产。

《法国知识产权法典》第 L.121–9 条；①

《德国民法典》第 1417 条（2）款；②

《日本民法典》第 762 条（1）款；等等。③

有关第七条从理论上的论述，还可以参看我写的《版权法》（1997 年修订版）第 313~316 页。我的论述主要如下：

如果夫妻一方是作者，尤其是美术作品的作者，则在离婚而进行共同财产分割时，就会出现作品（仅指婚姻关系存续期间创作的作品）的版权是否应作为"共同财产"的问题。对于这个问题，有些国家的版权法作了间接的回答。例如《法国版权法》第 25 条规定：作者的精神权利，在任何情况下均不能视为夫妻的共同"财产"；至于作者的经济权利，只要是在婚姻存续期间取得的，即按一般动产对待。那么，这种具有一般动产性质的版权，是否构成夫妻的共同财产呢？法国版权法没有回答。《法国民法典》第 4 条却有规定："一切具有个人特点的财产及专属个人的权利"，"即使为婚姻期间取得，

---

① 《法国知识产权法典》L.121–9 条如下：

L.121–9 条，无论何种婚姻制度且婚约中一切相反条款均归无效，发表作品、确立使用条件及维护作品完整的权利属于配偶中的作者方或权利转移至的另一方。该权利不可归入陪嫁财产、婚姻共同财产及婚姻存续期间收入共同财产。

只有在婚姻存续期间，因智力作品的使用或使用权的全部或部分转让而产生的财产收益才由婚姻制度的一般法律规定调整；因此而生之节余亦同。

1958 年 3 月 12 日前结婚者不适用前款规定。

关于配偶为家务所做贡献的法律规定适用于本条第 2 款所指的财产收益。

② 《德国民法典》第 1417 条第 2 款如下：

第 1417 条第 2 款

在夫妻之间不归保留财产负担的妻的债务，由保留财产清偿者，夫应在携入财产的范围内，以参与财产偿还保留财产。

③ 《日本民法典》第 762 条第 1 款如下：

第 762 条第 1 款（特有财产、归属不明财产共有的推定）

夫妇一方在结婚以前就有的财产及在婚姻中以自己的名义得到的财产，作为特有财产。

按其性质仍属于各自的财产",而不属于共同财产。也有的国家在版权法中并不具体涉及婚姻关系下的共同财产问题。这个问题全部由民法典去回答。例如日本即是如此。在其版权法中找不到关于这个问题的任何直接或间接答案,而在其民法典中明确规定:夫妻一方在婚姻中以自己名义取得的一切财产,均为其特有财产,不能当作共有财产。作为创作者而获得的版权,显然应属于"以个人名义取得的财产"。

看起来,多数国家都否认作者享有的版权可作为共同财产加以分割。还有的国家甚至更进一步规定:不仅仅作品的版权,即使是作品原件本身(如手稿之类)也不属于夫妻共同财产。

我认为实践中较可行又较合理的答案似乎应当是:在离婚时,婚姻期间已通过行使经济权利而取得(或将取得)的经济收入(而不是版权本身),作为共同财产分割;尚未行使的经济权利,不论将来是否行使,均不能作为共同财产分割。就是说,不把版权本身作为共同财产。否则,如果视为共同财产,则夫妻不离婚时,也应是共同财产。那么任何作者只要一结婚,就只能享有类似合作作者那样的"共有版权",他(她)对使用人发许可证时必须征得配偶中另一方的同意;在离婚后多少年,要复制自己在这一时期他作的作品(或者许可他人改编、翻译),也要征得其已离婚的另一方的同意并支付报酬,这就显得极不合理,在实践中也较难实行。

至于作者在婚姻期间创作的美术作品之载体作为"物"而不是其中的"版权"在离婚时尚未出售。应否视为共同财产加以分割,那么就是另一个问题了。这应按不同情况区别对待。例如,一个制作仿古陶瓷品艺术家,或一个画家,在其与配偶婚姻存续期间所制的仿古器具或所作的画,离婚时一件未出售。那么,如果美术品原件不能作为其同财产,则他们在离婚时可能几乎没有任何可以分割的共同财产。而如果该艺术家或画家正是因为有其配偶在经济或其他方面的支持才得以创作，则这些创作成果又均不能作为共同财产分割，就显得得不太公平。罗马尼亚的《社会主义家庭法》所指的不可作为共同财产的物品中，恰恰只讲了"科学或文学手稿，设计稿"等等非经出版、实施则难以取得经济收益的作品，而未讲绘画、雕刻等物品本身即可直接实现经济利益的美术品。

对于这个问题，联邦德国现行民法典中倒是有间接的答案的。该法典第 7 条规定：凡不能以法律行为转让的标的，应视为特有财产而从夫妻共同财产中扣除，而联邦德国版权法正是规定了"版权不得转让"。所以，可以推定应把版权视为特有财产，即不能当作共同财产。另一方面，美术品之作为物，按联邦德国民法、商法，都应当属于可以通过法律行为（如买卖合同等）加以转让的。因此可以推定其不属于特有财产，从而可以被当作共同财产，在离婚时可以分割。此外，美国版权局局长欧曼及版权局特别助理哈理森也作出过与联邦德国法律大致相同的回答。他们认为：版权作为一种基本属于创作者的特殊权利，是绝不能被当作共同财产在离婚时加以分割。但体现版权的具体物（即载有作品的原始载体），无论是雕塑、绘画还是文字手稿（音乐乐谱手稿）等，都可以作为共同财产加以分割。只是美国不像联邦德国，它没有一部全国统一的民法典。在具体物被当作共同财产分割时，原夫妻所得的比例，在不同的州可能各不相同。有的州法规定文学艺术创作者应得有关被分割物（或该物折价）的 4 /5，另一方只能得 1 /5；有的州可能规定创作者得 2/3，另一方得 1/3。但不论各州的规定怎样不同，有一个原则是相同的；文学艺术创作承载之物体本身，也不同于其一般的"共同财产"，不能简单按离婚双方各得 1 /2 来分割，而要适当照顾创作者的利益。

　　所以我认为：由作者自己创作的作品，"版权"不能作为夫妻共同财产看待；但作为作品原件及其载体这"物"，则可以作为夫妻共同财产看待。在离婚的共同财产处理上作为上策，应确定当时已完成的作品有哪些并作出可靠记录，日后原作及原作载体作为有形财产出售后，所得在已离异的作者与前妻（或二者继承人）之间分配；原作及其载体作为有形财产尚未出售时，则依法暂归持有人占有。作为下策（也仅仅对于可分之物）：也可在夫妻离婚时即把已创作完成，但未作为物出售的作品在二者间分配。这时必须写明：获得载有原作之物的非作者一方，无权行使该作品中的版权。第二种方式之所以是"下策"，不仅因为这种方式增加了日后将出现的更复杂的权与物相离的问题，而且（更重要的）是因为艺术作品及其载体从作者手中出售与从非作者手中出售的结果往往差别极大。

　　第八条 从事智力创作，不得侵害他人的在先权利。

　　我国 2000 年修改《专利法》、2001 年修改《商标法》时，都增加了对他人在先权的保护条款，是因为在这两个领域侵害他人在先权的情况比较明显，我国的司法实践中遇到的相应案例也比较多。诸如拿了别人享有专利的外观设计当自己的商标去申请注册，拿了别人享有版权的美术作品去申请外观设计专利，在某些地方甚至有"普遍化"的趋势，不明文禁止不行了。

　　但实际上，在版权领域及其他知识产权领域，也会有一个尊重他人在先权利的问题。这个要求（即尊重他在先权）在知识产权领域确应列入"一般规定"而不是个别单行法才适用的"特殊规定"。例如，摄影艺术家不能不征得他人同意就着手进行涉及他人的人像或人体的摄影创作。因为这会侵害他人的肖像权、隐私权等在先权利。翻译家不能不征得他人同意就去翻译尚在版权期内的外国作者创作的作品，这里涉及他人在先作品的在先版权问题，等等。

有关在知识产权各领域中，应尊重他人在先权利问题，国际条约、外国法，也都有规定。例如：

世贸组织的《与贸易有关的知识产权协议》第 16 条（1）款；①

《法国知识产权法典》第 L.122-4 条、第 L.711-4 条；

《美国版权法》第 103 条 a 款，等等。②

第九条　正在实施或者即将实施的侵犯知识产权的行为，应予制止，并可根据情况要求行为实施人承担交出、销毁或封存侵权物品的责任。行为实施人不能证明没有过错的，还应当承担赔偿责任。

中国已进入世界贸易组织，认真研究世界贸易组织的主要法律文件，抓紧调整和完善我国有关的法律法规，是"入世"后仍应做的准备工作之一。

研究世界贸易组织的知识产权协议，即 TRIPS 协议，是完善我国知识产权法所必须的。这里，我想就我国理论界对于侵害知识产权的归责原则与"侵权四要件"的认识，简单谈点意见。

TRIPS 协议并无条文直接规定侵害知识产权的归责原则。但协议中却有条款明确规定了在哪些特殊场合，"有过错"方才负侵权责

---

① 世贸组织的《与贸易有关的知识产权协议》第 16 条（1）款如下：

第 16 条所授予的权利

1. 注册商标所有人应持有专有权防止任何第三方未经许可而在贸易活动中使用与注册商标相同或近似的标记去标示相同或类似的商品或服务，以造成混淆的可能。如果确将相同标记用于相同商品或服务，即应推定已有混淆之虞。上述权利不得损害任何已有的在先权，也不得影响成员依使用而确认权利效力的可能。

② 《美国版权法》第 103 条 a 款如下：

§ 103. Subject matter of copyright: Compilations and derivative works

(a) The subject matter of copyright as specifiied by section 102 includes compilations and derivative works, but protection for a work employing preexisting material in which copyright subsists does not extend to any part of the work in which such material has been used unlawfully.

任或无过错就不负侵权责任。较典型的，一是第 37 条（1）款，即有关对集成电路知识产权保护的条文；另一是第 44 条（1）款，即对进口、购买或订购侵权物品的情况所作的规定。

从逻辑上讲，如果 TRIPS 主张认定侵权的总原则是"过错责任"（即有过错方负侵权责任），那就完全没有必要专门在有限的几处点出无过错则不负侵权责任（如第 37 条、第 44 条那样）。既然有专门点出过错责任的条款，就应推断凡未点出之处，均暗示着"无过错责任"（即只看侵权事实不看行为人的主观状态）。例如，无论从TRIPS 协议第 11 条增设的版权保护、第 16 条 1、3 两款强调的商标保护、第 28 条开列的专利权排他范围，均得不出"有过错方构成侵权"的结论。

但由于对知识产权领域的侵权归责问题，在中国一直有争议，上述推论就很难被一部分人所接受了。

中国在 20 世纪 80 年代制定的《民法通则》，从原则上已将包括侵害知识产权在内的绝大多数侵权行为，归入"过错责任"。如果只以解释《民法通则》为限，这个问题是无可讨论的。不过，如果把眼界放开一些，就可以看到：绝大多数已经保护知识产权的国家的立法，均要求侵害知识产权的直接侵权人，负"无过错责任"。凡在国际上被认可的知识产权学者们（无论美英还是法德这些不同法系国家的学者），也无例外地认为对知识产权直接侵权的认定，只看客观结果，不看主观有无过错。这就需要我们在研究中，不能拘泥于通则的原则。同时，国内知识产权执法的实践，也要求我们重新认识这个问题。

其实，在法理上，侵害知识产权的归责原则，与侵害知识产权的诉讼时效，是非常近似的两个问题。由于知识产权保护的客体可以同时被相互独立的不同主体所利用（注意：这是有形财产权保护的客体所不具备的特点），侵权行为一旦延续超过 2 年（即我国《民法通则》规定的时效），这 "2 年" 期限将只约束侵害赔偿之诉，不应约束知识产权的财产所有权之诉。而一般侵权诉讼中，这二诉是并存的。对此，我国最高人民法院已在 20 世纪内作了恰当的结论。因此时效问题即使在 21 世纪仍有争议，可能只是余音而已。

对直接侵权人的归责问题也是如此。只有支持被侵权人的权利归属及其范围之诉，亦即认定客观上的侵入他人产权范围（即 "in"-"fringe"）的事实并加以禁止，才有助于避免侵权物进入流通领域或已进入流通领域后进一步扩散（而这正是《与贸易有关的知识产权协议》所要求的）。至于支持被侵权人的损害赔偿之诉，则确应视侵害者有无主观过错而定了。拿日本学者中岛敏先生的话说，即侵害知识产权的物权之诉只以客观为据，而其债权之诉则应辅之以主观要件，当然，在这点上，国外也并非无例外。例如，依照美国法律，直接侵权人即使无过错，有时也须负侵权赔偿责任。美国的这种较少见的规定，经过其乌拉圭回合谈判的讨价还价，还居然反映在世界贸易组织的协议中，即 TRIPS 协议第 45 条。

到目前为止，我国不赞成像多数国家那样在知识产权保护中采用无过错责任原则的一个主要原因，在于不少人误以为知识产权的侵权诉讼中，被侵害人的 "请求权" 仅仅指对损害赔偿的请求，不包含诸如确认权利人的专有权之类的物上请求权，即认为侵权之诉中只有债权之诉而无物权之诉。于是，他们认为诸如《德国版权法》第 99 条的禁令、没收等等，不属于在确认侵权成立后的民事救济。针对这种误解，我国在 20 世纪 90 年代后期已有专著作过分析和论述。例如，王利明等所著《合同法新论——总则》《侵权行为法》（统编教材）等等，就是其中之一。到 1999 年底，就更有吉林大学的彭诚信等在《法制与社会发展》（第 6 期）上发表的 "物权的自我救济"

一文，十分精彩地论述了把物权请求与债权请求在权利保护中断然分隔开的不合理性及脱离实际。该文尤其值得我们一读。

网络环境下的"在线服务商"作为"特例"，其侵权行为在国外适用"过错责任"原则；我国包括"在线服务商"在内的一切侵害知识产权的行为，则作为"通例"在适用着"过错责任"。这一类理论及实践上的差距，这种立法上的差距，是否应予缩小，肯定在21世纪还需要继续讨论。互联网络上的侵权行为，在国内外事实上都已经发生了，而对于互联网络上的侵权责任，国外已经讨论了几年，中国则几乎没有开始。

这一类听起来很简单的问题，若不在理论上弄清楚（从现有的司法判决看，它们在实践中倒往往是清楚的），对我国21世纪实施有效的知识产权保护，肯定会有妨碍。

中国民法理论界过去一直从解释《民法通则》第106条出发，基本无争议地在知识产权领域适用着过错责任原则。只是从1996年底开始，理论界对这种解释才真正提出质疑并开展了广泛的讨论。应当明确指出的是：知识产权领域的"无过错责任"论者，从来没有坚持过在知识产权领域要全面适用"无过错责任"。对于"在线服务公司"这种新服务提供者对于在某些侵权活动中被追加的第三者、共同被告或间接侵权人，"无过错责任"论者依旧认为他们只应负过错责任。而"过错责任"论者，则始终认为一切知识产权的侵权，均只有具备"过错"方可构成，只存在"过错责任"。因为这是从传统民法理论的所谓"侵权四要件"顺理成章地推出的。这种传统理论认为，除《民法通则》中点出的几条例外之外，一切行为若被认定为侵权，必须具备四个条件：加害行为的违法性；侵权事实；行为人的主观过错；实际损害（也有的著述表述为"加害行为与所造成损害之间的因果关系"）。

在 1996~1998 年，亦即讨论的开始阶段，"过错责任"论者一直坚持上述传统理论，即只有四要件具备，才构成侵害知识产权。不过在讨论过程中，一部分人渐渐找到了以"侵权四要件"来认定侵权，在实践中多有说不通之处。于是有人提出了"认定侵权无须看有无主观过错；判定是否承担侵权责任，要看有无主观过错"。以这种方式解释"过错责任"，比传统的"侵权构成四要件"理论在知识产权执法实践中应当说是进了一大步，也显得更可行一些，但在逻辑上仍有值得研究之处。因为，这种解释，等于说相当一部分被认定为侵权的侵权人，并无侵权责任可负，这在逻辑上似有不通。

实际上，这种解释是以侵权中的"赔偿责任"这一点，代替了侵权责任的全部。侵权责任绝不仅仅包含赔偿责任。被侵害人到司法机关诉侵权人，也绝不仅仅要求损害赔偿。他们会首先要求司法机关认定自己是权利所有人，要求对方停止侵害活动（例如中止生产或查封其生产线等等），封存或没收、销毁其侵权产品及直接用于侵权活动的物品，然后才是要求损害赔偿。有的原告，甚至只要求停止生产、查封生产线及销毁侵权物就够了。可见在权利人看来，侵权人应负的侵权责任，不仅仅是赔偿，而且首要的并不一定是赔偿（当然，"赔偿"对多数权利人又并不是可有可无的）。认为侵权责任仅仅是赔偿责任，有以偏概全之嫌。而且，在诉讼中，侵权人往往是将"物上请求"（认定权利归属、停止侵权等）与"债权请求"（即损害赔偿）一并提出的。如果司法人员在处理案件时仅仅把注意力放在"债权请求"上，仅仅要侵权人相应负赔偿责任，就是"舍源逐流"或"舍本逐末"了。那就会事实上不可能真正制裁侵权，也不可能制止侵权活动的继续。

TRIPS 协议的"执法"部分，对损害赔偿的具体规定并不多，大量条款均对停止侵权生产、停止侵权销售活动，销毁冒牌及盗版产品等，作了相当具体的规定。它要求各成员着眼的"侵权责任"重点在何处，也是不言而喻的。

　　至于传统民法理论所称一切侵权的认定均须以已经造成的实际损害为条件，"无损害即无责任"，等等。这些适用到知识产权领域，麻烦就更大了。在多数外国似未见到采用这一要件的知识产权立法。在中国，若适用这一条件，现有的专利法、商标法、著作权法恐怕都要重新起草。例如，专利法中规定专利权人享有"制造权"这一条，在多数场合就无法适用"实际损害"这一要件。未经许可的制造者如果仅仅处于制造他人专利产品这个阶段，而尚未推向市场，即未出售（也就是尚未侵犯到专利权人的"销售权"），则在大多数场合不可能对专利权人造成什么实际损害。按照过错责任的这一构成条件的要求，专利法中的使用权与销售权是必要的，"制造权"则是无意义的了。因为权利人若无法证明他人的制造行为给自己带来了什么样的"实际损失"、他指对方行为"侵权"就不能成立。

　　TRIPS 协议第 50 条，正是要求成员国当局能禁止这种"即发侵权"，把侵权产品制止在进入流通渠道之前，而不是之后。对"即发侵权"（imminent infringement）的制止，在许多国家（包括欧陆法系国家）知识产权法中均有明文规定。而在绝大多数欧陆法系国家的民法典中则无规定。原因主要有两个：第一，无形的知识产权作为财产受到的保护，与有形物之作为财产受到的保护，是完全不同的。正如 WIPO 在其教科书中所说：有形物的所有人一般可通过占有其物而达到保护其财产不受侵害的目的；而知识产权所有人不能通过占有其发明、作品或商标来达到保护其财产的目的。第二，知识产权保护的客体，均具有"难开发""易复制"的特点。一个人偷了汽车厂的一辆车，他最多只能卖掉这辆车去获利。一个人偷了软件公司开发中的软件，则可以立即复制出成千上万份的软件去获利。所以，认定某些"即发"（而未发）的行为也属于侵权，把侵害制止在"实际损害"发生之前，对知识产权权利人来讲，有时确实是至关重要的。

实际上，中国民法理论工作者应当了解到：欧陆法系国家的"债权法"（主要包含侵权之债与合同之债）理论及立法，也是在不断发展变化的。过去只在合同法中被动地承认守约一方的"不安抗辩"权的德、法等国，在 1980 年缔结《国际货物买卖合同维也纳公约》时，接受了英、美法系早已实行的以主动方式保护守约一方的"预期违约"理论。而按照"预期违约"理论，即使"违约"行为并未实际发生，亦即在不守约一方应履约的时间尚未到来之前，守约方不仅可以诉对方违约，甚至可以要求对方赔偿，这在陈腐的民法原理看来，本是说不通的。

应当承认，中国在起草《合同法》之初，亦即 1994~1997 年之间，并未注意到欧陆法系的这一发展。所以在先出现的几份草案中，并未引入"预期违约"条款。但毕竟在《合同法》出台前，欧陆法系的这一发展受到了重视。于是中国《合同法》在这一点上，没有显露出滞后。

侵权法中的"即发侵权"理论与合同法中的"预期违约"理论是相应的。无论国内法还是国际公约，都不可能只引入一个而否定另一个。于是，同样是国际公约的 TRIPS 协议，与国际贸易合同领域的公约相应，规定了对"即发侵权"的制止，是理所当然的。已经在《合同法》中引入了"预期违约"的中国，在法律中认定侵犯知识产权时是否应引入"即发侵权"？我想答案应当是不言自明的。

谈到这里我们再回过头来看所谓"侵权四要件"，其（至少在知识产权领域）不恰当之处就已十分明显了。

当中国的民法论著论及外国民法常说及的"加害行为"（tortious

action）是否违法这一要件时，可能没注意到它的外文原文已先认定了这是一种"侵权"行为（tort 即英文中的"侵权"）。再要讲它是否违法，其意义已经不大。如果我们前面（关于"无过错责任"与"即以侵权"）的议论能站住脚的话，"四要件"就只剩下一个了——侵权事实。

在实践中，我国的多数执法部门也正是这样做的。当他们发现显然未经权利人许可的生产线时，总会立即设法把它停下来；发现库存的仿制专利品或冒牌货、盗版书时，总会立即封存或没收、销毁。就是说，一经发现侵权事实，大都会首先认定这是侵权，并使侵权人尽早负其部分侵权责任，而不是依照陈腐的"法理"去先探究有关人员的主观状态，以及是否给权利人造成了实际损失。如果所有执法人员真的都按"四要件"去执法，中国知识产权保护现状恐怕比现在更糟。正如上面举的那个实例，就在眼看假酒即将注入瓶中时，只能听之任之，而等到其进入市场后才可以去没收、销毁。届时实际已收不完、毁不尽了。

已经走到世贸组织门前来的中国，其法学界确应重新认识一些传统理论了。否则，不仅中国知识产权立法与国外有差距，中国的理论、立法与自己的执法本身也有了较大的差距。当然，我并没有从根本上否定"四要件"的意思。归纳上面的议论：其一是说，它至少在知识产权领域难以完全适用。其二是说，在认定侵权和决定一部分主要的侵权责任时，不应考虑主观状态及已有的实际损害。这并不排除在确定"侵权赔偿"这种责任时，应把有无主观过错和已造成的损害当成考虑或依据的重要内容。

我国理论界在侵权法上的误区从历史上讲，很大程度来源于语言的障碍。就是说，在很长时间里没有分清"infringement"与"tort"的区别。在一定意义上讲，tort 的范围要稍窄些，它只覆盖了负有损害赔偿责任的侵权行为，而 infringement 的覆盖面较宽。它除了把 tort 涵盖在内之外，还涵盖了一切侵入他人权利或利益范围的行为。从字面上看，你只要进入"in"了他人的圈"fringe"，即只要有了"侵入"事实，infringement 即可确定，用英文讲，就是"establishing"你的"infringement"行为了。这绝不再以什么主观状态、实际损害等等为前提，而可以立即予以制止、要求恢复原状等等。至于进一步探究 infringement 之下包含的 tort，是否能构成后者，则要符合过失、实际损害等要件。

可惜我们不少学者不过问"侵权"的外语来源，在研究"侵权法"（Law of Tort）时，不时地又谈起 infringement 了，因为二者在中文中都是"侵权"。他们没有注意到，任何外国在论及侵害知识产权时，从来不使用"tort"，而只使用"infringement"，于是误区就产生了。

在美国，律师和法官都十分清楚：当商业秘密被 WTO 的 TRIPS 协议提升为"财产权"之前，它一直只处于"tort"之中。就是说：只有商业秘密所有人证明了被告有任何过错或过失（He must do something wrong），才能在法官那里确认被告侵权并制止和要求赔偿，而在 TRIPS 协议把商业秘密提升为"知识产权"之后，则只要有"侵入"的事实，原告就可以胜诉了。我国的多数侵权法论著论及知识产权时，误差也正在这里。

在法国律师、法官及学者眼里，情况也几乎与美国相同。于是我的一位从法国留学回来的博士生在论文中，转引一位法国学者用英文谈及侵权者（infringer）在被法院认定侵权、被制止侵权、被要求销毁侵权用品后，还要返还"不当得利"，因为其侵权并无过错。看到这段论文，国内民法学者们大吃一惊。因为他们过去所了解到的侵权之债与不当得利是相互独立的，决不可能在侵权的框架内返还不当得利。确实，在 tort 中只可能有"侵权赔偿"；而在

"infringement" 之中则很可能有"返还不当得利"。只是我们在不重视外语时，当然就不知其所以然了。

我国《民法通则》第 106 条明明写的是无过错不负"民事责任"，而不仅仅是无过错不负"损害赔偿责任"。这与《德国民法》第 823 条、《德国民法》1382 条等是根本不同的。

此外，我们不要忘了，在物权责任中，也有"损害赔偿"。不仅史尚宽老先生早就讲过，中国《物权法》2000 年专家稿第 60 条也有重述。所以，讲"损害赔偿"仅仅是"债权请求"指向的，至少不完全。当然，新老学者都可能在理论上列出物权请求中的赔偿与债权请求中的赔偿有一二三四条不同，但若一定要他们拿出实例来说明，可能又是一个令人为难的要求。

进一步说，在理论上，为说明损害赔偿一般以过错及实际损失为要件、停止侵权（或按部分人所坚持的，只能称"侵害"）则无需以过错为要件，因而把诉求分为"债权请求"与"物上请求"，未尝不可。但在任何情况下，尤其是在实际生活中，也要坚持这种"非此即彼"的划分，则第一，有时（如上所述）连划分者自己都分不清，况且"物权请求"项下明明又出了一个使用完全相同术语的"损害赔偿"。况且，笼统地断言"物权请求"不以主观过错为要件也并不正确。一部分"物权请求"中的"损害赔偿"又明明是要以主观过错为要件的。例如，《德国民法典》第 989 条所规定的情况，是明明白白地放在物上请求权之中的，又是明明白白地要求以过失为前提的。再如，"返还原物"之诉中包含的返还孳息物的情况，也必然以过失为前提。①

我国 2000 年修改《专利法》时，重写的第 63 条，实际已体现

---

① 参看《法制与社会发展》1999 年第 6 期，彭诚信的文章。

出了这一原理，是一个大进步。只是该条末款漏掉了"许诺销售"。按照该法条原文，就只能解释出：销售侵权产品，有过错的才承担赔偿责任；而许诺销售侵权产品的，不论有无过错都要承担侵权责任。这样一来，较轻微的侵权行为（许诺言销售）责任更重，较严重的侵权行为责任反而轻，在逻辑上就说不通了。2001 年修改《著作权法》时，在增加的第 52 条，也体现了相近的原理，但其表述方式却与《专利法》第 63 条及《商标法》第 56 条正相反。现在在民法知识产权篇中将其明确规定，有助于协调已有法律中不一致的表述及遗漏的内容。

认定侵犯知识产权及要求负停止侵权的责任，无需以过错为前提，只有在负赔偿责任时，才以过错为前提，这是多数国家的通例。作这种明文规定的外国法并不少，例如：

《瑞士版权法》第 62 条；①

《德国版权法》第 97~101 条；

《德国商标法》第 14 条（5）（6）、第 15 条（2）~（5）、第 18 条、

---

① 《瑞士版权法》第 62 条如下：

Article 62.

Action for execution

1. Whoever suffers or is likely to suffer a violation of his copyright or neighboring right may request the courts:

a. to prohibit an imminent prejudice；b. to remove an existing prejudice；c. to require the defendant to state the origin of the unlawfully manufactured or marketed articles in his possession.

2. He may further, under the Code of Obligations, institute proceedings for damages and redress and may also require the surrender of profits in accordance with the provisions on agency without authority.

第 19 条；^①

《德国专利法》第 139 条、第 140 条 a 款、b 款；

---

① 《德国商标法》第 14 条、第 15 条如下：

Exclusive Right of the Proprietor of a Trade Mark; Injunctive Relief; Damages

14. (1) The acquisition of trade mark protection pursuant to Section 4 shall confer on the proprietor of the trade mark exclusive rights therein.

(5) Any person who uses a sign in breach of subsections (2) to (4) may be sued by the proprietor of the trade mark to enjoin such use.

(6) Any person who undertakes such infringing action intentionally or negligently shall be liable for compensation to the proprietor of the trade mark for damage suffered therefrom.

Injunctive Relief; Damages

15. (1) The acquisition of protection for a commercial designation shall confer on its proprietor an exclusive right.

(2) Third parties shall be prohibited from using in the course of trade, without authorization, the commercial designation or a similar sign in a manner capable of causing confusion with the protected designation.

(3) Where the commercial designation has a reputation in this country, third parties shall also be prohibited from using the commercial designation or a similar sign in the course of trade if there is no risk of confusion within the meaning of subsection (2), where the use of that sign without due cause takes unfair advantage of, or is detrimental to, the distinctive character or the repute of the commercial designation.

(4) Any person who uses a commercial designation or a similar sign in breach of subsections (2) or (3) may be sued by the proprietor of the commercial designation to enjoin such use.

(5) Any person who undertakes such infringing action intentionally or negligently shall be liable for compensation to the proprietor of the commercial designation for damage suffered therefrom.

(6) Section 14 (7) shall apply mutatis mutandis.

《英国专利法》第 61~62 条，等等。[①]

第十条　知识产权权利人有证据证明他人正在实施或即将实施侵犯其知识产权的行为，如不及时制止，将会使其合法权益受到难以弥补的损害的，可以在起诉前向人民法院申请采取责令停止有关行为和财产保全措施。

这一条实际是世界贸易组织《与贸易有关的知识产权协议》第50 条对各成员国立法的要求，我国三部主要知识产权法修改时，都已经向这个方向靠拢了。这已属于在我国无争议的问题，故不再多费笔墨。

第十一条　为制止侵权行为，在证据可能失灭或以后难以取得

---

① 《英国专利法》第 61~62 条如下：

61.（Proceedings for infringement of patent）

（1）Subject to the following provisions of this Part of this Act, civil proceedings may be brought in the court by the proprietor of a patent in respect of any act alleged to infringe the patent and（without prejudice to any other jurisdiction of the court）in those proceedings a claim may be made

（a）for an injunction or interdict restraining the defendant or defender from any apprehended act of infringement;

（b）for an order for him to deliver up or destroy any patented product in relation to which the patent is infringed or any article in which that product is inextricably comprised;

（c）for damages in respect of the infringement;

（d）for an account of the profits derived by him from the infringement;

（e）for a declaration or declarator that the patent is valid and has been infringed by him.

62.（Restrictions on recovery of damages for infringement）

（1）In proceedings for infringement of a patent damages shall not be awarded, and no order shall be made for an account of profits, against a defendant or defender who proves that at the date of the infringement he was not aware, and had no reasonable grounds for supposing, that the patent existed; and a person shall not be taken to have been so aware or to have had reasonable grounds for so supposing by reason only of the application to a product of the word "patent" or "Patented", or any word or words expressing or implying that a patent has been obtained for the product, unless the number of the patent accompanied the word or words in question.

的情况下，知识产权权利人或利害关系人可以在起诉前向人民法院申请保全证据。

与上一条情况近似，无需作更多说明。只是《专利法》修改时，在这方面有欠缺。现在把它纳入"一般规定"，自然适用于专利侵权，也便于弥补《专利法》中的欠缺。

第十二条 知识产权的独占被许可人有权独立地对侵害知识产权的行为起诉、请求赔偿及请求其他法律救济。

第十三条 知识产权的非独占被许可人，依照与许可人订立的合同，也可以享有上一条权利。

如果无合同或合同无明确规定，则只有在被许可人告知权利人或独占被许可人，而被告知者仍不作为、其不作为已经或必将使被许可人遭受损害的情况下，方享有上一条权利。

这两条都是有关非权利人的诉权问题。在许多知识产权侵权纠纷中，直接在经济上受到损失的，是被许可人。我国现有的知识产权单行法，均未对被许可人的诉讼地位作出规定。故这里作为一般规定加这样一条很有必要。这一条的写法参考了现有的地区性国际条约及外国立法，主要有：

《共同体专利条例》（2000年稿）第33条（1）款；

《德国商标法》第30条；《法国知识产权法典》第 L.615-2条、L.716-5条；《英国专利法》第30条（7）、第31条（7）、

第 67 条，等等。[①]

第十四条　在共同侵害知识权纠纷中，如果难以直接追究主侵权人的责任，被侵权人可以向法院请求直接追究协助侵权人或者替代侵权人的责任，而不论是否将主侵权人作为被告。

在知识产权侵权纠纷中，有时主侵权人难以确认或虽可确认但难以作为被诉人，反倒是协助侵权人易被确认或易被作为起诉对象。例如在 2001 年 1 月美国的 NAPSTER 一案中，广大计算机用户实际是主侵权人，但因为过于分散及每人的责任分开后极小，故很难对用户起诉，被侵权人即直接诉提供侵权便利条件（即提供"搜索引擎"软件）的 NAPSTER 公司，使纠纷在法院得到解决。在网络时代，这类（难诉主侵权人）的纠纷越来越多。诸如"链接"的提供服务商本身并不从事将侵权作品上网等侵权活动。

国外多年来一直给知识产权权利人以不结合主侵权人而直接诉

---

① 《德国商标法》第 30 条如下：

30.（1）The right conferred by the registration, use or notoriety of a trade mark may be the subject of an exclusive or nonexclusive license for some or all of the goods or services for which the trade mark is protected and for the whole or part of the Federal Republic of Germany.

（2）The proprietor of a trade mark may invoke the rights conferred by that trade mark against a licensee who contravenes any provision in his licensing contract with regard to

1. the duration of the license;

2. the form covered by the registration in which the trade mark may be used;

3. the kind of goods or services for which the license has been granted;

4. the territory in which the trade mark may be affixed; or

5. the quality of the goods manufactured or the services provided by the licensee.

（3）The licensee may bring an action for infringement of a trade mark only if the proprietor of the trade mark consents thereto.

（4）Any licensee shall, for the purpose of obtaining compensation for damage suffered by him, be entitled to intervene in infringement actions brought by the proprietor of the trade mark.

（5）The transfer pursuant to Section 27 or the grant of a license pursuant to subsection（1）shall not affect licenses previously granted to third parties.

《法国知识产权法典》第 L.615-2 条、L.716-5 条如下：

L.615-2 条

专利人可提起侵权诉讼。

但是，独占被许可人在合同无相反约定且专利人在催告后未提起诉讼的，可提起诉讼。专利人可参加被许可人根据前款提起的侵权诉讼。

L.613-10 条、L.613-11 条、L.613-15 条、L.613-17 条及 L.613-19 条提及的当然许可证、强制许可证或征用许可证被许可人在所有人经催告未提起诉讼的，可提起诉讼。所有被许可人可参加专利人提起的侵权诉讼以获得应有的损害赔偿。

L.716-5 条

民事侵权诉讼由商标所有人提出。但是，商标独占被许可人在合同无相反约定且所有人在催告后未提起诉讼的，可提起诉讼。所有被许可人可参加其他人提起的侵权诉讼以获得应有的损害赔偿。侵权诉讼的时效期间为 3 年。

在后注册商标的使用已被容忍 5 年的，除其注册是依恶意者外，对其不得提起侵权诉讼。但是，不受理的范围以被容忍使用的商品或服务为限。

《英国专利法》第 30 条、第 67 条如下：

30.（Nature of, and transactions in, patents and applications for patents）

（4）Subject to section 36（3）below, a licence may be granted under any patent or any such application for working the invention which is the subject of the patent or the application; and（a）to the extent that the licence so provides, a sublicence may be granted underany such licence and any such licence or sub-licence may be assigned or mortgaged; and（b）any such licence or sub-licence shall vest by operation of law in the same way asany other personal property and may be vested by an assent of personal representatives.

67.（Proceedings for infringement by exclusive licensee）

（1）Subject to the provisions of this section, the holder of an exclusive licence under a patent shall have the same right as the proprietor of the patent to bring proceedings in respect of any infringement of the patent committed after the date of the licence; and references to the proprietor of the patent in the provisions of this Act relating to infringement shall be construed accordingly.

（2）In awarding damages or granting any other relief in any such proceedings the court or the comptroller shall take into consideration any loss suffered or likely to be suffered by the exclusive licensee as such as a result of the infringement, or, as the case maybe, the profits derived from the infringement, so far as it constitutes an infringement of the rights of the exclusive licensee as such.

（3）In any proceedings taken by an exclusive licensee by virtue of this section the proprietor of the patent shall be made a party to the proceedings, but if made a defendant or defender shall not be liable for any costs or expenses unless he enters an appearance and takes part in the proceedings.

协助侵权人这种便利，是有利于保护知识产权的。在网络时代，我国法律环境中的这一缺憾，就更显得突出了。我国最高法院 2000年 11 月《关于审理涉及网络著作权纠纷案件适用法律若干问题的解释》第 7 条第 2 段，在司法实践中已经向国际惯例靠近了。[①] 我国《著作权法》2001 年修正时在权利条款中无规定，而在侵权认定条款中则增加的禁止破坏技术措施等内容，实际上也已经承认了可以直接起诉协助侵权人，即使这时主侵权人尚且不存在。现在以民法形式对此加以确认，更便于司法及行政执法机关执法，也更便于知识产权权利人维护自己的权利。

第十五条 知识产权纠纷中的协助侵权人，只负过错责任。

这一条与上一条是相应的。协助侵权人只负过错责任，即使在一些国家明文对直接侵害知识产权者实行严格责任的法律中，也是如此，否则会显得对协助侵权人制裁过重。在这一条上，可以说世界各国均只规定了过错责任。不同侵权责任制度的国家，在这一点上是没有争议的。

第十六条 侵犯知识产权的诉讼时效为二年，自权利人或者利害关系人知道或者应当知道侵权行为之日计算。

权利人或者利害关系人超过二年起诉的，如果侵权行为在起诉时仍在继续，在该项权利有效期内，人民法院应当判决被告停止侵权行为及负其他民事责任，但侵权赔偿数额只能自权利人向人民法院起诉之日起向前推算二年计算。

关于侵犯知识产权的诉讼时效，对《民法通则》规定的"二年"若不作出专门解释，则一大部分被侵害人将赴诉无门。原因是与侵害人身权及有体物权的侵权活动相比，更多的侵害知识产权的活动

---

① 见《最高人民法院公告》2002 年第 1 期，第 26 页。

都是持续性反复作为的（而不是一次性的），而且往往各次反复均是由轻而重的。在这种情况下，如果把侵权人在两年前开始时的侵权行为，视为与两年后经多次反复已加重的行为是"一个"行为，因权利人在其初始侵权时未起诉，就认为其对后来虽是延续，但已加重的侵权行为也过了诉讼时效，则对权利人将是十分不公平的。

国外的知识产权司法实践，对此是非常明确的：持续，反复的侵权行为，只要行为仍在持续，诉讼时效就不会完结——每次反复将作为新侵权活动重新起草时效。如对美国 Tailor 诉 Meirick 一案，法院与知识产权法学者，都是做如上解释的。①

我国最高法院在司法实践中，对这个问题的认识，与国际上是一致的。该院 1992 年《贯彻民法通则若干问题征求意见稿》第 194 条说："侵权行为是持续发生的，诉讼时效从侵权行为实施终了之日起计算。"该院 1998 年第 65 号文件"最高人民法院关于全国部分法院知识产权审判工作座谈纪委"在议题"三、关于正确适用法律问题"中的"（四）侵权纠纷案件的诉讼时效"一节，认为"审判实践表明，某些知识产权侵权行为往往是连续进行的，有的持续时间较长。有些权利人从知道或应当知道权利被侵害之日起二年内未予追究，当权利人提起侵权之诉时，权利人的知识产权仍在法律规定的保护期内，侵权人仍然在实施侵权行为。对此类案件的诉讼时效如何认定？与会同志认为，人民法院不能简单地以超过诉讼时效为由判决驳回权利人的诉讼请求。在该项知识产权受法律保护期间，人民法院应当判决被告停止侵权行为，侵权损害赔偿额应自权利人向人民法院起诉之日起向前推算二年计算"。

---

① 见高曼著：《90 年代的版权》，美国弗吉尼亚洲 Michie 出版社，第 680 页。

第十七条 权利人或者利害关系人并非由于自己的过失而在诉讼时效内未起诉的，时效过后一年内仍旧有权提起请求侵权赔偿及请求其他民事救济的诉讼。

鉴于知识产权客体"难开发、易复制"的特点，并且因其大都不能被"占有"而难以保护，所以除了上一条关于时效的专门解释外，一些国家还时"非权利人过失"而客观上过了诉讼时效的情况，再延续一年的"宽限期"。例如：

《德国专利法》第 123 条；

《德国商标法》第 91 条，等等。①

第十八条 在有关知识产权须经授权或注册方可获得的情况下，以符合获得该权利的实质条件为前提，授权或注册程序应当能够保证在合理期限内，以免无保障地缩短保护期。

经任何程序作出的关于确权的行政决定，均应接受司法或准司法审查。

并非由行政主管部门依职权启动的知识产权的确权程序引起的诉讼，或因侵权纠纷引起的确权诉讼，应视为维护知识产权的民事诉讼。

---

① 《德国专利法》第 123 条与《德国商标法》第 91 条如下：

123.（1）Any person who, through no fault of his own, has been prevented from observing a time limit, default of which is detrimental to his rights according to the provisions of the law, shall, on request, be reinstated. This provision shall not apply to the time limit for filing an opposition（Section 59（1）), to the time limit allowed an opponent for filing an appeal against the maintenance of a patent（Section 73（2）) or to the time limit for filing patent applications for which a priority under Section 7（2）and Section 40 may be claimed.

91.（1）Any person who, through no fault of his own, has been prevented from observing a time limit before the Patent Office or the Patent Court, default of which is detrimental to his rights according to the provisions of the law, shall, on request, be reinstated. This provision shall not apply to the time limits for filing an opposition and paying the opposition fee.

　　这一条讲的实际上也是知识产权权利人的一项重要权利的两个方面。其一是说：权利人有权要求对确权行政裁决进行司法复审；其二是说：在行政决定不撤销原已确认的知识产权的场合，司法复审主要是审当事人一方提出撤销权利的实体理由，而主要不是审行政程序。这说明了经行政批准而产生的知识产权，其不服行政确权裁决而在法院提起的诉讼，完全不同于我们传统理解的"行政诉讼"，应当有所区别。

　　"一般条款"中写明这一条，也是世界贸易组织投资与知识产权部负责人欧登先生的建议。

　　第十九条　须行政审批方最终获权利确认的知识产权权利人，依照法律与相关国际条约享有国际优先权。

　　"国际优先权"是知识产权中一部分权利（主要是工业产权的权利人享有的一项实体权利。《保护工业产权巴黎公约》及世贸组织的《与贸易有关的知识产权协议》均有相应规定。这属于无争议的问题，故不多加论述了。

　　第二十条　在知识产权保护上，应依照中国与相对国家或地区共同参加或缔结的条约，为相对国家或地区的国民或居民，提供国民待遇及最惠国待遇。

　　"国民待遇"，是中国参加的所有重要知识产权国际条约对知识产权保护的普遍要求；"最惠国待遇"则是中国刚刚加入的世界贸易组织对知识产权保护的要求。世贸组织的知识产权部负责人欧登认为，如果说世贸组织成员国国内法对知识产权保护有统管性质的"一般规定"，那么最应该写入"一般规定"中的，就是国民待遇与最惠国待遇。

　　第二十一条　知识产权的保护与权利行使，目的应在于促进技术的革新、知识的创新、技术的转让与知识的传播，以有利于社会及经济的方式去促进技术及其他知识成果的创作者与使用者互利，并促进权利与义务的平衡。

本条来自世界贸易组织《与贸易有关的知识产权协议》第 7 条，讲的是知识产权保护的总目的，即不是为保护而保护，而是为促进科技与经济的发展而保护。

第二十二条　知识产权的权利持有人不得滥用权利，尤其不得借助知识产权在转让中实施不合理的限制贸易行为。

本条来自世界贸易组织《与贸易有关的知识产权协议》第 8 条第 2 款。该条第 1 款是国际组织对成员的一种希望、愿望的语气，难以搬入国内法，而第 2 款关于禁止知识产权权利人滥用权利，则是各国立法中均应注意到的。况且，这第 2 款还有同一个协议的第 40 条加以具体化，也是成员国应当在立法及执法履行的义务。

第四节　知识产权法与合同法 *

一、对现代合同制度的再认识与知识产权研究

1999 年 3 月 15 日下午 4 时，当人大会堂的显示屏上显示出近 3000 名代表中，以 79 名反对 124 名弃权而通过了《合同法》时，人们感到实实在在地松了一口气。虽然比起同一天《宪法（修正案）》的通过（21 名反对、24 名弃权）稍差一点，但毕竟在中国民事立法进程中，又画了一个句号。

从 1993 年确定了要起草统一合同法，至该法内容基本确定的

---

　　*　编者注：该部分选自郑成思著：《知识产权法新世纪初的若干研究重点》，法律出版社 2004 年版，第 93~114 页。

1998 年，历时 5 年多。在这 5 年多里，民、商法学界不同观点、不同学科的意见、实际部门的意见、人大代表的意见、司法、立法机关的意见，均得到较充分的表达并被大量采纳。在合同法的起草过程中，中国知识产权界与其他各界一样，尽了自己的力量，至少三次提出重要建议并最终体现在颁布后的《合同法》中。这三次建议被立法机关采纳，也体现出人们对现代合同制度再认识的三次升级。这三次建议，最初是直接涉及知识产权的，进而是从知识产权引申的、最后则是民事立法的基础问题，仅仅间接与知识产权有关的。

（一）合同法与知识产权合同

1996 年，全国人大法工委的"合同法征求意见稿"下发时，国内有一种意见认为当代的合同制度，与 60 年前（即"民国"六法全书形成时）并无大区别。反映在"征求意见稿"的草案中，至少有关的版权合同、商标合同分则，表达出与现代社会的实际有较大差距的倾向。知识产权界（包括实际部门及学者）提出了如下建议：

版权具有不同于一般民事权利的许多特殊性，对版权合同之订立、履行等等的规范自然也具有不同于一般合同的许多特殊性。一部分国家（诸如法、德）在制定其民法典时，尚未考虑把当时并不突出的知识产权（尤其是版权）合同纳入法典中合同条款的规范范围。大部分国家在制定民法典时，则小心地避开了对版权合同的规范，而把这一任务留给版权法去专门解决，以免出现与版权中的特殊性不相容的情况。所以，多数国家民法中的合同条款或专门的合同法，均没有因版权合同的特殊性而起草失败的先例。

当然，这并不是断言前人没有（或少有）的，后人就不能做。但至少一部要规范版权合同（且不说想要规范一切知识产权合同）的合同法，它的起草须首先根据本国当前的实际，然后参考国际的成例才有成功之望。如果仅根据本国数十年前的实际（例如我国"民国"时期），仅参考一地区过时的"成例"，则值得研究。对版权合同的规范归入何法为宜这个问题，世界上有四种答案：

（1）将其归入民法典。至今仅一例，即巴西民法典。

（2）归入债权法典。至今也仅一例，即瑞士债权法典。

（3）将其中一部分归入民法典或单独立法。这种例子有很少的几个，例如德国的"出版合同法"（它是一部单行法，始终没有纳入民法典）。

（4）归入版权法中。这是世界上绝大多数国家的做法。

上述（1）（2）实际上是一类，只是瑞士的债权法原游离于民法典之外，巴西的债权法始终在民法典之中。巴西与瑞士的做法，从法理上及司法实践的需要上看，是可以言之成理的。例如，瑞士立法者认为：由于对版权这种被称为"鬼权"的权利在进行"评估"时，经常让人感到极大的不确定性；在侵权发生后，对权利人的损失或侵权人的非法所得的"评估"，也时时发生不确定性。法学家们甚至认为大多数作品的版权价值，都分别存在于各不相同、无法类比的特殊条件之中，所以，有人认为对侵犯版权应处的赔偿额在司法实践中往往是无法计算的。

于是，瑞士立法者就考虑到：如果在非侵权状况下，即版权人与使用人有合同约定付酬标准的情况下，版权人因对方违约所造成之损失，一般与遇到侵权时的损失应大致相当。这样，他们把版权的"侵权之债"与"合同之债"有机地结合起来，一并放入了"债权法"中。

但多数国家并不认为用民法或债权法这种基本法去规范版权合同是恰当的，因为版权合同毕竟有其特殊性。基本法中若规定得太原则就失去了意义；若规定得太具体又会使基本法的版权合同章节大得畸形，与全文不协调，所以，大多数国家采用了上述第（4）种方式。

　　这样看来，如果合同之债与侵权之债并不规范于同一部法中，又要在这种法中去规范版权合同，就很难从瑞士的例子得到法理上的支持了。也就是说，瑞士的做法与排除了侵权之债的单行合同法，并不可同日而语，而且，瑞士形式的债权法并非任意找一两种版权合同加以规范，而是规范所有的版权合同。

　　采取第（3）种形式的德国，是由于其 21 世纪初出版合同问题较突出。当时已制定了多年的德国民法典不涉及这方面问题。德国又不想在正实施的版权法中加进过长的"出版合同"一章，才专门制定了一个"出版合同法"。我国民国时期的部分民法学者（如史尚宽）对德国法律制度较熟，于是在将德国民法典"照猫画虎"起草民国民法典时，顺理成章地将德国"出版合同法"的大致内容搬了过来，形成了当时（及后来）特有的民法典合同章只规范"出版合同"的一例，并一直被中国台湾地区所沿用。

　　德国法，单单突出"出版合同"，有其几十年前的历史背景。如果今天仍旧突出出版合同，尚可以言之成理。因为，"出版"毕竟是多数作品的主要使用形式，也是问题较多的使用方式。但要在版权项下的"出版权"之外，再找一种权利的使用合同作为第二种主要规范对象，就很困难了。在今天除出版合同之外，另有种类繁多的合同，均占有同样重要的地位。如果只从其中任选一种，加上他人原有"法"中的"出版合同"，放入自己的合同法草案，将其他种类的版权合同留给单行的版权法去规范，就会让人感到起草者随意性太大。因为这种增加并没有建立在任何实践中的要求上，也没有建立在法理的基础上。

　　在以版权法规范版权合同的多数欧陆法系国家，至少出版合同、表演合同、电影制片合同、计算机软件合同等均被"平起平坐"地单独列出。英美法系国家的英国版权法中，有适用于一切版权合同的法律条款，又单列了适用表演者权合同的法律条款，其中后者是邻接权合同，与"表演合同"并不是一回事。总之，如果合同法中难以反映出这种复杂性，尤其是如果难以反映出当代版权合同的特点，就不如留给特别法去处理。对商标合同分则提出的建议也类似。这些意见得到了人大法工委采纳。1997 年之后下发的征求意见稿，不再出现版权、商标等知识产权合同。对于专利合同，则有现在的第 355 条作了"例外"规定。

（二）合同法与电子合同

在 1998 年之前下发的征求意见稿中，并无"电子合同"的相关条款，而 1998 年 9 月，公开颁布征求意见的《合同法（草案）》中，已增加了这项内容。其中知识产权研究的推动作用，在本书前文中已有详论，不再重复。

（三）对合同制度中几个理论问题的再认识

《合同法》中争议较大的一大批问题，是直到 1998 年末，才较认真、较深入地广泛研究，并将最终研究成果纳入法中。例如，"情势变更"原则的最终删除、侵权与违约之竞合事实的最终确认等等。在此之前，吸收了国际条约中的原文而确认的"预期侵权"、冠以"代理"的行纪等等，也均是绝不可能在 60 年之前的合同制度中能找到的。这些已经与知识产权保护无直接关联的联系，也都有知识产权界的建议（当然，不仅仅是他们的建议）在内。不过，构成法律颁布前认识上升级的最典型一例，应推《合同法》第 2 条的变动。

将"合同"的定义局限于"债权债务关系"是否恰当，就是在起草的第 5 年末，才认真展开讨论的。这个开宗明义的定义问题，以一个知识产权法研究人员从旁观者角度看，实际上反映着中国民法学界在债权及物权上的三种观点及研究途径。

第一种，一部分学者坚持法国民法学的"意思主义"，认为一般财产权（包括德、日所谓的"物权"）的变动，是债权合同的结果，因此在债权合同之外，不可能存在其他直接引起财产权变化的合同，依这种观点，把合同界定在"债权债务关系"之内，不会显得过窄。当然，法国民法本身，也并未作这种界定。因为以宽范围定义窄用语，并不会出差错。正像指某某人为"北京人"可能更准确，但指其为"中国人"也并不错。

第二种，一部分学者坚持德国民法学的"形式主义"，认为在债权行为之外，存在"物权行为"；债权合同不能涵盖物权实际变动的协议。所以，这种观点认为"合同"必须界定为"民事权利义务关系"，免得以偏概全。正像我们不尽了解某人时，说他是"中国人"不会错，说他是"河北人"则很可能出错，因为他可能是北京人或天津人。

第三种，日本及我国台湾的个别学者，在民法的总体理论上，接受了德国的民法学体系，而在财产权变动问题上，却接受了法国的"意思主义"，因此坚持把合同仅仅界定在"债权债务关系"之内。

我国大陆民法界的不同学者，除兼搞国际法研究的一部分主要接受英美民法学体系外，大都依上述三种观点而分立着，又都走着不同的研究途径。但实际上，持上述第三种观点，可能最终行不通。原因是法国的"意思主义"与德国的"物权法"理论完全不相容。不论第三国学者怎样论证法国"财产权"的一部分，相当于德国"物权"，但法国民法中根本就没有"物权"这个概念。如果在民法的合同法部分坚持法国的民法理论，在财产法部分又坚持德国的"物权"理论，就会在立法的指导思想及落实下的法律条文中，时时产生自相矛盾、不协调或冲突。《合同法（草案）》，却直接以第三种观点去给"合同"下定义。

其实，早在 1996 年，亦即《合同法》第一次征求意见稿初步完成时，我国就有不少民法界的专家对第三种观点可能出现的偏差已经发表过系统的意见。例如王利明、崔建远的专著《合同法新论·总则》、华东政法学院蒋怀来的专论《对我国是否承认物权行为的重新认识》等。知识产权学者除了吸收了这些论著的观点之外，还提出了"技术合同"分则中有关发明人署名权的规定，实际已涉及"人身权"；实践活动中既无需履行登记、批准手续，又无任何"物"的转移的某些知识产权合同，实实在在地直接变更着"所有权"（似与"债权"不在一个档次上）。因此，这样提出的建议有可能更具说服力，从而易被原先不接受"民事权利义务"提法的人们所接受。《合同法》第 2 条的最后文本，排除"身份关系"而未全部排除"人身权"、虽是"排除条款"而未用"排除"字样，转而指明"适用其他法律"，应当说是选词时是用心良苦的。

知识产权界（学者及实际部门）在《合同法》制定的自始至终，进行了积极的参与。虽然多数国家在 20 世纪 80 年代之前及我国至今仍在一定程度上视知识产权为一个不占太重要位置的分支学科，但其研究成果，则可能有不容忽视的作用。为使读者明白这一问题，下面有必要把《合同法》中一些具体条文的最终形式作进一步的分析与介绍。

二、知识产权研究与《合同法》的相互作用

（一）《合同法》中几个现有条款的形成

1.《合同法》分则中的知识产权合同

《合同法》颁布后，起草参加者及知识产权主管与研究机构之外的人们，曾吃惊地发现："分则"部分中，在技术合同之外几乎排

除了其他知识产权合同。而无论 1995 年 3 月出台的合同法"专家建议稿",还是 1995 年 7 月出台的全国人大法工委的合同法"试拟稿",都包容了一大部分版权合同、商标合同分则。同一时期的报刊上的专家论述,也多是希望尽可能地把各种知识产权合同统统收入分则。①

从这一变化,可以反映出中国知识产权界对《合同法》起草的参与,以及中国知识产权研究成果对《合同法》形成的影响。从 1995 年下半年起,直到 1999 年 2 月,知识产权界学者以论文形式,知识产权主管机关以专题报告形式,不断指出原有各种草案中,因对知识产权缺乏深入研究而反映出的滞后②、概念性错误③等等,希望能够在日后深入研究的基础上,由专门法去规范这类合同。④这些意见不仅大部分被《合同法》起草者在起草过程所采纳,而且反映在第九届人大第二次会议关于《合同法》的说明中。按"说明"所述,《合同法》第 122 条对一大部分知识产权合同应由什么法去规范,作了原则性规定。

只是在专利领域,"不纳入合同法分则"的呼声及专利合同的特殊性问题,反映到立法机关过迟(在 1999 年 2 月),已很难把它们在短时间从"技术合同"分则中摘出。不过,《合同法》第 355 条已经作了补救,即极特殊地规定了其他法律乃至"行政法规"如果对专利合同、专利申请合同的规定与《合同法》不一致时,则

---

① 参见《法制日报》,1994 年 5 月 2 日。

② 例如,"出版"中不包含音像出版,更不包括电子出版,仅仅包括 20 世纪 60 年代前的图书出版。

③ 例如,分不清"手稿丢失"与"作品丢失"的区别,分不清公有领域中的技术与技术秘密的区别。

④ 较具代表性的论文,可参见《中国专利与商标》1996 年第 2 期的文章《版权合同与合同法》。

依照那些法律及行政法规。这实际上仍旧等于把专利合同从分则中又部分地摘了出去。

2. 权利与载体的可分性——知识产权在有形货物买卖中应予注意之点

一方面，《合同法》中基本摘除了知识产权合同分则；另一方面，《合同法》又并未完全置知识产权于不顾。因为，在并非知识产权的交易中，有时会涉及知识产权问题。《合同法》第137条规定：出卖具有知识产权的计算机软件等标的物的，除法律另有规定或者当事人另有约定的以外，该标的物的知识产权不属于买受人。在较早的"专家建议稿"及"试拟稿"中，并无这一条。在1998年9月7日公布征求意见的草案中，虽有这一条，但没有两个逗号中间的那半句话。经知识产权界的建议而最后形成的这个条文，既明确了知识产权之"权"在通常情况下不随物转移，又照顾到诸如我国《著作权法》第18条的特例及当事人自愿权随物转的情况。这一条仍旧存在的缺点是：以"软件"为例不够典型。因为"软件"在现代恰恰是本身可以没有可转移之载体的网络传输作品之一（亦即"直接电子商务"的买卖标的）。如果以"艺术作品原件"之类为例，也许更有利于说明问题。这个意见并非知识产权界未曾提出，只是由于更多、更重大的对《合同法（草案）》加以修改的其他意见在同一时期过于引人注目，这类枝节性意见则未被顾及了。

3. 商业秘密的特殊保护

如果说在《合同法》"技术合同"分则之外，有什么直接与知识产权有关的条款的话，那么，除了上述第137条外，就只有第43条了。这条规定："当事人在订立合同过程中知悉的商业秘密，无论合同是否成立，不得泄露或者不正当地使用。泄露或者不正当地使用该商业秘密给对方造成损失的，应当承担损害赔偿责任。"

合同未成立，仍旧须依《合同法》承担损害赔偿责任，这在一般人看来是说不通的，因而在直至 1998 年 12 月之前的诸草案中，也并无此说。但毕竟国际上多年的贸易活动（尤其是技术秘密的贸易活动）已把这种责任作为惯例。这种惯例多年前已见于国外专著及国际组织文件中 ①，并被介绍到中国，在 1986 年由中国展望出版社出版的《国际技术转让法通论》一书中可以看到这一内容。所以《合同法》最后接受了这种看似违背常理，却又是保护商业秘密所必不可少的规定。

4. 电子商务与知识产权

国际与国内的电子商务活动，均不是首先在知识产权产业（哪怕是"知识产权核心产业"，如软件产业）中开展起来的。但在国际组织中，它却是首先在世界知识产权组织中受到高度重视并被列为其缔约准备项目之一。在国内的科研领域，又首先是知识产权界开始这方面研究的。原因是无论间接电子商务中的网络广告（也可理解为网络上的"要约邀请"）、网络上的合同谈判与签约，还是直接电子商务中的影视作品、录音作品乃至文学作品的销售，均会广泛涉及商标权、版权等传统知识产权的保护，及域名权、商品化权等新兴知识产权的保护，以及不同权利之间的冲突。

知识产权界已经对电子商务进行了研究，发现了较早《合同法》草案完全未顾及电子合同的法律地位，可能使该法在这一领域滞后的问题，促使《合同法》增加了这部分内容。

当然，从发达国家，如德国，发展中国家，如新加坡等国的电子商务立法来看，我国《合同法》中现有的几条对电子合同的规定，

---

① See Melivlle, Intellectual Property Licensing, WIPO Model Law（Know-How）1980（Ⅱ），1982.

是远不够用的。今后可能会增加"电子合同"分则，或另立电子合同法规。但《合同法》总则中的现有规定，毕竟有利于鼓励有条件的企业进入这一"知识经济"的贸易领域，也有利于将来更细化的法规（或分则）的出台。

5. "合同"的定义与知识产权的变更

究竟在合同的定义条款（亦即《合同法》第 2 条）把合同界定在"债权债务关系"之内，还是界定在"民事权利义务关系"之内，在《合同法》整个立法过程中一直存在争论。《合同法》最终选择了后者，并不意味着坚持德国"形式主义"理论的学派占了上风。虽然定义下得宽些，比定义下得窄些更不易出偏差，但认为将原草案的"债权债务关系"修改为"民事权利义务关系"并非实质性修改，确是有一定道理的。

从实践中知识产权变更（即转让）的情况来看，无论法国的"意思主义"（按这种理论，应把"合同"界定在"债权债务"范围内），还是德国的"形式主义"（按这种理论，则应界定在"民事权利义务"之内），在知识产权的变更面前，都有不可逾越的障碍。

按照法国的"意思主义"，债权合同覆盖了整个物的交易过程，物权变更是债权合同的结果，在债权合同之外，不存在直接引起物权变更的其他合同；无论"交付"行为还是"登记"行为，都不过是对抗第三方的条件。

但是，法国"意思主义"论者忘记了（或不了解）专利权或商标权的转让登记，绝不仅仅是"对抗第三方的条件"而已，一部汽车在一个时间里只可能有一个人在驾驶，一项专利则在同一时间可能有上百人在分别独立地使用。专利的转让如果缺少了登记（及其后必然结果的"公告"），则无人知晓，也极难推断这百人中谁是权利的"所有人"，谁是权利的"被许可人"。于是进一步的社会活动就无从开展了。这是无形的知识产权与有形物的财产权完全不同的地方。

按照德国的"形式主义",则物权变更除债权合同的"意思"之处,另有"外在形式"。这种理论认为,不动产的变更须有债权合同的"意思"加上登记行为、动产的变更须有债权合同的"意思"加上交付行为,亦即债权合同之外,另有物权合同,两者相加,财产权的变更方能完成。

但德国的"形式主义"论者论到这里却忘记了:版权转让中,既无任何可交付之物,又无需任何登记。该转让合同一旦签字,有关财产权就自然地变更了。这里不能说"形式主义"论者不了解实践中的这一特例。因为这些论者在自己的专著中明明把"著作权"(即版权)称为"权利物权"。就是说,在述及物权变更时本应想到它、而不仅仅想到"动产"与"不动产"。这样看来,知识产权研究的成果,有可能促进我国民法有关债权及物权的研究,点出其有待深化的方面,并有可能回答其中的部分问题。

(二)《合同法》总则对知识产权合同的适用

1. 一般规定

《合同法》中虽未包含多数知识产权合同(而且将来即使补充分则,也未必补入),但《合同法》总则中的大多数原则(即除去显然只适用于有形物交易或服务贸易的外),仍然适用于知识产权合同,特别是商标合同。以下几条一般规定尤其值得一提:

- **第一百二十三条** 其他法律对合同另有规定的,依照其规定。

第一百二十四条 本法分则或者其他法律没有明文规定的合同,适用本法总则的规定,并可以参照本法分则或者其他法律最相类似的规定。

第一百二十五条 当事人对合同条款的理解有争议的,应当按照合同所使用的词句、合同的有关条款、合同的目的、交易习惯以及诚实信用原则，确定该条款的真实意思。合同文本采用两种以上文字订立并约定具有同等效力的，对各文本使用的词句推定具有相同含义。各文本使用的词句不一致的，应当根据合同的目的予以解释。

第一百二十八条 当事人可以通过和解或者调解解决合同争议。当事人不愿和解、调解或者和解、调解不成的，可以根据仲裁协议向仲裁机构申请仲裁。涉外合同的当事人可以根据仲裁协议向中国仲裁机构或者其他仲裁机构申请仲裁。当事人没有订立仲裁协议或者仲裁协议无效的，可以向人民法院起诉。当事人应当履行发生法律效力的判决、仲裁裁决、调解书；拒不履行的，对方可以请求人民法院执行。

在这几条里，应特别注意，第 123 条是其他几条及全部总则适用于知识产权合同时的总前提。对于专利合同及专利申请合同，由于第 355 条增加了其他"行政法规"另有规定的情况，则可能在实践中比版权合同、商标合同更"自由"一些。

2. 合同法中，弱势一方可依靠的内容

在知识产权合同中，尤其是版权合同类下的出版合同中，创作者在大多数情况下处于弱势。《合同法》第 12 条在起草后期增加了"当事人可以参考各类合同的示范文本"一句，即含有从某一侧面扶助弱势一方的意义。国家版权局是国内较早的提供示范合同的行政主管机关。它于 1992 年 1 月颁布的《图书出版合同》等示范合同，条款均比较合理，并无对创作者不利的内容。但至今国内大多数出版社自定的"格式合同"，则幅度不同地改变了版权局示范合同的原样而有利出版社。多数创作者面临这类格式合同，又往往不知是否可改回版权局示范合同的原样，或不知怎样改才合理，或不敢提出更改格式合同的建议。总之，结果大都是创作者并不情愿地"接受"

了有关格式合同。

在现有的《合同法》总则中，至少有 3 条可以为处于弱势一方的创作者撑腰了。

实践中，如果合同尚未签订，创作者可以要求把对方的格式合同修改得更公平一些。这时可援引的是《合同法》第 3 条，即"合同当事人的法律地位平等，一方不得将自己的意志强加给另一方"。而实践中往往是合同并未按创作者的意愿最终签门，履行中创作者越想越"堵心"。例如，如果出版社按国家规定的稿酬标准付费，仅仅能成为"专有出版权"许可或有限期转让的"对价"（Consideration）。许多出版社却在格式合同中约定了自己按国家标准支付稿费之后，创作者的出版权，在全世界各语种的翻译权、改编权乃至广播权等，统统归了出版社。这种合同签订之后，创作者若感到对自己不公，就可以援引《合同法》第 54 条，即：

下列合同，当事人一方有权请求人民法院或者仲裁机构变更或者撤销：（一）因重大误解订立的；（二）在订立合同时显失公平的。一方以欺诈、胁迫的手段或者乘人之危，使对方在违背真实意思的情况下订立的合同，受损害方有权请求人民法院或者仲裁机构变更或者撤销。 当事人请求变更的，人民法院或者仲裁机构不得撤销。

如果对方提供的格式合同既未在谈判时修改，也未在履行中变更或撤销，则在合同发生争议时，创作者切勿忘记了《合同法》第 41 条：

对格式条款的理解发生争议的，应当按照通常理解予以解释。对格式条款有两种以上解释的，应当作出不利于提供格式条款一方的解释。格式条款和非格式条款不一致的，应当采用非格式条款。

3. 合同成立与生效的要件

《合同法》总则规定：凡是法律、行政法规规定应采用书面形式的合同，均须采用书面形式（第 10 条）。这一规定几乎适用于所有知识产权转让及许可。《著作权法实施条例》（行政法规）规定了版权合同均须采用书面形式。《专利法》也明文规定了专利合同、专利申请合同须采用书面形式。《商标法》《商标法实施细则》也均明文规定或暗示了商标合同均须采用书面形式。至于《合同法》第 36 条怎样对知识产权合同适用，将来在司法或仲裁程序中可能会遇到问题。这一条规定：

法律、行政法规规定或者当事人约定采用书面形式订立合同，当事人未采用书面形式但一方已经履行主要义务，对方接受的，该合同成立。

这可能在实践中部分修正了《合同法》第 10 条及上述知识产权专门法中有关书面形式的强制性要求。但这种修正，即使可以让没有采用书面形式的知识产权合同"成立"，其成立的意义对专利与商标合同究竟有多大，也是一个问号。因为，《合同法》第 44 条又规定：如果法律、行政法规要求书面合同履行批准、登记等手续，则在这些手续履行的前提下，合同方能生效。专利、商标的转让合同，都要求申请及批准；专利、商标的许可合同，又都要求备案。无书面形式，是无法报批或备案的。至于"备案"与"登记"有何区别，不备案是否影响合同效力，专门法及行政法规中虽无明文规定，2000 年最高法院的司法解释中却已经有了明确的意见。

4. 合同的撤销、变更、无效（或部分无效）

《合同法》中的下列 3 条，在知识产权合同的订立及履行中，也会常遇到适用的场合：第 56 条，无效的合同或者被撤销的合同自始没有法律约束力。合同部分无效，不影响其他部分效力的，其他部分仍然有效。第 57 条，合同无效、被撤销或者终止的，不影响合同中独立存在的有关解决争议方法的条款的效力。第 76 条，合同生效后，当事人不得因姓名、名称的变更或者法定代表人、负责人、承办人的变动而不履行合同义务。

在《合同法》通过的前 3 天里，即在 1999 年 3 月 12 日，参加九届人大二次会议代表们手中的《合同法（草案）》上，第 76 条原是"情势变更"条款。

"情势变更"是大陆法系从"事出之因"的角度来讲的。英美法系国家虽然也有类似的表述（如 Fundamental Change of Situation），但常用的表述则是从"事出的结果"角度去讲的，即"合同落空"（Frustration）。把这项制度在法律通过前拿掉，主要原因是两点：一是 20 世纪 80 年代后的国际条约、国际组织文件乃至新制定的民法典（如越南民法典等）已很少用它；二是我们对它的研究还很不够，不宜贸然采用。在《合同法》通过前的多次讨论中，有人认为它是"最新发展"的合同制度之一，而实际上，英美法系的第一个有关判例早在 1878 年就产生了。在罗马法的适用中，还可追溯得更早。事实上它并不新。还有人认为它指的是社会的经济形势、国家的经济政策发生重大变化的情况，而事实上，知识产权界一位法官曾提到过的一个最典型案例。甲委托乙开发一项技术并因此签订了委托开发合同。在开发尚未完成之际，丙独立地开发出了该技术并申请了专利。这是实实在在的"情势变更"，乙如果继续履约，不仅是无意义的重复劳动，而且会构成侵害他人专利权（甲也可能成为"共同侵权人"）。而这种"情势变更"与社会经济形势、国家经济政策的变化毫无关系。正相反，国家经常实施的一些价格调节政策之类变化，大都不能被认定为"情势变更"，即不能作为一方不履约的口实。

从国内学界及司法界的讨论中反映出的认识水平来看，把它写入《合同法》至少是不成熟的。因此，删除了原第 76 条。一些始终积极主张"情势变更"制度应写进《合同法》中的人，却始终没有意识到：这种制度的理论支柱，恰恰是另一"帝王原则"——公平原则，而不是他们所反复述说的"诚实信用"这条"帝王"原则。

此外，《合同法》第 79 条、第 84 条、第 88 条、第 93 条、第 94 条等等，关于合同权利、义务转移的规定，也会适用于知识产权合同。这里就不再一一叙说了。

5. 违约责任

《合同法》"违约责任"一章中的绝大多数条款，都适用于知识产权合同。这里需要着重论述的，是该章的最后两条。第 121 条规定：当事人一方因第三人的原因造成违约的，应当向对方承担违约责任。当事人一方和第三人之间的纠纷，依照法律规定或者按照约定解决。

1998 年 9 月 7 日在报上征求意见的《合同法（草案）》中，这一条（当时的第 125 条）原是这样表述的："第三人明知当事人之间的债权债务关系，采用不正当手段，故意阻碍债务人履行义务，侵害债权人权利的，应当向债权人承担损害赔偿责任。"

《合同法》最后文本的这一修改，可以被看成是起草过程中对"侵害债权"理论的否定。这一理论在我国台湾地区学者及大陆的部分学者中，论述比较多。读者可以从 1997 年（沪）《法学杂志》第 6 期中"论侵害债权制度"一文中详尽读到他们的观点。这一理论有几点缺陷：第一，在论"侵害"某种"债"时，忽略了除合同之债以外的债。合同之债固然属于债，此外还有侵权之债等等。如果论者把"侵害合同之债"再进一步论及"侵害侵权之债"就会发现自己已经进入了逻辑上的怪圈。第二，要在合同法中规定，以合同为依据，追究并非合同当事人的第三方的责任，在法理上有难以逾越的障碍，在司法实践中也难以操作。第三，所谓追究侵害合同之债的责任，实际上是混淆了依合同享有的权利与通过合同获得的或将获得的权利。前者是债权，后者则可能是债权，也可能是物权或其他权（"其他权"在德国民法学者看来可能说不通，这里将不深论）。

第四，这种理论还可能混淆违约责任、侵权责任与禁止不正当竞争等不同法律关系，甚至可能把侵权与不侵权相混淆。在知识产权领域，并非"被许可人"的第三方的"平行进口"行为，最能说明这一问题。在"平行进口"中，究竟是第三方"侵害债权"，还是权利人重复授权，有时是难以分清的。

因此，《合同法》最后文本对原有草案这一条的修改，是应当予以肯定的。《合同法》第 122 条规定：因当事人一方的违约行为，侵害对方人身、财产权益的，受损害方有权选择依照本法要求其承担违约责任或者依照其他法律要求其承担侵权责任。这一条在 1998年 9 月 7 日报刊发表的征求意见草案中表述为："因当事人一方的违约行为，侵害对方人身、财产权益的，受害人有权请求赔偿。"原表述中的缺陷与上一条相近，即给人的印象似乎可以依《合同法》请求得到"侵权赔偿"，这是说不通的。例如，出版合同中约定了某书只能出中文本，结果出版社未经作者许可也未修改合同或另订合同就出了英文本。那么，该出版社显然是违约了。而从"未经许可"使用了作者的"翻译权"角度看，出版社的行为又属于典型的侵犯版权。这种例子在有形财产或无形财产方面均很多。

但违约与侵权竞合时，受损害一方无权同时要求对方承担两种责任，他只有权自行选择要对方承担对自己较有利的两种责任中的一种。如果他要求对方承担侵权责任，那么所依据的法律将不再是这部《合同法》。只是他面临竞合时"选择"的权利，才依据了《合同法》。

三、《合同法》与知识产权保护中特殊的合同问题

（一）权利人、独占被许可人的权利范围与"平行进口""权利穷竭"等问题

"平行进口"是近年在世界范围内知识产权保护问题中的一个

热点。它指的是知识产权的权利人或独占被许可人有无权利禁止合
法生产的产品从国外进口的问题。如果进口的产品本身是侵权产品，
例如，未经专利权人许可而仿制的专利产品、未经商标权人许可而
用其注册商标的"冒牌货"、未经版权人许可而复制成的盗版制品等
等，权利人或独占被许可人均有权禁止其进口，是不言而喻的。但
如果境外的独占被许可人或第三方，把本来应当在境外销售的带有
合法附贴的正式注册商标的货物，进口到权利人所在国销售，该商
品在国外价位较低，进口后以低价位的合法制作的商品，冲击了本
来由权利人自己经销着的、价位较高的相同商品的市场，无疑会给
权利人带来一定经济损失。但这时商品本身却又不是冒牌货。应如
何处理这种情况呢？专利、版权领域，也都存在同样问题。这个问
题与原《合同法（草案）》中所谓"第三人侵害债权"及"权利穷竭"
原则联系在一起。

　　按照"权利穷竭"原则，凡是经权利人许可而将有关商品投放
市场后，有关商品无论涉及受保护的专利、商标还是版权，权利人
无权对商品的"再销售"进行控制。就是说，权利人知识产权中的"销
售权"（或与之相应的如"发行权"之类）行使了一次就"穷竭"了，
不能再行使。按照知识产权具有地域性特点的基本理论，"权利穷竭"
原则也应具有地域性。例如，北大方正集团作为"方正"商标所有
人，"高分辨率数字发生器"专利所有人及"中文之星"软件的版权
所有人，它许可一泰国厂家在泰国销售贴有"方正"商标的录音器、
激光照排印刷机专利产品及有关软件，其在泰国的销售权便一次用
尽了。如果"用尽"原则也受地域限制，这就并不妨碍方正集团在
中国仍旧享有上述三种商品的销售权；未经许可将本来在泰国销售
的商品进口到中国来，方正集团应有权禁止。

　　但事实并非如此。WTO 成立时缔约的 TRIPS 协议，只认定了

专利权的权利人有禁止他人"平行进口"的权利。就是说，仅仅在专利领域，承认了"权利穷竭"（或称"销售权一次用尽"）原则的地域性。从我国现有的立法看，也仅仅在《专利法》中赋予了权利人以进口权①，同时又承认"权利穷竭"原则。②TRIPS 协议第 6 条允许各国自己决定如何对待与商标、版权有关的"权利穷竭"问题。我国《商标法》及《著作权法》则对此未置可否。

这样一来，上文的北大方正一例里，方正集团只能依法禁止印刷机进口（因为它是专利产品），却未必有权禁止录音机或软盘进口了。如果是方正集团的泰国被许可厂家向中国出口这两样商品，方正尚可以依据合同予以禁止。如果是第三方在泰国合法购买了这两样商品向中国出口，则其行为显然不构成违约；是否构成侵犯知识产权或其他不正当竞争，那可就不是一句话可以说清的问题了。

瑞士最高法院在 1996 年及 1998 年的两个判决中，明白无误地申明了"平行进口"行为不会导致侵犯商标权或版权，就贴有有关商标的商品及享有版权的有关作品的复制品而言，也不构成不正当竞争。原因是"平行进口"一般均是商品从低价位国家流向高价位国家，其结果总是对消费者有利，又不发生盗版或假冒问题。两个判决中，1998 年 7 月判决任天堂公司的电子游戏软件的版权并不因第三方"平行进口"受到侵犯，是更加引人注目的。③

在美国，以往的判例几无例外地宣布一切"平行进口"均构成侵权。因为美国始终是个高价位市场，任何从低价位国家的"平行进口"，均会给美国知识产权权利人或独占被许可人造成损失。但 1998 年 3 月，美国最高法院在一例美国制作的产品出口马耳他（低

---

① 参见《中华人民共和国专利法》第 11 条。
② 参见《中华人民共和国专利法》第 63 条第 1 款。
③ 参见 EIPR 1997（11）及 1999（4）。

价位国）又被贩运美国，由第三者在美国销售的"平行进口"纠纷中，却判了这类"平行进口"人至少不构成侵犯版权。① 这说明"平行进口在美国均构成侵权"已不再是其司法机关的唯一结论了。

在欧洲，欧洲自由贸易区（EFTA）法院与欧盟（EEA）法院在大致同一时间判决情况几乎相同的商标"平行进口案"时，结论却完全相反。前一法院认为不侵权的，后一法院认为侵权。这两案的案情唯一不同处，又正在于后一案也是原在欧盟国家奥地利生产的商品出口低价位的保加利亚，又由第三方返销奥地利。②

我国过去一直是低价位市场，极少发生"平行进口"纠纷。原因很简单，相同产品从高价国进口我国，肯定卖不出去。但自从1997年亚洲金融危机后，一大批国家货币贬值，而人民币则一直坚挺。中国与一些周边国家比，成了明显的高价位市场。于是在1998年，"平行进口"纠纷在我国大量发生了。由于除在《专利法》外，很难找到直接禁止"平行进口"的法律依据，许多人就开始建议借助"独占被许可人"依合同取得的权利，而这又正如《合同法》1998年草案稿"侵害债权"条款起草者犯的同样的错误，即混淆了依合同可享有的权利与通过合同所获得的权利。独占被许可人通过合同固然获得了可诉侵权的权利。但应注意，法律未明文规定对原始权利人本人构成侵权的行为，也就不可能成为独占被许可人有权禁止的行为。如果境外的权利人自己向中国的独占被许可人所占的地盘搞"平行进口"，被许可人有权依合同制止他。但对那些在境外合法地从权利人或其他被许可人那里购买商品后再从事"平行进口"活动的第三者，独占被许可人有权依哪条法律去制止，则依然很难

---

① See No.96-1470, 1998 U.S. LEXIS 1606.（Mar.9, 1998）。

② 参见 Intenational Trade，伦敦出版，1999（1）。

回答。

至于是否应当如有人所建议的那样：在中国的《商标法》等法律中明文禁止"平行进口"，那就更值得研究了。一是谁能保证中国今后一直处于高价位的地位，二是国外这样立法的例子（尤其发展中国家）极少，案例结论不一。相反地，新西兰等国在 1998 年之后，有明文规定允许平行进口的立法。这是个全世界仍在研究中的问题，我们切不可因一时的纠纷增多就贸然迈出不可收回的一步。

最后，应当注意到：由于美国开发的某些软件（如 Windows）在国际市场上实际的垄断地位，其售价无论在低价国（如中国）还是在高价国（如英国），均比在美国本国市场高，从而造成高价位市场版权产品向低价位市场流动。这是平行进口中的特例。

（二）《合同法》与版权的有限期转让

由于版权不像专利权那样只有较短保护期，又不像商标权那样须按时续展，在其漫长的保护期内，就会有个"有限期转让"的问题。在已有版权制度多年的国家，这不会成为问题。国外实践中的例子也很多。[①] 只是版权制度建立时间较短的我国，有的人对此还不理解。

《合同法》总则第 12 条中的"履行期限"，是适用于版权转让合同的。"买卖合同"分则中的绝大多数条款却不适用于版权转让。但把无形财产转让等同于有形货物买卖，恰恰是一些学者的主要失误。

由于笔者在《版权法》一书中对此已有专门论述，这里只想再增加一个案例加以说明。早年的论述中引证过瑞士等欧陆国家和加拿大、美国等英美法系国家的例子。但直接涉及问题的法院判决，

---

① 参见郑成思：《版权法（修订本）》，中国人民大学出版社 1997 年版，第 303~320 页。

还没有过较典型的。1997 年 9 月，日本东京法院就一家荷兰公司诉
《朝日新闻》所作的判决，可以说是较典型的。

荷兰公司戴马特（Dernart Pro Ahe PV）与萨尔瓦多艺术家达利
（Dali）在 1986 年签订了一项版权转让合同（Copyright As signment
Contract），约定在 1986~2004 年期间，达利的 4 幅画在全世界的
版权转让给该荷兰公司。1990 年，《朝日新闻》在印制一份展览会
目录及说明的小册子上，使用了这 4 幅画。小册子印制了 8000 册，
并由第二被告大丸公司（Daimaru kk）出售了 7374 册。于是荷兰公
司诉《朝日新闻》及大丸公司侵犯其版权。

东京法院在判决书中专门就日本《著作权法》第 61 条（1）款
中所称"版权可全部转让，也可部分转让"作了解释，说明"部分转让"
中的 "部分"，既包括有限的时间（有限期，例如只转让 8 年、10 年，
而后权利回归）、也包括有限的空间（有限地域，例如只转让作品
的日本版权、不转让作品的美国版权）。法院判决被告的行为构成
对荷兰公司版权的侵犯，被告应按《日本著作权法》第 114 条（2）
款负赔偿责任。[①] 这不仅为我国仍不了解知识产权特点的人们进一
步研究提供了参考，而且为司法机关处理类似纠纷，也提供了极
有价值的参考。

（三）合同的辅助保护如何纳入知识产权法的轨道

在数字技术与网络广泛应用的现代，网络传输的无国界性、网
络上数字化信息的公开性与传统知识产权的地域性及专有性发生了
冲突。盖勒（Paul Geller）曾提到：知识产权法的立法在这种冲突
面前已显得滞后与无力，必须回到历史上曾经历过的借助合同保护

---

① 转引自 EIPR，1999（3）。该案的评论系由日本著名知识产权法与民法学家土井辉生
撰写。其评论中特别强调了"有限期的版权转让应属有效"。

及技术保护的辅助。① 哥德斯坦（Paul Godstein）则认为，只有把合同保护及技术保护纳入了知识产权法的轨道，其辅助作用才可能发挥，甚至可能变成起主导的作用。② 把技术保护纳入知识产权法的轨道，世界知识产权组织已通过 1996 年的两个公约去做了，而且已有一部分国家跟了上去。但如何把合同保护纳入这一轨道，还仅仅是哥德斯坦提出的一个尚无答案的问题。不过，在中国，《合同法》既然已经留给知识产权单行法比较大的制定知识产权合同规范的余地，我们还是大有文章可作的。

首先，我们需要补上现有立法中未必专门针对网络问题的已经发现的不足。不少国家在奉行"合同自由""意思自治"原则的同时，在知识产权法的合同章中，专门作了有利创作者或其他原始权利人的规定。例如，在"出版合同"的规范中，虽允许当事人自定付酬幅度，但不得低于国家法定最低标准。而我国《著作权法》正相反，第 10 条虽规定了"获酬权"，第 27 条虽规定了国家标准，却允许"合同另有约定"除外。这样一来，作者的"获酬权"在多数场合实际落空了。

其次，可否以合同约束力的延伸，管住一部分"平行进口"。例如，权利人虽不能直接依合同约束第三方，但可否要求其被许可人的再销售活动中，合同依此约定不得在权利人享有知识产权的地域内再销售，以便发生"平行进口"后，依此追究违约责任。

最后，所谓"合同保护不仅仅作为版权保护，而应纳入版权法的轨道"③，实际主要指的是因网络应用发展起来后而发展的"电子合同"。而对"电子合同"本身的规范，尚且是我国法律中较薄弱

---

① 参见郑成思主编：《知识产权文丛》，第 1 卷，中国政法大学出版社 1999 年版。
② 参见郑成思主编：《知识产权研究》第 6 卷，中国方正出版社 1998 年版。
③ 郑成思主编：《知识产权研究》第 6 卷。这是哥德斯坦在其论文中的主张。

的一环，且不要说将其纳入版权法的轨道了。这如果真被证实了是一项必须完成的任务，那么对我们讲确实是"任重而道远"了。目前，已有的国家在其"示范法"性质的法律文件中，试着把曾经仅仅适用于计算机软件产品的"启封许可证合同"推而广之于更多受版权保护的文化产品。① 不过；尚难看出这是否会成为一种新的"版权保护"趋势。

第五节　知识产权法与侵权法 *

一、中国侵权法理论的误区与进步——写在《专利法》再次修订与《著作权法》颁布十周年之际 **

—

2000 年 8 月底，第八届全国人大常委会第十七次会议通过了《专利法修正案》，这已经是该法第二次修订了。

由于《专利法》在 TRIPS 协议框架文件已基本形成的 1992 年，曾参考国际惯例作过一次修订，所以它本来已是我国知识产权三个基本法中，与世贸组织的要求差距最小的一个。在 2000 年 8 月的再次修订中，条文顺序并未大变，即没有大改，也就是理所当然的了。不过，在这种"小改"之中，该法仍有许多明显的进步。从法理上看，至少有下面几点是值得注意的：

第一，解决专利授权及无效程序中，与"在先权"冲突的问题。

---

① 　参见为适应数字技术与网络而增加的《统一商法典》，第 2B 条（草案）。

* 　编者注：本标题为编者自拟。

** 　编者注：该部分选自沈仁干主编：《郑成思版权文集（第二卷）》，中国人民大学出版社 2008 年版，第 470~479 页。原刊于《中国工商管理研究》2001 年第 2 期。

就发明专利与实用新型专利而言，有了"新颖性"这一前提，基本上可以避免与任何"在先权"的冲突，何况更有原法第62条对"先用权"的照顾作补充。原因是在技术领域，只要某一技术占了先，它便会几乎无例外地排除了相同技术再获专利或保护专利有效的可能性。

而在工业产权与版权相交叉（乃至相重叠）的外观设计领域，"新颖性"的要求就远远不足以避免外观设计专利与"在先权"的冲突了。未经许可将他人的美术作品与自己的产品相结合，去申请外观设计专利的情况，近年在中国越来越多，以至专利复审委员会都感到十分棘手。申请者的未经许可行为显然属于侵犯版权。如果该美术作品已被他人合法注册为商标，则还可能属于侵犯商标权。但申请人的这种独有的首次与某产品结合，则可能符合"新颖性"要求。于是当年作为最终确权的主管——专利复审委员会该不该宣布这类已获专利的外观设计无效，在理论界及行政主管部门都发生了争议。一部分人认为：侵权行为不产生新的权利，完全可以依《专利法》第5条定其无效。另一部分人则认为：侵权行为也可以产生"在后权"，它可与"在先权"并存，尤其是版权与工业产权不会冲突，因此坚决反对依《专利法》第5条定其无效。

中外知识产权法乃至国际公约，均只承认及维护"在先权"而从不涉及怎样去维护基于侵害他人的在先权利而产生的所谓"在后权"。这绝不是立法者及起草国际公约的专家缺少"创造性"。打个比方：甲公司是一块地皮的所有人，它可能准备在上面盖平房。而乙公司未经甲的许可，却在上面盖了二层楼。是否从"公平"原则出发避免使乙白费力，就必须承认及维护乙的这种"在后权"，而认为应当承认这二层楼的合法存在呢？如果丙未经乙许可在二层上又加了一层，那么是甲有权出来主张权利，还是乙有权出来主张权利？

从民法中侵权人均负有"恢复原状"民事责任的原则看，乙的二层楼是应当拆除的，因此乙当然地无权向丙主张权利。只有在侵权后果按"恢复原状"处理将极其不平衡时（如乙所盖是摩天大厦、社会又需要它），才可能在侵权人负侵权责任的前提下，承认这种特殊的侵权结果，而人们在对待知识产权侵权结果时，往往忘记了"恢复原状"的原则。在担心如果不承认第一侵权人的侵权成果合法、第二侵权人可能受不到制裁时，他们完全忽视了真正权利人（即被侵权人）的存在。最典型的议论还是在版权领域：如果不承认未经许可的翻译作品享有版权，难道不经许可复制该译作就合法了吗？提问者显然忘记了第二侵权人同样侵犯了原作者的版权。

虽然"在后权"论者显然忽略了在民法中侵权人均负有"恢复原状"民事责任的基本原则，但这种"理论"确实有一定市场。至少不可能在没有明文确认保护在先权利人的法出现之前，使版权人与商标权人（以及其他可能涉及的在先权人）的合法权利处于安全地位。

由于大多数国家并不将外观设计作为"专利"保护，故起草专利法而参考外国成例时未注意到这一问题，是并不足怪的。但专门规范外观设计的其他外国法中，则早有成例可循。例如，欧盟的《外观设计保护指令》中，不仅有"外观设计不得违反公共秩序及道德"的第 8 条（相当于我国《专利法》第 5 条），还有第 11 条（即不允许侵害版权等其他在先权）另作出专门规定。《日本意匠法》也有类似条文。

国内的实践与国外的成例均告诉我们：要有效地保护知识产权，就应当有针对性地作尽可能细化的规定，而不能依靠差距很大、并不确定的法解释学。在争论是否仅仅有《专利法》第 5 条就足够这一问题时，一位执法人员反问过：全部民法，是否能以《民法通则》第 4 条的存在，就认为足够了？那么我国的立法任务就真可以大大减轻了。当然，在学者中提出同样疑问的也早有人在。① 实际上，相似的问题，在重刑法的我国古代，就已在实践中讨论过。刘邦入关后"约法三章"，有人认为已经够了。但这种过于原则的"法"，易于留在口头上而无从实施。正如后来鲁迅所说："法三章者，话一句耳"。汉刘邦之后，中国又有"汉律""唐律""明律"等等，即是很好的说明。

简言之，《专利法》2000 年修订文本第 23 条增加了防止外观设计与"在先权"冲突的规定，应当说是理论上的一个进步。

第二，传统的"侵权构成要件说"在专利法中开始动摇。

这次修订中，专利法诸多条文里，增加了专利权人的一项"许诺销售"权。② 这项权利的出现，首先是符合了 WTO 中的 TRIPS 协议的要求，其次是有利制止"即发侵权"，而其必然结果，则是对于"没有实际损害就构不成侵权"这一中国侵权法理论提出了挑战。修订中如果没有直接引入"即发侵权"这一概念，就会如合同法 1998 年前的草案中没有引入"预期违约"一样，将是个缺憾。有的人曾认为：中国知识产权法中原来已经有了禁止即发侵权的条文，无须再引入这一概念本身，而他们所举的条文（如专利法中对"制造权"的保护，版权法中对"复制权"的保护、商标法实施细则中对仓储、运输等等的禁止条文，等等），实际上只是禁止到了一部分"尚未产生侵权损害"的行为，而并未禁止到"即发侵权"。因为，制造、复制等，显然均是"已发"的，即已经在实施的侵权行为。

---

① 参见孟勤国的文章，载《法学评论》，2000（2）。
② 参见《专利法》2000 年修订本第 10 条等。

不引入一个已被国际上认可的总概念，极可能使我们这样的立法经验尚不足的国家"挂一漏万"。幸而在这次修订中，除"许诺销售"之外，终于增加了与 TRIPS 协议第 50 条极为相近的（修订后的）《专利法》第 61 条，完成了引入禁止"即发侵权"制度的行程。

《专利法》修订后第 63 条，把不知而售侵权产品的行为，从过去的"不视为侵权"，改为"不负赔偿责任"。这一改动看起来与我国侵权法理论的"主观要件"（即无过错不构成侵权）离得远了，却与绝大多数国家的知识产权保护制度离得近了。

我国《民法通则》第 106 条第 2 款，将侵害人的主观状态（进而及于"实际损害""违法与否"等等要件）与侵权的"民事责任"相关联。这几乎是我国大多数侵权法理论及教科书的基本点与出发点。据说这一段是在吸收了《德国民法典》第 823 条《法国民法典》第 1382 条、《意大利民法典》第 2043 条等等"经典民法"的基础上产生的。而细看这几部外国法典的相关条文，却均是把主观要件（或再加其他要件）仅仅与"赔偿责任"相关联，绝不联及其他民事责任（诸如停止侵权、恢复原状等等）。我国《民法通则》第 134 条列举的"民事责任"又远不限于"赔偿责任"。那么，我们过去的侵权法研究，是否存在误区？ 它对制止侵权是否有利？ 这一系列问题值得我们认真研究。专利法修正案的有关增删及改动，只是给我们开了个头。

第三，对民事赔偿的"填平原则"在消费者权益保护法之后，再次作了突破尝试。

修订后的《专利法》第 60 条，首次使专利的侵权人在中国可能有所"失"了。

按照传统民法理论的"填平原则"，侵权赔偿额或以权利人"实际损失"为准，或以侵权人侵权收入为准，或以正常状态下的许可合同使用费为准。这种计算貌似"公平",实则不仅对权利人不公,而且对老老实实与专利权人缔结许可合同后再实施专利的人也不公。试想,如果我见到别人有了一项有效益的专利,就擅自实施起来,如果被权利人发现了,他要经过"协商""调解""处理""诉讼"等不厌其烦的过程,还不能保证胜诉。即使他胜诉了,我只是把得到的不法收入还给他,我自己作为侵权人倒是"恢复原状"了,没受到任何额外损失。如果权利人抓不到我的把柄,我就算捡着了。于是作为侵权人毫无风险,作为权利人则有开发技术的风险、诉讼中失败的风险等等,老实的被许可人也有合同谈不成、许可费自认过高等风险。在这种情况下,法律就等于鼓励人们不经许可就用,被抓着了再说。这样的专利"保护"制度难道不应改变吗?

可喜的是:在这次修订中,确实作了改变的尝试。

知识产权领域还有几部法,它们会随着 2000 年《专利法修正案》的进步也向前迈出可喜的步伐。

二

1990 年 9 月初,第七届全国人大常委会第十五次会议通过了《中华人民共和国著作权法》,迄今已经 10 年了。

10 年的变化是惊人的。

10 年前,网络还仅仅是专业学者们过问的,甚至计算机在中国还尚未普及,那时的版权理论与立法高度,仅可能与当时技术发展的程度相适应。

10 年后的今天,《著作权法》第 18 条的真正含义开始被人们所了解,即"无形"指的是什么。《著作权法》第 10 条的内容已使一部分人感到它对中国传统的侵权法理论的冲击。这些,实际上都与网络经济、知识经济等被一些人不屑一顾的生产方式及交流方式密切联系着。

事实上，如果不是国外已开始讨论"在线服务商"在版权领域应否负"无过错责任"（其前提是其他传播、使用者如出版商已不言而喻地负着无过错责任），我们还不会在侵权法领域认认真真地研究侵害知识产权的归责原则。

由于《著作权法》第10条的制定，使得主张人身权之诉、主张权利物权之诉与主张债权之诉重叠在同一侵权之诉中成为"通例"，于是以往在一般侵权诉讼中以"赔偿责任"之偏，概"民事责任"之全的失误，就显现出来了。于是我们发现中国《民法通则》第106条第2款，与相应的《德国民法典》第823条，《法国民法典》第1382条，原来并不在同一水平线上。

有人认为："物权请求"不以"过错"为要件，拟议中的"物权法"中将规定出的"物权请求"，足以补充《民法通则》第106条的不足。[①]在认定和制止侵权时，可适用"物权请求"，在认定是否应赔偿及确定赔偿额时，可适用"债权请求"。这不就周全了吗？不过人们会进一步看到：作者对"发表权""修改权"等权利的主张，既不属于"物权法"中将定出的"物权请求"，也不属于损害赔偿诉讼中的"债权请求"，而停止对"发表权"或"修改权"的侵害，显然也不应以侵权人的"过错"或被侵权人的"实际损失"为先决条件。《民法通则》中的缺陷仍旧难以弥补。

技术的发展、网络的应用，已不再允许我们"人云亦云"了。它要求我们如鲁迅在《狂人日记》里所说，应当提出这样的问题："从来如此的，就对吗？"不提出这样的问题，则窄而至于知识产权法学、广而及于整个民商法学，是难有真正的进步或成就的。

这里还仅讲到：当年由于外国版权法已有与后来中国《著作权

---

① 参见《电子知识产权》，2000（6）。

法》第 10 条、第 18 条等相应条文，我们借来了，但并非所有人都"知其所以然"。如果进一步讲及我们的著作权法中当年尚没有或不可能有而今天应予补充的，诸如信托关系、技术措施等等，那就更是大有可研究的问题存在。

10 年过去了，我们有了进步。但前面的路仍旧很长。仍有更多的艰辛，需要更多的人去付出。

三

我国理论界在侵权法上的误区从历史上讲，很大程度来源于语言的障碍。就是说，在很长时间里没有分清"infringement"与"tort"的区别。在一定意义上讲，tort 的范围要稍窄些，它只覆盖了负有损害赔偿责任的侵权行为。而 infringement 的覆盖面较宽，它除了把 tort 涵盖在内之外，还涵盖了一切侵入他人权利或利益范围的行为。从字面上看，你只要进入（in）了他人的圈（fringe），即只要有了"侵入"事实，infringement 即可确定，用英文讲，就是"establishing"你的"infringement"行为了。这绝不再以什么主观状态、实际损害等为前提，而可以立即予以制止、要求恢复原状等等。至于进一步探究 infringement 之下包含的 tort，是否能构成后者，则要符合过失、实际损害等要件。

可惜我们不少学者不过问"侵权"的外语来源，在研究"侵权法"（Law of Tort）时，不时地又谈起 infringement 了。因为二者在中文中都是"侵权"。他们没有注意到，国外在论及侵害知识产权时，从来不使用"tort"，而只使用"infringement"，于是误区就产生了。

在美国，律师和法官都十分清楚：当商业秘密被 WTO 的 TRIPS 协议提升为"财产权"之前，它一直只处于"tort"之中。就是说：只有商业秘密所有人证明了被告有任何过错或过失（He must do something wrong），才能在法官那里确认被告侵权并制止和要求赔偿。而在 TRIPS 协议把商业秘密提升为"知识产权"之后，则只要有"侵入"的事实，原告就可以胜诉了。我国的多数侵权法论著论及知识产权时，误差也正在这里。

在法国律师、法官及学者眼里，情况也几乎与美国相同。于是我的一位从法国留学回来的博士生在论文中，转引一位法国学者用英文谈及侵权者（infringer）在被法院认定侵权、被制止侵权、被要求销毁侵权用品后，还要返还"不当得利"，因为其侵权并无过错。[①] 看到这段论文，国内民法学者们大吃一惊。因为他们过去所了解到的侵权之债与不当得利是相互独立的，绝不可能在侵权的框架内返还不当得利。确实，在"tort"中只可能有"侵权赔偿"；而在"infringement"之中则很可能"返还不当得利"。只是我们在不重视外语时，当然就不知其所以然了。如果早年翻译家们翻译得再细一些或再准确些，"infringement"就应翻译成"侵权"，而"tort"则应翻译成"负赔偿责任的侵权"。在德文与法文中，与"侵权""负赔偿责任的侵权"相应的，也不是同一个词。这里就不再赘述了。

进而说到侵权的民事责任，恢复原状等责任，以及"restitution"等等，也首先与"侵权"（即"infringement"）而不是与"负赔偿责任的侵权"相联系，稍微细心些的学者阅读外文法学著作时，是不会不注意到的。

当然，这种最初由语言障碍引起而后"谬以千里"的误区还很多。原因是整个现代民法体系，都几乎是从"外"引进的。而学者中的一部分又偏偏还重视外语。例如：有的学者断言"债"也属于"财产权"。同时，也有人正确地指出：财产法是规范财产归属的、债权

---

　　① 参见黄晖：《驰名商标与企业的商标战略》。

法是规范财产流转的。① 至于"转移"这种动态自身怎么又成为"财产"了？ 却没有给予答案。也许难以回答。

实际上，这是把"debt"（债）与"obligation"（债、责任、义务等等）混淆了。debt 确属财产权，而 obligation（责任、义务）是否也属于财产权？ 就是说，是否在人身权之外就只剩下了财产权？这就大大值得商榷了。所有西方国家民法的债权篇（Obligation）均是与"财产权篇"（Property）分立的，绝不可能出现前者也属于后者的混淆。

更进一步讲，至于欧陆法系国家学者自己，都在十多年前已承认诸如财产所有权的"三项主要功能"（——使用、收益、处分）虽看起来十分合乎逻辑，实则十分肤浅。这当然更不是一些学者愿意听到的了。

在改革开放后的中国，在网络时代，在学术研究中，外语是重要的（虽然不会是主要的）。这至少在我们法学研究的一些误区中得到了证实。

二、侵权责任、损害赔偿责任与知识产权保护 *

（一）从一部侵权赔偿责任的书谈起

张新宝教授翻译的德国冯·巴尔所著《欧洲比较侵权行为法》②一书，是了解与研究外国这一领域法学的一部不可多得的好书。其作者是西欧侵权法的权威之一；其译者，则是中国侵权法领域的权威之一。该书几乎覆盖了西欧所有重要国家的侵权损害

---

① 参见《人民法院报》，2000-04-30。

* 编者注：该部分选自郑成思主编：《知识产权文丛》第十卷，中国方正出版社 2004 年版，第 3~19 页。

② 见《欧洲比较侵权行为法》，法律出版社 2001 年中文版。

赔偿法律及欧盟这一领域法律一体化的进程。十多年前，另一部由 B.S.Matkesinis 著的《德国比较侵权损害赔偿法》[1]，纵然也是同领域的一部优秀著作，但其一是没有中文译本，二是主要只对法、德两国的侵权损害赔偿作了比较研究，所涉及面要小得多了。

不过把这部权威之作整个读下来，尤其包括该书的下卷[2]，可能会使国内熟悉侵权法并且真正用心去读的读者产生两个问题。

第一个问题是：无论是分国论述的上卷，还是专题论述的下卷，也无论有关论述是多么精彩与深刻，该书涉及"侵权责任"的绝大多数论述与中国《民法通则》第 106 条及国内"侵权法"教科书相比，均找不到相当大的一部分民事责任。该书一般只涉及侵权行为的"损害赔偿责任"，即极少涉及诸如"停止侵害""排除危险""赔礼道歉"等等"民事责任"。在哪怕稍许触及"停止侵害""排除危险"之类的民事责任时，书中也往往要强调两点：第一，有关问题是以法院判决（尤其是避开了《民法典》的法院判决）为基础论述的；[3]第二，有关问题仅仅在"损害赔偿法的调整范围内讨论"。[4]

第二个问题是：在世界贸易组织成立之后，亦即"知识产权保护"已成为"三大支柱之一"后问世的这部书，虽举出诸多当代的侵权案例来支持有关论述，却找不到侵犯知识产权（无论专利权、商标权还是版权）的案例。全书基本不涉及知识产权保护，不论在发表该书的那个年代（1996 年），知识产权在欧洲乃至整个世界已居于如何重要的地位。

---

① 见 *A Comparative Introduction to the German Law of Torts*，1990 2nd edit，by Clarendon Press，Qxford。

② 《欧洲比较侵权行为法》下卷中文本由焦美华译，张新宝校，法律出版社 2001 年出版。

③ 参见《欧洲比较侵权行为法》一书中文本下卷第 168 页。

④ 参见《欧洲比较侵权行为法》中文本下卷第 166 页。

　　如果有人认为对这两个问题的答案可能是"作者的疏漏"或"作者没有重视应予重视的问题"，则答案是靠不住的。因为，作为某一领域的权威，作者虽不可能在论述中绝无缺漏，但也绝不可能有极重要缺漏或最基本的缺漏。

　　那么更可靠的答案就有可能是：第一，这部书所说的"侵权行为法"①仅仅（或主要）覆盖负有赔偿责任的不法行为；第二，这种"侵权行为法律制度"并不适用（或主要不能适用）于侵害知识产权的行为。

　　如果我们查询一下西欧较有影响的几部"民法典"，就会发现：上面这一答案不仅是可能的，而且是必然的。如果答案真是这样，那么对于我国自《民法通则》出台以来的侵权法的理论（至少是多数著述中所阐述的理论），就有必要作一番重新审视了。

（二）法、德、意、荷等国民法典的有关"侵权行为"的规定

　　我国《民法通则》中的"侵权行为法"条款第 106 条第 1 款："公民、法人由于过错侵害国家的、集体的财产，侵害他人的财产、人身的，应当承担民事责任。"对这一条，据说并非我们自己"想当然"制定的，而是参考了多数发达国家侵权法的条文，至少是参考了在世界上最有影响的法、德两国民法典中的侵权法条文。

　　《法国民法典》第 1382 条规定："任何行为使他人受损害时，因自己的过失而致使损害发生之人，对该他人负损害赔偿责任。"

　　《德国民法典》第 823 条规定："因故意或者过失不法侵害他人生命、身体、健康、自由、所有权或者其他权利者，对他人因此而产生的损害，负赔偿责任。"法、德这两条中的有关规定，可以说是

---

① 这里是按译者原文中译本使用"侵权行为法"这概念。

基本相同的。许多人认为，我国《民法通则》第 106 条与这两条是"相同"或"近似"的。但如果真的深入研究一下，人们会发现，我国的规定与国外的这两条，不仅不近似，而且有极大差异。因为，法、德的上述规定中，是把（实际）"损害"及"过错"（或过失）作为"损害赔偿"责任的要件；而我国《民法通则》却把"损害"及"过错"作为一切民事责任的要件！我国《民法通则》第 134 条，以穷尽方式列举了 10 种民事责任。我国法律往往喜爱用"其他"兜底，而这里却偏偏忽略了"其他"。当然这并不排除今后还可能增加新的民事责任。①但我们可以说，至少有这 10 种民事责任。这 10 种责任（"违约"除外）的前提都必须是受侵害人有实际损失和侵害人有过错，与法德仅仅要求负损害赔偿责任的前提是损失及过错，这两者之间，差别有多大，是不言而喻的。《法国民法典》第 1382~1386 条，即整个"侵权行为法篇"，《德国民法典》第 823~853 条，即整个"侵权行为篇"，都仅仅（或主要）规定损害赔偿责任，基本不涉及其他民事责任。《意大利民法典》②及较新的《荷兰民法典》③，也都是如此。那么，是这些国家的民法典都漏掉了侵权的其他民事责任，还是我们自己的《民法通则》把"以实际损失及过错为前提"的赔偿责任错误地扩大到了一切民事责任？确实值得我们认真研究。

德国民法教授克劳斯·费威格讲得很清楚："在德国民法中，第 823 条的责任与第 1004 条的责任是明显区分的"④，其中第 823 条上

---

① 例如世贸组织的 TRIPS 协议，已将"向被侵权人公开侵权人的销售渠道"作为一种特殊的侵权民事责任。事实上，停止尚未开始的"即发侵权"，也是一种在《民法通则》中找不到的民事责任，它却已在我国知识产权法中规定了。

② 见《意大利民法典》第 2043~2059 条，即该法典的"侵权法篇"。

③ 见 1992 年《荷兰民法典》第 6 部分（Book6）第 3 篇（Title3），即该法典的"侵权法篇"。

④ 见 Werner F.Ebke 所编 "Introduction to Genman Law" 一书，海牙 Klaner Lan International 出版社 1996 年英文版，K.Vieweg 所撰第 7 章 "Law of Tort"，第 119 页。

文已讲；第 1004 条则讲的是"停止侵害"责任，亦即与"物权保护请求"相对应的民事责任。《法国民法典》中虽然没有德国那样的一刀切的损害赔偿责任归"债权部分"与"停止侵害"等责任归"物权部分"的划分，但法院判案时对于确认侵权以及确定除了损害赔偿的其他民事责任这一方面，与认定侵权的损害赔偿责任的另一方面，也是分得清清楚楚的。2001 年 5 月，法国最高法院在一个知识产权侵权判决中明确指出："凡未经作者或作者的受让人许可而复制作品，均构成侵犯版权（Copyright infringement）。这与是否存在过错或恶意毫无关系。"①

应当说，在 1986 年前起草《民法通则》时，中国"物权法"研究还处于起步阶段，尚无人提出应把民事责任作诸如《德国民法典》第 823 条与第 1004 条那样的区分。但当时中国的《商标法》及《专利法》均已开始实施。至少执法人员很清楚：要制止一起专利侵权活动或商标侵权活动，绝对没有必要去寻找行为人的"主观过错"或受损害人的"实际损失"，而仅仅有必要确认生产线上或流通渠道中的假冒或仿制的事实。

实际上，在外国民法中，受法国、德国、意大利及荷兰影响而产生的其他民法典，也莫不如此。例如，《日本民法典》第三篇第五章"侵权行为"（其标题实应翻译为"负赔偿责任的侵权行为"，或直取日文"不法行为"）全章中只涉及"赔偿责任"（包括侵害精神权利、人身权的赔偿责任），而绝不涉及侵权人的停止侵害等等侵权

① 见 Editions Phebus V. Adam shaw 一案。引自 EIPR2003 年第 2 期。

责任。① 所以，即使其标题译成中文时有些不尽人意，但其内容则实质与法、德、意、荷民法典相同，与我国民法通则把相应行为的责任扩而及于赔偿责任另加七八条的"民事责任"，完全不同。

（三）英、美的有关法律与判例

英美法系的法律中，当然更找不到德国那样的"物权请求权"保护与"债权请求权"。不过，在英美法系国家使用的法律英语，被我们译为"侵权"的 Infringement 与同样被我们译为"侵权"的 Tort，表示着完全不同的含义。前者包含一切民事侵害行为。与之相应的民事责任，应当是我国《民法通则》第 134 条的全部，再加上"其他"。后者则仅仅或主要包含需要负财产损害赔偿责任的侵害行为。与之相应的民事责任，主要是我国《民法通则》第 134 条中的第（七）项（即"赔偿损失"），至多加上第（四）（六）两项，因为这两项有时不过是赔偿损失的另一种表现形式。

在英美法系国家的法院中，认定 Infringement（侵权），从来不需要去找"过错""实际损失"这类"要件"，只要有侵权事实即可。从语源上看，当初判例法选择的这个英文术语本身，正是"只需认定侵权事实"之意。"In"表示"进入"，"Fringe"表示特定范围。任何人的行为未经许可进入法定的他人权利范围，即构成侵权。而"Tort"，则含有"错误""过失"的意思。只有错误或过失

---

① 参见《日本民法典》第三篇第五章整个一章。在知识产权单行法中，日本版权法在认定被告"停止侵权"的民事责任时，绝不以"过错"为前提。只有《日本专利法》（第 106 条），对凡是侵权者，即推定其有过错。而"过错推定"只在日本、中国台湾少数几个国家或地区法律中适用。而且，日本在专利法中适用"过错推定"，勉强能言之成理。原因是向行政提出的专利申请及经行政批准专利，均要"公告"，侵权人至少是"应知"其所侵害的是有效专利。至于无需行政审批即依法产生的版权，则不能适用过错推定了。在日本版权法中，也找不到如《专利法》第 106 条那样的条款。此外，人们应当注意到："过错推定"原则与刑法中的（世界各国通行的）"无罪推定"原则存在明显的法理上的冲突，绝大多数国家也并不适用"过错推定"这一原则。

存在，"Tort"才可能产生。英美法系最权威的法学辞典，即英国的 The Oxford Compation to Law（牛津法律辞典）与美国的 Black's Law Dictionary（布莱克法律辞典），对这两个述语都是这样解释的。十分值得注意的是：英国的牛津法律辞典，在 Infringement 词条中，专门注了一句"这个'侵权'术语，较多地用在侵害专利权、商标权、版权"等知识产权，而美国的布莱克法律辞典更简洁地直接指出："Infringement 尤指侵害知识产权，即侵害了专利、商标、版权的排他权。"①

在世界贸易组织将"商业秘密"的保护从"对人权"保护提升为"对世权"保护之后，美国知识产权权威 G/E/Weston 教授曾在日内瓦的 ATRIP1999 年大会上告诉大家，这种提升的好处是强化了越来越成为企业核心财产的商业秘密。把它作为'对人权'保护时，它仅仅是 Law of Tort 的保护对象。要认定侵害了它，必须证明相对人有主观过错。而提升为"对世权"（即知识产权中的一项）之后，它成为 Law of Property 的保护对象。再认定侵权，就无需证明相对人的过错，这就更便于保护它了。请注意：在英美法系，"财产"一般指动产、不动产与知识产权，"财产权"仅指对世权，"财产法"并不涉及所谓"侵权之债"。Weston 教授的这篇讲话，实际早已得到美国有名的杜邦诉克里斯托夫判例的支持。②

英国法律中把 Infringement 与 Tort 作清晰划分的典型是版权法。

----

① 当然，查找这类辞典，一是要找英文版，以避免被水平不高的中文版译者误导；二是要找最新版本。例如布莱克法律辞典在第六版之前，尚缺少对知识产权侵权的专门解释。过去我们有的只懂中文的教授在资料中找不到外国有关商标"反向假冒"的法条，就向学生宣布这种法条"不存在"，曾使得懂外文的学生们愕然。相信这种历史在 21 世纪不会重复。

② 这一判例的中文介绍与评论，可参看郑成思主编：《知识产权文丛》（第 5 卷）；李明德：《美国商业秘密法研究》。

早在 1936 年的一则有名判例中，高等法院就指出"Infringement"
覆盖了"Tort"；Tort 仅仅是 Infringement 中需要确认过错并负赔偿
责任的那一类。① 英国现行版权法中，哪一类行为要负 Infringement
的相应责任，哪一类要负 Tort 的相应责任，更是泾渭分明。该法第
16~21 条，总标题是"版权禁止的行为"。其中规定，凡有这类行为，
就必须被禁止并负其他民事责任（包括赔偿），而无需任何前提条件。
而第 22~26 条，总标题是"二次侵权行为"。其中每一条都不厌其
烦地附上一句：要确定侵权，"需以行为人明知或应知其所销售、经
营的复制件系侵权复制件"为前提。

　　应当注意的是：我国于 20 世纪 80 年代中期前出版的《英汉法
律辞典》，大致上分清了 Infringement 与 Tort 的不同之处②，原因大
约是它的主要部分来自 20 世纪 70 年代香港出版的《英汉法律应用
词汇》。③ 而多年实施英国法的香港当年的撰写人，基本上了解 Tort
仅仅指负民事赔偿责任的那部分侵害（他人权利的）行为。

　　结论可能是：把两个法系的"侵权行为法"细心研究一下，我
们不难看到在国外作为两个问题去立法（以及在论述中去立论）的
东西，在我们这是被"归"到一块了，或可以说，是被混淆了。

　　一方面是 Tort 问题，即侵权赔偿责任的确认。这是在通常情况
下需要以过错为前提的。而作为 Tort 的严格责任，亦即侵权赔偿的
严格责任，则不需要以过错为前提，而这只是各国（包括我国）民
法在"侵权篇"（实质应是"侵权赔偿篇"）中专门列出的诸如高危
作业之类的特例。对此，国内多数人是比较了解的。

　　另一方面是 Infringement 问题。这一术语，才真正应译成"侵

---

① 　参见 Ash V. Hutchinsion and Co（publishers）Ltd，Ch（1936）489。
② 　参见《英汉法律辞典》，法律出版社 1985 年版相应辞条。
③ 　参见《英汉法律应用词汇》，1975 年港英政府印务局出版。

权"。它包含了与"物权请求权""知识产权请求权""人身权请求权"之类绝对权的请求权相对应的侵害。这种侵害的行为人所应负的民事责任，包括（但远远不限于）损害赔偿，但更包括与赔偿（乃至财产利益）无关的其他责任（如停止侵害、赔礼道歉）。这类侵权构成的确认，在通常情况下则未必以过错为前提。它的通例是无过错责任（即严格责任），只要有侵权事实，就必须负"停止侵权"责任。反倒是非严格责任或过错责任在这里成了特例，而这正是国内多数人不了解的。欧美的法学家则认为这是常识，并把它像列举常识一样放进 WTO 等公约中去。[①] 但我国对这一类公约条款不知或大惑不解的人，则不在少数。就是说，不仅我们（国内许多人）理解的"侵权"，实际上有完全不同的两种，而且我们理解的"严格责任"，也有完全不同的两种。《欧洲比较侵权行为法》正确地仅仅把过错要件（乃至"四要件"）与 Tort 相关联，并进而论及侵权赔偿的严格责任。所以该书是成功的。

如果该书作者也把"过错"作为 Infringement 的通行要件，如果他在论"侵权"行为过程中，也是时而讲的实际是 Infringement，时而又讲的实际是 Tort；在讲严格责任时，时而讲的是赔偿的严格责任，时而又讲的是停止侵权的严格责任，那么其所构架的看似科学、系统又合逻辑的法律体系，就实际上是概念混淆的、归宿离开了出发点的体系，这部书就不可能成功，也不可能在欧洲立得住并被介绍到中国来了。

事实上，不仅英、美立法，即使是德国立法，构成侵权（Infringement）与构成侵害赔偿（Tort）的界线也是分得很清的。

---

① 例子之一，是 TRIPS 协议第 44 条。更往前的例子，还可举出《维也纳国际货物买卖合同公约》第 42 条。更近的判例则有英国 Her Majesty's Attorney Genera V. Blake（House of Lord.27，July，2000.）。

近 10 年前，我在说服知识产权领域的同仁不要把这二者混淆时，就曾引述过《德国版权法》第 97 条。[①] 现在我仍旧感到：这一条把 Infringement 与 Tort 分得就如《英国版权法》的"第一侵权"与"第二侵权"一样清楚，确实值得我们参考。

（四）中国的立法及多数论述在哪里出了问题

我们如果再进一步，把英美法系的法律英文与大陆法系最具代表性的德国法中的用语作一下对比，就可以更清楚地看到：我们通译为"侵权"的东西，在这两个语种的法律用语中与我们想象或理解的完全不同。英文作为侵害民事权利的通用术语 Infringement，与德文相对应的是 Verstosen 或 Verletzen。我们称为"专利侵权"的，在相应的英文中是 Patent Infringement，在相应的德文中是 Patent verletzung；我们称为"版权侵权"的，在相应英文中是 Copyright Infringement，在相应的德文中是 Verstos gegen das Urheberrecht。而同样被我们称为"侵权法"的，在相应的英文中是 Law of Tort，在相应的德文中是 Deliktsrecht。就是说：英文与德文，在"侵权"大概念与"负赔偿责任的侵权"小概念上，均各自使用完全不同的术语，它们各有恰当的对应语，而且各均是分得清楚的。到中文里，就完全不加区分了。Infringement 是"侵权"，Tort 同样是"侵权"。

这样一来，我国的大多数本来是写 Law of Tort 的"侵权行为法"教科书，就在论述中往往不自觉地去论述 Infringement，并且把构成 Tort 的"四要件"，全部套到了确认一切侵权（即 Infringement）上。依照这种理论开展的立法，使中国的一大批权利人，尤其是

---

① 《德国版权法》第 97 条是："请求禁止令与损害赔偿之诉"，其第 1 款规定："针对侵害版权或本法所保护的其他权利，被侵权人可请求获得仅侵权人停止侵权的禁令……；如果侵权人有故意或过失，被侵权人还可以请求获得损害赔偿。"

知识产权权利人倒了大霉。[①]原因是国内学者把 Infringement 放进 Tort 中去讲"侵权行为法"，就把国外一大批本不需要原告去拿出被告主观过错等要件的纠纷，统统套入了 Tort 之中。而上文讲过，Infringement 是个大概念，Tort 只是其中需要证明过错并必须负赔偿责任的一种。现在我们却倒过来把大概念放入小概念中。因为毕竟不是天方夜谭中可以进入小瓶子中的大魔鬼，所以实际上又绝对放不进去。我们一系列失误的立论（有的已成"体系"）及立法，即从此而来。

本文之初提到的冯·巴尔的《欧洲比较侵权行为法》则是清清楚楚地只论 Delikt（Tort），并不涉及 Tort 以外的 Infringement，因此也不可能涉及知识产权侵权。于是该书就写得明明白白，清清楚楚。该书之所以成功，有多种因素。至少在出发点上就并未混淆概念，没有打算把大魔鬼装进小瓶子，没有打算用"四要件"去套 Infringement，只是去套它们所能套的 Tort，该书就不会发生"出发歪一步，越走越离谱"的结果。

从历史上讲，我国学界（乃至立法中的一部分）自始未分清 Infringement（侵权）与 Tort（负赔偿责任的侵权行为）的区别，这是与我国有形财产规范与知识产权规范在时间上"倒置"有一定关系的。

包括法德意荷在内的大多数西方国家，均是首先完善了它们的有形财产法律体系，而后才逐步完善其知识产权法的。而我国改革

---

① 我说只是知识产权权利人"倒了大霉"，是因为"物权"这种对世权的权利人，在国内民法学家把"物上请求权"的保护从侵权法中再度分离出来之后，实际又回到了德国对 Delikt 与 Verletzen 的区分。只是法学家们在这里始终回避把行为人对物权的侵害称为"侵权"，只从相反角度称"对物权的保护"。而现有的中国知识产权法由于制定在先，从未考虑过在其中加一段"知识产权请求权"去避开"四要件"这个帽子，因此"倒了大霉"。

开放之后，参加的第一个民商事领域的国际公约，是《世界知识产权组织公约》。在 1979 年，有形财产立法在我国尚无踪影，知识产权领域的三部主要法律——专利法、商标法、版权法已经同时开始起草。《民法通则》出现之前，专利法与商标法不仅颁布，而且实践了数年。版权法草案也于 1986 年首次提交全国人大法工委。由于知识产权制度主要是从发达国家"引进"的。几部知识产权法在(《民法通则》起草之前的）起草过程中，非常注意了解与借鉴发达国家已有的法律及已有的国际公约。而借鉴中主要参考的公约、法条均系英文本。与上文所述的英、美两个法律辞典的记载相同，在所有外国法条及国际公约中，凡涉及知识产权领域的侵权，均使用 Infringement，从未出现过 Tort，把这二者区分得很清。同时，绝大多数国家的知识产权法，均未曾规定在认定 Infringement 及采用下禁令等民事救济时，需要以"过错"为要件，更谈不上所谓"四要件"了。

1986 年的《民法通则》，并未明文承认"物权"等对世财产权，却把知识产权这种对世财产权纳入了。理由也很简单，当时知识产权中的"工业产权"，立法已经基本完成了，《民法通则》对此不能无视。但规范侵害对世权的民事责任时，人们却只能套用自己较熟悉的"侵权赔偿责任"（即 Tort）中的适用原则。这种套用没有伤着当时尚不存在的"物权"保护，却实实在在地伤着了已经存在的知识产权保护。

由于无"四要件"即"无过错""无实际损害"等等就不能认定 Infringement（侵权），当然更不能要求行为人停止相关活动。于是在很长时间里，权利人只能眼睁睁地看着有关活动从准备到生产，直至进入流通领域（即有了"实际损害"），才能"依法"维权。面对权利人的无奈，中国法院后来不得不推出了"过错推定"原则。

这一解决途径确有其历史功绩，但这一原则的这种适用方式，实际上已经偏离了它的来源理论。而且，世界上即使在其来源理论基础上采用这一原则的国家，也屈指可数。它至今未从根本上解决我国司法与执法实践面临的问题。正因为如此，身居第一线的法官，从处理知识产权侵权纠纷出发，在今天发自内心地疾呼：应如建立"物权请求权"一样，建立"知识产权请求"制度。① 也由于 Tort 的四要件套住了知识产权领域 Infringement 的责任，我国专利法中长期不能引入"许诺销售权"（即在"许诺"阶段就要要求行为人负侵权责任），我国知识产权法不能禁止"即发"的侵权行为，我国《商标法》甚至 1993 年在认定侵权中还走了回头路（即增加了"明知"要件）。这些，若不是中国有必要"入世"，而世贸中的 TRIPS 协议又无可商量地要求增加相应内容或理顺不适应的内容，我们是很难改为今天知识产权法这种行文的。应当说，为"入世"而"修法"的"理解的要执行，不理解的也要执行"，实在帮助了中国知识产权保护从两类"侵权"（即 Infringement 与 Tort）相混淆的误区中，挣脱了一部分。但远远没有完全挣脱。②

由于我们的"侵权法"在基础理论上，将 Infringement 的责任与 Tort 的责任混淆为一，将确实适用于 Tort 的"过错"前提套在了全部 Infringement 上面，我国相应的诉讼中缺少了"协助侵权"概念（Contributory Infringement），或将协助侵权责任与"共同侵权责任"及"侵权的连带责任"混为一谈。在国际上，协助侵权人与主侵权人相比，仅仅负过错责任，而主侵权人则往往需负无过错责任。

---

① 见《知识产权研究》2003 年第 13 卷，北京高级人民法院法官陈锦川的文章《试论知识产权请求权的初步确立》。

② 例如，我国 2001 年《著作权法修正案》第 52 条。请读者将这一条与我国 2000 年《专利法修正案》第 63 条及 2001 年《商标法》第 56 条作一下对比，就会发现明显的差异。

这在世界上第一部系统的知识产权法教材的第一版，就非常明确了。[①] 当然，该书是在归纳了在它之前上百年、至少几十年（如本文上述 20 世纪 30 年代的 Ash 一案）以来的司法与立法实践得出的结论。但在我国仅仅依据《民法通则》中失误了并且不完整的第 106 条及"侵权法"通行理论，受侵害的权利人必须把主侵权人诉上法庭，才可能考虑是否把协助者作为共同被告或负连带责任者包纳进诉讼之中。而无论对前者或后者，原告均须证明其有"过错"。如果主侵权人在实践中不易诉（例如是个群体，例如人不在国内并且也无可执行的财产在国内），那么被侵权人就活该倒霉了。因为按我国现有"侵权法"已有的法条及已有的理论（即混淆了 Infringement 与 Tort 的法条及理论），被侵权人不能越过主侵权人去直接诉"共同"或连带责任者。法官会问：他与谁"共同"侵了权？他与谁一道负这个"连带"责任？"我们法律中的共同侵权人与国外财产保护制度中独立可诉的"协助侵权人"，完全不是一回事。

也部分是出于将 Infringement 与 Tort 混淆，国内目前没有侵权中的"转承责任"（Vicarious Liability）。设计中的民法草案"侵权篇"，有人把这称为"替代侵权"或"代理侵权"，实在离原意太远，主要也还是直接搬用了我国台湾学者的译法。转承责任人往往自己并无任何直接或间接（哪怕是协助）的侵权活动；转承责任人必须与主侵权人之间有利益关系，但未必要以"过错"为前提。这些，又都是我们研究得太少，论述得太少，或论述上出现了极大偏差的。

在网络时代，"协助侵权"及"转承责任"的数量与过去相比剧增，缺少这两个概念，缺少在这两个概念的形成上对以往的混淆的避免，

---

① 参见 W.R.Cornish 著：Interllectual Property，1981 年 Sweet and Maxwell 伦敦第一版 Common Ground 部分。该书其后又修订过三次，但其中关于侵权责任的通述，与第一版相比基本无变化。

缺少了相应的建筑在正确理论上的制度，我国的网络信息事业是不可能健康发展的。①

"协助侵权"与"转承责任"在各国的 Tort 法（或 Delikt 法）中均有，因此我国相应论述中也有。在这点上中外差别似乎不大。但与协助侵权人相应的主侵权人，即使在并非我国《民法通则》第122~127 条所覆盖的情况下，也可能负无过错责任，这在多数外国法律或经典专著中是明文指出或不言而喻的，在我国法条及多数著述中，就大相径庭了。我们的误差点，主要在协助侵权人与主侵权人责任的对比上的泾渭不清。其根源，即在我们许多人自始就混淆了 Infringement 与 Tort。

最后，人们应当注意到:《欧洲比较侵权行为法》，无论分国论述，还是分责任论述，均不涉及侵权（Tort）的刑事责任。该书的上卷第六章，正是把刑法放在侵权法之外，正如把宪法放在侵权法之外去作比较的。前文引述过的其他国外侵权法经典论著也只在并列论述及比较论述的情况下涉及刑法。从法理上讲，以及从国际公约的原则看，"债"的责任中，也不应包含刑事责任。② 在这点上，我国民法学者在起草"侵权责任"篇时，倒是与国际上一致了。这时他们又回到了"Tort"上，即仅仅讲侵权的"损害赔偿责任"了。但人们不要忘记:中国的《著作权法》《商标法》等等单行法律，则都已经全面规定了侵权的刑事责任。③ 知识产权国际公约中，也重

---

① 早在 2001 年 7 月中央法制讲座中，我就强调了这一点。在该讲座内容后来发表的部分中，也完全保留了这一点。参看 2001 年《网络安全》《河南政法管理学院校刊》《电子知识产权》2002 年《北方交通大学学报》等杂志。

② 参看《公民权利和政治权利公约》第 11 条。

③ 参看《著作权法》第 47 条、《商标法》第 59 条，等等。

点地规定了侵权（Infringement）的刑事责任。[①]如果我们的民法学者自始讲述的就是广义的侵权（Infringement）而不仅仅是应负赔偿责任的侵权（Tort），在起草"侵权责任"篇时，他们本不应忽略掉单行法中侵权的刑事责任。这里唯一的解释是：在这一责任问题上，许多人又从 Infringement 晃动回 Tort，而不像冯·巴尔等国外学者那样始终如一。

我国的《刑法》中规定：知识产权侵权（除专利侵权外），情节严重的，均须负刑事责任。这里讲的"情节严重"，绝不仅仅是说"损害赔偿责任"越大、赔偿数额越高的，越要负刑事责任。在这里，"损害赔偿责任"与刑事责任并不像有的学者论述的那样，发生了"重合"，这两种责任是不可能重合的。要讲清这两种责任，仍须回到 Infringement 与 Tort 的区别这一根本问题上去。Tort（负赔偿责任的侵权行为）的责任仅仅是，也只可能是民事的；而涵盖了 Tort 的 Infringement（真正意义的"侵权行为"）则涵盖面要大得多。从一个角度，它涵盖了 Tort 之外的，与"过失""实际损失"等并无关系的侵害行为；从另一个角度讲，它又涵盖了 Tort 责任根本解决不了的，即不仅有过失，还须有故意，同时危害了公共利益的（即应负刑事责任的）严重侵权行为（即 Violent Infringement）。这一部分责任，与 Tort 责任也是并列的。外国学者（例如冯·巴尔）在"四要件"之下论"Tort"（侵害赔偿责任）；我们的学者，则在"四要件"之下论"Tort""Infringement"与"Violent Infringement"。帽子之与头不能相适，是显而易见的。

---

① 参看 WTO 的 TRIPS 协议第 61 条。

（五）对我国侵权法结构的建议

对比《欧洲比较侵权行为法》一书，我们可以看到：2002 年底提交全国人大的《民法（草案）》中的"侵权责任法"一篇（可简称"侵权篇"）的"一般规定"，仍旧沿袭了《民法通则》第 106 条，这种结构的缺点是十分明显的。

第一，一部分内容与同一部法中"物权篇"的"物权的保护"重复，却又在是否需要"四要件"（至少是"过错"要件）方面与后者冲突。让人无法区分在什么情况下，承担"停止侵害""排除防害""消除危险"等等的侵权责任以过错为要件（如"侵权篇"所规定），在什么情况下负同样的责任又无需以过错为要件（如"物权篇"所规定）。

第二，在"一般规定"之外，这一"侵权篇"实际上仍旧涉及或绝大部分只涉及《民法通则》第 134 条（9）项侵权责任之一的"赔偿责任"。原因也很简单，因为虽在一般规定中讲了"停止侵害"须以过错为要件，但为什么要如此，从法理上根本讲不通，所以接下去就只能避开这些本不应以过错为要件的责任，只能仅仅去讲确实应当以过错为要件的赔偿责任。

第三，迄今为止，一部分民法学者要求在合同篇与侵权篇之上，设一个"债权总则"。当然也有一部分学者不同意。① 其不同意的理由我大致赞成，不打算在这里重复。除此之外，还有两点理由是：（1）民法学者通说认为财产权下覆盖着物权与债权。而现有民法草案"侵权法"中所含的"停止侵害"的一部分（如停止精神权利侵害），赔礼道歉等等责任，是什么"债"，又属什么样的财产权？从司法实践角度看，中国最高法院的"精神损害赔偿"司法解释中，可以看到有一大部分侵害精神权利（虽然属于"侵权"）的行为是不

---

① 参见上海《法学》杂志 2003 年第 5 期，覃有土的文章《我国民法典中债法总则的存废》。

能让行为人负财产或金钱赔偿责任的。将这一部分"侵权责任"放在"侵权篇"中，"债总"这种财产权的总则，就无法把它们"总"进去了。于是我们不仅在民法基本理论上看到了"财产权包括物权与债权"的说法出现了无法解释的盲区（无需赔偿的那部分侵权之债，属于什么"财产"？），而且可预见到"债总"中的内容，必然与"侵权篇"中赔偿之外（及有财产利益之外）的侵权责任"文不对题"。（2）把物作为财产的体现者还可以说得通，而把行为作为财产的体现者，则除"服务"这种行为外，大都很难说得通了。

在认真读过《欧洲比较侵权行为法》之后，在仔细研究过法德意荷诸国民法典的相应侵权赔偿责任条款之后。我个人得出的结论是：把"Tort"译为"侵权"并引入中国法律，可能是"从欧及日，从日本及中国台湾"，我们又不加分析地承接自日本、中国台湾的"民法"用语及理论上又一误区。《日本民法典》将德国的Deliktsrecht 或英美的 Law of Tort 在日文中以"不法行为法"相对应，用语上与 Delikt 是相近的。日文中本无"侵权"一词。在《日本民法典》的中译本"侵权行为"第五章中只含有关于侵权损害赔偿条文。因此其"过错"等要件，绝不会套用到"停止侵害""排除防害""赔礼道歉"等等上面去。就是说，它对司法实践并无危害。只是"题"（形）欠妥，而"文"（实质）则仍旧是对的，即其中确实仅仅涵盖Tort 行为。中国台湾再转译日文，Delikt(或 Tort)就被译成了"侵权"。同时"Infringement"也同样译成了"侵权"。问题就来了。这里问题的关键是我们承接过来后，加以扩充。不仅正确地把属于 Tort 的行为放入"侵权行为法"，而且错误地把一切属于 Infringement 的行为也全部放进来。这就形、质皆错，给司法进程，给权利人维权的路上设满了本不应有的障碍。最可怕的后果就是：对于一切侵权行为人，只有先认定其有过错，才能确认侵权（Infringement），进而才可能要求他停下来，否则他有权一直干下去！

迄今为止，我国大多数法院在侵权纠纷的判决书中，如果不先声明"行为人有主观过错"，是绝不敢接下来判其停止侵害的。即使那事实上明明白白是侵害，判决书中致多敢讲"不法侵害"，绝不敢确认这种"不法侵害"实质上就是"侵权"。这几乎近似"文字游戏"的例行判决词，实在饱含着许多法官与被侵权人的无奈。正如上文引述的法国最高法院的判例却表明：在出台第一部最有影响的、包含侵权赔偿责任的民法典的法国，法官在认定未经许可的复制行为构成侵权时，则无需费力去证明复制者是否有"主观过错"。

民法立法是百年大计，立法者们必须把基本概念搞清楚，再去下决心。学者写书，如果分不清 Infringement 与 Tort，最多引起异议、商榷及争论。但如果立法者也不将其分清，那立出的法，可就不仅对权利人、对司法、执法人员不利、不便，而且对我国的市场乃至社会带来不容低估的负面影响。所以，我感到：现在确实到了我们的立法者在侵权法领域把基本概念搞清楚的时候了，这应算是第一个建议。

具体到"侵权法"的结构，似可以不以现有的法、德、意、荷、日乃至中国台湾地区的侵权赔偿责任的窄框架为蓝本，而延续我国已经在近二十年中把（至少）9 种侵权责任在一篇中加以规定的名实相符的"侵权法"（或侵权责任法）。与已有法不同的（即应加改动的）是：要把无需"四要件"的那部分侵害责任（如停止行为责任）与必须有"四要件"的那部分侵害责任，明确区分清楚，这种修改并不大，但却是实质性的、极端重要的。

以这样的框架起草"侵权法"，可以省去"物权篇"（或者还有人格篇、知识产权篇）中"物权保护"中的除"确认权利"之外的绝大多数条文。因为它们都进入"侵权法"中无需"过错"等前提的那部分侵权责任中了。这种立法选择的优点是纹络清晰且避免重复。

当然，如果多数人坚持以多数外国现有民法的框架为蓝本，我认为也可以接受，但要明确其篇名为"侵权（损害）赔偿责任法"。如果仍不能获得人们赞同，我认为还可以接受，完全按《日本民法典》第三编第五章的标题与行文去起草。但绝不可一方面于行文中增加日本法该章中所没有的其他民事责任，一方面却又把该章仅适用于赔偿责任的"过错"前提强加到其他民事责任上。即使作出了这样的选择，在立法说明中也必须讲清：我们这部法中所说的侵权，仅仅指负赔偿责任的侵害行为；其他侵害行为，例如与物权请求相对应的"侵"害物"权"行为，只能称"侵害"，不能称"侵权"。①这种选择的缺点是：中国的法律语言在侵权法领域与普通人的常识有点不符。要让对方停止侵害，却不能认定对方侵权，虽然谁都知道他"侵害"的正是我的某种"权"。同时，正如李锡鹤教授在《华东政法学院学报》2002 年第 2 期上的"侵权行为两论"中所说，侵权与相关责任是相呼应的，要人负停止侵害或者赔礼道歉的责任而又不能认为其侵权，在逻辑上存在障碍。此外，这一选择的另一结果是：在"物权法""人格权法"及"知识产权法"（不论它是否纳入民法典）中，就都得各自有明确的、不以过错等等为要件的"物权请求权""人格权请求权""知识产权请求权"。这些都是绝对权。以免与"侵权赔偿责任"中的相对权混淆，这样在行文上整个民法典肯定难免多次重复。

有的学者主张沿用现有对"侵权法"的理解及采取相应立法框

---

① 同样，在这种立法出台后，我国再翻译 Infringement，也只能译为"侵害"，不能再译为"侵权"。那么进一步的提问，将是"侵害了什么"？虽然这种"侵害"针对的，只可能是某种权利。

架。从方便教、学双方多年来的"习惯"，并在一定程度上与多数外国法律已习惯地译成的中文相一致这两个角度，我认为这一主张似可接受。但如果认为应当像现在这样把侵权赔偿与停止侵害等不同责任的要件一直混淆下去，把认定 Infringement 的要件全部套入 Tort 中去，在《欧洲比较侵权行为法》的理论框架内去谈停止侵害知识产权，销毁及扣押侵权复制品等等侵权责任，则是无论如何也不可接受的。因为这并不是外国的立法成例，而是被我们所理解错了的、并不存在的所谓"外国的立法成例"。《欧洲比较侵权行为法》一书正应当是对我们错误理解了国外 Tort 及 Delikt 真正含义的印证。

我们的一部分民法研究者及一部分侵权法教科书，将仅仅可以戴在侵权损害赔偿责任（即狭义侵权责任或 Tort 责任）上的小帽子——"侵权构成四要件"，硬要戴到侵权责任（即广义侵权责任或 Infringement 责任）上去，已经给正常的司法造成了障碍。现在如果这顶小帽子还不回到它的原处，则必然形成侵权责任(Infringement 责任）的"紧箍咒"，真正妨碍了民法典侵权篇的逻辑性与科学性。

值得注意的是：我国的理论研究及立法虽然在一定程度上把仅适用于 Tort 的"四要件"（小帽子）错戴在了 Infringement（广义侵权）之上而给司法及其他执法设置了障碍，也给权利人尤其是知识产权的权利人维权带来了困难。但是最高人民法院的司法解释则早已在多处突破了这种失误，作出了符合大多数国家法律、符合国际条约、也符合我国实际的司法解释。其中较典型的，是 2002 年《最高人民法院关于审理著作权民事纠纷案件适用法律若干问题的解释》及 2003 年《最高人民法院关于审理专利侵权纠纷案件若干问题的规定》。① 我国许多下级法院正是因为这些司法解释的颁布，才如释重负，可以绕开"四要件"，真正按公平、公正的原则去制止侵权了。②

我们在进一步的理论研究及立法中，很有必要参考最高法院的这些司法解释。这些司法解释来自我国的审判实践，即"判例"。我国不是判例法国家，判例一般不像英美法系那样一定作为立法的依据。但在法德等大陆法系国家均开始重视判例、并不绝对否认一些判例可以作为立法来源的今天，我们作为它们的"学生"，似乎也没有必要断然拒绝在立法中参考判例及来自判例的司法解释了。

三、知识产权侵权归责原则 *

在一个国家，"侵权行为法"的研究及立法完善，对于知识产权保护，是至关紧要的。反过来讲，一个国家在完善其知识产权制度的过程中，往往很容易使其过去不被人们重视的侵权行为法的滞后与不完善一面，突出地显露出来。在我国，情况正是这样。

国际工业产权保护协会（AIPPI）从 1996 年中到 1997 年初，召开了一系列专家会，讨论侵犯知识产权的"无过错责任"问题。到会的 60 多个国家的专家，除葡萄牙等极少数国家之外，几乎在介绍其本国知识产权立法与司法时，都谈到了在确认是否侵害了知识

---

① 例如，法释（2002）31 号，即《最高人民法院关于审理著作权民事纠纷案件适用法律若干问题的解释》第 20 条规定："……出版者尽了合理注意义务，著作权人也无证据证明出版者应当知道其出版涉及侵权的，依据民法通则第 117 条第 1 款的规定，出版者承担停止侵权、返还其侵权所得利润的民事责任"。这一"解释"巧妙地绕开了《民法通则》第 106 条的"要件"而直达"民事责任"的第 117 条，与国际惯例是完全一致的。

② 例如，在 2003 年 8 月 23 日，由中国法学会知识产权研究会举办的"计算机软件保护制度 12 年回顾与未来展望"研讨会上，北京高院的陈锦川法官曾深有感触地说：最高法院 2002 年的 31 号司法解释，算是给我们开了一条路，要不然许多案子真没办法判了。

* 编者注：该部分选自郑成思著《知识产权法新世纪初的若干研究重点》，法律出版社 2004 年版，第 115~143 页。标题为编者自拟。

产权并要求侵权人停止有关侵权活动时，应采用"无过错责任"原则；在确定是否赔偿被侵权人或确定赔偿额度时，适用"过错责任"。这几乎在国际会议上是无争议的。^① 日本东京知识产权研究所（日文"知的财产研究所"）主任研究员岩田敬二以及中岛敏等专家则进一步谈道：在日本，以及在多数发达国家，针对知识产权纠纷原告的"物权主张"，对被告适用无过错责任原则；针对原告的"债权主张"，则对被告适用过错责任原则。^② 这可以看做是对上述 AIPPI 意见的进一步说明。

这个问题到了我国，就不这么简单，认识也远远不这么一致了。知识产权侵权认定时应归入"过错责任"还是"无过错责任"？这是一个已经由司法实践摆在我们面前不能不回答的问题，也是在我国知识产权法修订中应进一步加以明确的问题。而在我国知识产权立法框架基本形成的 20 世纪 90 年代初之前，它还属于一个无法讨论的问题。原因是研究它的人太少，很难讨论起来。^③

1996 年，一篇发表在《著作权》上的文章，启发了人们对一些问题的思考。^④

（一）侵犯知识产权归责的不同情况

知识产权固然与其他民事权利一样，都有自己的特殊性，但还多一点与其他许多民事权利不同的"特殊性"——即人们对知识产权特殊性的认识，往往在各国制定民法典（包括"民法通则""民事立法纲要"等作用相近的基本法）时，还不深刻。因为它毕竟是远

---

① 参见 AIPPI 年报从 1996 年第 4 期到 1997 年第 1 期。

② 1997 年 2 月 21 日，在中国贸促会与中岛敏等日本客人座谈记录。

③ 我读到的文章、专论中，仅 1990 年中国人民大学硕士研究生曹里加的学位论文中，涉及专利侵权的无过错责任。

④ 参见《著作权》杂志 1996 年第 4 期，刘波林、王自强的文章"侵害著作权的过错责任"。

在物权、债权、人身权等权利产生、甚至法律对这些权利的规定已臻完备之后，方才因商品经济及技术的充分发展而产生的一种较新的民事权利。近 200 年前《法国民法典》的立法者，与十多年前中国《民法通则》的立法者，在当时各自的立法阶段，对知识产权认识的深度，均以较相同的形式，反映在了两部不同的法中。

不尽相同的是：法国现行《知识产权法典》（及德国、西班牙等一大批欧陆法系国家）立法者公开承认了基本法立法时对知识产权特殊性认识的差距，于是在知识产权法条文中明文规定了在哪些情况下适用基本法，在哪些情况下不适用基本法、而适用本部门法的特殊规定。这些国家的学术著作对上述认识上的差距也有相应的承认。我国则是在现行知识产权立法的条文中对上述认识上的差距承认较多（但不及有些民法法系国家完全）；而学术著作中则较欠缺。更多著作是强调当年所立基本法的一切，应毫无更改地完全适用于在后的人们认识已深化时制定的知识产权法。在讨论知识产权问题（不限于归责原则）时，应注意离开这一误区，并应把这与"否定民法上的一般原则"区分开。否则等于自动把自己的知识产权法研究束缚在多年前他人的既定认识水平之下。

知识产权（特别是其中无需行政登记即可依法产生的版权），由于其无形、具有地域性、受法定时间限制之类物权等民事权利不具有的特点，权利人的专有权范围被他人无意及无过失闯入的可能性与实际机会，比物权等权利多得多、普遍得多。就是说，无过错而使他人知识产权受损害，在某些情况下有"普遍性"。而侵害物权则没有这种"普遍性"。他人的院墙你不应翻过去，他人的电视机你不应搬走，这对绝大多数人是明明白白的。

于是，无过错给他人知识产权造成损害的"普遍性"，就成了知识产权领域归责原则的特殊性。同时，在知识产权侵权纠纷中，原告要证明被告"有过错"往往很困难,而被告要证明自己"无过错"又很容易,这也是带普遍性的。

在中美知识产权谈判中及谈判后,因盗印他人视盘、唱片而被关闭的厂家中,确有与"作品提供人"签了版权合同而对方作过"不侵权担保"。[①]事实上,也确实不可能要求任何厂家明确无误地了解全世界的作品提供者孰真孰假。可以说,个别被关闭的厂家是"无过错"的。但如果我国当时真有法院宣布这种印、售盗版(可能不宜称"盗版",因有提供人的担保)制品的厂家"不侵权",则在世界上将引起的哗然是可想而知的。

在近似的图书出版中,强调"过错责任"的弊病就更明显了。在许多情况下,被侵权人虽然能见到充斥于市场的侵权制品,但根本无法确认谁是抄袭者或其他侵权人。乃至难以断定是否存在出版者之外的侵权人。他只能到执法机关告出版者。在出版者不承担侵权责任(也不负连带责任、不成为"诉讼中第三人")的情况下,它没有义务向被侵权人指明侵权作品提供者的真实姓名、住址等等。而且,即使出版者提供了有过错之责任人(抄袭者或其他人)的姓名、地址,也多将使被侵权人主张权利困难乃至不可能。例如,如果抄袭者在广州,而原告及出版社均在北京,原告需赴广州起诉。因为即使有侵权印刷品在北京流通,由于出版者及其后与出版者同样有非侵权担保合同的发行者的行为,均因无过错而不构成侵权,北京既不是被告所在地,也不是侵权行为地。如果抄袭者在美国,情况(对权利人来讲)就更糟了。

在作品尚未发表的情况下,实行"过错责任"原则,权利人(往

往是作者）受到的损失更难以弥补。因为有的作品的价值正在其首次发表之时。

仅仅追究侵权作品提供者的侵权责任，在绝大多数场合不可能补足被侵权人的实际损失，也不可能阻止其损失被进一步扩大。由于这里的假定前提是无过错的出版者及发行者均非"侵权人"，故不能说阻止"侵权"活动进一步扩大。

有人认为被侵权人从抄袭者（或者他侵权作品提供者）那里获得的赔偿不足，可以以"不当得利"为由要求无过错出版者返还"不当得利"，并且是"原则上均依受害人所受损害程度确定赔偿责任"。[1]这里有几个问题将在受害人请求赔偿的诉讼中难以解决。第一，按照"过错责任"原则，受害人所受之"害"并非来自无过错的出版者，他有何依据向出版者求偿？第二，出版者已被定为非侵权人，其"赔偿责任"从何而来？所以，在这种场合，被侵害人真正获得补偿的可能性，是微乎其微的。君不见，即便在被认定是侵权人、负连带责任人或第三人的情况下，知识产权权利人都未必能从他们那里得到实际赔偿，更不消说首先把他们排除在"侵权"之外了。

至于说无过错的出版者的行为未必不违法，故可以以"违法"为由阻止其进一步印制（及发行）有关权利人的作品。这在实践中也往往做不到。即使做到了，也往往是滞后的。即在有关作品已经进一步进入流通渠道、难以收回之后。当权利人作为原告发现市场上有证据确凿的侵权印制品时，其第一步往往希望在承担诉讼保证金的前提下，要求法院下临时禁令，先中止有关侵权制品的印制或（和）发行，而不是等最后法院判决，有过错者侵权成立之后，出版者再印制发行也将有过错时，再去禁止。那就太晚了。按国内（及

---

[1]　参见《著作权》1996年第4期，第10页。

国外）有些知识产权要案判决的难度，许多侵权纠纷几年之后方能判决。那时再禁止印制发行已失去了意义。同时，在这个期间（判决之前），依"过错原则"而不可能成为侵权人的出版社发出的印刷品，在出售、出租、上网或其他过程中，已可能使第二级、第三级乃至更远的第四级"无过错"的经营者都获了利。要作者在几年之后，再逐一找这些"不当获利"者求偿，如果不是完全不可能，也是极端困难的。

在专利权、商标权领域，也会出现相似的情况。不同的是，由于专利、商标授权前后都要"公告"。因此，有人可以认为凡未经许可而使用之人均有过失。但专利领域的律师（或其他人）也会以专利的不同技术领域过广、每年发布的专利文献过多，不可能要求某一特定小范围的生产者全部知晓等理由，申诉其"无过错"。

所以，主张在知识产权领域全面适用"过错责任"原则的看法，是为未经许可的使用人（先不言其为"侵权人"）着想过多，而为权利人着想过少。如真正实行知识产权领域内全面的"过错责任"原则，那么现行的知识产权保护制度在很大程度上就丧失了实际意义。

当然，并不是说"过错责任"原则在知识产权领域就完全不适用。在这点上，我很赞成不宜"不适当地扩大责任人的范围"。[①] 正如法理学家们常讲的一个例子：中世纪晚期一位北欧国王战败而导致亡国，责任追到其将士则可，但若追到为他钉马掌的铁匠，就太扩大了（虽然国王战败的原因之一，是马失前蹄）。

在直接出版印制侵权出版物的人之外，发行者的一部分，为侵权物品或侵权活动提供仓储、运输、场地、机器等等的人，亦即我们常说的间接侵权人中的"共同侵权人"（Contributory Infringer），

---

① 参见《著作权》1996 年第 4 期，第 11 页。

在确认其侵权责任成立时，则真的应考虑"过错责任"原则了。这就是为什么讲，只是在"某些情况下"，而不是在一切情况下，应适用"过错责任"原则。

既考虑知识产权权利人维护权利的可能性及便利，又不致把侵权责任者范围无限扩大，要达到这一两全的目的，最可取的似乎是对侵权第一步（未经许可复制，或作为直接传播的第一步如表演等等）利用作品的行为，对未经许可制作、使用等利用专利发明创造的行为，适用"无过错责任"原则；而对其他行为，以及对一切间接侵犯知识产权行为，考虑"过错责任"的原则。

值得提出的是：有文章曾经正确地举出的复制者可证明自己无过错的例子（"受抄袭者欺骗、经适当查询权利状况后仍未能知晓实情"）①，也正是许多作者与版权人所担心的，正是他们认为至少侵犯复制权应归入无过错责任的重要原因。因为，"过错责任"，在知识产权领域的全面适用，尤其是上述排除过错的例子，可能对不法复制者的下列做法是一种客观上的鼓励：在被诉侵权后，与抄袭者或其他侵权品提供者补签一份提前了缔约日期的"不侵权担保"合同，以此"约束"被侵权人及法院；再补作一份"查询证明"，等等。在"关系学"盛行的今天，在我国极难识别这些"无过错证明"的真伪。

（二）国外可借鉴的内容

同知识产权领域的其他一些问题一样，侵权认定时的归责，虽然在中国还"远远没有解决"，在国际上则并非如此。国外的已有可供我们借鉴的成例是不少的。不仅在一些国家国内法有、学者著述中有，在国际条约中也有。我们不可不注意中国的特点，也不可拒

---

① 参见《著作权》1996 年第 4 期，第 11 页。

绝借鉴国外成例而重复别人多年前已作过的工作。

民法中侵权法比较发达的德国，在主要以《德国民法典》第 823 条规定了"过错责任"原则的同时，却以第 278 条、第 831~836 条等诸多条款，规定了"无过错责任"原则。除此之外，德国还在 1978 年的《严格责任法》① 以及《水供应法》、1952 年的《道路交通法》、1936 年的《空中交通法》、1959 年的《原子能法》等许许多多专门法律中，进一步明确与补充了这一原则。这一原则在知识产权领域之外的适用，又与同是欧陆法系典型的法国有所不同。例如，德国 1952 年《公路交通法》在确认无过错责任时，将同时考虑受侵害人的相应过失，而法国 1985 年《公路交通法》却对此不予考虑。就是说，法国的"严格责任"原则，比德国更严格，这一点也相应地反映到了知识产权法中。

知识产权界的同仁们，引用了某些国内已有的论述，阐明现代无过错责任原则可能在有的国家是工业革命后才随生产与技术的发展而产生的。② 我感到他们应当在自己的领域再向前走一步。即指出知识产权的许多客体也正是随着生产与技术的发展而产生的；故在过错责任的原则上发展起来的无过错责任原则，非常可能顺理成章地适用于这一民法中发展起来的新领域。我们没有理由要求研究一般侵权责任的论述做到这一点。专门研究德国侵权法的 B. S. Markesinis 先生，在其著名的《德国侵权法比较导论》一书的 1993

---

① 该法中所说"严格"责任，正是我们要讨论的"无过错"责任。这二者并无大区别。在美国法中，严格责任也与无过错责任完全等同。可参见美国的 Black's Law Dictionnary 中"Strict Liability"词条。只是在英国，其刑法中严格责任与无过错责任等同；民法中二者却有细微区别。可参见英国 The Oxford Companion to Law 中"Strict Liability"词条。本文中将在等同的含义下使用这两个术语。

② 参见《著作权》1996 年第 4 期，第 14 页注脚①及注脚②。

年版本中，依旧只在第 2 章 A 节第 1 项的（e）分项中，擦了一点知识产权的边。但专门从事知识产权的学者，如果只走到这一步，就显得不够了。

德国的知识产权法学者 A. Dietz 博士，则对这一问题作了明确的阐述。他说：当侵权行为（这里他使用了"acts of infringement"，即开宗明义告诉人们所论及的是已确认为侵权的情况）既非故意，又无过失时，德国 1995 年的《版权法》规定了司法救济的某些例外。[①] Dietz 的论述并不是仅凭"推想"而来，是有德国法律条文为据的。

在德国 1995 年修订的《版权法》第 97 条（1）款中规定：受侵害人可诉请对于有再次复发危险的侵权行为，现在就采用下达禁令的救济；如果侵权系出于故意或出于过失，财还可同时诉请获得损害赔偿。

该法第 101 条（1）款也规定：如果侵权行为人既非故意，又无过失，却又属于本法第 97~99 条依法被下禁令、被令销毁侵权复制件或移交侵权复制件之人，则在受侵害人得到合理补偿的前提下，可免除损害赔偿责任。

这里规定得再清楚不过了：过错（明知或有过失）的有无，是确认可否（并非一定）免除赔偿责任的前提而不是认定侵权的前提。应当说，这种规定方才对被侵权人与无过错侵权人均合理。

在德国 1994 年修订的《商标法》第 14 条中，有近似的规定，这就是：对一切商标侵权，被侵害人均有权对其提起侵权诉法，要求立即停止侵权；对有意的或因过失产生的侵权，则被侵害人有权

---

① 参见 M. Nimmer 与 Paul Geller 主编：《国际版权法》一书，美国 Matthew Bender 出版社 1996 年版，"德国"篇，第 116 页。

进一步要求损害赔偿。完全相同的规定还出现在德国 1994 年修订的《专利法》第 139 条中，这里不再复述。

法国 1995 年修订的《知识产权法》，在保护版权上是比较极端的，它根本不讲对无过错之侵权人的任何免责。就是说，不论侵权者的主观状态，只要客观上，行为构成对权利的侵犯，则在下禁令、获赔偿等项上，被侵害人均可提出请求。有人可能认为这是我主观臆断的。因为法国版权保护条款在这方面与中国《著作权法》法律责任条款一样而与德国版权法不同，既未讲"过错责任"，也未讲"无错失责任"。但人们应注意法国法在版权保护上与中国的一点重要不同：它是将版权保护、专利保护等收入一部统一的知识产权法典。这一部法在行文上应是前后一致的。在该法前半部分的专利保护条款，即第 L.615–1 条，侵权责任被分为三段。第一段规定："一切侵害专利权人依本法享有的诸项权利的行为均构成侵权"，没有例外。第二段规定："侵权人应负民事责任"，也是泛指。第三段则规定："然而，如果提供销售、提供上市、自行存储侵权产品之人并不同时是侵权产品的制作人，则只有其确知该产品系侵权产品的事实，方负民事责任。"而在同一法的版权条款中，则只有上述三段中的前两段。所以，可以认为法国版权法中，没有对"无过错"予以免责的规定。

法国最高法院在 1995 年的一则有普遍适用意义的判例中，再明确不过地指出："就知识产权而言，一旦客观上的侵权事实成立，就根本无需再去证明'过错'是否存在了。"① 法国的卢卡教授生怕不懂法文的人弄不清判决中这段重要结论的含义，专门在 2001 年又在英文杂志上把它译成英文，以昭世人。这段英文是："Once the

---

① 参看 cass，lereciv.，May 10，1995，RIDA4/1995，p.291.

infringement was established there was no need to prove the existence of fault。" ①

与法国法同属一法系的希腊 1993 年《版权法》，像法国一样地进行无过错责任极端保护（即不像德国那样对无过错侵权者减轻责任），却又比法国的规定更加明确。该法第 65 条（3）款规定：不论侵权行为是否出于有意或过失，作者或其他权利人均有权要求侵权一方从未经许可的使用获利中，支付法定赔偿额，或支付其侵权所获利润。

在也是大陆法系的意大利，1961 年有一则法院判例，其原则至今被意大利版权学者及法院认为仍旧可行，该原则即"严格责任"原则。② 而这一判例，与我国目前的讨论正好相关。因为其涉及一家出版商。一音乐作品的提供人向出版商保证了不侵权；又无任何理由认为该出版商有其他过失，法院仍旧判决出版商侵权。

大陆法系的日本，其现行《著作权法》第 113 条在第（1）款 a 项中，规定了直接侵权属无过错责任，在 b 项中，规定了间接侵权属过错责任。 日本版权学者尾中普子讲过：在受侵害人要求停止侵害时，"只要有侵权事实即可，不需要具备主观条件如故意、过失"。③ 日本知识产权法学者纹谷畅男在其《无体财产权法概论》中，有同样的论述。④

现在我们再来看几个英美法系国家。

---

① 见 EIPR 2001 年 6 月第 276 页。

② 参见 Compare Court of Cassation，1960 年 10 月 8 日，1961"Diritto di Autore"，第 223 页。意大利学者意见转引自 Nimmer 与 Geller 主编：《国际版权法》，意大利篇，第 73 页。

③ 参见魏启学译：《（日本）著作权法五十讲》，法律出版社 1990 年版，第 342 页。

④ 参见日本有斐阁 1994 年日文版《无体财产法概论》，第 152~153 页。注意：坊间有文称日本自 1990 年之后，无人再使用"无体财产权"概念。此书可证其谬。

　　一些论述提到的"随工业革命的完成而产生无过错责任"这段历史，在工业革命的发源地英国却有些例外。若叙说完整些，似乎应当是：英国适用无过错责任原则的最早判例可以追溯到 1353 年，这是英国一位著名法官在 1866 年的一则判例中提到的。① 就是说，英国侵权法几乎开始于无过错原则。那时过错原则反倒是特例。在工业革命之后，有些法学家感到过广地适用无过错原则的不合理性，才在侵权法中更多地引入了过错原则。② 当然，对因技术发展而产生的应保留无过错责任的新领域，则保留了（而不是"产生"出来）。对原有的曾适用无过错责任原则而仍应继续适用的，同样保留了下来，其中就包括侵害知识产权（当时分为"工业产权"与"版权"）的责任认定，这是 Cornish 多年前就明确阐述过的③。

　　就是说，与我国学者了解的法、德等国人可能有所不同的是：适用无过错责任原则，在英国不是 20 世纪末或 21 世纪初提出的新问题，而是一个老问题。不过，对当前我国要讨论的重点来讲，这些历史并不非常重要。这里也不花更多的篇幅去考证了。

　　1892 年，英国王座法庭（应是"女王座"，当时女王在位）的一则出名判例，曾被认为是法、德现代无过错责任出现前的一个典型。在该判例中，一家拍卖商拍卖了一件不属于委托拍卖人所有的物品。虽然该拍卖商也与委托人有（类似我国抄袭者与出版者之间

---

　　① 参见（1866）L.R.1 EX. 第 161 页；（1868）L.R.3H.L. 第 330 页。

　　② 参见 Wigmore1893 年发表在《哈佛大学评论》（Harv.L.Rev.）第 7 期，第 315 页上的文章 Responsibility for Tortious Acts。

　　③ 参见 W.R.Cornish 著：《知识产权——版权、专利、商标与有关权》，Sweet & Maxwell 出版社英文本 1982 年版，1989 年版及 1996 年版中的第 1 部分第 2 章 "The Enforcement of Rights"。

的）担保合同，同时也再无其他过失，但法院仍判拍卖商侵权。^①与上面引的意大利案例一样，外国历史上，在司法实践中，与我国目前遇到的纠纷有许多惊人的相似之处。不同的是，在这些国家判这些案子时，适用了无过错原则，而且未引起广泛的反对，而我国则是尚未适用无过错原则，反对的呼声已经很高了。

1953 年，英国只在 Goddard 委员会讨论一项极特殊的民事责任时，提出过在该领域应排除无过错责任。^② 1967 年，英国"法律委员会"（Law Commission）作出结论：经过再三研究，确认在某些领域继续适用无过错责任原则是有益的。^③德国民法学者在论述侵权行为法时，往往不谈知识产权的侵权。英国的有些侵权法专著，则把"知识产权"作为一个重要领域，以较多篇幅论述其中的过错责任与无过错责任。^④

在英国，无论是 1956 年版权法，还是 1988 年版权法，均是以专门指出个别侵权行为归人过错责任，来反推其余均系无过错责任。这也不是我的臆断。不仅英国《舰队街判例集》所载当年版权法修订委员会主席 Whitford 法官 1978 年的一个判例是这样解释的^⑤，英国的知识产权法学家 Cornish 也是这样解释的。^⑥

同样是英联邦国家的澳大利亚，其版权法从框架到内容，均出

---

①　参见 Consolidated Co. v. Curtis 一案，载（1892）1，Q.B. 第 495 页。该案也至少表明：在英国，即使在工业革命之后，典型的无过错责任案，也与现代大生产中的高度危险作业，污染环境等，并无直接关系。

②　参见 Cmnd8746（1953），Civil Liability for Animals。

③　参见英国法律委员会 1967 年工作文件第 13 号（H.M.S.01967）。

④　参见《Clerk 与 Lindsell 论侵权法》，英国 Sweet & Maxwell 出版社，自 1889 年第 1 版至 1980 年第 15 版。

⑤　参见 In fabrics v. Jaytex［1978］F.S.R 第 451 页。

⑥　参见 Cornish 著：《知识产权——专利、商标、版权与有关权》，Sweet & Maxwell 出版社 1982 年版，英国出版，第 359 页。

自英国法；在过错责任与无过错责任的规定上，也与英国法基本相同。只是有一点在澳大利亚法中更明确。从该国 1968 年的《版权法》至今，历经多次修订，但其中第 115 条从未变更。这一条明白无误地把"无过错责任人"称为"无辜侵权人"（这是直译 Innocent Infringee）。就是说，首先认定这种无过错行为属于侵权，然后再规定如何减轻这种侵权人应负的侵权责任。这是因为澳大利亚司法实践或判例法远不如英国发达，故不能只等判例加以解释，须在成文法法条中特别点明。对此，澳大利亚版权学家 Sam Richetson 在其20 世纪 80 年代的《知识产权法》一书中，曾更明确地告诉读者："请注意，Innocent（此处我们可译为'无过错'）并不能使侵权人免除侵权责任，只可以使他减轻赔偿责任，但亦不能减到低于其应支付的赔偿。"① 我感到法律上的这种处理及学者的这种解释，比起我国有的同事们的意见（先认定并非侵权，再按"不当得利"确定"赔偿责任"）要更顺理成章，在实践中也更可行。

英联邦国家如加拿大 ②、新加坡、新西兰等等一些国家的版权法，都与英国版权法相似，而更接近澳大利亚版权法的行文方式。这些国家（以及英、澳等国）的专利法、商标法，则在划分过错责任与无过错责任上，也是同样明确的。它们从没有"一刀切"地否定过侵犯知识产权的无过错责任。这些英联邦国家的专利法、商标法，也无例外地引用（前文引述过的 Cornish 所说）在直接侵权上的无过错责任与间接侵权上的过错责任。在这些法中，最近的 1995

---

① 参见 Sam Richetson 著：《知识产权法》，Butterworth 出版社 1984 年版，澳大利亚英文版，第 297 页。

② 在加拿大 1990 年前后的几个判例中，都明确了认定侵犯版权时，有无过错均不考虑（is irrelevant）。见 aff'd（1990）72D.LR（4th），第 97 页。

年《新加坡专利法》第 69 条（1）款比较典型。①

至于美国，其版权侵权上的无过错责任原则更是不言而喻的。这不必再像前面那样费事去找法条及学者、法官（判例）对法条的解释。只要注意一下美国政府关于信息基础设施与知识产权的 1994 年 6 月《绿皮书》与 1995 年 9 月《白皮书》就够了。

在《绿皮书》中提出，又在《白皮书》中申明的一点是：不能因为上网的作品太多，"在网服务提供者"，不可能加以控制，就改变美国法律以往对侵犯版权普遍适用的严格责任原则，也不能专为"在网服务提供者"（下称"网络服务公司"）开一个"过错责任"的口子。因为，那将对版权人不公平,将使版权制度丧失意义！②1996 年 10 月，我在与美国专利局副局长 C.G. Lowrey 的面谈中，问及《白皮书》为何历时一年仍不能成为法律被国会通过，其回答仍旧是：网络服务公司坚决要求对它们例外地适用过错责任原则；而广大版权人坚决不同意，所以很难达成一致意见。

虽然美国版权法上从来未出现"严格责任"（或与其同义的"无过错责任"）术语，但所有学者及法院均无误解地明白其未讲"过错责任"，即暗示无过错责任。在美国从来没有过版权侵权是否属无错责任的争论；其现在有的争论集中在技术高度发展的今天，要不要增加一个例外（过错责任在这里反而是例外！）。该国与我国版权保护意识的差距，是可想而知的。

人们普遍认为网络服务公司的要求很难达到。因为与其争论的

①　该款规定："如果被告在侵权之时不知、也无正常理由应知有关被侵专利确系专利"，则可以不负损害赔偿责任，但须负其他侵权责任。

②　参见《绿皮书》，第 65 页,《白皮书》，第 109~118 页。同时参看美国版权局长 Pevtecs 1995 年 11 月及 1996 年 2 月在美国国会对此的解释。1996 年第 4 期《著作权》上曾摘译了《白皮书》，很可惜把对我们讨论最有参考价值的第 109~118 页"摘"掉了。

另一方的"版权人"中，大多数是出版商。他们比作者更有经济实力。在不同意对网络公司实行过错责任原则的问题上，出版商与作者联起手来了。值得注意的是：出版商并没有进行"趁火打劫"的讨价还价，即并未提出过："为什么只给网络公司过错责任的优惠，而不给出版者？"他们只是反对对方的意见，并未同时提出改变法律，对自己也实行过错责任。在 1998 年美国最终通过其世纪数字化版权法时，虽然规定了网络服务商负过错责任，却并没有更改传统的出版社的无过错责任。

当然，如果读者认为必要，指出几个美国学者在这方面的论述也不困难，因为这种论述从几十年前的老 Nimmer 到现在的小 Nimmer，是非常多的。

美国知识产权法学家 Paul Goldstein 曾指出过：在知识产权领域"要证明被告侵权，原告并不需要证明其有过错"。[①] 美国版权法学家 R. Gorman 也说过："只有在间接侵权中的 Vicarious Infringment（中国台湾学者译为'替代侵权'）的情况下，过错的有无才与判决有关。"[②] 美国版权学者 M. Nimmer 指出："虽然在一般情况下，无过错这一事实并不能使侵权免责，但间接侵权中的 Vicarious Infringement 要确定时，总要在直接侵权的雇员行为中，找到与雇主的一定关联。"[③]

有关的判例也有许多。较近的又较有名的，应属 1994 年的

---

① 参见 Copyright, Patent, Trademark and Related State Doctrines, 1981 年 The Foundation Press 出版社，美国英文版第 852 页。

② 参见 R. Gorman 与 J. Ginsburg 合著 Copyright for the Nineties, 1994 年 The Michie Company Law Publisher 出版，美国英文版，第 654 页。

③ 参见《国际版权法》一书，美国篇第 165~166 页。

Sega 公司一案。① 在该案中，法院认定了无过错责任依法适用于一切以往的直接侵权人，该判决也无例外地适用于后来的网络服务公司。当然，这后一部分判决在 1998 年数字化版权法出台后，则不再适用了。

在例举并分析完两大法系的立法、司法实践及学者有关侵害知识产权的无过错责任的规定及著述后，我们可以进一步看一下现有的知识产权国际公约。

应当说，从公约中找过错责任或无过错责任这样具体问题的答案，是困难的。如果知识产权公约过细到能全面回答这样的问题，则这种权利的地域性特点消失的日子就不会太远了。不过，近年来随着关贸总协定乌拉圭回合谈判的结束，知识产权国际公约有开始干预各国执法的趋势。在这种新发展起来的公约中，有关过错责任或无过错责任的原则，不是完全找不到的。例如，在 TRIPS 中即有相关的规定。

TRIPS 在实体条文部分，述及各部分知识产权（尤其在专门规定专利侵权认定的第 34 条），均未规定过失责任。当然，如果仅据此就断言 TRIPS 主张无过错责任，反对者会认为太武断。因为，TRIPS 实体条款中也未明文主张过错责任。但 TRIPS 协议实体条款中确有多处指明了把过错责任作为例外，依此反推其他未指明之处，不言而喻归无过错责任，应属并非武断。这就是集成电路销售活动中的无过错销售者及获取他人商业秘密的无过失者的特例。② 应当特别指出的是：当 TRIPS 首次在国际条约中，把过去仅依合同产生的、非专有的商业秘密，放入专有的、不依合同也可以产生的知识

---

① 参见 Sega Enterprises Ltd. v. MAPHIA，857F，Supp，679（N.D.Cal.1994）。
② 参见 TRIPS 协议第 37 条、第 39 条注⑩。

产权之中时，给商业秘密的无过错获得者网开一面，是合理的。这也正好从反面说明了在纳入商业秘密之前，一般的知识产权在受到侵害时，均不言而喻地适用无过错责任原则。

如果读者认为仅这样"推论"仍不足以服人，我们可以进一步从 TRIPS 执法条款的第 45 条得到印证。该条第（2）款规定："在适当场合，即使侵权人不知，或无充分理由应知自己从事之活动系侵权，成员（国）仍可以授权司法当局责令其返还所得利润或令其支付法定赔偿额，或二者并处。"

在这里，不仅无过错可被定为侵权，而且可判其负赔偿责任，同时是双重的赔偿责任。"在适当场合"一语，又排除了"一刀切"地适用无过错责任原则。至少，它排除了对前文讲过的半导体芯片产品的无过错再销售人的赔偿责任。它还有可能排除一部分无过错而为间接侵权行为之人的赔偿责任。但它又实实在在地规定了不可以（像我国学者主张的那样）不加区分地在一切场合全面排除侵害知识产权的无过错责任。

（三）所谓"侵权构成四要件"

世贸组织的 TRIPS 并无条文直接规定侵害知识产权的归责原则，但协议中却有条款明确规定了在哪些特殊场合，"有过错"方才负侵权责任或无过错就不负侵权责任。较典型的。一是第 37 条（1 款），即有关对集成电路知识产权保护的条文；另一是第 44 条（1）款，即对进口、购买或订购侵权物品的情况所作的规定。

从逻辑上讲，如果 TRIPS 主张认定侵权的总原则是"过错责任"（即有过错方负侵权责任），那就完全没有必要再专门在有限的几处点出无过错则不负侵权责任（如第 37 条、第 44 条那样）。既然有专门点出过错责任的条款，就应推断凡未点出之处，均暗示着"无过错责任"（即只看侵权事实、不看行为人的主观状态）。例如，无论从 TRIPS 第 11 条增设的版权保护、第 16 条 1、3 两款强调的商标保护、第 28 条开列的专利权排他范围，均得不出"有过错方构成侵权"的结论。

但由于对知识产权领域的侵权归责问题，在中国一直有争议，上述推论就很难被一部分人所接受了。

中国民法理论界过去一直从解释《民法通则》第 106 条出发，基本无争议地在知识产权领域适用着过错责任原则。应当明确指出的是：知识产权领域的"无过错责任"论者，从来没有坚持过在知识产权领域要全面适用"无过错责任"。对于"在线服务公司"这种新服务提供者、对于在某些侵权活动中被追加的第三者、共同被告或间接侵权人，"无过错责任"论者依旧认为他们只应负过错责任。而"过错责任"论者，则始终认为一切知识产权的侵权，均只有具备"过错"方可构成，只存在"过错责任"。因为这是从传统民法理论的所谓"侵权四要件"顺理成章地推出的。这种传统理论认为，除《民法通则》中点出的几条例外之外，一切行为若被认定为侵权，必须具备四个条件：加害行为的违法性；侵权事实；行为人的主观过错；实际损害（也有的著述表述为"加害行为与所造成损害之间的因果关系"）。

在 1996~1998 年，亦即讨论的开始阶段，"过错责任"论者一直坚持上述传统理论，即只有四要件具备，才构成侵害知识产权。不过在讨论过程中，一部分人渐渐看到了以"侵权四要件"来认定侵权，在实践中多有说不通之处。于是有人提出了"认定侵权无须看有无主观过错；判定是否承担侵权责任，要看有无主观过错"。以这种方式解释"过错责任"，比传统的"侵权构成四要件"理论在知识产权执法实践中应当说是进了一大步，也显得更可行一些，但在逻辑上仍有值得研究之处。因为，这种解释，等于说相当一部分被认定为侵权的侵权人，并无侵权责任可负。这在逻辑上似有不通。实际上，这种解释是以侵权中的"赔偿责任"这一点，代替了侵权责任的全部。侵权责任绝不仅仅包含赔偿责任。被侵害人到司法机关诉侵权人，也绝不仅仅要求损害赔偿。他们会首先要求司法机关认定自己是权利所有人，要求对方停止侵害活动（例如中止生产或查封其生产线等等），封存或没收、销毁其侵权产品及直接用于侵权活动的物品，然后才是要求损害赔偿。有的原告，甚至只要求停止生产、查封生产线及销毁侵权物就够了。可见在权利人看来，侵权人应负的侵权责任，不仅仅是赔偿，而且首要的并不一定是赔偿（当然，"赔偿"对多数权利人又并不是可有可无的）。认为侵权责任仅仅是赔偿责任，有以偏概全之嫌。而且，在诉讼中，侵权人往往是将"物上请求"（认定权利归属、停止侵权等）与"债权请求"（即损害赔偿）一并提出的。如果司法人员在处理案件时仅仅把注意力放在"债权请求"上，仅仅要侵权人相应负赔偿责任，就是"舍源逐流"或"舍本逐末"了。那就会事实上不可能真正制裁侵权，也不可能制止侵权活动的继续。

TRIPS 的"执法"部分，对损害赔偿的具体规定并不多，大量条款却对停止侵权生产、停止侵权销售活动，销毁冒牌及盗版产品等，作了相当具体的规定。它要求各成员着眼的"侵权责任"重点在何处，也是不言而喻的。

中国过去的立法中，也并非没有"赔偿"之外的、无过错者应负的侵权责任的概念。例如《计算机软件保护条例》原第 32 条及2001 年修正后第 30 条即是。无过错的持有者，必须销毁（自己花钱买来的）软件。虽然可能只有一件，非常微不足道，但毕竟是要求持有者负侵权责任的一种方式。

至于传统民法理论所称一切侵权的认定均须以已经造成的实际

损害为条件，"无损害即无责任"①等等，这些适用到知识产权领域，麻烦就更大了。在多数外国似未见到采用这一要件的知识产权立法。在中国，若适用这一条件，现有的专利法、商标法、著作权法恐怕都要重新起草。例如，《专利法》中规定专利权人享有"制造权"这一条，在多数场合就无法适用"实际损害"这一要件。未经许可的制造者如果仅仅处于制造他人专利产品这个阶段，而尚未推向市场，即未出售（也就是尚未侵犯到专利权人的"销售权"），则在大多数场合不可能对专利权人造成什么实际损害。按照过错责任的这一构成条件的要求，专利法中的使用权与销售权是必要的，"制造权"则是无意义的了。因为权利人若无法证明他人的制造行为给自己带来了什么样的"实际损失"，他指对方行为"侵权"就不能成立。

　　1999 年，北京法院真的碰上了这样一个实践与传统民法"理论"冲突的案子。一个非商标权人的库房里存放了上百个带有商标权人商标瓶贴的防冻液瓶（商标标识是真的，不是非法印制的），商标权人很清楚该存放人制造不出正牌的防冻液，肯定下一步是装上假防冻液出售。但由于存放者还没有装，还没有出售，亦即没有对权利人造成"实际损害"，法院就无法认定存放者为侵权人，无法没收其带商标的防冻液瓶。必须等到该存放者走了下步，把装上假的产品拿到市场上去出售了，其"侵权"才能被认定，才能对其采取措施，而商标权人最担心的正是这种结局。因为假防冻液一旦上市，就砸了真防冻液的牌子。 日后虽可能通过法院判决的宣传，将自己的声誉作一定程度的挽回。但"覆水再收岂满杯"，肯定在一部分消费者中，仍会留下"某某名牌防冻液在市上有假货混杂"的印象，大大影响其真品的销路。

---

　　① 参见《中国侵权行为法》，中国社会科学出版社 1998 年版，第 92 页。

TRIPS 第 50 条，正是要求成员国当局能禁止这种"即发侵权"，把侵权产品制止在进入流通渠道之前，而不是之后。对"即发侵权"（imminent infringement）的制止，在许多国家（包括欧陆法系国家）知识产权法中均有明文规定，而在绝大多数欧陆法系国家的民法典中则无规定。原因主要有两个：第一，无形的知识产权作为"财产"受到的保护，与有形物之作为财产受到的保护，是完全不同的。正如 WIPO 在其教科书中所说：有形物的所有人一般可通过占有其"物"而达到保护其财产不受侵害的目的；而知识产权所有人不能通过占有其发明、作品或商标来达到保护其财产的目的。① 第二，知识产权保护的客体，均具有"难开发""易复制"的特点。一个人偷了汽车厂的一辆车，他最多只能卖掉这辆车去获利。一个人偷了软件公司开发中的软件，则可以立即复制出成千上万份的软件去获利。所以，认定某些"即发"（而未发）的行为也属于侵权，把侵害制止在"实际损害"发生之前，对知识产权权利人来讲，有时确实是至关重要的。

实际上，中国民法理论工作者应当了解到：欧陆法系国家的"债权法"（主要包含侵权之债与合同之债）理论及立法，也是在不断发展变化的。过去只在合同法中被动地承认守约一方的"不安抗辩"权的德、法等国，在 1980 年缔结《国际货物买卖合同维也纳公约》时，接受了英、美法系早已实行的以主动方式保护守约一方的"预期违约"理论。而按照"预期违约"理论，即使"违约"行为并未实际发生，亦即在不守约一方应履约的时间尚未到来之前，守约方也不仅可以诉对方违约，甚至可以要求对方赔偿。这在陈腐的民法原理看来，本是说不通的。

---

① 郑成思：《知识产权论》，法律出版社 1998 年版，第 39 页。

　　应当承认，中国在起草《合同法》之初，亦即 1994~1997 年之间，并未注意到欧陆法系的这一发展。所以在先出现的几份草案中，并未引入"预期违约"条款。但毕竟在《合同法》出台前，欧陆法系的这一发展受到了重视，该条款被引入了。于是中国《合同法》在这一点上，没有显露出滞后。

　　侵权法中的"即发侵权"理论与合同法中的"预期违约"理论是相应的。无论国内法还是国际公约，都不可能只引入一个而否定另一个。于是，同样是国际公约的 TRIPS，与国际贸易合同领域的公约相应，规定了对"即发侵权"的制止，是理所当然的。已经在《合同法》中引入了"预期违约"的中国，在法律中认定侵犯知识产权时是否应引入"即发侵权"？我想答案应当是不言自明的。

　　谈到这里我们再回过头来看所谓"侵权四要件"，其（至少在知识产权领域）不恰当之处就已十分明显了。

　　当中国的民法论著论及外国民法常说及的"加害行为（tortious-action）是否违法"这一要件时，可能没注意到它的外文原文已先认定了这是一种"侵权"行为（tort 即英文中的"侵权"）。再要讲它是否违法，其意义已经不大。如果我们前面（关于"无过错责任"与"即发侵权"）的议论能站住脚的话，"四要件"就只剩下一个了——侵权事实。

　　在实践中，我国的多数执法部门也正是这样做的。当他们发现显然未经权利人许可的生产线时，总会立即设法把它停下来；发现库存的仿制专利品或冒牌货、盗版书时，总会立即封存或没收、销毁。就是说，一经发现侵权事实，大都会首先认定这是侵权，并使侵权人尽早负其部分侵权责任，而不是依照陈腐的"法理"去先探究有关人员的主观状态，以及是否给权利人造成了实际损失。如果所有执法人员真的都按"四要件"去执法，中国知识产权保护现状恐怕比现在更糟。正如上面举的那个实例，就在眼看假酒即将注入瓶中时，只能听之任之，而等到其进入市场后才可以去没收、销毁。届时实际已收不完、毁不尽了。

已经进入世贸组织的中国，其法学界确应重新认识一些传统理论了。否则，不仅中国知识产权立法与国外有差距，中国的理论、立法与自己的执法本身也有了较大的差距。当然，我并没有从根本上否定"四要件"的意思，只是说，在认定侵权和决定一部分主要的侵权责任时，不应考虑主观状态及已有的实际损害，这并不排除在确定"侵权赔偿"这种责任时，应把有无主观过错和已造成的损害当成考虑或依据的重要内容。

（四）我国立法与司法的选择

1. 从专利法修订看侵权后果与侵权责任

2000 年 8 月底，第八届全国人大常委会第十七次会议通过了《专利法修正案》。《专利法》已经是第二次修订了。

由于《专利法》在 TRIPS 协议框架文件已基本形成的 1992 年，曾参考国际惯例作过一次修订，所以它本来已是我国知识产权三个基本法中，与世贸组织的要求差距最小的一个。在 2000 年 8 月的再次修订中，条文顺序并未大变，即没有大改，也就是理所当然的了。不过，在这种"小改"之中，该法仍旧有许多明显的进步。从法理上看，至少有下面几点是值得注意的。

第一，是解决专利授权及无效程序中与"在先权"冲突的问题。

就发明专利与实用新型专利而言，有了"新颖性"这一前提，基本上可以避免了与任何"在先权"的冲突，何况更有原法第 62 条及 2000 年修正后第 63 条，对先用权所做的照顾，正是因为在专利领域，只要某一技术方案占了先，它便会几乎无例外地排除了相同技术再获专利或保持专利有效的可能性。

在工业产权与版权相交叉（乃至相重叠）的外观设计领域，"新颖性"的要求就远远不足以避免外观设计专利与"在先权"的冲突了。未经许可拿了他人的美术作品，与自己的产品相结合，去申请外观设计专利的情况，近年在中国越来越多以致专利复审委员会都感到十分棘手。申请者的未经许可行为显然属于侵犯版权；如果该美术作品已被他人合法注册为商标，则还可能属于侵犯商标权。但申请人的这种独有的首次与某产品结合，则可能符合"新颖性"要求。于是当年作为最终确权的主管——专利复审委员会该不该宣布这类已获专利的外观设计无效，就在理论界及行政主管部门都发生了争议。一部分人认为：侵权行为不产生新的权利，完全可以依《专利法》第 5 条定其无效。另一部分人则认为：侵权行为也可以产生"在后权"，它可与"在先权"并存，尤其是版权与工业产权不会冲突，因此坚决反对依《专利法》第 5 条定其无效。

从民法中，侵权人均负有"恢复原状"民事责任的原则看，只有在侵权后果按"恢复原状"处理将极其不平衡时，才可能在侵权人负侵权责任的前提下承认这种特殊的侵权结果，而人们在对待知识产权侵权结果时，往往忘记了"恢复原状"的原则。在担心如果不承认第一侵权人的侵权成果合法、第二侵权人可能受不到制裁时，他们完全忽视了真正权利人（即被侵权人）的存在。最典型的议论还是在版权领域：如果不承认未经许可的翻译作品享有版权，难道不经许可复制该译作就合法了吗？提问者显然忘记了第二侵权人同样侵犯了原作者的版权。

我国有的法院及有的学者，认为至少在版权领域，侵权翻译、侵权改编之类侵权作品是所谓"有瑕疵的受保护作品"，不过他们几乎无人讲清过这种作品的保护与无瑕疵的受保护作品有何区别。实际上只是要求人们把侵权作品与被侵权作品同样对待。这是完全违背民法中的另一条"帝王条款",即公平原则的。德国马普学会的学者 Dietz 与法官 Marshall 都不这样看问题。Dietz 在 2000 年 10 月 21 日与郑州大学教授、广东律师、中国社科院知识产权中心研究人员座谈时明确指出:侵权人绝对无权自己或许可他人使用其侵权作品,原因很简单——他只要一行使这种法律并不保护的"使用权",就必然进一步侵犯原被侵权作品的权利。Marshall 在 2000 年 11 月 14 日最高人民法院武汉"中欧知识产权法官培训班"上,则除了重述与 Dietz 完全相同的观点之外,还指出:他在判案中,绝对不会同意侵权人有"请求损害赔偿权"。如果有人复制了侵权翻译作品,译者最多可以请求停止复制(因为复制行为显然也在侵害原作——作者的权利),但却无权请求赔偿"因为请求侵权行为不会产生损害赔偿请求权"(Marshall 的原话)。

虽然"在后权"论者显然忽略了在民法中侵权人均负有"恢复原状"民事责任的基本原则,但这种"理论"确实有一定市场。至少不可能在没有明文确认保护在先权利人的法出现之前,使版权人与商标权人(以及其他可能涉及的在先权人)的合法权利处于安全地位。

由于大多数国家并不将外观设计作为"专利"保护,故起草专利法而参考外国成例时未注意到这一问题,是并不足怪的。但专门规范外观设计的其他外国法中,则早有成例可循。例如,欧盟的《外观设计保护指令》中,虽已有"外观设计不得违反公共秩序及道德"的第 8 条(相当于我国《专利法》第 5 条),却仍另有第 11 条(即不允许侵害版权等其他在先权)另作出专门规定。《日本意匠法》也有类似条文。

国内的实践与国外的成例均告诉我们:想要有效地保护知识产权,就应当有针对性地作尽可能细化的规定,而不能依靠差距很大、并不确定的法解释学。在争论是否仅仅有《专利法》第 5 条就足够这一问题时，一位执法人员反问过：全部民法，是否能以《民法通则》第 4 条的存在，就认为足够了？那么我国的立法任务就真可以大大减轻了。当然，在学者中提出同样疑问的也早有人在。①实际上，相似的问题，在重刑法的我国古代，就已在实践中讨论过。刘邦入关后"约法三章"，有人认为已经够了。但这种过于原则的"法"，易于留在口头上而无从实施。正如后来鲁迅所说："法三章者，话一句耳。"汉刘邦之后，中国在"三章"之外，又有"汉律""唐律""明律"等等，即是很好的说明。

简言之，《专利法》2000 年修订文本第 23 条增加了防止外观设计与"在先权"冲突的规定，应当说是理论上的一个进步。

第二，传统的"侵权构成要件说"在《专利法》中开始动摇。

这次修订中，《专利法》诸多条文里，增加了专利权人的一项"许诺销售"权。②这项权利的出现，首先是符合了 WTO 中的 TRIPS 协议的要求，其次是有利制止"即发侵权"，而其必然结果，则是对于"没有实际损害就构不成侵权"这一中国侵权法理论提出了挑战。修订中如果没有直接引入"即发侵权"这一概念，就会如《合同法》1998 年前的草案中没有引入"预期违约"一样，将是个缺憾。有的人曾认为：中国知识产权法中原来已经有了禁止即发侵权的条文，无需再引入这一概念本身，而他们所举的条文（如专利法中对"制造权"的保护，版权法中对"复制权"的保护、商标法细则中对仓储、运输等等的禁止条文，等等），实际上只是禁止到了一部分"尚未产生侵权损害"的行为，而并未禁止到"即发侵权"。因为，制造、

---

① 见武汉大学《法学评论》2000 年第 2 期，孟勤国的文章。

② 见《专利法》2000 年修正案第 10 条等。

复制等，显然均是"已发"的，即已经在实施的侵权行为。不引入一个已被国际上认可的总概念，极可能使我们这样的立法经验尚不足的国家"挂一漏万"。幸而在这次修订中，除"许诺销售"之外，终于增加了与 TRIPS 协议第 50 条极为相近的（修订后的）《专利法》第 61 条，完成了引入禁止"即发侵权"制度的行程。

《专利法》修订后第 63 条，把不知而售侵权产品的行为，从过去的"不视为侵权"，改为"不负赔偿责任"。这一改动看起来与我国侵权法理论的"主观要件"（即无过错不构成侵权）离得远了，却与绝大多数国家的知识产权保护制度离得近了。

我国《民法通则》第 106 条第 2 款，将侵害人的主观状态（进而及于"实际损害""违法与否"等等要件）与侵权的"民事责任"相关联。这几乎是我国大多数侵权法理论及教科书的基本点与出发点。据说这一段是在吸收了《德国民法典》第 823 条，《法国民法典》第 1382 条，《意大利民法典》第 2043 条等等"经典民法"的基础上产生的，而细看这几部外国法典的相关条文，却均是把主观要件（或再加其他要件）仅仅与"赔偿责任"相关联，绝不连及其他民事责任（诸如停止侵权、恢复原状等等）。我国《民法通则》第 134 条列举的"民事责任"又远不限于"赔偿责任"。那么，我们过去的侵权法研究，是否存在误区？它对制止侵权是否有利？等等一系列问题，就值得我们认真研究了。《专利法修正案》的有关增删及改动只是给我们开了个头。

第三，对民事赔偿的"填平原则"在《消费者权益保护法》之后，再次作了突破尝试。

2000 年修正后的《专利法》第 60 条，首次使专利的侵权人在中国可能有所"失"了。①

　　按照传统民法理论的"填平原则"，侵权赔偿额或以权利人"实际损失"为准，或以侵权人侵权收入为准，或以正常状态下的许可合同使用费为准。这种计算貌似"公平"，实则不仅对权利人不公，而且对老老实实与专利权人缔结许可合同后再实施专利的人也不公。想想看，如果我见到别人有了一项有效益的专利，就擅自实施起来，如果被权利人发现了，他要经过"协商""调解""处理""诉讼"等不厌其烦的过程，还不能保证胜诉。即使胜诉了，我只消把得到的不法收入还给他，我自己作为侵权人倒是"恢复原状了"，没受到任何额外损失。如果权利人抓不到我的把柄，我就算捡着了。于是作为侵权人毫无风险，作为权利人则有开发技术的风险、诉讼中失败的风险，等等，老实的被许可人也有合同谈不成、许可费支付过高等风险。在这种情况下，法律等于鼓励人们不经许可就用，抓着了再说。这样的专利"保护"制度难道不应改变吗？

2. 从版权法看侵权责任

　　我国《著作权法》颁布十多年后，其第 18 条的真正含义开始被人了解（即"无形"指的是什么）。当然，也还一直有人弄不懂。

　　《著作权法》第 10 条的内容已使一部分人感到冲击着中国传统的侵权法理论。这些，实际上都与网络经济、知识经济等被一些人不屑一顾的生产方式及交流方式密切联系着。

　　如果不是国外开始了讨论"在线服务商"在版权领域应否负"无过错责任"（其前提是其他传播——使用者如出版商已不言而喻地负

---

　　① 在这里应当强调，把《专利法》中所称"倍数"，解释为"三倍以下"，只是实践中的通常做法，而如果把"三倍以下"绝对化，不容突破，则一是对解释权的滥用，不符合法条原文，二是不符合立法原意。

有无过错责任），我们还不会在侵权法领域认认真真地研究侵害知识产权的归责原则。

由于《著作权法》第 10 条的制定，使得主张人身权之诉、主张权利物权之诉与主张债权之诉重叠在同一起侵权之诉中成为"通例"，于是以往在一般侵权诉讼中以"赔偿责任"之偏，概"民事责任"之全的失误，就显现出来了。于是我们发现中国《民法通则》第 106 条第 2 款，与相应的《德国民法典》第 823 条,《法国民法典》第 1382 条，原来并不在同一水平线上。

有人认为："物权请求"不以"过错"为要件，拟议中的"物权法"，将规定出的"物权请求"，足以补充《民法通则》第 106 条的不足。[①] 在认定和制止侵权时，可适用"物权请求"，在认定是否应赔偿及确定赔偿额时，可适用"债权请求"。这不是就周全了吗？不过人们会进一步看到：作者对"发表权""修改权"等权利的主张，既不属于"物权法"中将定出的"物权请求"，也不属于损害赔偿诉讼中的"债权请求"，而停止对"发表权"或"修改权"的侵害，显然也不应以侵权人的"过错"或被侵权人的"实际损失"为先决条件。通则中的缺陷仍旧难以弥补。

技术的发展、网络的应用，已不再允许我们在别人已有议论的基础上"人云亦云"了。它要求我们如鲁迅在《狂人日记》里所说，应当提出这样的问题："从来如此的，就对吗？"不提出这样的问题，则窄而至于知识产权法学、广而及于整个民商法学，是难有真正的进步或成就的。

这里还仅讲道：当年由于外国版权法已有与后来中国《著作权法》第 10 条、第 18 条等相应条文，我们借来了，但并非所有人都

---

① 见《电子知识产权》2000 年第 6 期。

"知其所以然"。如果进一步讲及我们的《著作权法》中当年尚未搞清的问题，除前面提到的之外，还有诸如法人作者、法人表演者等等，那就更是大有可研究的问题在。

在美国，律师和法官都十分清楚：当商业秘密被 WTO 的 TRIPS 协议提升为"财产权"之前，它一直只处于"tort"之中。就是说：只有商业秘密所有人证明了被告有任何过错或过失（He must do something wrong），才能在法官那里确认被告侵权并制止和要求赔偿。而在 TRIPS 协议把商业秘密提升为"知识产权"之后，则只要有"侵入"的事实，原告就可以胜诉了。我国的多数侵权法论论及知识产权时，误差也正在这里。

在法国律师、法官及学者眼里，情况也几乎与美国相同。于是我的一位从法国留学回来的博士生在论文中，转引一位法国学者用英文谈及侵权者（infringer）在被法院认定侵权、被制止侵权、被要求销毁侵权用品后，还要返还"不当得利"，因为其侵权并无过错。[①]看到这段论文，国内有的民法学者大吃一惊。因为他们过去所了解到的侵权之债与不当得利是相互独立的，绝不可能在侵权的框架内返还不当得利。确实，在"tort"中只可能有"侵权赔偿"；而在"infringement"之中则很可能有"返还不当得利"。只是我们在不重视外语时，当然就不知其所以然了。如果早年翻译家们翻译得再细一些或再准确些，"infringement"就应翻译成"侵权"，而"tort"则应翻译成"负赔偿责任的侵权"。在德文与法文中，与"侵权""负赔偿责任的侵权"相应的，也不是同一个词。这里就不再赘述了。

进而说到侵权的民事责任，恢复原状等等责任，以及"restitution"等等，也首先与"侵权"（即"infringement"）而不是与"负赔偿责

---

① 　参见黄晖：《驰名商标和著名商标的法律保护》，法律出版社 2001 年版。

任的侵权"相联系，稍微细心些的学者阅读外文法学著作时，是不会不注意到的。

当然，这种最初由语言障碍引起、而后"谬以千里"的误区还很多。原因是整个现代民法体系，都几乎是从"外"引进的。而学者中的一部分又偏偏不重视外语。例如：有的学者断言"债"也属于"财产权"。同时，也有人指出：财产法是规范财产归属的、债权法是规范财产流转的。① 那么"流转"这种动态自身怎么又成为"财产"了？却没有给予答案，也许难以回答。

实际上，这是把"debt"（债）与"obligation"（债、责任、义务等等）混淆了。debt 确属财产权，而 obligation（责任、义务）是否也属于财产权？就是说，是否在人身权之外就只剩下了财产权？这就大大值得商榷了。西方国家民法的债权篇（Obligation）是与"财产权篇"（Property）分立的，不可能出现中外学者关于前者也属于后者的混淆。

更进一步讲，至于欧陆法系国家学者自己，都在十多年前已承认诸如财产所有权的"三项主要功能"（——使用、收益、处分）虽看起来十分合乎逻辑，却实质十分肤浅。这当然更不是一些学者愿意听到的了。②

在改革开放后的中国，在网络时代，在学术研究中，外语是重要的（虽然不会是主要的），这至少在我们法学研究的一些误区中得到了证实。

---

① 参见《人民法院报》2000 年 4 月 30 日，第 3 版。
② 参见勒·达维德著：《当代主要法律体系》，上海译文出版社 1984 年版，第 331 页。

第六章　知识产权法（之三）：网上知识产权保护与网络法 *

第一节　世界知识产权组织的两个公约

20 世纪后期，网上专利保护在欧美刚刚开始，在其他多数国家还正在讨论。网上商标保护主要是反域名抢注问题，较易解决，不会成为长久的热点，而网上版权保护问题，在 21 世纪，可能仍旧在长时间里会是热点。

为解决国际互联网络环境下应用数字技术而产生的版权保护新问题，由世界知识产权组织主持，有 120 多个国家代表参加的外交会议，在 1996 年 12 月 20 日，缔结了《WIPO 版权条约》与《WIPO 表演及录音制品条约》，这后一个条约，实际是"邻接权"条约。两个条约都已经在 2002 年生效。这两个经整整一个月时间的面对面争论与谈判而缔结的国际条约，从名称到内容，都留有不同理论、不同观点及不同国家的不同经济利益之间的冲突及妥协的痕迹。第二个条约原在草案的名称中，突出的是受保护主体表演者与录音制品制作者，缔结时则改换成了客体。而该条约所要补充的、作为基

---

* 编者注：该部分选自郑成思著：《知识产权法新世纪初的若干研究重点》，法律出版社 2004 年版，第 224~258 页。

础的罗马公约，则在名称中标出的是受保护主体。

这两个条约及所附的"议定声明"，在新技术的发展及国际贸易的新环境下，较充分地弥补原有伯尔尼公约及罗马公约的不足，在相当长的一段时期将对国际版权保护产生极重要的（也可能是主要的）影响。

一、两个条约中基本无争议的新内容

《WIPO 版权条约》由 25 条组成，未分章节。第 1~14 条系实体条款，第 15~25 条系行政管理条款。此外，还附有"议定声明"9 条，对条约中一些可能发生歧义的问题作进一步解释。《WIPO 表演及录音制品条约》由 33 条组成，共分 5 章。其分章的主要原因是同一个条约涉及两种不同客体的保护，其中有总则、有分别适用的条款、有共同条款。第 1~23 条（除第 21 条外）系实体条款，第 24~33 条及第 21 条系行政管理条款，此外，还附有"议定声明"10 条。

《WIPO 版权条约》在第 2 条中，明确了"版权保护的范围"。这是伯尔尼公约中原缺少的一条总则。《伯尔尼公约》在第 2 条中，只以未穷尽的列举方式，说明了版权保护可能覆盖的客体。在关贸总协定乌拉圭回合的谈判中，多数国家已感到在总则上确认版权保护什么、不保护什么，是非常必要的。于是，在世界贸易组织形成时的《与贸易有关的知识产权协议》（即 TRIPS 协议）中，以第 9 条划出了这一范围，即："版权保护应延及表达，而不延及思想、工艺、操作方法或数学概念之类"。《WIPO 版权条约》几乎逐字重述了 TRIPS 协议的这一条（只少用了一个"应"—shall）。同样，在新增加计算机程序及含有独创性的数据库作品为受保护客体的条款中，《WIPO 版权条约》也几乎逐字重述了 TRIPS 协议第 10 条的两款。增加这些新内容之所以没有争议或争议极少，是因为参加

WIPO 新条约缔结谈判的绝大多数国家，均已参加过形成 TRIPS 协议的乌拉圭回合的谈判。在这几个问题上应有的争议已在过去近十年的关贸谈判中争议过了，并最后基本趋向了一致。

《WIPO 版权条约》并不涉及对于无独创性的数据库的保护，该保护本应在 1996 年底拟议谈判的另一个独立的国际条约草案中解决，但未能列入谈判日程。

在版权及邻接权的保护期问题上，两个 WIPO 条约均把原在伯尔尼公约及罗马公约中较短的摄影作品保护期、表演者权保护期与录音制品保护期，统统延长为 50 年。这样也就与国际上已经缔结的 TRIPS 协议一致起来了。在 WIPO 的外交会议上也没有发生太大争议，同样是预料之中的。保护期方面的这些新内容，可以看作主要是为了与 TRIPS 协议一致，其本身与互联网络及数字技术并没有什么直接联系。

对于版权保护、表演者权及录音制品制作者权的保护，条约的成员国国内立法可以规定一些"限制与例外"，但不能够与作品、录音制品等的正常使用相冲突，也不能不合理地损害受保护主体的权益。这些新出现在 WIPO 两条约中的内容，也几乎是原文复述 TRIPS 协议中的第 13 条、第 14 条 6 款等条款。这样的例子还有一些，不再一一赘述了。

最后，这两个条约的生效日条款很特殊。以往由 WIPO 管理的条约多是有 5 个国家批准参加即可生效。这两个条约则规定为 30 个国家。这个问题虽在外交会议上争议激烈，但既已定下，就不会再有任何争议了。毕竟没有太多国际法的理论在这个问题上可讲究的。

二、两个条约中争议较大的新内容

这里讲"争议较大"，主要指在 WIPO 外交会议谈判之前、之中，或（和）条约缔结之后不同国家有不同认识，相同及不同国家的不同学者有不同认识，或不同的司法判决曾作过不同的解释。有个别内容，可能并不属于"新"内容，在国际上也没有太多争议，但在知识产权方面起步较迟的我国，则仍有较大争议，也将在这里加以论述。

（一）复制权问题

在《WIPO 版权条约（草案）》中，原有一条"复制权的范围"，在缔结条约时，这一条不见了。从外交会议的记录看，有关"复制权"的争议，几乎从开始一直持续到最后一天。争议并不涉及复制权的一切问题。与伯尔尼公约已有的复制权相比，成为新问题的，仅是网络环境及采用数字技术对作品的复制问题。而争议的焦点又主要集中在短时间的复制是否应受版权人复制权的控制这一问题上。

实际上，"短时间的复制"，也不是一个新问题。英国 1983 年的一则判例中，就曾涉及被告在舞台表演时复制了他人的脸谱，如果表演者在表演结束后即洗去面部的化妆，其复制行为无疑只是短时间的。此外，人们使用了百年的照相机，从按下快门到将负片放入定影液之前，也属于临时复制。而在"禁止摄影"的场合所禁的，肯定包含按下快门后，亦即临时复制的阶段。不过，在网络环境下应用数字技术，使这种过去的特例，变成了每日乃至每时每刻都可能存在的一种普遍行为。于是，仅仅在计算机"内存"中复制他人作品，而并未将作品存入硬盘、软盘或打印出来，是否应属于"复制权"控制中的复制？就成为一个各国立法需要给予回答的问题了。

《WIPO 版权条约（草案）》对这个问题的回答本来是完全肯定的，即"复制权"中所包含的"复制"，应是"以任何方法或形式、直接或间接地对作品进行的永久性或临时性的复制"。这一答案在外交会议上引起了激烈的反对，于是造成该条约在缔约文本中删除了这一表述，同时在条约的"议定声明"第1条中，采用了另一种实质相同的表述。"议定声明"中虽规定了以数字形式在电子介质中存储作品，应属于《伯尔尼公约》第9条所称的"复制"，却没有再强调必须把"临时性"复制包含在复制权所控制的"复制"之中。在条约正式颁布时，"议定声明"的内容均以注解形式出现，而注解显然构成条约内容。所以无论缔约当时如何争论，"临时复制"在非合理使用情况中是被禁止的。例如：在线服务提供者应用户要求而将有版权的作品输入内存，但不存盘，即从内存中传输出去。版权人对这种行为，显然可以依照这个条约主张权利。

（二）发行权及出租权

《伯尔尼公约》仅仅在第17条提及成员国的行政管理权力时，暗示过"发行权"的存在，却没有明文规定这是版权人的一项权利。

在《WIPO版权条约》（以及《WIPO表演及录音制品条约》）中规定这项权利，至少有三个方面的意义。

第一，增加了伯尔尼公约中未明文规定的新内容。

第二，明确了在网络环境中传统的"发行"概念仍旧不变。就是说，只有通过有形载体固定作品并将这种复制件投入流通领域，方才构成公约意义下的"发行"。通过互联网络进行传输，则属于版权人的另一项独立权利，不在发行权范围之内。

第三，发行权与出租权也是相互独立的两项权利。就是说，"出租权"并不是发行权项下的一个分项。

这第三点，从理论及实践上就解决了出租权的存在与版权中发行权"权利穷竭"之间可能产生的冲突。曾有学者（如中国台湾学者萧雄淋）认为：发行权既然行使一次之后，权利即告用尽，不能再行使，就谈不上权利人对作品的复制品的出租进行控制。这种认识混淆了两种不同的行为。多数国家之所以采纳发行权一次用尽的原则，是避免版权人始终有权对作品之复制品作为"物"的转移一再加以控制，即避免因行使版权而妨碍商品的自由流通。但出租行为，并不导致作品复制品作为物的所有权转移。所以，这种对作品的利用方式与复制、翻译、改编相近，而与发行相远。它作为与复制、发行等平起平坐的一项权利而不在"发行"项下，是顺理成章的。

《WIPO 版权条约》中的"出租权"是单列的，其所适用的客体也是单列的。就是说，它不是不加限制地适用于一切作品，而是只适用于计算机程序、电影作品、录音制品。这一点，与 TRIPS 协议也完全相同。

我国 1991 年《著作权法实施条例》中产生的"出租权"，由于是列在"发行权"项下的，故与《WIPO 版权条约》及 TRIPS 协议在内容及适用范围上，都不相同。而经过 2001 年的修正后，则与两个国际条约一致了。[①]

（三）传输权

《WIPO 版权条约》等两个条约既然把网络传输排除在发行之外了，就理所当然地另加了一项传输权（Right of Communication）。当然，网络传输纵然在今天是传输权所控制的一种重要（甚至主要）的利用作品的形式，但并不是一切形式。[②] 就是说，两个条约含义下的传播，还可能包含网络传输之外的更广泛的传播形式。不过，从两个条约的文字表达来看，特别是从《WIPO）表演者及录音制

---

① 我国 1991 年《著作权法实施条例》第 5 条（5）项规定："发行，指……通过出售、出租等方式向公众提供一定数量的作品复制件。"

② 2000 年年底，中国《著作权法》修正案草案中，曾有一稿增加了"网络传输权"，就是"以偏概全"的反映。2001 年年初，经人大常委讨论后，改为"传输权"。这样既与国际条约一致了，又避免了以偏概全的缺陷。可惜 2001 年 10 月的最终稿，又改为"信息网络传播权"，比原先还要窄了。

品条约》第 15 条的行文方式来看，传输权是与原有的广播权并列，并独立于它的另一项权利。至少，网络传输，尤其是网络传输中的"On Demand"（依照被服务者要求进行的）传输，与以往的绝大多数广播的最大不同，在于前者依被服务者要求的时间、地点而传播，后者则依服务者预定的时间、地点而传播。随着受网络服务影响而比重越来越大的听（观）众点播广播服务的发展，这点不同之处可能将被冲淡。

传播权作为一项独立的专有权，是首先由欧盟提出的。这项提议最终被接受，并写入两个条约中。不过，就作品所享有的传播权与表演及录音制品所享有的传输权，在两个条约中是不相同的。作品传输权体现在《WIPO 版权条约》第 8 条中。表演传输权则体现在《WIPO 表演及录音制品条约》第 10 条与第 15 条中；录音制品传输权体现在后一条约第 14 条与第 15 条中。[1]

再有，这里讲的"传输"，只包括"向公众"的传输，即向不特定对象。诸如通过电子信箱的通信方式传输他人作品，不应属于传输权控制范围。至于通过 Internet 在某一企业或单位的专用网络内，向特定对象进行的传输，至少有一部分也应被排除在"向公众"传输之外。条约中，实际上采用"获得信息"权（right to access）或"公众可得到"（making available to the public）解决了许多争论。即国际上所称的"伞式解决方案"。

（四）对"技术保护"的保护措施

早在 20 世纪 70 年代时，计算机软件的开发者为维护自己在实际上的专有权，就已经开始采用某些技术上的"加密"手段，来防

---

[1]　传播权至今也不是一切国家都当成一项新增权利对待的。例如美国等国，始终认为这是一项可以从过去传统法中已有权利解释出来的权利，而不是独立的新权利。

止他人复制自己的程序。即使在 80 年代后，保护软件已越来越广泛地列入各国立法轨道，技术保护手段依旧作为一种辅助手段保留下来。同时，几乎在所有存在非法复制数字化技术作品（软件仅是其中之一）的地方，出现了专门从事"解密"或对其他技术保护手段进行类似的反向行为的个人或企业。有时，解密者仅仅从事软件解密却并不进而复制解密后的软件。所以，从已有的版权法及其他法律中，找不到直接的有关条文作为禁止这种行为的依据。多数解密者的目的并不是自己研究或娱乐，而是提供给复制者进行非法营利。

所以，使数字技术作品的版权人有权禁止他人对其技术保护采用反措施，在 20 世纪 90 年代后，在发达国家的呼声就越来越高了。①在美国于 1998 年通过《世纪数字化版权法》（它在多数场合被翻译为"数字化千年版权法"），将禁止对他人的技术保护采用反措施等等内容作出规定后，几乎所有在版权法领域作修改与增订的国家（包括中国），都无例外地纳入了《WIPO 版权条约》的这项内容。

《WIPO 版权条约》草案中，对"技术保护"所施加的法律保护，是通过第 1 条第 3 款较详细地规定将未经许可的解密等反措施视为侵权，规定了提供或从事反措施服务者，均为侵权人，并对如何救济权利人，也作出了规定。两个条约缔结时，这项保护简略为一句话，即由各成员国自己立法去规定以何种方式禁止反措施和保护权利人。但不论怎样，两个条约还是把禁止未经许可的解密等活动，作为版权人的一项法定权利。即使在仅仅以刑法禁止反措施的国家，"对技术保护的保护"也将是版权人的一项"依刑

---

① 在 1996 年之前，美国已通过"绿皮书""白皮书"欧盟通过"绿皮书"，澳大利亚通过"信息高速公路与知识产权立法建议"等，都提出了对版权人所加的"技术保护"手段予以保护的刑事、行政及民事措施。

法产生的民事权利"。①

（五）权利标示权

如果把上一项称为版权人的一项新的"技术保护权"的话，两个条约都紧接着规定了版权人享有"权利标示权"，即多数人所称的"权利信息管理权"。就是说：版权人有权禁止他人删除或更换由版权人合法加在其作品上有关作品、作者、"版权保留"等等的标示，特别是以数字或代码显示的标示。这项权利在网络环境下，对数字技术加工的作品，显得尤其重要。在实践中，将他人申明付费使用的作品从计算机内存下载后，删除或更换了作者或作品名称再上载的事时有发生。在"公告板"上将他人享有版权但可不付费为个人使用的作品，删除或改换名称后再送上"公告板"的情况就更多。若不能有效制止这些活动，以互联网络传播信息的事业就很难健康发展，版权人的合法权益也不可能得到保护。在《WIPO 版权条约》的附加议定声明中，更加明确地认定了禁止他人改动权利标示，是版权人的一项实实在在的权利。

这里要附加说明几个容易发生误解的问题。在网络中免费为个人使用的作品，并不等同于可以自由使用的作品。就是说，使用人如果把作品下载后，自己再拿它进入市场（再散发、再传播或再销售），均可能构成侵犯版权——如果这些作品仍旧享有版权。例如，当中国小说"钥匙"首次登上瀛海威公司的"公告板"时，读者均可免费阅读或下载，但无权下载后自己复制了去卖复制品。而如果该"公告板"上提供的是小说《红楼梦》，则下载者可以自由使用。那就是完全不同的另一个问题了。我国曾有报纸介绍"免费软件"时，

---

① 到 2000 年底为止，至少已有菲律宾的版权法明文规定这是版权中的一项权利。至少有日本学者在解释本国法时，将它解释为版权中的一项权利。

虽正确地提到这种"上网"的软件享有版权,却又告诉人们可以"随便拷贝",只是不能修改其中的程序而已。① 这就是没有分清为个人目的而使用与为营利目的而使用这一主要差异。"免费软件"如同上网的小说"钥匙",只能限于个人使用。中国 2001 年修正《著作权法》后,已经把两个条约的这项内容订入。今后,则除了在使用中不能修改有关程序外,也不能修改软件上有关开发者名称、软件名称、"版权保留"等等信息。

(六)表演者与有关精神权利

在《WIPO 表演与录音制品条约》的定义条款中,涉及录音制品制作者时,使用了"人或法人"(Person or legal entity),涉及表演者时,仅用了"人"(person)这个概念。② 联系涉及表演者精神权利时,提及表演者"死后"的情况,可以认为:条约仅仅把自然人当做"表演者"。这又是与我国著作权法不同的,而目前凡保护表演者权的国家,大都认为只有自然人才可以是表演者,正如只有自然人才可以是作者一样。这是一个在缔结两条约的外交会议上并无太多争议,而只是在我国一直存在争议的理论问题。随之而来的表演者的精神权利问题,同样是在国际上争议较少而在我国争议较多的问题。对这个问题的争议,在我国又集中在以下几点。

第一,法人能否享有"精神权利"?

在理论上对这个问题的回答应当是否定的,但需要较长篇幅加以论述。③ 在立法实践中只有我国著作权法间接承认了作为法人的表演者的精神权利。只有当司法实践中面临法人精神权利而产生判

---

① 参见《北京晚报》1997 年 5 月 12 日第 6 版。
② 可对比该条约第 2 条 (a) 款与 (c) 款。
③ 参见郑成思:"版权主体论"一文,载《法制与社会发展》杂志 1997 年第 1 期。

决困难时，才有可能更改立法。这个问题至少在我国还将继续讨论下去。

第二，表演者死后，其精神权利是否依然存在？

从《WIPO 表演与录音制品条约》第 5 条（2）款的规定看，回答是肯定的。这一答案与《伯尔尼公约》第 6 条之 2（作者死后的精神权利）的规定也是完全一致的。曾有人认为伯尔尼公约肯定作者死后，其精神权利仍作为一项"权利"存在，是历史上伯尔尼公约外交会议及专家组在理论上的失误。但伯尔尼公约百年之后（规定精神权利的近百年之后）120 个国家的外交会议及几十个国家专家组经月经年地讨论、推敲，却又一次"失误"地承认了表演者死后的精神权利。这一事实应当能够提醒我们的后起的学者们：切勿把凡是自己尚不了解、不理解的，统统斥之为"失误"。应当切实探讨一下自己在论证、研究中，是否确有失误。

第三，如果有人冒表演者之名，提供非该表演者的演出，是否侵犯了该表演者依条约可享有的精神权利？

这个问题是"比照"提出的。因为在我国司法实践中，至今只出现了冒作者之名卖假画的知名案例。比照我国现有著作权法有关冒名的规定，对上述问题的答案也应是肯定的。而且，比照《伯尔尼公约指南》中，WIPO 对冒名是否侵犯作者精神权利的解释[①]，这里的答案也应是肯定的。比照另一个版权公约的管理组织——联合国教科文组织的解释，答案同样是肯定的。[②]按照日本等大陆法系国家的法理解释，答案也是肯定的。[③]

---

① 参见 WIPO 出版《伯尔尼公约指南》英文、德文版第 41 页。

② 参见 UNESCO 出版《版权 ABC》，英文版第 24 页、中文版第 16 页。

③ 参见《日本著作权法》（1995 年修订）第 121 条（1）款。同时参见魏启学译、纹谷畅男等著：《（日本）著作权法 50 讲》，法律出版社出版，第 356 页。

第四，获得报酬权问题。

"获酬"本来是版权人的基本权利之一。民法中讲求"公平"原则。但在版权领域如果甩给当事人自己去协商，则结果大都不可能公平。由于谈判地位往往相差太大，貌似公平的"不过问当事人之间自己决定付酬与否及如何付酬"的法律，实质上往往损害了创作者一方。在知识产权起步较晚，一些研究始终闭着门、因而处于 ABC 阶段的我国，这种对创作者的实际不公平就更突出。所以，明文规定"获酬权"是必要的。虽然在一些（不是一切）发达国家的版权法中，确实找不到明文单列的"获酬权"这项权利。

即使在完全可以由许可证合同谈判去决定付酬方式或付酬额的场合，也仍旧需要有一个法定的上限或下限，以免创作者在貌似公平的谈判中得到不公平的结果。《WIPO 表演与录音制品条约》第 15 条（2）款就含有这一层意思。在这方面，诸如《西班牙版权法》的"合同篇"，比起我国《著作权法》第 27 条，就更有助于真正保护作者的权益。①

第二节　在线服务提供者的责任

在线服务商，又称"在线服务提供者"是互联网环境下的信息传播的中介服务的提供人。

说到服务提供者在知识产权侵权发生时（主要是在侵犯版权的纠纷发生时）所承担的责任，一般应分两个方面：

（1）在线服务商提供的设施服务、接入服务等等本身直接发生

---

① 参见西班牙 1996 年修订《知识产权法》第五篇，该篇具体规定了向作者付酬的法定最低额。

了侵权而应负的责任；

（2）他人借助在线服务商的系统、设施或搜索工具而侵犯了第三方知识产权时，在线服务商的责任。[①]

无论在中外，上述直接侵权的认定并不困难，对这种情况下的侵权责任也没有太大争论。而第（2）种实际属于间接后果的，是否应认定在线服务商侵权，以及如果认定，又应负什么样的侵权责任，则是困难所在，也是争论较多的。

在侵权法尚不发达的中国，侵权责任在总体上有 1986 年《民法通则》第 106 条作出了规定。这条规定实质上是说：无过错者不负民事责任。据说在立法时，这一条来自《德国民法典》第 823 条及《法国民法典》第 1382 条，但这两个外国民法典的规定其实是"无过错者不负赔偿责任"。可见仅从法条上看，中外的差距还是很大的。

在司法实践与行政执法中，美英出版商所负的是严格责任（接近"无过错责任"），大陆法系国家，按照马普学会的 A. Dietz 博士所说：即出版社出版了侵权出版物，在任何情况下均可推定其必须负赔偿责任——即使它与出版内容提供者有合同，而后者保证了一旦出现侵权，后者自负全责。Dietz 的原话是："出版者不能够通过合同推掉自己的法律责任。"在中国，在 20 世纪 90 年代后期，行政规章中曾经规定：只要出版者尽到了注意义务（例如要求供稿者保证其稿非侵权品），出版社即可不承担侵权责任。中国法院的一些判例则比上述行政规章要严格些，采取了"过错推定"原则：即只要出版社出版了侵权出版物，就推定其有过错，这与 Dietz 的观点比较接近。

此外，迄今为止，中国法律中尚缺少"直接侵权""间接侵权""协

---

① 参看薛红著：《网络时代的知识产权法》，法律出版社 2001 年版，第 205~207 页。

助侵权""代位侵权"等概念。我国法虽有"共同侵权""负连带责任"等概念,但次要的侵权一方又不能被单独起诉,故与"协助侵权"等有本质不同。

从上述简短的前奏中我们不难看到:在 1995 年美国的"白皮书"①讨论在线服务商的责任时,在 1997 年法国等欧洲国家讨论在线服务商的责任时,他们作为对比的网络环境产生前的出版商,均是负严格责任的。在此基础上,再根据在线服务商与出版商相比的不同特点,确定对在线服务商的责任限制。而中国则是在出版商在侵权纠纷中负什么责任的问题仍在讨论之中,尚无定论的情况下,讨论在线服务商的责任。所以,对这一问题尚无立法结论尚难有一个绝对明确的答案,也就不足怪了。

可以说,时至今日,中国尚无任何国家法、行政法规、部门规章或司法解释对"在线服务商"下明确定义,也没有对在线服务商的直接与间接责任给以明确划分。虽然研究这一领域的学者及许多法官对此的理解,与 DMCA 并无太大差别。②

2001 年修正的《著作权法》中,虽已涉及数字化权、网络传输权等等,涉及技术措施、权利信息管理等,但并未涉及在线服务商的责任,更不可能像 DMCA(美国"新千年数字版权法")及欧盟指令或指令草案那样给在线服务商规定范围,给在线服务商的责任规定范围,给在线服务商应获的免责(即责任限制)规定范围。虽然修正后的著作权法涉及了技术措施与信息管理,也同样有一大缺陷,就是并未提及对违反这两种规定的责任限制。

不过外界不必担心,对于在线服务商的责任,中国又并不是"无

---

① "白皮书"指美国政府 1995 年发布的《知识产权与国家信息基础设施》。
② 主要指 DMCA 中的 512 条(j)款。

法无天"。早在 2000 年之前，北京、上海的各级法院就根据中国已有的法律原则，（例如《民法通则》中的"公平""诚实信用"原则、著作权法中禁止未经许可的复制与 / 或传播的原则）判过一批涉及在线服务商责任的案件。

2000 年之后，属于国家法的《关于维护互联网安全的决定》（2000 年 12 月，全国人大第九届大会第 19 次常委会通过）在第 3 条第（3）项中，规定了凡"利用互联网侵犯他人知识产权"情节严重的，均可依刑法追究刑事责任。当然，这一规定尚显得太原则。

2000 年 12 月开始施行的《最高人民法院关于审理涉及计算机网络著作权纠纷案件适用法律若干问题的解释》[①]的 10 条中，即有 6 条专门对在线服务商的责任或涉及这类责任的限制作出了规定，这就是：

第三条　已在报刊上刊登或者网络上传播的作品，除著作权人声明或者上载该作品的网络服务提供者受著作权人的委托声明不得转载、摘编的以外，网站予以转载、摘编并按有关规定支付报酬、注明出处的，不构成侵权。但网站转载、摘编作品超过有关报刊转载作品范围的，应当认定为侵权。

第四条　网络服务提供者通过网络参与他人侵犯著作权行为，或者通过网络教唆、帮助他人实施侵犯著作权行为的，人民法院应当根据民法通则第一百三十条的规定，追究其与其他行为人或者直接实施侵权行为人的共同侵权责任。

第五条　提供内容服务的网络服务提供者，明知网络用户通过网络实施侵犯他人著作权的行为，或者经著作权人提出确有证据的警告，但仍不采取移除侵权内容等措施以消除侵权后果的，人民法

[①]　见《人民法院报》，2000 年 12 月 20 日。

院应当根据民法通则第一百三十条的规定，追究其与该网络用户的共同侵权责任。

第六条　提供内容服务的网络服务提供者，对著作权人要求其提供侵权行为人在其网络的注册资料以追究行为人的侵权责任，无正当理由拒绝提供的，人民法院应当根据民法通则第一百零六条的规定，追究其相应的侵权责任。

第七条　著作权人发现侵权信息向网络服务提供者提出警告或者索要侵权行为人网络注册资料时，不能出示身份证明、著作权权属证明及侵权情况证明的，视为未提出警告或者未提出索要请求。

著作权人出示上述证明后网络服务提供者仍不采取措施的，可以在提起诉讼时申请人民法院先行裁定停止侵害、排除妨碍、消除影响，人民法院应予准许。

第八条　网络服务提供者经著作权人提出确有证据的警告而采取移除被控侵权内容等措施，被控侵权人要求网络服务提供者承担违约责任的，人民法院不予支持。

著作权人指控侵权不实，被控侵权人因网络服务提供者采取措施遭受损失而请求赔偿的，人民法院应当判令由提出警告的人承担赔偿责任。

在这 6 条中，第三条后半句，第七条第一段，第八条第一段，均是对在线服务提供者法律责任的限制。

最后，如果说到中国关于在线服务商的司法判决，则有很多与英、美乃至欧盟国家近年的一些著名判例极其相近。在运用"公平""诚实信用"等原则作出的判决中，甚至可以见到西方国家"避风港"政策、"协助侵权"概念，见得到在线服务商中"公告板经营人""接入服务提供人""搜索引擎提供人"划分等等。较有代表意义的，是北京法院 2000 年 11 月及 2001 年 1 月的两起判决。①

在前一起判决中，原告是北京《大学生》杂志。这个杂志社在第二被告"北京京讯公司"经营的"首都在线 263"公告板上，发现了第一被告南开大学硕士生李某的"主页"。该主页上，有李某未经许可上载的，版权属于《大学生》杂志的作品，并且仍在将原告作品陆续上载，原告首先向第二被告发出"侵权警告"，要求其从公告板上撤下侵权作品，然后向法院对二被告起诉，要求二被告承担侵权责任。第二被告在接到警告后，用了 11 天的时间，确认了李某"主页"上的作品确属《大学生》享有版权，且未获原告许可，于是在原告起诉之前，即已采取技术措施，使李某的网站无法继续上载，并回函原告，表示将协助确认上载作品的侵权人。法院在判决中，确认了第一被告侵权成立，并负停止侵权与赔偿损失的责任；同时认定第二被告已尽了应尽的义务，其收到警告后 11 天才采取措施，属于"合理期限"，故不负侵权责任。但第一被告作为学生，赔偿能力极为有限，原告认为不足以补偿自己的损失，要求第二被告也负一定赔偿责任，故上诉至北京高院。2001 年 8 月，北京高院在终审判决中，由于另外确认了北京京讯公司为已经被认定侵权的内容上网继续提供信息和渠道，故在维持了一审的三项判决的同时，改判了第四项判决，判北京京讯公司也负了其应负的侵权责任与赔偿责任。

在 2001 年 1 月的案例中，原告刘 × 盛在被告"搜狐"公司网站的主页上点击"艺术"一栏，再点击其下的"西班牙艺术"一栏，即可看到原告翻译成中文的"唐·吉诃德"这部作品。原告数次致

---

① 这两个案例于 2000 年 11 月及 2001 年 2 月首都各报（尤其《法制日报》《人民法院报》）均有报道。

函被告，要求撤下该作品，声明自己是版权人，该作品上载未经许可，但被告一直未加理睬。于是原告诉至法院，要求判决被告停止继续刊登该作品，公开道歉并赔偿损失。被告在庭审中辩称：第一，该作品并非被告上载；第二，该作品并不在自己的网站上，自己网站仅仅起了一个"链接"作用；第三，原告应当去告上载其作品者，或直接登载其作品的那个网站的经营者，而不是诉自己。法院判决：虽然中国无法律明文规定"链接"行为构成侵权，中外司法实践也并未一概认为设置"链接"的接入方式本身构成侵权，但被告多次被通知原告权利被侵害之后，一直没采取任何积极措施，甚至在原告明确提出停止链接被侵权作品的要求后，仍不采取任何措施，对此，被告必须承担侵权责任（这实际上认定一种"协助侵权"）。对该判决，被告未提出上诉。

这两个判决都已经表明了在中国，在线服务商的行为，也须遵守一定的规范。当然，如果能在法律中明确这种规范，则中国的侵权行为法，至少是网络环境下侵害知识产权的认定，就又上了一个新台阶了。

目前，至少可以说最高法院的解释及北京的判例，对于在线服务商的责任及限制，已经比较明确了。

第三节　网络法及其与知识产权保护的关系

一、网络的发展及安全等问题的产生

（一）运用法律加强管理已经成为许多国家的共识

信息传播技术的发展，在历史上一直推动着人类社会、经济与文化的发展，同时也不断产生出新问题，需要人们不断去解决。在

古代，印刷出版技术的发明与发展，为大量复制传播文化产品创造了条件，同时也为盗用他人智力成果非法牟利提供了便利，于是产生了版权保护的法律制度。近、现代无线电通信技术的出现，录音、录像技术的出现以及卫星传播技术的出现，等等，也都曾给人们带来便利，推动了经济发展、繁荣了文化生活，中国古老的辩证法哲学告诉我们：利弊相生、有无相成。法律规范得当，就能够兴利除弊，促进技术的发展，从而也促进社会的发展。

20 世纪 90 年代至今，信息网络的迅速发展，对政治、经济、社会等各个领域都产生了广泛、巨大而又深远的影响。到 2000 年底，全球互联网用户共 4.14 亿。美国上网人数超过 1.5 亿，欧盟国家上网人数超过 4600 万，日本 4700 万，我国达到了 2250 万。1997 年 10 月，我国上网计算机共 29.9 万台。到 2000 年底，短短的 3 年里，已经发展到 892 万台。到 2001 年 6 月底，中国互联网用户已发展到近 3000 万；联网计算机则超过 1000 万台。到 2002 年年底，中国上网计算机已经超过 2000 万台，互联网用户已经接近 6000 万，仅次于美国，列世界第二。[①]

网络（主要指互联网络，特别是国际互联网络）给人们带来的利（或便利）在于其开放性、兼容性、快捷性与跨国界性。网络的"弊"，也恰恰出自它的这些特点。正是由于这些特点，产生出应用网络来传播信息的重要问题——安全问题，以及其他一些需要以法律去规范的问题。

国内外都曾有一种观点认为：计算机互联网络的发展环境是"无法律"。这种观点仅仅在互联网发展的初期一度比较流行。计算机网络上日益增多的违法犯罪活动，促使人们认识到：必须运用法律对

---

① 参看 CNNIC 通讯，2001 年第 1、8 期；2003 年第 1 期。

计算机信息网络进行某种程度的管理，而网络技术本身的发展也为这种管理提供了客观的基础。所谓"无法律"，一开始就仅仅是一部分网络业内人士对法律的误解。在互联网发展初期，由于缺乏专门以互联网为调整对象的法律，而大都以原有的相关法律规范互联网上的行为，许多国家认为可以不立新法。于是，这被一些人误解为"无法律"。计算机互联网络是20世纪90年代才全面推广开的，而且发展迅速，对它的法律调整滞后、不健全是不足为奇的。但若由此断言互联网络处于法律调整的"真空"之中，是现实社会的法律所不能触及的"虚拟世界"，那就错了。国际互联网的跨国界性无疑增加了各国在其主权范围内独立调整和管理网上行为的困难，但这并不意味着无法管理。而且，由于出现了强烈的网络管理的社会要求，各种行之有效的网络管理技术也应运而生了。面对安全问题，很多国家在开始考虑的是通过技术手段去解决。在今天，越来越多的国家已经认识到：仅仅靠技术手段是不够的，还必须有法律手段。

对计算机信息网络进行管理，必然涉及对传统的"言论自由"以及"信息自由"等如何理解的问题，如果我们承认国家在现实空间限制某些自由的必要性和合理性，那就没有理由反对国家对虚拟的信息网络空间进行必要的管理。网络只是一种传播媒介，它非但不可能自动消除不良信息的危害性，而且因其使用便利、传播快捷的特点，反而可能在缺乏管理的状态下大大增强其危害性。所以说，网络空间的言论自由同样不是绝对的。对此，西方国家也毫不讳言。例如，《欧洲人权公约》第10条在确认表达自由的同时，又规定了对表达自由的限制以及限制表达自由的种种法理依据。可见，保障言论自由与国家对网上信息共享及传播行为以法律手段加以管理之间，并不是不相容的。

事实上，通过法律手段，加强管理，以解决信息网络化进程中产生的安全问题，已经成为相当多国家的一致呼声。

（二）信息网络安全问题的几个主要方面

1. 国家安全

网络的应用，给国家的管理（例如统计、档案管理、收集与分析数据、发布政令、公告等等）带来了便利。"电子政务"的开展，密切了政府与人民群众的联系，提高了国家机关的工作效率，加强了人民对国家事务的参与。近年来，我国海关在查处走私活动的过程中，公安部门在实行"严打"的过程中，很多显著成效得益于计算机网络的应用。网络的应用也为国防建设提供了新的技术手段，为尖端科学技术的研究与开发提供了条件。但同时，一旦有人利用网络，侵入国防计算机信息系统或侵入处于极度保密状态的高科技研究的计算机信息系统，乃至窃取国家、国防、科研等机密，其危害就远不是非网络状态下的危害可比的了。国内外敌对势力煽动反对政府，颠覆国家政权，破坏国家统一等等有害信息，也可以通过网络得到迅速蔓延。而保障国家安全，是稳定与发展的前提。迄今为止，所有应用及推广信息网络技术的国家，无论是发达国家还是发展中国家，都极度重视伴随着这种应用与推广而产生的国家安全问题。

2. 社会安全

网络以迅捷、便利、廉价的优点丰富了社会文化生活与人们的精神生活，但同时，发送计算机病毒，传播黄色、暴力、教唆犯罪等精神毒品，网上盗版，网上煽动民族仇恨、破坏民族团结，网上传播伪科学、反人类的邪教宣传等等，也利用了这种迅捷、便利、廉价的传播工具。对网上的这些非法活动必须加以禁止和打击，以保障社会安全，维护社会安定。例如，如果不在网上"扫黄打非"，那么有形的传统市场上打击黄色的、盗版的音像及图书的执法活动就在很大程度上会落空，因为制黄与制非者会大量转移到网上。

3. 经济安全或市场安全

在经济领域，首先应用网络技术的，是金融行业。"金融电子化与信息化"减少了银行营业门市部的数量方便了储户，使"储蓄实名制"成为可能；同时还加速了证券交易在网上运行的进程。企业开展"电子商务"有助于提高管理效率，降低经营成本，增强竞争能力。以至于国外英特尔公司的总裁与国内北大方正的王选都说过一句相同的话："企业若不上网经营，就只有死路一条。"2001 年年初"纳斯达克"指数的暴跌及大量中介性网络公司的倒闭，与电子商务的兴起这一事实，反映的是同一事物的两个方面。它恰恰说明了网络经济本身不能靠"炒作"，网络经济只有同传统经济、传统产业结合才有生命力。但这绝不是说明电子商务应当被否定。从 1998 年至今，北京郊区一些收益较好的菜农，已经得益于"网上经营"（或"电子商务"）。1999 年，上海市政府开通"农业网"，鼓励农民上网经营。上海奉贤县仅 2000 年 1 月就在网上获 1 亿元订单。① 但同时，在网上把他人的商标抢注为自己的域名，网上的金融诈骗、合同欺诈，利用网络宣传与销售伪劣产品，利用网络搞不正当竞争等种种违法活动，也应运而生。若不及时禁止这些活动，人们会对网络上的虚拟市场缺乏安全感，从而将妨碍我国企业的电子商务活动。

4. 个人安全

随网络发展起来的电子邮件、网络电话、电子银行信用卡等等，给大多数"网民"提供了便捷与低价的服务，这就大大提高了网民

---

① 参看《解放日报》2001 年 5 月 19 日第 1 版。

们的工作效率和生活质量。但同时，破译他人电子邮箱密码，阅读、篡改或删除他人电子邮件，破解他人网上信用卡密码，利用网络窃取他人钱财乃至敲诈勒索，利用网络散布谣言，诽谤他人，侵犯他人隐私权等等侵权或犯罪活动，也出现了。2001 年 4 月，鞍山市中级人民法院审结的一起通过"网络交友"引诱与绑架人质勒索钱财的案件①，表明以法律手段规范网络运营，保障个人安全的必要性。

上述四个方面的安全问题是相互联系着的。国家安全与社会安全非常重要。市场安全与个人安全的问题则是大量的。2001 年 4 月至 5 月在黑客大量攻击我国网站的事件中，被攻击的商业网站占全部受攻击网站的 54%，即一半以上。②市场与个人安全问题，又都直接或间接影响国家安全与社会安全。例如，若不能依法制止住利用互联网络编造并传播影响证券、期货交易或其他扰乱金融市场的虚假信息，社会稳定就必然出现隐患，进而会影响到国家安全。

二、网络规范的国际合作与国外立法状况

由于信息网络技术在整个世界范围内广泛应用的时间还不很长，同时信息网络技术的发展与更新又非常快，在较短时期内不可能有十分完善的法律体系去规范它。所以，总的讲各国在这一方面的立法与实践都处于初级阶段。不过，有些起步相对早一些的国家及国际组织已经有了一些经验可供我们研究与参考。

（一）打击网络犯罪的国际合作与外国立法

20 世纪 90 年代以来，针对计算机网络与利用计算机网络从事刑事犯罪的数量，在许多国家（包括我国）都以较大的比例快速增

---

① 参看《人民法院报》2001 年 4 月 24 日第 1 版。

② 参看国内各大报 2001 年 5 月 4 日发布的"新华社北京 5 月 3 日电"稿。统计数据来自"国家计算机网络与信息安全管理办公室"。

长。因此，以法律手段打击网络犯罪，在许多国家较早就开始实行了。到 90 年代末，在这方面的国际合作也迅速发展起来。为保障网络安全，着手在刑事领域作出国际间规范的典型，是欧盟。欧盟委员会于 2000 年初及 12 月底两次颁布了《网络刑事公约（草案）》。2001年年底，该公约已经缔结。这个公约目前虽然只是面对欧盟成员国地区性立法的一部分，但它开宗明义就表示要吸纳非欧盟成员国参加，试图逐步变成一个世界性的公约。现在，已经有 50 个以上国家（包括美国、日本等）表示了对这一公约的兴趣。这个公约已经成为打击网络犯罪国际合作的第一个公约，因此很值得我们重视和研究。[1]

这个公约对非法进入计算机系统，非法窃取计算机中未公开的数据等等针对网络的犯罪活动，以及利用网络造假、侵害他人财产、传播有害信息等等使用网络从事犯罪的活动均详细规定了罪名，规定了处以的刑罚。公约还明确了法人（即单位）网上犯罪的责任，阐述了打击网络犯罪国际合作的意义，并具体规定了国际合作的方式及细节，如引渡、根据双边条约实行刑事司法协助、在没有双边条约的国家之间怎样专为打击网络犯罪实行司法协助，等等。

在不同国家的刑事立法中，印度的有关作法有代表性。印度于 2000 年 6 月颁布了《信息技术法》。印度在其他有关立法并非十分完备的情况下，优先制定出一部规范网络世界的基本法。印度又同样是发展中国家，是发展中国家信息产业发展较快的，所以其立法特点及取向，更加值得我们重视和研究。这部《信息技术法》的主要内容包含三个大方面：刑法、行政管理法、电子商务法。其次主要内容是一系列附件，规定了对已有刑法典、已有证据法、已有金融法进行全面修订，以使适合于基本法，即适合于信息技术的发展。

---

① 材料引自欧盟法网站及 IP World 杂志 2001 年第 3 期。

其刑法部分的主要内容与欧盟的"刑事公约"大致相同。明显的不同处只有两点。一是规定了向任何计算机或计算机系统释放病毒或导致释放病毒的行为，均认定为犯罪（这一点在欧盟公约中是没有的）。二是对于商业活动中的犯罪行为列举得十分具体。例如，为获取电子签名认证而向有关主管部门或电子认证机构谎报、瞒报任何文件或任何事实，均认定为犯罪（这也是欧盟公约中没有的）。

这部法对犯罪的惩罚规定得十分具体。例如，该法第 70 条规定：未经许可进入他人受保护的计算机系统，可判处 10 年以下徒刑；第 71 条规定：在电子商务活动中向主管部门谎报与瞒报，将处 2 年以下徒刑，还可以并处罚金。

（二）专门针对电子信息技术保护措施的法律手段

如前所述，1996 年 12 月，世界知识产权组织在两个版权条约中，作了禁止擅自破坏他人技术保护措施的规定。这并不是作为版权人的一项权利，而是作为保障网络安全的一项主要内容去规范的。至今，绝大多数国家都把它作为一种网络安全保护，规定在本国的法律中。欧盟、日本、美国莫不如此。尤其是美国，它虽然总地认为网络时代无需立任何新法，全部靠司法解释就能解决网络安全问题，但却例外地为"禁止破坏他人技术保护措施"制定了专门法，而且从网络安全目的出发，把条文规定得极其详细——不仅破坏他人技术保密措施违法，连提供可用以搞这种破坏的软硬件设备者也违法，同时又详细规定了图书馆、教育单位及执法单位在法定条件下，可以破解有关技术措施，以便不妨碍文化、科研及国家执法。在这里，人们应注意：千万不要忽视了版权领域出现的问题对信息网络安全的影响。有关网络安全的许多问题，均是首先在版权领域产生的，其解决方案，又首先是在版权保护中提出，再扩展到整个网络安全领域的。例如，破坏技术保密措施的违法性就是 1992 年英国发生的一起违法收看加密电视节目的版权纠纷而引起国际关注的。2001年初美国的 NAPSTER 公司提供特别软件，使有关计算机用户之间可以自行交换各自机中存储的侵权信息而引起了版权纠纷，影响也远远超出了版权领域。司法界及学术界都已有人指出：如果其他有害信息在用户之间互相交换起来，必然产生更多的安全问题。对此也有必要尽早设计出法律上的对策。欧盟甚至在同年年末还颁布了专门指令，禁止使用类似 NAPSTER 的软件。

（三）与"入世"有关的网络法律问题

在 1996 年 12 月联合国第 51 次大会上，通过了联合国贸易法委员会的《电子商务示范法》，这部示范法对于网络市场中的数据电文、网上合同成立及生效条件、运输等专项领域的电子商务等等，都作了十分具体的规范。这部示范法的缺点是：当时还没有意识到"数字签名认证机构"的关键作用，所以针对这方面作的规定较少，也较原则。1998 年 7 月《新加坡电子交易法》出台后，被认为是解决这一类关键问题较成功的法。我国的香港特别行政区于 2000 年 1 月颁布了《电子交易条例》，它把联合国贸易法委员会示范法与新加坡法较好地融合在一起，又结合了中国香港本地实际，被国际上认为是较成功的一部保障网络市场安全的法规。它有中、英两个文本，既值得我们借鉴，也便于我们借鉴。

早在 1999 年 12 月，世贸组织西雅图外交会议上，制定对"电子商务"的规范就是一个主要议题。这是因为 1994 年 4 月世贸组织在马拉加什成立时，网络市场作为世界贸易的一部分还没有被充分认识。1996 年之后，这一虚拟市场已经以相当快的速度发展起来了。联合国已有了示范法，世贸组织也不甘落后。西雅图会议虽然流产，但 2001 年的多哈会议，再次确认了下一次世贸组织的多边外交会议，仍将以规范电子商务为主要议题。我国已经"入世"。所以从现在起，我国有关主管部门就应当有专人对这一议题作深入研究，以便在必要时提出我们的方案，或决定支持那些于我国网络市场安全及健康发展有利的方案。

在《印度信息技术法》中，与电子商务有关的规定也很详细，其中主要是规定授权建立本国"数字签名认证机构"的程序和承认外国"认证机构"的程序。值得注意的是：规范电子商务的条文，在印度的这部法里占了大部分篇幅，而且是放在该法的首位。在总体结构上看，给人的印象是:《信息技术法》仍旧与多数国家网络立法的重点一样，是为经济领域的发展；而居于其后的行政管理条文与刑事责任条文，主要内容也是为保障网上经济活动的安全、有序。

（四）其他有关立法

有一些发展中国家，在单独制定不同领域保障网络安全的部门法之外，还专门制定了综合性的、原则性的网络基本法。韩国是这一类型的代表。韩国 1992 年 2 月制定、2000 年 1 月又修订的《信息通信网络利用促进法》，就属于这样一部法。它与我国的《科技进步法》的形式类似，但内容更广泛些。它虽不及印度的基本法那样详细，但有些内容却是印度法中所没有的。例如其中对"信息网络标准化"的规定，对成立"韩国信息通信振兴协会"等民间自律组织的规定，等等。

在印度，则依法成立起"网络事件裁判所"，以解决包括影响网络安全的诸多民事纠纷。这种机构不是法院中的一部分，也不是民间仲裁机构，而是地道的政府机构。它的主管人员及职员均由中央政府任命。但主管人员资格是法定的，即只能任命现任高等法院法官或具有高等法院法官任职资格的人,或在"印度法律服务业"（相当律师业）执业 3 年以上的人。

西欧国家及日本近年来在各个领域都制定了一大批专门为使信

息网络在本国能够顺利发展的法律、法规，同时大量修订了现有法律，使之能适应网络安全的需要。例如德国 1997 年的《网络服务提供者责任法》与《数字签名法》，它们甚至出现在欧盟共同指令发布之前，足以说明其规范网络活动的迫切性。日本 1999 年的《信息公开法》与同时颁布的《协调法》对作者行使精神权利（即我国法中所说的版权法中的"人身权"），规定了过去从来没有过的限制，以保证政府有权不再经过作者许可，即发布某些必须发布的信息。①英国 2000 年的《通信监控权法》第三部分，专门规定了对网上信息的监控。这部法的主要篇幅是对行使监控权的机关必须符合怎样的程序作出规定。在符合法定程序的前提下，"为国家安全或为保护英国的经济利益"，该法授权国务大臣颁发许可证，以截收某些信息，或强制性公开某些信息。

（五）民间管理、行业自律及道德规范手段

无论发达国家还是发展中国家在规范与管理网络行为方面，都很注重发挥民间组织的作用，尤其是行业的作用。德国、英国、澳大利亚等，学校中网络使用的"行业规范"均十分严格。我在澳大利亚讲学时，系秘书每周都要求教师填写一份保证书，申明不违法从网上下载任何内容。我的同事在德国进修，凡计算机终端使用人一旦在联网计算机上有校方规定禁止的行为，学校的服务器立即会传来警告。慕尼黑大学、明斯特大学等学校，都订有《关于数据处理与信息技术设备使用管理办法》，要求师生严格遵守。

---

① 在这里应补充一句：对作者精神权利的限制，也绝不是自日本 1999 年《信息公开法》才开始的。中国台湾地区学者肖雄淋在 20 世纪 80 年代就讨论过精神权利限制及"发表权"一次用尽的必然性。德国学者 Dietz 更是早就断言："凡是有经济权利限制的地方，必定有精神权利的限制"（见 Geller 主编的《国际版权法律制度》中的"德国编"第 9 部分）。近年有不了解知识产权的议论，认为"精神权利受到限制"只是中国学者的独创，是不符合事实的。

英国广播电视的主管机关——独立电视委员会公开宣称，依法对国际互联网上的电视节目以及静止或活动的广告进行管理。其管理途径是致力于指导和协助网络行业建立一种行业自律的机制。英国信息网络监察基金会即是这种自律机制的产物。该会是由英国的网络服务提供者们在政府间接引导、影响乃至压力下，于 1996 年组成的一个行业自律组织。它的工作是搜寻网络上的非法信息（主要是色情资料），并把发布这些非法信息的网站通知网络服务提供者，以便他们采取措施，阻止网民访问这些网站，以使网络服务提供者避免被指控故意传播非法信息而招致法律制裁。

韩国在保障网络安全方面，尤其是防止不良信息及有害信息方面，也很注意发挥民间组织的作用。韩国在民间建立起"信息通信伦理委员会"，其主要作用是监督网络上的有害信息，保护青少年的身心健康。

新加坡也很注重民间力量在网络安全方面的作用，在其 1996 年 7 月颁布的《新加坡广播管理法》第 9 条中规定："凡是向儿童提供互联网络服务的学校、图书馆和其他互联网络服务商，都应制定严格的控制标准。"该法还规定："鼓励各定点网络服务商和广大家长使用各种软件，诸如'网络监督员'软件、'网络巡警'软件等等，来阻止（青少年）对有害信息的访问。"这与我国过去在治安方面的"群防群治"非常相似。

（六）保障信息网络安全的两个关键点

网络上信息传播有公开与兼容的特点，各国网络的发展目标都是使越来越多的人能够利用它，这些都是与印刷出版等传统的信息传播方式完全不同的。在网上，每一个人都可能是出版者。用法律规范网络上每个人的行为，从理论上说是必要的，从执法实践上看则是相当困难的。要以法律手段保障信息网络的安全，按中国人常用的一个比喻，就是只能牵牛鼻子，而不能抬牛腿。那么，这个"牛鼻子"在何处呢？

1. 对网络服务提供者的规范与管理

网络服务提供者又称"在线服务提供者"，即 OSP。网络服务提供者是网络空间重要的信息传播媒介，支撑着网络上的信息通讯。

网络服务提供者有许多类别，主要包括以下 5 种：

（1）网络基础设施经营者；

（2）接入服务提供者；

（3）主机服务提供者；

（4）电子公告板系统（即 BBS）经营者等；

（5）信息搜索工具提供者。

上述各类网络服务提供者对用户利用网络浏览、下载或上载信息都起着关键作用。

网络服务提供者的基本特征是按照用户的选择传输或接受信息。但是作为信息在网络上传输的媒介，网络服务提供者的计算机系统或其他设施却不可避免地要存储和发送信息。从信息安全的角度看，网络服务提供者是否应当为其计算机系统存储和发送的有害信息承担责任，按照什么标准承担责任，是网络时代的法律必须回答的关键问题。

网络服务提供者法律责任的标准和范围不仅直接影响信息网络安全的水平和质量，而且关系到互联网能否健康发展；既关系到国家利益，也关系到无数网络用户的利益。因此，法律在界定网络服务提供者责任的同时，必须考虑对其责任加以必要的限制。

总的讲，法律如果使网络服务提供者在合法的空间里和正确的轨道上放手开展活动，那么网络的安全、信息网络的健康发展，就基本有保障了。

　　由于网络安全的法律规范主要落在他们头上，他们的经营或运作风险就显得比其他人都要大。从表面上看，对他们管紧了，似乎不利于网络的发展。为防止这种副作用或负面影响，许多国家都在法律中采用了"避风港"制度。就是说，一旦网络服务提供者的行为符合了一定的法定条件，他们就不再与网上的违法分子一道负违法的连带责任，不会与犯罪分子一道作为共犯处理。这样，他们的经营环境就宽松了，这将有利于网络的发展。正像传统生活中我们对旅店的管理。许多犯罪分子肯定在流窜、隐藏时都会利用旅店。如果对于犯罪分子逗留过的旅店要一概追究法律责任，那么正当经营者就都不敢开店了。如果旅店经营者做到：（1）客人住店时认真查验了身份证；（2）发现房客有犯罪行为或嫌疑，及时报告执法部门；（3）执法部门查询犯罪嫌疑人时积极配合，那么，就可以免除旅店经营者的法律责任，就是说，他不再有被追究法律责任的风险，靠这三条，他进入了一个"避风港"。这样，在打击犯罪的同时，又不妨碍旅店业的健康发展。法律在规范网络服务提供者的责任时采用的"避风港"制度，正是这样一种制度。网络服务提供者从技术上讲，肯定掌握着确认其"网民"或接入的网站身份的记录，他们只要做到：（1）自己不制造违法信息；（2）确认了违法信息后立即删除或作其他处理（如中止链接等）；（3）在执法机关找寻网上违法者时予以协助。那么，他们也就可以进入"避风港"，放心经营自己的业务了。网络服务的正常经营并不会受到妨碍，而如果绝大多数网络服务提供者真正做到了这几点，则网络安全也就基本有保障了。所以大多数以法律规范网络行为的国家，都是首先明确网络服务提供者的责任，又大都采用了"避风港"制度。① 有关国家的法条还有许多，不再一一列举。

2. 对认证机构（CA）规范

"数字签名的认证机构"是法律须加规范的又一个关键点。数字签名认证机构的重要作用，远远不限于电子商务。在电子证据的采用方面，在电子政务、电子邮件及其他网上传输活动中它都起着重要作用。就是说，凡是需要参与方提供法定身份证明的情况，都需要"数字签名认证机构"，因为在网络刚刚普及与普及后相当一段时间内，数字签名是最有效的身份证明，是保障信息安全的基本技术手段之一。②

三、我国网络立法的现状及可行的选择

（一）已有的法律法规及管理措施

我国从 20 世纪 90 年代中期至今出台了一大批专门针对信息网络安全的法律、法规及行政规章，在"加强管理"方面迈出了一大步。

属于国家法律一级的，已有我国人大常委会 2000 年 12 月通过的《关于维护互联网安全的决定》。属于行政法规的，已有从1994 年的《计算机信息系统安全保护条例》到 2000 年的《电信条例》等几个法规。属于部门规章与地方性法规的，则已经有上百件。我国法院也已经受理及审结了一批涉及信息网络安全的民事与刑事案件。

此外，我国 1998 年在起草《合同法》的最后阶段，增加了有关网络上电子合同的规范内容。我国 1999 年在制定《预防未成年人犯罪法》中，规定了"任何单位和个人不得利用通讯、计算机网

---

① 从 1995 年的美国白皮书，到 1997 年的《新加坡电子交易法》，莫不强调"避风港"制度。

② 在"宽松"加"严格管理"上，认证机构与在线服务提供者有类似之处，法律中采用"避风港"制度也有类似之处。《新加坡电子交易法》第 45 条，就是 CA 避风港的典型。

络等方式"提供危害未成年人身心健康的内容与信息，等等。

2000 年是我国网络立法最活跃的一年，据不完全统计，专门针对网络的立法，包括最高人民法院的司法解释达到几十件，超过以往全部网络立法文件的总和，调整范围涉及网络版权（著作权）纠纷、互联网中文域名管理、电子广告管理、网上新闻发布、网上信息服务、网站名称注册、网上证券委托、国际联网保密管理等许多方面。过去进行网络立法的部门主要是公安部、信息产业部等少数几个部门，2000 年则快速增加，文化部、教育部、国家工商局、中国证券监督管理委员会等等，以及一些省、市地方政府均在各自职权范围内颁布了有关网络的立法文件。这些立法及管理活动对推进我国网络健康发展总的讲是有益的。

在启动民间组织，特别在启动行业自律方面，我国也已经开始。2001 年 5 月，在信息产业部的指导下，我国成立起了"互联网协会"，它已经开始借鉴国外已有经验，结合中国的实际，积极发挥自己的作用。

（二）法律及管理的不足之处

1. 侵权责任法有缺欠

我国尚没有任何法律、法规对网络服务提供者的责任与限制条件同时作出明确规定。

有的发达国家在法律中也没有单独对此作专门规定，那是因为这些国家的"侵权责任法"本身已经十分完善了。而我国，几乎只有《民法通则》的 106 条这一条。而"严格责任""协助侵权""代位侵权"等等传统"侵权责任法"中应当有、同时在信息网络安全方面又尤其显示出重要性的概念，在我国侵权法体系中，一直就不存在。在这种情况下，我们要以法律手段保障网络健康发展，就很难牵到牛鼻子，有可能不得不去抬牛腿，造成事倍功半的结果。①在网络时代安全问题在我国显得较突出，实际上反映了我国整个法律体系中的不完善。这并不奇怪，我国准备在 2010 年左右形成有中国特色的社会主义市场经济。作为上层建筑中的法律体系的形成，不可能比市场经济的形成时间早很多，否则就会与经济基础脱节，或制定的法律并不适应社会主义市场经济。不过问题在于：对网络空间的规范，已经提到我们面前，这时我们的立法及修订法的重点应该放在何处。哪些应当急，哪些可以缓，则是值得探讨的。这在本书开始已论及，此处不再重复。

2. 缺少必要的基本法，已产生多头管理、相互冲突的情况

我国规范网络的部门规章及地方性法规很多，这反映出各方面力图促使网络健康发展的积极性。但暴露出来的问题也不容忽视：第一，立法层次低。现有的网络立法绝大多数属于管理性的行政规章，而属于国家法律层次上的网络立法只有一件，而它又并不具备基本法性质。第二，立法内容"管"的色彩太浓，通过管理促进"积极发展"的一面则显得不够。第三，行政部门多头立法、多头管理，甚至连必须统一的一些标准，都出现过部门冲突的情况。例如，北京市通信管理局 2000 年 11 月的"通知"中，认定企业仅为自我宣传而设的网站，属于非经营性的"网络内容提供者"（ICP），而同样是北京的工商行政管理局在同年颁布的"经营性网站管理办法"中，则又认定凡是企业办的网站，均属经营性的 ICP。这样一来，像"同仁堂药业集团"自己为同仁堂医药作广

---

① 这种"抬牛腿"的典型，可推 2000 年的《互联网信息服务管理办法》，其中把"网络内容提供者"的责任与"网络服务提供者"的责任放在一起规范。前者在大多数国家是"严格责任"，后者则只是"过错责任"。将二者的两种完全不同的责任混同，在国外已有的成功的立法中，是见不到的。

告的专设网站，与"搜狐""首都在线"等专门从事在线服务的网站就没有区别了。依前一行政规章，"同仁堂"属于非经营性；依后一规章，它又属于经营性了。

诸如此类的不一致乃至冲突的规章及管理方式还很多。这样有时让企业无所适从，妨碍了企业正常使用网络。有时则产生漏洞，使真正想保障的信息网络安全又得不到保障。

虽然在国际互联网上信息的传播具有"跨国传输"的特点，但由于网络服务器的经营者必须租用线路才能开通其运作。例如北京的网络服务器均须向北京电信行业管理办公室（信息产业部委托的部门）申请并写明身份、地址，才可能获得线路的租用。因此，对一切网络服务设备，电信部门统统可以确认其所在地及所有人，正如这个部门完全能掌握和管理向它申请了电话号码并安装了电话的用户一样。由信息产业主管部门统管，便于技术上的防范措施与法律手段相结合。《印度信息技术法》在行政管理方面的主要内容之一，就是由中央政府建立"信息技术局"，统一行使网络管理的行政权，避免"政出多头"，以免既妨碍了网络的发展，又不能真正制止住影响网络安全的各种活动。印度在其基本法中作出这种统一管理的规定，是考虑得比较周到的。

3. 已有的立法中存在缺陷

网络的应用再次突显出刑法中犯罪构成的设计有不合理之处。目前对计算机犯罪的主体仅限定为自然人。[①]但从实践来看，确实存在各种各样的由法人实施的计算机犯罪。又如，刑罚设置也有欠缺。计算机网络犯罪往往造成巨大的经济损失，其中许多犯罪分子本身

---

① 我国 1997 年修订后的《刑法》第 30 条关于单位犯罪的原则规定，不能延伸适用于计算机犯罪的具体条文。

就是为了牟利，因而对其科以罚金等财产刑是合理的。同时，由于犯罪分子大多对其犯罪方法具有迷恋性，因而对其判处一定的资格刑，如剥夺其长期或短期从事某种与计算机相关的职业、某类与计算机相关的活动的资格，也是合理的。但我国刑法对计算机犯罪的处罚却既没有规定罚金刑，也没有规定资格刑。

另外，现有诉讼法中，缺少对"电子证据"的规定。

无论上面讲过的《欧盟网络刑事公约》还是《印度信息技术法》都是把"电子证据"作为一种特殊证据单列，而不像我国现有的三部诉讼法（民诉、刑诉、行政诉讼），只能从"视听资料"中解释出"电子证据"的存在，这样有时显得十分牵强，有时甚至无法解释。这对于保障网络安全十分不利。

4. 缺少大多数发达国家及一大批发展中国家有关电子商务的法律

1998 年江泽民主席在亚太经合组织大会上就曾指出：电子商务代表着未来的贸易方式发展的方向，其应用推广将给成员国带来更多的贸易机会。

对于上面提到的世贸组织将增加的调整国际电子商务的法律手段，欧盟已有了《电子商务指令》作为应对，日本则有了《电子签名法》及《数字化日本行动纲领》（政策性政府基本文件）、澳大利亚也颁布了《电子交易法》。美国虽然在民商事领域总的讲不针对网络单独立法，但也推出了无强制作用的联邦示范法《统一计算机信息交易法》。许多发展中国家也都在这方面作了积极的准备。相比之下，我国在这一方面的缺少法律的状态，与我国的国际贸易大国地位就显得不太协调了。

我国《合同法》中虽然承认网上合同作为"书面合同"的有效性，却没有对数字签名、数字签名的认证等等关键问题作出规范，无法保障电子商务的安全，因此不足以促进电子商务的开展。我国网络基础设施已列世界前茅，但网上经营的数额在世界上还排不上名次，原因之一是缺乏法律规范，使大量正当的经营者仍感网上经营风险太大，不愿进入网络市场，仍固守在传统市场中。长期下去，在高管理效率与低经营成本方面，我们的企业不仅难与发达国家企业竞争，也将难与一批在信息技术上新兴的发展中国家竞争，我们在国际市场上的地位就不容乐观了。

5. 以法律手段鼓励网上传播中国的声音还显得不够

一方面，网络的跨国界信息传播增加了西方宣扬其价值观的范围与强度。另一方面，过去在传统的有形文化产品的印刷、出版、发行方面，由于经济实力所限，我们难与发达国家竞争。现在，网络传输大大降低了文化产品传播的成本，这对中国可能倒是一个机遇。从技术上讲，网上的参与成本极低，对穷国、富国基本上是平等的。一个国家（尤其发展中国家）如果能以法律手段鼓励传播本国的声音，则将起到积极的作用。印度鼓励用英语宣传本国的文化，法国一度强调只用法语而造成点击法国网站用户日减，这正反两方面的情况都值得我们研究与借鉴。我国有不少涉外法律、法规、规章、司法判决、行政裁决、仲裁裁决等等，在对外宣传我国法制建设方面很有作用，却往往在长时间里见不到英文本，在网络上则中、英文本都见不到。在国际上很有影响的我国《合同法》，其英文本首先是由美国一家公司从加利弗尼亚的网站上网的。集我国古典文学之大成的《四库全书》，也不是由中国内地而是由中国香港特区的网络服务提供者上网的。

（三）我们可行的选择

1. 将信息网络立法问题作通盘研究，尽早列入国家立法规划

在信息技术迅速发展的今天，在知识经济即将到来之际，印度

等国家在立法与整个法律体系的架构或重组上，把对网络市场（虚拟世界）的规范，优先于有形市场、有形财产的规范。他们确实是在实践中力争"以信息化促工业化"，这是十分值得我们研究的。

第一，在信息网络立法规划上，应考虑尽早制定一部基本法。从形式上讲，它应当是印度模式与韩国模式的结合，就是说，既有原则性规定，又有必要的实体条文，如同我国的《民法通则》那样，同时，也要结合中国的实际。从内容上讲，它必须以积极发展信息网络化为目的，体现加强管理，以达到趋利避害，为我所用的目的。

如果有了网络基本法，无论部门还是地方立法，均不能违反它，行政机关管理时也便于"依法行政"。这将有利于最大限度地减少部门规章及不同部门管理之间的冲突。

第二，在正起草着的有关法律中，应注意研究与增加涉及信息网络安全保障的相关内容，例如正在起草的《证据法》。但这方面内容目前还考虑得不够。

第三，在修订现有的有关法律时，也应注意增加涉及信息网络的内容。例如，在修订刑法时，应考虑针对计算机网络犯罪活动，增加法人（单位）犯罪、罚金刑、资格刑等内容。

第四，在网络基本法出台之前，可以先着手制定某些急需的单行法，研究成熟一个，制定一个。例如，可在《电信条例》的基础上，尽快制定"电信法"。再如，"数字签名法""网络服务提供者责任法"等等，也应尽早制定，或者包含在"电信法"中，以逐步减少信息网络健康发展的障碍。从 2001~2002 年，上海、重庆、广东等省市在这些方面都积累了一些经验，可以供国家立法参考。

第五，信息网络的管理，与土地、房屋、动产等等的管理不同，不宜有过多的部门规章及地方性法规，应以国家法律、国务院行政法规为主，仅由主管部门颁布确实必要的行政规章。

2. 认真研究国际动向，积极参与保障网络安全的国际合作

研究信息网络立法与管理的国际动向有两个目的。一是使我们在制定相关国内法及实施管理时，可以借鉴国外成功的经验，这也是一种"为我所用"。二是由于网络（主要是国际互联网络）传播信息的特殊性，使得我们在打击跨国计算机网络犯罪，在因网络侵权、网络商务中违约等等跨国民商事纠纷产生时，都需要开展不同程度的国际合作。

第七章 我国知识产权法的发展与展望 *

第一节 中国知识产权法：特点、优点与缺点 **

1993 年中国《反不正当竞争法》的颁布，标志着中国知识产权立法的基本完成，也可以说是给知识产权领域的立法画上了一个句号。当然，"完成"不等于"完善"。从完善的要求看，1993 年的"完成"又仅仅是个开端。以形而上学方式看问题，会认为"完成"与"开端"是不相容的；句号只能是句号；刚刚颁布（或修订）的法，不可能存在缺点。1984 年我曾写过一篇《中国专利法的特点、优点与缺点》，发表出来时已不见了后半截。虽然该文当年就被《文摘报》等报刊转摘或转载，后又多次被一些人的"专论"所抄袭，我本人却对发表出来的部分并不满意。原因正在于发表的方式不是辩证唯物主义的，而是形而上学的。

随着改革开放的进程，人们的认识都在提高。今天，终有可能

---

* 编者注：本标题编者自拟。

** 编者注：该部分选自郑成思著：《郑成思文选》，法律出版社 2003 年 10 月版，第 292~314 页。

该文发表于《中国社会科学院研究院学报》1994 年第 1 期。写该文的原因是 1984 年发表同样文章时，"缺点"部分被删除，据说是对已颁布的立法不宜指其缺点。十年间此事一直未想通，故又向同一杂志（虽已更名）投去该文。这次却未被删节，足以反映出我国学术期刊编辑们在改革开放中的进步。

把一篇肯定优点、指出不足的文章，在新的高度再次写出发表。这里并没有任何结论性的东西。我所指出的不足，也未必真就是不足，在讨论中也可能被他人论证了是优点。但不论怎样，通过这种肯定了基本的优点，同时又对被认为是缺点的部分开展的讨论，只会有利于中国知识产权法的完善。

一、商标法

1982 年颁布、1993 年修订的《商标法》，是中国改革开放之后，在知识产权领域出现的第一部单行法。1993 年修订内容中的相当一部分，实际在 1988 年首次修订《商标法实施细则》时，已经成为中国商标保护制度的一部分，只是在 1993 年才从"条例"这一级上升到"法律"这一级。中国现行商标法的特点如下。

1. **由国务院工商行政管理部门商标局主管全国商标注册和管理工作**

这一条因为暂时不好确认它是优点还是缺点，故放在"特点"中，而这又的的确确是中国的特色。

在许多国家，商标权与专利权统一由"工业产权局""专利商标局""专利局"或"贸易部""知识产权部"授予及管理。我国的历史事实则是专利制度从 50 年代中期起中断了多年；而商标管理则基本未长期中断过。商标局先于专利局而存在；商标管理的基层机构、经验以及操作条件等等，都非其他知识产权领域可比。把商标权作为知识产权的一个组成部分而由管理专利等等的统一的机构去管理，在一定时期还难做到而商标权虽是民事权利，又不同于版权，它不是自动依法就可产生的，确实需要一个人员较多的机构去"管"。

2. 注册商标标识有较严格的限制

中国商标局允许获得注册的，仅仅是"文字、图形或者其组合"。这就排斥了"立体标识"注册的可能性。1985年，中国商标局与英国上议院几乎同时认定了"可口可乐"的特有瓶装造型不可以获得注册。中国商标局驳回其注册申请为主要原因即：不为立体标识提供注册保护。当然，过去中国商标法的正式文本，把"图形"译成了"Design"，使许多外国人误认为中国允许立体标识注册。

同时，"文字、图形或者其组合"也排斥了音响商标、气味商标等获得注册的可能性。

3. 非强制注册与部分强制注册并行

从1982年开始，中国改变了过去作为"社会主义计划经济"产物的"全面强制注册"制度，规定了只有商标使用者"需要取得商标专用权的"，方有必要申请注册。这对于20世纪80年代的"社会主义商品经济"及90年代的"社会主义市场经济"的发展无疑是有益的。与此同时，《商标法》及实施细则又规定了药品、烟草及卷烟所使用的商标，一律应先注册，后使用。

4. 居中的审查制度

过去，不少人认为中国商标法实行的是"非实质审查制"。如果与英国、德国等严格的实质审查制相比，这种看法并不错。但中国又并未实行许多发展中国家实行的那种单纯的形式审查制。在中国，商标权"确权"的最后权力机关仍旧在国家工商行政管理局，它就不可能在批准注册前完全不进行实质审查，而将来让人们在法院诉讼中再提出实质审查问题。中国商标局对申请注册的标识是否具有"识别性"，是否可能同已获注册的标识相混同，等等，还是要进行较严格的审查的。从这个角度看，应当承认它实行的仍旧属于"实质审查制"。只是其严格程序，尚不及一些实质审查制发达的国家。

5. 不由法院最后确权

这一点上面已提到。虽然在《商标法》修订的全过程中，不断有人提出"确权"之权应在法院。但有人援引了 1992 年已修订的《专利法》。该法仍把实用新型及外观设计专有权的最后确认留给了专利局。故商标权的最后确认留给工商行政管理局，似乎也不出大格。当然，专利领域的"发明专利"最终确权定在了法院，版权则从理论上讲只能由法院确权。相比之下，却不存在任何商标权由法院确认的余地。商标行政管理机关在"确权"这点上，显得有些"得天独厚"。

6. "争议"时限较短

一些国家商标法规定：商标获得注册后，3 年或 5 年无人提出争议的，即成为"无争议商标"。中国《商标法实施细则》把这一争议时限定为 1 年。这就警告了一切利害关系人：如果打算以"注册不当"要求撤销某注册商标的，你对注册提出争议的时间是很有限的，该时间是"自商标注册公告之日起 1 年内"。而且，利害关系人"没得到公告"或"没读到公告"等等，绝不可能成为要求延展这 1 年时限的理由。

7. 解决侵权纠纷的"双轨制"

也是由于历史的原因，商标法与专利法在原始文本中的行政管理机关调处侵权纠纷、"责令侵权人立即停止侵权行为、赔偿被侵权人的损失"等权力，在修订后的条文中依然保留着。一些学者从法理上始终认为行政机关直接并且过多地干预民事权利，应属缺点；实际工作人员及一些被侵权人从实践中纠纷的解决迅速、省钱等方面看，则认为是优点。但无论如何，我认为这种与法院解决侵权纠纷并行的制度算中国商标法（以及专利法）的一个特点，是没有太多争论的。

中国现行商标法的优点在法中占主导地位。至少，世界知识产权总干事早在 1990 年就公开讲过：中国商标法是他在中国当时已有的几部知识产权法中最为满意的。1991 年到 1992 年的中美知识产权谈判中，美方甚至很难从中国商标保护中挑出什么大问题，乃至最终把商标权议题全部排除了。修改前的商标法，外人评介尚如此；修改之后，优点就更突出了。这主要有以下几个方面。

1. 商标权保护水平、保护范围及注册等程序，更加向国际标准靠拢

这里讲的"国际标准"，主要指《保护工业产权巴黎公约》中有关商标保护的规定；世界知识产权组织主持起草的"商标保护协调法建议"；关税与贸易总协定中"知识产权分协议"与商标有关的条款。诸如现行商标法中对服务商标的保护，为集体商标及证明商标提供注册，改"核转制"为"代理制"，等等，均是实例。

原《商标法》（第 12 条）要求在不同类商品上使用同一个商标须"分别"提出注册申请。现行商标法删去"分别"二字，从而大大便利了注册申请人，也更符合《国际商标注册马德里协定》的程序。

2. 在法中明确了对"注册不当"的撤销理由与撤销程序

早在 1985 年，国内外均有商界人士对中国商标法中未明确给商标权利冲突人之外的利害关系人或无利害人以"注册不当"为由提请撤销的权利，表示了不满意。1988 年的实施细则虽然增加了这项内容，但一是它属于法律本身没有的东西，在细则中有"越法"之嫌；二是细则中未明确何谓"不当"，给了商标管理机关过大的"酌处权"（Discretion）。在现行法律及细则中，这两方面的问题都解决了。这就使商标保护制度更加合理。

3. 加重了对严重侵权的刑事处罚

这一点，不仅符合国际上保护商标权的总趋势，也符合中国近年商标侵权活动猖獗的实际情况。在修订商标法过程中，1992 年的一次全国人大常委会未能通过修正案，主要原因之一正在于当时的草案未能加重对侵权的刑事处罚。

4. 对许可及转让商标权"管而不死"

过去，相当多的国家（主要是英联邦国家）对于商标权人许可他人使用注册商标，作了严格规定。至少，被许可人须经注册而被承认为"注册使用人"之后，方能合法使用。这个规定如果中国也引进，那么就会在含商标权许可证的技术转让合同、合资企业合同等合同订立时，发生多重机关审批的问题。如果经贸主管机关批准了的合资企业合同而其中的"注册使用"有关商标未获商标局批准，应如何处理？类似的问题会出现一大批。

过去，不少国家商标法规定，商标权的转让必须连同企业的经营（business）一道转让。但 1991 年底初步达成一致意见的关贸总协定中"与贸易有关的知识产权分协议"，恰恰不允许做这种硬性规定。

中国商标法虽要求转让之前必须经商标局核准，许可证合同签订后必须报商标局备案，但从一开始就未作过上述其他一些国家那样的硬性规定，在这一点上还是有先见之明的。

5. 对注册商标予以保护，对注册及未注册商标均实施管理

只有这种"全面管理"，才可能真正保护注册商标的专用权。

6. 对侵权的行政罚款，采用了"水涨船高"的罚款比例额

这种规定大大优于（如中国著作权法实施条例中的）限死的罚款数额的方式，对惩罚和制止侵权更有效一些。

现行商标法的缺点主要如下。

1. 在用语上，中国商标法使用"商标专用权"

虽然中国台湾地区在先制定的"商标法"也使用的是"商标专

用权",但世界上绝大多数国家和地区的商标法,乃至包含商标保护的国际公约,均使用"商标权"。因为,商标经注册后,其所有人获得的权利远远不止是"专利"。在商标权可以设定为质权的国家,它可能根本"不用"而体现出其财产权的性质。事实上,"许可"他人使用、"转让",也是商标权人的权利。这些权利,也都不是什么"专用权"。

"商标专用权"的内涵大大窄于"商标权"。在商标法中,它是个不恰当的用语。

2. 未回答市场经济已提出的权利质权等问题

注册商标权人能否以其权利作担保,以换取急需使用的资金,即能否将商标权设定为质权的问题,在中国确定了发展社会主义市场经济目标之后,已经提到实际经济生活中来了。1993 年 4 月 3 日《光明日报》上,已登出"科技成果进当铺"的实例。那么,商标权能否成为这种"进当铺"的标的呢?

发达国家如法国、瑞士、丹麦等,发展中国家如埃及及一大批法语非洲国家,都明文允许将商标权设定为质权。1993 年前的中国台湾地区"商标法"明文禁止以商标(专用)权设为质权,1993 年修订之后,则又明文允许。

中国商标法及其他法中找不到这种"明文",而在实践中,又肯定会遇到这个问题,届时应如何处理呢?

像这类在市场经济中已提出而又应由商标法回答,但商标法却回避了的问题,还有一些,这里只举权利质权一例。

3. 缺少对防御商标、联合商标注册保护的明确规定

专利侵权的认定与否定,有专利申请书中的"权利请求书"作了明确的限定。正像为一家人的"私宅"地区画了一个圈,他人进入这个"圈",即告"侵权"。而商标侵权则由于在"类似"商品上,

使用"近似"商标也依法构成侵权，则在原来似乎明白的"侵权"认定圈外又划出一个"模糊"区。

在多数国家，商标法中出现了"类似"商品及"近似"商标这些术语的，均会提供对防御商标及联合商标的注册保护。

因为，从一般法理上推，"侵权"者，应系你侵了我享有的权。这里讲的"权"，一般有肯定与否定，或"行"与"禁"两方面的含义。例如我对我写的一部书享有版权，这句话指的是：一方面，我有权复制它，另一方面，我有权禁止他人复制它。在商标领域，则不尽然了。当他人使用了与我的商标相同的标识时，我一方面有权禁止他使用，另一方面有权自己使用。这是无异议的。但他人使用了与我的商标"近似"的标识时，我一方面有权禁止他使用，另一方面却无权自己使用这种"近似"标识。否则，我就可能被视为"自行改变"原注册的文字的图形，因而可能依《商标法》第30条受到处罚。同时，何谓"近似"，又无法下一个明确的定义，有的人就会在侵权中逃避责任。于是，确实已建立起信誉的商标权人，就希望能够把他认为与其注册商标"近似"的那些文字及图形统统注册。其注册的目的不是为了自己"专用"，而只是为了禁止他人使用，以免造成混淆。这就是有必要保护"联合商标"的主要理由。

防御商标则是由商标权人在所有"类似"（乃至广而及于不类似）的商品上均以其注册商标注上册，目的也不是自己在这些商品上使用，而只是禁止他人在这些不同商品上使用同一个商标。

这是从两种完全不同的方向来扩大同一个注册商标的方式。顺便说一句：曾有商标法教材或文章，把联合商标与防御商标说成一回事，是不对的。

中国商标法中缺少注册保护防御与联合两种商标的规定，既不符合国际上的发展趋势，也不符合我们自己的商标管理实践。多年前，"米老鼠""唐老鸭"等实际已在中国商标局取得过相当于防御商标的注册。同时（如上所述）缺少了这两种注册，从逻辑上也与商标法认定侵权时纳入"类似"与"近似"的模糊区不合拍。

4. "其他含义"还是"第二含义"

中国商标法禁用县以上地名为商标，同时规定，"但是，地名具其他含义的除外"。

国际商标保护中，多年来使用"第二含义"这个术语，而不使用"其他含义"，是有其道理的。第二含义指的是某一标识虽确系地名，但使用者在商业活动中，已使顾客一见到它就联想到商品的制造者来源，而不是有关地理来源。例如香槟、茅台，等等。这里并不管有关地名本身原先有没有"其他含义"。例如，"长春"这个地名当然有"其他含义"，例如表示"永不衰老""四季常青"等等。但这些完全不能成为可以把"长春"作为商标使用的理由。商标法中这类表达不确切的地方，还可以找到一些，而这些如果认真参考国际上已有的成例，本来是可以避免的。

5. "社会主义商品经济"还是"社会主义市场经济"

这是《商标法》第1条提醒我们的问题。1982年《商标法》从过去的单纯计划经济中走出，把"促进社会主义商品经济的发展"作为立法的目的之一，是有历史功绩的。也正像前面第1条不足中所说，既然1992年就已经确定了中国发展社会主义市场经济的目标，为何到1993年修改法时，旧提法依然保留呢？

二、专利法

在1984年的《学习与思考》上，我曾提到当时中国专利法的10个特点，那就是：

（1）把"推广、应用发明创造"，作为"专利保护"的主要目的之一；

（2）三种专利权人（中国专利持有人、中国专利所有人、外国及涉外专利所有人）；

（3）国家计划许可制；

（4）三种专利合为一法；

（5）不授予"进口权"；

（6）专利保护范围较窄；

（7）专利保护期较短；

（8）较先进的审查制度（对发明专利而言）；

（9）便利的专利诉讼程序；

（10）基本符合国际惯例。

在 1992 年《专利法》修订中，"进口权"已经授予专利权人；专利保护范围已扩大；专利保护期已延长。所以，上述（5）（6）（7）三点已不复存在。同时，上述第（10）点则更进了一步，更加明显。

除了上述特点，中国现行专利法还有以下特点。

1. 采用"混合新颖性"标准

对发明（及实用新型）专利来讲，如果以国内外公开出版及国内外公开使用为依据，否定一项申请内容的新颖性，称为"绝对新颖性"标准；如果仅以国内出版物及国内使用为准，则称"相对新颖性"标准。中国专利法在"公开出版物"方面，取"国内外"范围；在"公开使用"方面，则仅取"国内"范围，故称"混合新颖性"标准。

2. 发明专利的"实质审查"制，与实用新型、外观设计的"登记制"并行

3. 采用"实用新型"制，而不是保护范围更广的"小专利"制或"实用证书"制

澳大利亚式的"小专利"与法国式的"实用证书"制，保护范围不限于有"型"（三维）创造物，中国在这点上与它们不同，而与德、日等国相近。

以这三点填补原有（5）（6）（7），中国现行专利法仍旧具有 10 个特点。

中国现行专利法的优点，在上述（8）（9）（10）中已有所体现。1984 年文章实际把"特点、优点"合在一起，同时删去了"缺点"，主要原因是当时直述该法的缺点尚不太方便。除这三个优点之外，下面几点似也应属于优点。

1. 设有"内优先权"制度

我在 1985 年的《工业产权国际公约概论》一书中，提到一些国家设有"内优先权"制度，以与"国际优先权"对应，但当时的中国专利法则无"内优先权"制度。1988 年，我在《中国专利与商标》第 4 期上，则正面提出应增设这项制度。现在，1992 年修订后的《专利法》已增设。这对于鼓励国内发明人，肯定会有积极的作用。

2. 合理的强制许可制度

中国专利法中强制许可的合理性，必须把法条与实施细则相结合才能看出。例如"非商业性使用"这一重要限制，只在细则中看得出来。

根本否认强制许可，有可能导致专利权的滥用；过于严厉的强制许可，又可能不利于对发明创造活动的促进。这两种极端，在发达国家及发展中国家，均有不成功的例子。中国适中的强制许可制度，更接近"保护权利人"与"顾及公共利益"之间的平衡点。

3. 明确规定了专利无效对原许可合同及转让合同的影响

这个问题原仅停留在理论上（学术专著上），而未见诸法律。我在 1986 年出版的《知识产权法通论》第 50 页上，阐述了对此问题的意见。1988 年末刚开始讨论专利法的修订时，该通论中的意见曾引起过争论。但现行专利法基本接受了这一意见。这对于原权利人及被许可（及受让）人均较合理，对法院也将减少无休止地"翻老账"的负担，而当年提出的那个意见也并非我的发明或杜撰。建立专利制度最早的一些国家很久以前就明文规定了这类原则，即在平衡法视为例外的情况之外，专利无效的判决，一般不能使被许可（或受让）人追回原已付出的使用（或转让）费。

在我们的立法中，实际上有些国外已有的成例原是可以借鉴的。当我们不适当地强调自己的特点时，可能会走多年的弯路，有时甚至绕不回来。在这一点上（即 1992 年《专利法》第 60 条）我们毕竟绕回来了，应承认它还是优点之一。

4. 对非专利而冒充（非特定人的）专利有所制裁

在当前中国市场经济中，"假冒"活动猖獗。专利法中增设这一制裁，无疑是切中要害的。从理论上讲，假冒他人专利，被视为侵权，法律规定了须予制裁；而对假冒专利局名义（即非专利而冒充专利）反倒无制裁，是说不通的。许多国家专利法多年来也有些成例。1992 年修正《专利法》时，直至 6 月在全国人大讨论时方确定增加，虽显得迟一些，但毕竟加上了（即第 63 条第 2 款）。这一款本身的存在，是法律的优点；它之能够被增设，也反映出中国立法程序上的优点。

5. 保护"非职务发明"的倾向明显

细读《专利法》第 7 条及第 65 条等条款之后，人们可能会发出疑问：这里条款怎么只讲一面的理？它们只谈到不得压制或侵夺非职务发明人的权利，却不讲职员如果把单位所有的成果据为己有，应如何处理。

但在中国现有的情况下，这种强调"一面理"的规定却十分必要。在北京，把非职务发明错判为职务发明，从而将真正的发明人"双开除"的例子有之；在外地，因同样的错误判断而由司法监督机关以刑事犯罪而将真正发明人"收审"很长时间的例子也有之。并不是说把单位发明据为个人所有的事例就没有，不过这种情况较容易得到正确处理。这是中国在体制改革过程及向市场经济转轨过程中的特有现实。专利法中的特殊规定也是很有针对性的，它有利于鼓励发明创造。

6. 没有明文否定计算机程序发明的专利性

在软件产业发展迅速的当代，明文否定计算机程序的专利法或地区性专利公约，应当说是失策的。中国专利法始终没有效仿这种绝对排斥软件的做法，就比较灵活。实践证明，有一部分软件仅仅靠版权法保护，是非常不够的。在专利领域（无论是否结合硬件）给软件保护以一席之地，对当代极有影响的这一人类智力成果的开发，是利大于弊的。

最后，中国现行专利法仍有下列缺点。

1. "专利申请权"还是"专利申请案中的权利"

在中国专利法中，只见得到前一个概念，见不到后一个概念。

"专利申请权"，说到底，是搞出发明创造后，谁有权申请专利的问题。这个问题理应在一进入申请程序后，就不复存在了。而在进入申请程序之前，确认谁有权申请专利，主要应由劳动合同（及劳动法）过问，而不是由专利法过问，但在中国专利法及细则中，"专利申请权"概念贯穿始终。

"专利申请案中的权利"，指的是申请日之后产生的初期权利，它在专利被最终批准（或申请被驳回）之前一直存在着。它确实是只能由专利法过问的。中国专利法在申请程序开始后，实际把"专利申请权"混同于这后一个概念了。1989 年底的《专利法修正草案》中，曾试图引入这后一概念，并把二者分清。只可惜一些人始终不明白二者的区别，认为"没有必要"，从而又恢复了旧有的提法。

　　在实践中，1990 年上海已有实例说明这两个概念不容混同。有一人（甲）搞出一项发明，但无经费也无意申请专利，于是同另一人（乙）订一合同，讲明：仅将专利申请权转让给乙；如获专利，专利属乙而甲依合同得实施的使用费分成；如不获专利，则发明仍旧归甲；在获专利之前，实施该发明（或许可他人实施该发明）之权也仍旧归甲。就是说，在一例中，"专利申请权"虽在乙，而"专利申请案中的权利"则部分仍在甲，二者是完全不同的。

　　这种事例在国外已多次出现过。在绝大多数国家专利法及地区性专利公约中，只有"专利申请案中的权利"概念，没有"专利申请权"概念。

　　当然，日本专利法（及中国台湾地区"专利法"）中，确有"专利申请权"概念。这种用法在该国（地区）法中是否合理，可另外讨论。但有一点：日本专利有效期起算日为"专利公告之日起 15 年"（但自申请日起不超过 20 年），它不承认公告之前存在"申请案中的权利"，从法理上讲得通。中国专利有效期从来不与"公告日"发生关系，仅从申请日起算，从而法中仿照日本不承认"申请案中的权利"，就讲不通了。

　　中国《专利法实施细则》允许专利申请人在专利批准前（公告后）"有权"向实施人要求支付使用费。这里的"权"，绝不是什么"申请权"，而实实在在是处于"申请案中的权利"（即使是潜在权利）。

　　2. "持有"标的的"所有"归属未予明确

　　作为国营企事业单位的专利持有人，有关专利的所有权可推定为属于国家而不属于该单位，但法中又并无这样明文规定。在市场经济中，这种"国有"的推定，可能会出现一系列问题。

　　例如，专利法中虽然规定了持有人转让专利权，须经国务院主管部门批准。但如果今后专利权可设定为质权，持有人可否以专利权作抵押，以及应通过怎样的程度做抵押，法中均无规定。结果可能使一些国有企业又多了一道束缚，也可能使另一些国有企业可以无限制地设质（因为法中也并无明文禁止持有人设质）。

3. 缺少对植物新品种的应有保护

严格讲，这不应归为中国专利法本身的缺点。多数国家保护植物新品种都不在专利法中，而是另有单行法。但由于中国至今没有这种单行法，专利法又明文规定不论有性还是无性培育的植物新品种均不授予专利。这样，植物新品种的保护在中国就处于空白状态了。

4. 实用新型等不审查制与最终确权机关设在专利局不协调

世界上只有少数国家对实用新型等发明专利申请之外的保护对象实行实质审查，这一点中国与多数国相同。但是，多数只对实用新型采用登记制的国家，均将在无效诉讼或侵权诉讼的反诉中，对有必要进行实审的实用新型进行实质，而由法院依法确认其专有权利能否成立。像我国这样一方面由专利局不实质而登记，另一方面在司法诉讼又要求确权问题再移转专利局，在国际上是较少见的。

5. 专利管理机关调处程序不完善

在国庆 35 周年时，曾有人诉某出版社即将出版发行的画册可能含侵权内容，被行政机关责令停止出版发行。35 周年纪念活动过后查明了不属侵权。但解除禁令后，画册已因过时而卖不出去。当时人们提出了该出版社的经济损失如何赔偿的问题。这一事例使著作权法起草时，取消了行政机关"责令停止侵权"的权利，也使商标法实施细则在修订时，增加了调处中要求以经济担保为前提的条款。专利法及实施细则中均见不到这类条款。《专利法》第 60 条中指为"侵权行为"的，有可能是"被认为是侵权"，而后经查证被排除为侵权的行为。不知如果遇上前面类似建国 35 周年的例子，曾被"责令"停止了经营活动的企业，在最终定为未侵权时，经济损失应由谁负担？

6. "不知者不坐罪"并非知识产权保护原则

在知识产权保护的对象中，只有极少的技术上极复杂而又微小的受保护对象（如集成电路布图设计）才有可能以"知"或"不知"来确定是否免除部分侵权责任。对传统的专利、商标权或版权保护的对象，一般不应以"不知"来免除侵权责任。

在 1983 年起草《专利法》时，有人引用过法国当年专利法第51 条。但该条是从正面讲的，即"明知"为侵权物品而使用或销售，应负民事赔偿责任。在这里，并没有一般地把"不知"排除在侵权之外。确认为侵权而不令其负赔偿责任，与根本"不视为侵权"，在法律上是完全不同的两回事。且不要讲"知"与"不知"这种主观概念在司法中确认的难度如何，中国《专利法》第 62 条第 2 款至少无法回答下面这个简单的问题：

如某人确因"不知"而销售他人制造的侵权专利的产品，从而发了大财，专利权人则确因该人这种"不知"行为而受到了极大损失（乃至破产），则这一结果是不是合理合法的？

7. "冒充专利"范围过窄

1993 年《专利法》从过去的听任冒用专利局名义改为处罚冒充专利，固然是一个进步。但对于中国专利市场上存在的另一种"冒充"，则仍旧是听任的。

三种专利（许多国家并不称实用新型或外观设计为"专利"）合入一法之中保护，之所以只能列为"特点"而难于列为"优点"，是因为实践中已反映出一些不法之人利用了法中的这一空隙。专利法实施以后，一直有人将本无"三性"（或无其中某一二性）的所谓"创造"申请实用新型或外观设计"专利"，经登记后即在其产品上注明

"已获中国专利"。中外许多人往往认为"专利"就是经过对"三性"实审的发明专利。1987年，中国引起人们注意的"人体电子增高器"事件，就是一例。

所以，要求专利权人注意专利类型，在中国的特殊保护制度中本来是十分重要的。有意不注明类型而意在引导人们误认其非发明专利为发明专利的，也应算一种"冒充"，也应受到惩处。中国专利法却缺少这种惩处。

三、版权法

中国现行版权法的起草历时11年，在全国人大常委会经三次讨论方通过，法的名称在草案中三次修改，起草小组中吸收了自然科学界、社科界、出版界、文艺界等的广泛代表。这些都是中国的其他知识产权单行法起草时所没有的。但是，法律颁布后，国内外不同意见仍旧不少（与专利法及商标法相比），这并不奇怪。版权保护本来就是知识产权领域中最复杂的一部分；许多问题至今在国际上都难有最终结论。

由于版权法出台较晚，当时国内立法者在知识产权领域已经更多地注意了应考虑国际惯例。因此该法的特点及优点仍是很突出的。这部法有如下特点。

1. 明文确认"著作权"与"版权"系同义语

这是针对版权法用语在我国多年不一致的情况而作出的规定。法律名称最后定为"著作权法"，有相当大的偶然性。仅有的使用"著作权"的另一个国家（日本）及另一地区（中国台湾）并无明文规定两个术语的关系，而近些年台湾学者的讲话及著述中比过去更多地使用了"版权"一语。

2. 实施条例明显有"超越"著作权法的条款

这不能算是缺点，因为有些法中未讲明的内容，如果条例也不讲，实际操作中就没法办了。也正因为相似的理由，国内外多数人并不指责中国最高人民法院的"司法解释"往往带有"立法解释"的性质。原因在于过"粗"的法律条文将使具体的司法人员无所适从。

当然这也不能算优点。条例最好还是能起到"实施"法的作用，而不是超出法产生一些基本权利。

《著作权法实施条例》至少也规定了下面几项法本身中见不到的基本内容：

（1）表演者权的保护期；

（2）图书出版者享有的"版式权"；

（3）规定《著作权法》第3条的"发表"应理解为"出版"，其余条（如第21条、第22条、第35条）中的"发表"则不限于"出版"；

（4）著作权行政管理机关可以责令侵害人赔偿受害人的损失。

3. 明文规定了"依法禁止出版、传播的作品"不受保护

这是与该法出台前国内"扫黄"等活动开展的历史环境相联系的。当然，这种规定并非中国独有的。哥伦比亚1971年版权法第94条、美国司法部1958年的有关文件，均有类似规定。

在这里应向人们说明的是：当年列这一条的初衷正是要想指出禁止出版的作品根本不享有版权，只是表述为"不受保护"更易于被人接受。不论人们是否在理论上同意这一原则，这一条绝不是想说"不受保护的作品却享有版权"。曾有过文章像论述"方形的圆圈"一样论述作品不受保护却享有版权的"特例"，并引证了中国著作权法中的这一条。当时参加起草版权法的人们还不至于如此不通版权的基本原理。他们当然懂得：版权是"依法"而自动（即无需到行政机关登记）产生的；宣布一类作品"不受本法保护"，与宣布它们不享有有版权是一回事。

4. 计算机软件与民间文学艺术作品的保护既纳入版权法之中，又处于版权法之外

这两种特殊作品均列入第 3 条（受保护客体），又被后面的第 6 条、第 53 条"摘出"了。当然，1992 年 9 月之后，海外软件作品的这种"摘出"已失去了实际意义。

5. 唯一一部附有"实施国际条约规定"的知识产权法

本来按中国的立法程序，中国参加（或缔结）的国际条约，除中国声明保留的条款外，即构成中国国内法的一部分，无需再另通过立法将国际法转为国内法。《民法通则》第 142 条进一步明确了民事法律领域的这一原则。但由于一些特殊原因，1992 年 9 月，由国务院第 105 号令发布了《实施国际著作权条约的规定》。这确是一个特例。依照《民法通则》的上述条款，在中国涉外版权诉讼中，将有三个法律来源（各不尽相同）成为司法机关的判案依据：

（1）中国著作权法；

（2）实施国际条约规定；

（3）有关的国际条约本身。

这种状况在国际上极为少见，确实构成中国版权保护的一个突出"特点"。

6. 肯定了"非法人单位"的权利人地位

一些人认为这是优点；另一些人认为这是缺点。故暂把它放在"特点"之中。的确，在中国版权法出台之前，这样明确非法人单位权利地位的单行法或基本法均不多见。在该法出台之后，修订后的《民事诉讼法》即随之增加了非法人单位为诉讼参加方；修订后的《商标法》也确认了非法人单位的地位。从这个角度看，著作权法还可以算得上是"始作俑者"。

7. 明文规定表演者包括法人，同时规定表演者享有精神权利

多数国家的版权法，像只承认自然人为作者一样，只承认自然人为表演者。中国版权法在作者问题上，只走到"视"法人"为"作者一步，没有再往前走；而在表演者问题上则敞开了口子。在只承认自然人为表演者的一些国家，保护表演者的精神权利，这里不会出现理论上的问题。中国版权法在把法人纳入表演者概念的同时，也保护其精神权利，无疑在宣布法人享有精神权利。这里可能出现理论上的障碍，这也应算作一个特点。当然，诸如法人的"表演形象不受歪曲"指何而言等理论问题，还需要进一步研究。

8. 无刑事制裁规定

多数国家及许多版权国际条约，较强调对侵权的刑事制裁。中国版权法本身中无此项规定的缺点，已经被全国人大常委会 1994 年 7 月《关于惩治侵犯著作权的犯罪的决定》弥补了。

9. 把侵权的法律责任分为两类

这一特点是与上一特点相应的。无刑事制裁，那么如何对某些侵权行为侵害了公共利益的这一面作出弥补呢？中国版权法采用了行政处罚，而这种处罚又不能适用于那些仅侵害他人民事权利的行为。于是侵权行为分成了两类，分别见于《著作权法》第 45 条与第 46 条。

10. 采用"自愿法定许可"制度

中国版权法允许报刊转载他人已经刊登的作品，允许表演者、录音制品制作者、广播组织使用他人已发表的作品（制作录像制品除外），一般无需权利人同意，只须向权利人付酬；但权利人在发表作品时已声明不许使用的，则不得使用。这既是一种"法定许可"制度，又给了权利人表示自愿与否的机会。在其他国家，这种制度并不多见。但在我国，过去常由报刊声明其使用过的作品其他报刊

不得转载，而这项"声明权"一般应属于作者。作者在多数情况下希望自己的作品被传播越广越好，被使用的次数越多越好。而且，在两种报刊的读者互不重叠的情况下，多次使用某一作品也并不会给首次使用的报刊带来实际损失。考虑到有时作者对原发表的某些作品已改变了观点，不希望被再用，以及其他特殊情况，立法时又增加了给权利人以表示"不许使用"的机会。应当说，这还是相当合理的。

但国内外也有人从另一个角度看这种制度。他们认为：版权人是否许可他人使用自己的作品，是其经济权利之一，伯尔尼公约要求不得为行使这种权利附加任何条件。"自愿法定许可"制实际相当于附加了作者表示"不许使用"之后，方能享有"许可权"，故不符合伯尔尼公约。

由于认识不一致，也只能把这种制度作为"特点"之一，而不是"优点"之一。

与此相似，中国版权法的权利限制条款，较符合中国的实际情况。例如，将已经发表的汉族文字作品翻译成少数民族文字在国内发行，属于合理使用。当然，又有人认为这等于部分取消了汉字作品作者的"翻译权"有违伯尔尼公约。因此，也只能把它列入"特点"之中了。

中国现行版权法的优点主要如下。

1. 具有明显的保护创作者倾向

虽然各国版权法的宗旨均在于保护作者的权利，但并非所有版权法遇到问题均作出有利创作者的答案。有些国家的版权法保护企业家（如出版商）的经济利益的倾向，在相当长时间是非常明显的（例如英、美）；也有些国家在权衡作者利益与国家利益时，过多地倾向于后者，实际使后者成为"无本之木"，作品的创作得不到鼓励，国家最终也没有可保护的"利益"（例如苏联）。

中国版权法在起草中，特别注意听取创作者的意见，落实保护创作者利益的条款。这种条款在颁布的著作权法中，几乎充满了始终，例如：

（1）第1条，即强调"本法"保护的是"文学、艺术和科学作品作者"的著作权；

（2）第3条，受保护作品必须是"创作"的；

（3）第9条，著作权人首先是"作者"；

（4）第13条，没有参加创作的人，不能成为合作作者；

（5）第16条，在一般情况下，即使是职务作品，版权也仍归作者所有；

（6）第17条，委托作品若无合同约定，版权也归创作者所有；

（7）对于任何"合理使用"的情况，均须以"指明作者姓名"为前提条件之一；

（8）修改、删节作品，均须经作者（而不是其他著作权人）许可；等等。

"倾向创作者"这一优点，是中国版权法首要的优点，它覆盖了或关系到其他许多优点。

2. 从一开始即保护邻接权——传播者权

许多国家，包括特别强调"天赋人权"的法国，只是在邻接权出现多年之后，才开始在版权法中增加这项保护。有的国家（如美国），至今在联邦版权法中不保护邻接权，诸如表演者的创作性劳动成果，只能依普通法而获得有限的保护。

中国则在其第一部（指中华人民共和国的第一部）版权法中，就既保护了作品创作者权，又保护了作品传播者权，亦即包含表演者权、录制者权、广播组织权及出版者权在内的邻接权。没有传播者的创作性劳动，作者的许多经济权利就难以实现。在保护作者权的同时保护传播者权，对繁荣创作是必不可少的。

3. 较全面地保护了精神权利

伯尔尼公约及一批保护精神权利的国家，仅仅保护作者的署名权与作品完整权。中国版权法在此之外，还保护了发表权与修改权。保护邻接权的罗马公约及一批保护邻接权的国家，在保护表演者权方面，仅涉及经济权利。中国版权法则同时保护表演者的精神权利及经济权利。

4. 部分解决了与其他法可能发生的冲突

在立法技术上，第一部商标法及第一部专利法起草时，均未注意可能与其他法（至少是其他知识产权单行法）发生的冲突。有些人可能虽注意到了有冲突，但过于强调"各法只管各法自己范围内的事"，想当然地认为严格按各法办事就不会发生冲突。但实际生活远非像他们想的那么简单。德、法等国版权法中甚至涉及与基本民法典冲突时如何处理；意大利、日本商标法均涉及与版权法冲突时如何处理。这类立法实例在国外很多，而且被实践证明了是成功的。

中国版权法在知识产权立法过程中首次以专门条款解决与其他法可能的冲突（即该法第7条），这在立法中可以说是带了一个好头。《商标法实施细则》在修订时，实际效法了这种解决冲突条文。设想一批人搞技术攻关而获得一项技术秘密成果，其中一人总结了"攻关"过程写出文章。他若依自己享有版权赋予的"发表权"而使该技术秘密进入公有领域，对其他攻关者将是怎样的不公平。

当然，现行《著作权法》第7条仅"部分"解决了法律之间可能的冲突。诸如摄影作者依版权法的发表权与被摄之人依《民法通则》的肖像权等问题，如也加以明文规定当然更好。当然，人们可以从第4条间接解释出类似的解决途径。

5. 有形物与无形产权的关系，原始创作者与"二次创作者"的关系，等等，规定较合理，也较明确

版权关系的复杂性，经常使人混淆物与权的关系；享有版权的作品及其他成果的创作过程的复杂性，又常常使人在顾及二次创作者利益时，忽视了原创人的利益。中国版权法中强调了物的转移一般不视为权的转移，强调了二次作品（如演绎、汇编、注释等作品）的权利人在尊重一次作品版权的前提下行使权利，邻接权人在尊重作品版权的前提下行使权利，邻接权人中的录制者、广播组织，在尊重表演者的前提下行使权利，等等。这对于真正保护创作，是十分必要的。

6. 过渡条款合理、明确、易行、后遗症少

版权法的从无到有，与专利法、商标法的从无到有，具有一点重大差别。版权是作品创作完成后自动依法产生的，无需像专利权商标权的产生那样由行政机关批准。所以，版权法一旦颁布，至少会在三个较大的方面引起问题：第一，颁法之前早已创作完成，依法未过保护期的作品，如何对待？第二，依原有法规（如《图书、期刊版权条例》）已进入公有领域，但依本法尚未过保护期的作品，是否返回专有领域？第三，依原有法规不构成侵犯版权的行为，依本法却构成侵权（或者反过来），而对利害关系人来讲又尚未超过诉讼时效的有关版权纠纷，已经处理过、从本法看来又显然不合理的纠纷是否要重新处理？

这三个问题在立法时讨论过很长时间。曾有人因这些问题而担心版权法一旦颁布，会"天下大乱"。但是，由于法中的过渡条款制定得当，人们终于没有见到"天下大乱"的局面出现。这个"过渡条款"即《版权法》第55条：

本法规定的著作权人和出版者、表演者、录音录像制作者、广

播电台、电视台的权利，在本法实施之日尚未超过本法规定的保护期的，依照本法予以保护。

本法施行前发生的侵权或者违约行为，依照侵权或者违约行为发生时的有关规定和政策处理。

多数国家的版权法（或版权法修正案）一经颁布，都会招致广泛的批评意见。即使立法经验已有近300年的英国，经多年讨论而颁布的1988年版权法（修正1956年法），也招致其国内外许多批评。有人甚至指责有些方面改得还不及1956年法，这并不奇怪。原因仍在于版权领域问题是最复杂的，许多问题至今无结论。

对中国版权法，人们也同时指出过各种缺点。我感到主要缺点有以下这些。

1. 一部法中出现"一语两解"的实例较多

从立法技术上看，应力求避免一部法律中对同一个术语有两种不同解释。但中国版权法中这种情况却不止一次发生。试举四例：

（1）"发表"在《版权法》第2条第2款中的含义是"将作品编辑加工后，经过复制向公众发行"；在其他条款中的含义则是"公之于众"（未必复制、发行）。

（2）"录像"在第15条（5）项等条款中，是指如同摄影那样的"改编"或"演绎"活动；在第52条中是指复制活动。前一种"录像"属于创作性劳动，其成果享有版权或邻接权。后一种"录像"则不是创作性劳动，其结果不产生版权或邻接权。

（3）"录音"在该法第四章中与在第52条中的不同含义，情况与"录像"相似。

（4）"编辑"在第10条（5）项等条中，指"汇编"行为，这也是一种创作性劳动，成果将享有版权；同一词在"著作权法实施条例"第5条（6）项中，则指出版界通常所说的删、改、文字加工，这在法中不被视为创作性劳动，这种编辑活动的结果不产生新的版权。

2. 以合同取消作者的法定权利

大多数倾向于保护创作者权利的国家，其版权法中都多处规定了不可通过合同加以变更的作者法定权利。诸如转让后一定年限依法收回版权，报酬额不得低于某法定数字，等等。中国版权法中，这类不可变更的权利本来不多，已定下的却有些又允许以合同变更。其结果可能使处于谈判劣势的作者毫无所获。最典型的，就是法律中第 27 条。在 1990 年之前的草案中，该条并没有"合同另有规定的，也可以按照合同支付报酬"。据说后经一位本意在保护作者权益的人提议，加上这一款。殊不知这一加，可能使作者本来能得到的法定报酬也完全落空。如果规定"如合同约定额高于国家标准，则依合同"，可能更合保护作者的原意。

3. 对侵权未规定法定赔偿额

在版权纠纷中，侵权人因侵权的获利额与被侵权人的实际损失额，在多数场合根本无从计算，这个难题比专利及商标领域还要突出。所以，许多国家在版权法中规定了法定赔偿额，以防侵权诉讼中的胜诉者得不到实际的经济补偿。中国版权法中缺少这一规定的弊端，已经在现有版权纠纷案中有所反映，而且必然反映得越来越强烈。

4. 第 43 条的特例离国际公约的最低要求太远

这一缺点已有多人指出，同时由《实施国际著作权条约规定》弥补，故不再多论。

5. 对"法人作者"的作品与版权归单位的作品分别作两种规定，实无必要

立法时支持"法人作者"的主要外国法，是日本版权法。但该

国法中不再另有"版权归单位的作品",因此不显得重复。中国法中二者并存,在条文中显得重复,在实践中可能发生冲突。实际上,中国版权法立法时人们能举出的"法人作者"所"创作"的作品,均系并无版权可言的(诸如政府白皮书等等)。至于作品创作完成后,版权归单位所有的,就是另一回事了。它完全可以由职务作品中归单位一款所涵盖。而且,无论从理论上还是从实践上讲,能拿起笔来进行"创作"的,只可能是自然人。各国专利法至今尚未发生歧义——均只承认自然人为"发明人",同时不排除法人作为"专利权人"。

6. 对一些术语所下定义欠妥

这方面的缺陷也有一些(即不是个别的)。例如,一概将"临摹"包含在"复制"中是否合适。常叔鸿一生多半精力用于临摹敦煌壁画。人们一直承认并赞扬他的创作性劳动。这种临摹,似不应视为简单的复制。属于应更改定义或进一步将定义明确的术语,至少还有:创作、录像作品与录像制品、保护作品完整权、改编、整理、合作作品、非法人单位、委托作品、表演、表演者、剽窃、抄袭,等等。

7. 对计算机软件的特殊保护已显得多余

《版权法》第6条把民间文学艺术作品放在特殊地位,并未被国内外多数人反对。而把计算机软件放在特殊地位,虽从法理上讲是正确的,但在实际中不被国际上所接受,实际上已经不太可能特殊对待这种受保护客体。《版权法》第53条及单行的软件条例,均已显得没有必要存在了。

四、其他法律法规

1985年颁布的《技术引进合同管理条例》,兼有发达国家及发展中国家两种不同管理的特点,其主要优点是明确了被多数国家均接受的"限制性合同条款"，主要缺点是并未"管"到点子上。

1985 年颁布的《继承法》，首次肯定了知识产权中的经济权利可以被继承，但却莫名其妙地单单把商标权排除在外了。

1987 年颁布的《技术合同法》，首次改变了过去不科学的"专有技术"（按指 Know-How）的提法，而改用"非专利技术"这种相对更合理的提法。但该法规定的对"非专利技术"实行"国家计划许可"制，在实践中往往难以行得通。关键在于绝大多数专利技术的"公开性"与绝大多数非专利技术的"秘密性"是不可互相类比的。

1991 年由国务院颁布的《企业名称登记管理规定》（实际是对 1985 年已有暂行规定的修订）明确承认了商号的专有性质及产权性质，并在国内建立了登记制度。但由于巴黎公约禁用商号先登记而后产生专有权的制度，所以该管理规定或可能违约，或可能虽不违约，却建立起在商号领域国内外企业"不平等"待遇的又一例。

1993 年颁布的《反不正当竞争法》的主要特点是基本上把"以垄断"内容抛开（准备将来时机成熟另立单行法）；由工商行政管理部门对不正当竞争行为实施监督与检查；对侵犯商业秘密无刑事制裁。该法的主要优点是：基本起到了为原有知识产权法中的专利权及商标权"兜底"的作用（即对专利法所管不到的商业秘密，商标法所管不到的假冒他人商品与服务，等等，起到了一定保护作用）。该法的主要缺点是：无必要地重复了对注册商标的已有保护；缺少对版权法保护不到的有关不正当竞争（诸如有意使用他人知名的书名，意在造成读者的误解并已实际造成误解的）；前后不相协调的条款较多（例如第 1 条宗旨指明了保护"经营者"和"消费者"的两种权益，而第 2 条则只认定损害其他"经营者"权益的行为方属不正当竞争，等等）。

第二节 中国知识产权制度的建立
与知识产权保护现状 *

中国改革开放之初，制定商标法，并未引起太大争议；制定专利法，则引起了相当大的争议。[①] 当时，甚至有议论认为"专利法对发展中国家的好处等于零"[②]。今天，关于中国知识产权制度之利弊的争论，几乎使人们再次听到同样的声音。

改革开放二十多年以来，知识产权制度对经济发展的促进作用越来越明显，虽然人们对这种作用的认识还有较大差异，而且总的讲，认识还落后于现实。袁隆平的高技术育种方案，改变了中国多少年来几亿人靠繁重劳动"搞饭吃"的状况。王选的"高分辨率汉字发生器"方案，使无数印刷工人告别了自毕昇、王桢以来在字盘上检字的劳动方式。这类实例在中国是越来越多了。这类实例明白无误地向人们显示了创造性劳动成果与模仿性（或复制性）劳动成果的巨大差别。

知识产权制度的本质是鼓励创新，不鼓励模仿与复制，反对仿、靠、冒、盗。[③] 这种制度利弊几何，还会长期争论下去。例如，在20世纪80年代初即不赞成在中国搞专利制度的人，至今仍认为专

---

* 编者注：该部分选自沈仁干主编：《郑成思版权文集（第三卷）》，中国人民大学出版社2008年版，第65~86页。原刊于《中华商标》2005年第4期。

① 参见赵元果：《中国专利法的孕育与诞生》，知识产权出版社，2004。

② 赵元果：《中国专利法的孕育与诞生》，知识产权出版社，2004。

③ 其中的"靠"，如"傍名牌"。"傍名牌"本不是中国企业文化传统的一部分，甚至可以说根本不在中国的文化传统之内。齐白石的名言"学我者生，似我者死"，是否定"仿"与"靠"的。这才真正是中国的文化传统。事实上，外国企业抢注我们的"同仁堂""狗不理"等等，是早在国内"傍名牌"已成今日国之公害前许多年的。只是外国企业抢注我们的"海信"发生在最近。可见，无论过去或现在，外国企业始终没有停止过"傍"我们的名牌，这倒很像它们的传统，只是被我们的不争气的一批非诚信企业"舶来"了。

利制度阻断了企业无数仿制与复制的机会，对我国经济是不利的。不过，"温州制造"不断在国际市场上被"温州创造"所取代，后者成本远低于前者，获得却远高于前者的事实，应当使人们对专利制度的利弊十分清楚了。

知识产权制度绝非无弊端。中国古语"有一利必有一弊"，不唯知识产权制度如此。但只要其利大于弊，或通过"趋利避害"可使最终结果利大于弊，就不应否定它。至少，现在如果再让科技、文化领域的创作者们回到过去的科技、文化成果"大锅饭"的时代，恐怕只有议论者，并无响应者。至于创作者与使用者权利义务的平衡上出现问题，可以通过不断完善"权利限制"去逐步解决。知识产权制度中对我们自己的长项（如传统知识与生物多样化）保护不够，也可以通过逐步增加相关的受保护客体去解决。有一些制止知识产权权利滥用的规范并不在单行知识产权法中，而在诸如《合同法》"技术合同编、最高人民法院关于技术合同纠纷适用法律的司法解释"等法律或文件中。我们没有找到，就批评知识产权保护的"缺失"或"弊病"，则属于学习、研究甚至普法的问题。的确，对知识产权及知识产权制度，在弄清楚"是什么""为什么"的前提下，才可能开始真正的批判研究或对策研究。

一、知识产权及其与工业化的关系

知识产权指的是专利权、商标权、版权（也称著作权）、商业秘密专有权等等人们对自己创造性的智力劳动成果所享有的民事权利。知识产权法，就是保护这类民事权利的法律，这些权利主要是财产权利。其中，专利权与商标权又被统称为"工业产权"。它们是需要通过申请、经行政主管部门审查批准才产生的民事权利。版权与商业秘密专有权，则是从有关创作活动完成时起，就依法自动产生了。

与一般民事权利一样，知识产权也有与之相应的受保护主体与客体。发明人、专利权人、注册商标所有人、作家、艺术家、表演者等等是相应的主体。新的技术方案、商标标识、文字著作、音乐、美术作品、计算机软件等等，是相应的客体。在这里，专利权与商业秘密专有权的主体与客体有相当大一部分是重叠的。发明人开发出新的技术方案后，既可以通过向行政主管部门申请专利，公开发明，从而获得专利权，也可以自己通过保密而享有实际上的专有权。就是说：技术方案的所有人可以选择专利保护途径，也可以选择商业秘密的保护途径。

与大多数民事权利不同的是：知识产权的出现，大大晚于其他民事权利。恩格斯认为：大多数民事权利，早在奴隶制的罗马帝国时代，就已经基本成型，而工业产权，则只是在商品经济、市场经济发展起来的近代才产生的。版权，则是随着印刷技术的发展才产生的，又随着其后不断开发的录音、录像、广播等新技术的发展逐步发展的。商业秘密被列为财产权（亦即知识产权）中的一项，只是在世界贸易组织成立之后。同时，随着经济、技术的发展，知识产权的内容，受保护客体的范围，总是以较快的速度变化着。至今也很难说它们已经"成型"。

与有形财产权相同，知识产权也是一种专有权。就是说，不经财产权的权利人许可，其他人不能使用或者利用它。

与有形财产权不同的是：第一，知识产权的客体总是表现为一定的信息①，具有"难开发、易复制"的特点。如果一个小偷从停车场偷了一辆汽车（有形财产），他最多只能卖掉这一辆车，获取赃款，

———————

① 在这个意义上，把知识产权归入"信息产权"，并无不可。"信息产权"的理论于 1984 年由澳大利亚学者彭德尔顿教授（Michael Pendleton）在其专著、Butterworth 出版社出版的 The Law of Industrial and Intellectual Property in Hong Kong 一书中作了初步阐述；1987 年我在《计算机、软件与数据库的法律保护》一书中作了全面的论述，又在中国专利局的《工业产权》杂志 1988 年第 3 期上撰文作了进一步展开。1989 年，当时牛津出版的《欧洲知识产权评论》第 7 期将该文专门翻译成英文，推荐给西方读者。

西方学者于 20 世纪 90 年代上半叶开始讨论"信息产权"问题，其代表性成果包括：美国加州大学伯克利分校萨缪尔森教授（Pamela Samuelson）1991 年在 Communicationsof the ACM 发表的《信息是财产吗》（Is Information Property？）一文，荷兰海牙的 Kluwer Law International 出版社 1998 年出版的《知识产权和信息产权》（Intellectual Property and Information Property）一书和美国缅因州大学李特曼教授（Jessica Litman）1999 年在《耶鲁法学评论》发表的《信息隐私和信息产权》（Information Privacy/Information Property）一文等。此外，美国 1999 年 7 月推出的《统一计算机信息交易法》主要覆盖的是知识产权的网上贸易，已经在实际上把"信息产权"与"知识产权"交替使用了。20 世纪 90 年代末，以俄罗斯国家名义发表的《俄罗斯信息安全学说》就把"信息财产"作为当代最重要的财产提出，并号召国人更充分地利用（主要指处理及传递）信息财产。但俄罗斯的"学说"只停留在了纸面上，因其并无实际能力充分利用信息财产，故其"学说"的影响并不很大。21 世纪初日本在《知识产权战略大纲》中重申该"学说"中的上述理论，提出"信息创新时代，知识产权立国"，其影响则"响"到了全世界都能听到。原因是日本的"大纲"绝非停留在纸面上，它实实在在地付诸实施，从而必然影响其他国家，尤其是其贸易竞争对手、近邻中国。

构成新技术信息大部分内容的，自 20 世纪以来，就是各国专利申请案中的专利说明书。至于商业秘密，则已经被世界贸易组织称为"信息"。在世界贸易组织的《与贸易有关的知识产权协议》第二部分第七节中，"商业秘密"这个概念并不存在，它被表述为"未曾披露过的信息"，以示区别技术方案、作品、商标标识等已经公开的信息。商标是附在商品或服务上，用以说明商品或服务来源的信息。报刊、书籍、电视、电影、广播等等，是主要的、最广泛的信息源。人人都可以通过这些媒介获得自己所需要的信息。但是在颁布了版权法的国家，人们虽然可以以阅读、欣赏等等方式使用作品这类信息，但未经作者、出版社、电台、制片厂或其他有关权利人的许可，人们在许多场合都无权以复制、翻译或传播等方式使用自己所得到的这类信息，这与前一种使用，具有完全不同的法律意义，它可能产生知识产权的侵权问题。

为促使产业界更好地理解与实施"以信息化带动工业化"、推动立法部门更加重视信息立法以使上层建筑符合经济基础发展的要求，正确认识信息、信息产权及其与知识产权的关系，在今天实在是非常必要的。

他不大可能再复制几辆车去卖。如果小偷从一个软件开发公司偷出一个软件，他完全能够很快复制出成千上万盘同样的软件去卖，足以使那个软件开发公司破产。第二，知识产权与有形财产权虽然都是专有权，但有形财产的专有权一般都可以通过占有相关的客体得到保护；知识产权的客体却表现为一定的信息，对信息是很难通过"占有"加以保护的。而且，有形财产的客体与专有权一般是不可分离的。对它们施加保护相对比较简单。知识产权的客体与专有权却往往是分离的，对它们的保护就要困难得多。例如，画家卖给我一幅画，这幅画无疑是受版权保护的客体。这一客体在我手中，但我若想把它印在挂历上，或印在书上，则仍须经该画家许可，并向他付酬。原因是"复制权"（即版权中的专有权之一）仍旧在画家手里，并没有随着画一并转移给我。

知识产权与有形财产权的这些不同之处，使得可以适用于有形财产权的"取得时效"制度，适用于侵害有形财产权的"返还原物"责任等等，很难适用于知识产权。因此我们又说知识产权是一种特殊的民事权利。

创作成果享有版权保护的首要条件是"原创性"。就是说，它不能是抄来的、复制来的或以其他方式侵犯其他人版权而产生的，它必须是作者创作的。"原创性"的要求与"首创性"不同。"原创性"并不排除创作上的"巧合"。例如，甲、乙二人分别在同一角度拍摄下八达岭长城的镜头，虽然甲拍摄在先，乙在后，两张摄影作品十分近似，但二人都分别享有自己的版权。如果乙并没有自己到长城去拍照，而是翻拍了甲的摄影作品，则属于"抄袭"，就不享有自己的版权了。正是由于版权保护不排斥各自独立创作的相同作品，司法机关与行政执法机关在解决版权纠纷时，要认定是否构成侵权，比起在专利及商标领域，都会困难得多。

对于享有专利的发明，则恰恰要求具有"首创性"。专利制度是排除开发中的"巧合"的。如果甲申请专利在先，而搞出了同样发明的乙申请在后，则即使乙从来没有接触过甲的开发过程，完全是自己独立搞出的发明，他也绝不可能再取得专利了。这就是我国《专利法》中的"新颖性"要求与"申请在先"原则。因为在同一个技术领域搞发明的人很多，当不同的人以同样的发明申请专利时，专利审批机关不太可能断定谁在实际上是首先搞出某个发明的。因此就依法推定首先申请的那一个应当被受理，其他的就都被排除了。所以，我们的企业或研究单位一旦有了新发明，首先应考虑其他人不依赖于我是否也可能在较短时间开发出同样的技术方案。如果认为有这种可能，则应尽早去申请专利，以免别人占了先，自己反倒被排除出市场之外。当我们的研究成果属于新的科学发现时，为获取同业乃至全世界对"首先发现权"的确认，有必要尽早公诸媒体，进行宣传。但当我们的开发或研究成果属于实用发明（亦即新的技术方案）时，我们首先应当考虑的是申请专利，占住市场。这时如果急于公诸媒体，既可能在专利申请上被别人占先，也可能自己毁坏了自己的新颖性，是不可取的。

分不清科学发现与实用发明的不同法律地位，不加区分地一概抢先宣传，曾经使我们失去了相当一部分本来应属于我们的专利成果。当然，如果自己确信别人不依赖自己就不可能独立搞出同样的发明，那就可以选择以商业秘密的途径保护自己的成果，而无须申请专利。

对于可以获得注册，从而享有商标权的标识，法律要求其具有"识别性"。如果用"牛奶"作为袋装奶商品的商标，消费者就无法把这种袋装奶与其他厂家生产的其他袋装奶区分开，这就叫没有识别性。只有用"蒙牛""光明"等这些具有识别性的标识，才能把来自不同厂家的相同商品区分开，这正是商标的主要功能。

日本在过去几十年里，提出过"教育立国""科技立国"等口号。只是在 2002 年的《知识产权战略大纲》中才开始反思过去各种提法的不足。大纲中谈到的"知识产权战略"，包括创新战略、应用战略、保护战略、人才战略四个方面。过去讲"教育立国"仅仅涉及人才一方面，讲"科技立国"则只涉及创新战略这一方面中的一部分，都没有讲全，也没有抓住要点。日本的这种反思，实际上也很值得我们反思。例如，我们直到现在可能很多人仍旧不懂得，知识创新或者信息创新绝不仅仅是技术创新的问题。

在我国颁布了几部知识产权法之后的相当长时间里，许多人对商标的重视程度，远远低于其他知识产权。在理论上，有的人认为商标只有标示性作用，似乎不是什么知识产权。在实践中，有的人认为创名牌，只是高新技术产业的事，初级产品（诸如矿砂、粮食等等）的经营根本用不着商标。实际上，一个商标，从权利人选择标识起，就不断有创作性的智力劳动投入。其后商标信誉的不断提高，也主要靠经营者的营销方法、为提高质量及更新产品而投入的技术含量等等，这些都是创作性劳动成果。发达国家的初级产品，几乎无例外地都带有商标在市场上出现。因为他们都明白：在经营着有形货物的同时，自己的无形财产——商标也会不断增值。一旦自己的有形货物全部丧失（例如遇到海损、遇到天灾等不可抗力、遇到金融危机等商业风险），至少自己的商标仍有价值。"可口可乐"公司的老板曾说，一旦本公司在全球的厂房、货物全部失于火灾，自己第二天就能用"可口可乐"这一商标做质押，贷出资金来恢复生产。因为每年"金融世界"都把"可口可乐"的价值评估到数百亿美元。我们曾有理论家告诉人们：如果一个企业倒闭了，它的商标就会一钱不值。实际上，企业倒闭后，商标还相当值钱的例子很多。

例如 1998 年 3 月，广州照相机厂倒闭，评估公司给该厂的"珠江"商标估了 4000 元人民币，许多人还认为估高了。而在当月的拍卖会上，这一商标卖出了 39.5 万元！2000 年，倒闭了的上海景福针织厂的"飞马"商标则卖出过 200 万元的高价。很明显，企业多年靠智力劳动投入到商标中的信誉，不会因一时经营失误（或因其他未可预料的事故）企业倒闭而立即完全丧失。提高我国经营者（尤其是大量初级产品的经营者）的商标意识，对发展我国经济是非常重要的。此外，不创自己的牌子，只图省事去仿冒别人的牌子，除了会遭侵权诉讼外，永远只能给别人做宣传，或者给别人打工。

也正是由于知识产权与一般民事权利、有形财产权利相比，具有许多不同点，知识产权法律的完善、不断修订，就显得比民事领域的其他法律更有必要。

发达国家在 20 世纪末之前的一二百年中，以其传统民事法律中物权法（即有形财产法）与货物买卖合同法为重点。原因是在工业经济中，机器、土地、房产等有形资产的投入起关键作用。20 世纪八九十年代以来，与知识经济的发展相适应，发达国家及一批发展中国家（如新加坡、菲律宾、印度等），在民事立法领域，逐步转变为以知识产权法、电子商务法为重点。这并不是说人们不再靠有形财产为生，也不是说传统的物权法、合同法不再需要了，而是说重点转移了。原因是在知识经济中，专利发明、商业秘密、不断更新的计算机程序等无形资产在起关键作用。随着生产方式的变动，上层建筑中的立法重点也必然变更。一批尚未走完工业经济进程的发展中国家，已经意识到在当代，仍旧靠"出大力、流大汗"，仍旧把注意力盯在有形资产的积累上，有形资产的积累就永远上不去，其经济实力将永远赶不上发达国家。必须以无形资产的积累（其中主要指"自主知识产权"的开发）促进有形资产的积累，才有可能赶上发达国家。

牵动知识产权这个牛鼻子，使中国经济这头牛跑起来，袁隆平、王选等人已经做了，更多的创新者还将去做。在信息创新时代，只有越来越多的人这样做下去，中国才有可能在更高的层次上再现"四大发明"国度的异彩。这也就是我们常说的"民族复兴"。

我国一批真正能打入国际市场并且站住脚的企业，重工业中的宝钢、家电产业中的海尔、计算机产业中的联想，也正是这样做的。用他们的话来说，就是"以信息化促工业化"。

二、中国知识产权法律体系从立法角度主要还缺什么

自 1979 年《刑法》开始保护商标专用标、《中外合资经营企业法》开始承认知识产权是财产权以来，20 多年不断的立法与修法，尤其是加入 WTO 前为符合国际条约要求的"大修补"，使中国的知识产权法律体系从立法上看，"基本"完备了。这已经是国内外多数人的评价。

不过，远看 10 年前已立知识产权法典的发达国家法国、2 年前已缔结法典式知识产权地区条约的安第斯国家，近看目前已开始实施"知识产权战略"的日本、软件出口总把我们远远甩在后面的印度，然后再着重看一看我们自己执法与司法中对法律的实际需求，我们就有必要在欣然面对"基本"完备的这一体系的同时，默然反思一下中国的知识产权法律体系还缺些什么？

从大的方面讲，我国政府工作报告及其他许多政府文件中多次提到知识产权。把它们归纳起来，包括三层意思：第一，加强知识产权保护；第二，取得一批拥有知识产权的成果；第三，将这样的成果"产业化"（即进入市场）。这三层是缺一不可的。把它们结合起来，即可以看作是我们的知识产权战略。"保护"法的基本完备，

则仅仅迈出了第一步。如果缺少直接鼓励人们用智慧去创成果（而绝不能停留在仅用双手去创成果）的法律措施，如果缺少在"智力成果"与"产业化"之间搭起桥来的法律措施，那就很难推动一个国家从"肢体经济"向"头脑经济"发展，要在国际竞争中击败对手（至少不被对手击败），就不容易做到了。

上述第一层的法律体系是必要的，但如果第二层与第三层的法律不健全，在当代会使我们处在劣势的竞争地位，"以信息化带动工业化"的进程，也可能受到阻碍。所以，我感到当前最为迫切的，是认真研究这两层还需要立哪些法。

待到这后面两层的立法也"基本"完备之后，我们再来考虑我国知识产权法中已有的"保护"法（或加上将来补充的"鼓励创新"法与"搭桥"法）是散见于单行法好，还是纳入民法典好，抑或是自行法典化好。对此，不妨用较长时间去讨论。

当然，现在"保护"法（并不是说它们只有"保护"规定，其中显然有"取得""转让"等等规范，只是说与"鼓励创新""搭桥"相比，现有法主要是落脚在"保护"上）也有自身应予补上的欠缺。其中多数问题，也可能要用较长时间去讨论。例如，对于我国现有的长项——传统知识及生物多样化——尚无明文保护；[①]对反不正当竞争的附加保护尚觉得残缺不全。此外，本来几个主要法（专利法、商标法、版权法）可以一致的某些细节，还很不一致。但这些理论上及实际上的欠缺，均属于补缺之列。实践在发展，人们的认识也在发展，所以这种补缺，可能是永远没有穷尽的。我们切不可把立法的重点与补缺相混淆，尤其不能颠倒主次。在整个民商法领域是

[①] 不过，许多人已经注意到，2002年年底提交到全国人大常委会的民法草案中确实提到了传统知识与生物多样化。当然，人们至今对此的争论还在继续。

如此，在知识产权法领域也是如此。"重点"是要立即去做的，是不宜花很长时间去讨论的。况且，中国要有自己的创新成果产业化，对此人们的认识是比较一致的，不像"法人有没有大脑、能否搞创作"这类问题在认识上差异很大。如果把真正的立法重点扔在一边，集中力量去补那些永远补不完的缺，历史会告诉我们：这是重大失误。

三、我国在知识产权制度上的不断完善今天是否仍然必要

我国《宪法》的 2004 年修正案，明确了对私有财产的保护，这在国内外均引起了巨大的反响。作为私权的知识产权，是私有财产权的一部分，有人还认为，在当代，它是私有财产权最重要的一部分。① 在我们考虑中国的知识产权战略应当如何制定时，《宪法》的 2004 年修正案中关于私有财产的保护和权利限制的内容的增加，更有其指导意义。至少，《著作权法》第 1 条与《专利法》第 14 条，都实实在在地有了宪法依据。

进入 21 世纪前后，一些国家立足于知识经济、信息社会、可持续发展等等，提出了本国的知识产权战略，尤其是日本 2002 年出台的知识产权战略大纲及 2003 年成立的国家知识产权本部，很大程度上是针对我国的。② 而几乎在同时，知识产权制度建立最早的英国发表了知识产权报告、知识产权拥有量最大的美国则在立法建议方面及司法方面均显示出了至少专利授予的刹车及商标保护的弱化趋势。③ 面对这种复杂的国际知识产权发展趋势，我国应当作

---

① 参见《法制与社会发展》，2003（6）。

② 参见《日本知识产权战略大纲》第二章二、第三章二。

③ 参见 2003 年 10 月 28 日美国联邦贸易委员会的报告《促进创新——竞争与专利法政策的适当平衡》，以及美国最高法院 2003 年对商标案 Victoria's Secret 的判决。

何选择呢？

　　改革开放二十多年来，中国知识产权制度走了一些外国一二百年才走完的路。这个速度，使相当多的人感到"太快了"。加入世界贸易组织两三年后，外国知识产权人在中国的诉讼（以及"以侵权诉讼相威胁"）开始大大增加，许多企业开始感到了压力，抱怨依照世界贸易组织要求修改的知识产权法"超过了中国经济发展水平"，要求往回收。相当一部分人认为当前我国知识产权保护已经过度，产生了失衡，提出应当重点打击知识霸权与制止知识产权滥用，而不是保护知识产权。另一方面，像王选这样的发明家、谷建芬这样的音乐家，以及名牌企业（它们始终只占中国企业的少数），则一直认为中国的知识产权保护还与有效保护他们的权利存在较大差距。①

　　对这种认识上的巨大反差如果没有认真分析、没有正确的结论，那么中国知识产权战略的制定者就可能在矛盾中把"往前走"和"往回收"这两种思想写入同一篇文章。这篇文章不太可能写好。思科对华为的诉讼、6C 集团向中国企业索取使用费等事实，似乎支持着前一种认识。与地方保护主义结合的商标假冒、盛行的"傍名牌"使国内诚信的名牌企业多数做不大、无法与国际竞争对手抗衡的事实，盗版使大批国内软件企业不得不放弃面对国内市场的自主研发，转而为外国公司的外国市场做加工，以避开国内盗版市场，从国外收回一点劳务费的事实，又像支持着后一种认识。

　　当中国的名牌企业及外国教授同样对中国法学院学生讲"知识产权或许是今天唯一最重要的私有财富形式"时，我们的学者则论述着"人要生活离不开有形财产"。几乎在同一时期，海尔集团的老

---

　　① 对此，我国各大报刊经常有报道，较有代表性的如《王选的迫切希望》，载《光明日报》，2003-03-15；《冒牌货重重包围"北极星"》，载《中国知识产权报》，2004-02-19，等等。

总说：虽然该集团几乎在世界各地都有工厂（有形财产），但与该集团享有的知识产权相比，这些有形财产的分量很轻。看来，成功的企业家比学者更明白：在当代，有形财产的积累，是靠无形财产（主要是知识产权）去推动的。从这个意义上讲，称"知识产权"更重要或最重要，并无不当。而在这里插上一句"生活离不开有形财产"，虽似精辟，却文不对题。正如牧童认为要一头牛走动，重要的是去牵牛鼻子，有人却告诫他"牛是用腿走路的"。

把仅仅适合发达国家（乃至个别发达国家）的知识产权制度强加给全世界，是发达国家的一贯做法。发展中国家的抗争，从制度总体的层面上，从未奏效过。1967 年伯尔尼公约修订的失败，1985 年大多数国家反对以版权保护计算机软件的失败，TRIPS 协议谈判时，秘鲁与巴西等建议的失败，都是实例。我们在经济实力尚无法与发达国家抗衡的今天，是接受对我们确有弊端的制度，然后研究如何趋利避害，还是站出来作为发展中国家的领头羊再度发起一次 1969 年或 1985 年那样的战役，力促国际知识产权制度从 TRIPS 协议退回来，退到对发展中国家较为公平的制度？是我们必须考虑与研究的。上述前一种选择是我们实际上已经实施的，后一种选择则是两三年来国内外一批学者及组织竭力向我们呼吁的。究竟哪一种选择真正对中国有利，也是我们必须考虑与研究的。

使知识产权制度有利的一面不断得到发挥，不利的一面不断受到遏制，除了靠立法之外，就主要靠执法了，而在知识产权执法中，法院的作用永远是在首位的。因为对知识产权这种私权，行政执法的作用，在国外、在中国，均是逐步让位于司法的。由于中国知识产权法的行文总的讲尚未完全摆脱传统立法"宜粗不宜细"之弊，故法官对法的解释、法官的酌处权以及中国法官的素质、中国的知识产权司法结构，就显得十分重要了。人们可能会注意到，面对中国目前侵权严重与权利滥用同样严重的复杂状况，在如何评价我们的知识产权制度这个问题上，中国法院的观点似乎比我们许多学者的观点更为可取。①

2004 年的《宪法修正案》之前，我国宪法中仅仅明文规定了公有财产的不可侵犯性；2004 年的《宪法修正案》之后，各种合法财产的不可侵犯性及公、私财产权的保护，都作了明文规定。不过，多数人比较容易注意到的仍旧是有形财产，对于在当代更加被许多国家重视的知识产权，却容易被忽略。如果我们确实在实际中忽略了知识产权，我们在国际竞争中就永远不可能处于主动地位。在中国已经"入世"数年后的今天，尤其如此。

世界贸易组织的各项协议所调整的，主要是商品贸易、服务贸易与知识产权保护三项内容，而在商品贸易与服务贸易两项内容中，实际上也充满了知识产权保护问题。就商品贸易而言，一切来自合法渠道的商品，都有自身商标的保护问题。商品的包装、装潢设计、促销商品的广告（包括广告画、广告词、广告影视等）都有版权保护问题。销售渠道较畅通的新商品，一般都有专利或商业秘密的含量作支撑。来自非法渠道的商品则大都有假冒商标及盗版等问题。在服务贸易中，服务商标的保护及为提供服务所作广告的版权问题，与商品贸易是相同的。不同的是：在跨境服务中，特别是在网络服务中，一个企业在本国作广告，可能侵害外国企业在外国享有的商标权。因为网络的特点是无国界性。商标权的特点却是地域性。这种特别的侵权纠纷，在有形货物买卖中是不可能出现的。

世贸组织要求它的成员国必须保护的知识产权有七项：版权、商标、发明专利、外观设计、地理标记、半导体集成电路设计、商

---

① 参见《知识产权：权利滥用与法律应对》，载《人民法院报》，2004-02-18。

业秘密，其中的外观设计已经包含在我国《专利法》中了；地理标记包含在修改后的《商标法》中。

在修订与完善有关知识产权法及加强执法方面，我们都已经做了大量的工作。但在提高人们的知识产权保护意识方面，仍显得有些欠缺。例如，最近还听到一所名牌大学的法学教师对学生讲：盗版有助于发展我国的经济，打击盗版是保护了外国产品。这实际上反映了一部分人的看法。我认为恰恰相反：盗版直接妨碍了我国经济的发展。第一，盗版者的非法收入，绝没有上缴国家，以用来发展经济；而且对这一大笔非法收入是无法去收税的。从这里漏掉的税款，对国家就是个不小的损失。第二，盗版活动的主要受害者，是国内企业。仅仅以软件盗版为例，它是我国自己的软件产业发展不起来的直接原因。像微软这样的外国企业，它的视窗软件等行销全球的产品，即使在中国一盘也卖不出去，它仍旧可以靠英文原版产品，以及"韩化""日化"的产品在许多国家及美国本国的市场赚到钱。而我们自己企业开发的"中文之星""五笔汉字"等软件，如果在中国因为盗版猖獗而没有了市场，它们在国外的市场就非常有限了，这些中国软件企业就非倒闭不可。对音像制品、图书等等的盗版如果不给予有力打击，结果也是一样。因为这些汉字、汉语的文化产品的市场主要在中国。

"入世"之后在国内将首当其冲面对知识产权保护挑战的，是国内的产业界、文化市场与商品市场。所以在国内这些领域中进行知识产权法的普法教育，还有许多工作要做。就知识产权普法而言，宣传"守法"不应当是消极的。2004 年中国电池行业在美国诉意图以"337 条款"阻止我国企业进入美国市场的外国公司"专利"无效，最近出现的我国海信对德国西门子恶意抢注商标的反击，也都正是守法的表现。

为了发展我国的经济，我们不能拒绝引进他人的创新成果。但我们最终能够依靠的，还是我国人民自己的创新精神。给予创新成果以知识产权保护，是对发扬创新精神的最有效的鼓励。

四、"利益平衡"论与我国知识产权制度的正确走向

近年来，在所谓的"经济全球化"中，南北经济发展越来越失去平衡、南北贸易发展也越来越失去平衡，其中知识产权保护在《与贸易有关的知识产权协议》达成时，尤其是多哈会议后，在国际上显现的南北失衡更是有目共睹的，例如专利对医药的保护与发展中国家公共健康之间的失衡，等等。这些，引起许多学者对知识产权制度进行反思是必然的。我们在这种情况下应当注意的，正如一位从事专利工作多年的学者所说，在探讨平衡时，"一个重要原则是要充分注意发展是硬道理，尽可能用发展的办法解决前进中的问题，而不大可能退回到过去的大锅饭时代"。①

同时，还有一种所谓"利益平衡"论，则属于恶意侵权人的强词夺理。例如，今天，网上盗版已经从文字作品发展到软件、音乐、影视等多种作品。对此若不加注意，有形市场打击盗版的努力会在一定程度上落空，因为稍聪明点的侵权人都会转移到侵权成本更低的网上。放纵网上盗版，将使我们"繁荣文化创作"的号召落空，将搞垮我们的软件产业及音像、影视等产业，最终是不利于国家经济的发展、不利于公众获得优秀文化产品的需求。在我国，从《著作权法》修正前夕王蒙等作家的诉案，《著作权法》修正后法学家陈兴良的诉案，到今天仍旧在继续的诉案，侵权人已经发展到不经许可用他人作品为自己营利却声称"已完全解决了版权问题"，并把这

①　张清奎：《我国医药知识产权保护现状及其发展趋势》，载《中国知识产权报》，2004-09-23。

种欺世行为标榜为"最新的获得授权方式"。这种发展趋势，应当引起我们的注意。盗版者在其违法活动被揭露后，都会以各种理由为自己辩解。在今天最新的辩解途径是混淆侵权手段与授权方式并公然声称"侵权即是获得授权"。我们有必要重新提起利益平衡与制止侵权这些基本问题。有人不经作者许可而复制作者的成果为自己牟利，作者一旦敢于站出来维权，就立即被侵权人指责为"妨害公众获得作品""个人利益极度膨胀"，等等，反倒把自己不经作者许可而复制牟利描述为"最先进的获得授权方式"。不过，只要使人们稍微了解了《著作权法》的常识，人们即会辨明是非黑白，更多的受到侵害的作者也会纷纷起来维权。那时，侵权者就很难再把其混淆黑白的手法当成最后的救命稻草了。

网上盗版者与传统市场盗版者一样，总是以"消费者欢迎盗版"为自己辩护。其实，消费者欢迎的是能够便捷、低价得到的优秀作品，而不是侵权人居中非法营利（从而必将同时使作者及消费者都作不合理的额外付出）的盗版产品。为使公众能够通过网络便捷地得到优秀作品，我国已经有不止一个诚信经营的网站严格按照《著作权法》，艰苦地采用盗版者嗤之以鼻的"一对一"方式向成千上万作者取得许可，而且做得很成功。广大作者、公众以及主管部门，理所当然地会支持这种至少是尊重著作权、遵行著作权法的做法。

有的网络侵权人在侵权行为被抗争后，恬不知耻地提出要作者普遍放弃权利的"号召"，这不仅荒唐，而且有害。因为，"入世"后的国民待遇原则，将使财力更强的外国网站同样可以利用弃权的中国作品，从而长驱直入中国网络市场。当然，我们应当积极筹建更多的集体管理组织，鼓励作者通过它们更便捷地传播自己的优秀作品，以使公众受益。但任何人都不可能鼓励作者依靠侵权人以其从中非法取利的方式去"传播"别人的作品。作者及公众可以信赖的，只能是音著协那样的维权组织及那些诚信经营的网站。

为促进作者与公众利益的平衡，国外目前确实存在作者为网站更便捷地传播作品而放弃权利的合同，但这里的相关网站均是公益性、非营利的。他们的工作使作者的成果直接与公众见面。无论在中国还是在外国，无论作者还是消费者，都绝不需要在中间夹一个不经许可、不向作者付费，却向消费者收费（而且是使侵权人非法得利极高的收费）的侵权网站。在我国，偏偏是这种网站在要求作者为其进一步非法营利而放弃权利。作者们即使再糊涂，至少不会连公益与私利两种不同目的都区分不开，不会连为公之"是"与侵权牟利之"非"都区分不开。有的侵权人声称90％的作者均会支持他们这种侵权活动，不过是把自己的幻想当成事实。同时，我国真正的研究人员在介绍与研究国外便利公众的各种授权方案及案例时，也都注意首先将公益与私利的不同主体及其发出的不同声音区分开，而不像假冒学者的侵权者那样竭力给读者造成一个"无是无非，混战一场"的印象。

在科技领域退回去吃大锅饭，只会使我们永远缺少能与外国企业竞争的核心技术。在文化领域退回去吃大锅饭，只会使我们自己创作的优秀作品越来越少。这种结果并不符合公众的利益，而靠吃作者及吃消费者自肥的侵权者，虽然号召人们回到过去的大锅饭时代，并拟出种种名为"最新"的引导别人去吃大锅饭的方案，但他们自己肯定不会加入吃大锅饭的行列，却依旧扛着"代表公众"的旗，走着侵权致富的路。敢于站出来维权的作者在侵权人以各种手段打压之下并未屈服，表明了他们并非为私利，而是为更多被侵权作者的利益、为繁荣文化创作而斗争。侵权人则无论冠冕堂皇地说些什么，却始终不敢触及自己靠侵权与欺世的"发家史"，不敢谈及非法获利与公共利益之间的区别，这是人们很容易注意到的。无论侵权人怎样辩解、怎样变换手段，他们最终也不可能把黑说成白、把盗版者的"利益"说成是公众利益。

2004 年年底，在近两年的"中国知识产权保护已经过度""权利人与公众利益已经失去平衡"的声音中，"两高"关于加大打击知识产权侵权力度的司法解释出台了。这一司法解释的出台，从理论上和实践上至少明显地提出了这样一个问题：究竟是"两高"的走向正确，还是一部分学者及媒体近两年批判"过度保护"的走向正确？

在一个国家里，应当把继续完善知识产权制度当成矛盾的主要方面，还是把防止过度保护当成矛盾的主要方面，必须依受保护的商业标识，发明创造，各种作品遭仿、靠、冒、盗的实际状况而定，还要看知识产权的侵权人是不是总体上仍旧"理直气壮"，维权者是否总体仍旧举步维艰，要看国内外的关键技术领域、国内外的文化市场上、国内外的名牌之林中，是否已经有了与我们这样一个大国相应的"一席之地"，而绝不是看外国人怎么论、怎么说，不管是外国学者还是外国政府。2004 年年底"两高"司法解释的出台，表明我国司法机关对这个问题的结论是清楚的、明确的。这的确让中国的广大作者、发明人、决心创名牌的诚信企业等等知识产权权利人感到欣慰。

中国现在处于知识产权制度完善的十字路口。不完全到位的保护（2004 年 12 月底的"两高"司法解释出台之后，不宜再用"远不到位"的提法）与尚有缺失的权利限制（广义的，即授权前与后的限制）问题都有待解决。知识产权制度并非仅有利而无弊。我从来就反对不加分析的"接轨"（请看我 1998 年出版的《知识产权论》分析"与国际接轨"一章，该文于 1997 年在《人民日报》上发表过）。我从来主张知识产权的批判研究与对策研究都是不可少的。但有一个重点放在何处的问题，也就是如何定位的问题。

"定位"是要认清我国知识产权保护现状所处的位置。我们可以与发达国家比，也可以与不发达国家乃至最不发达国家比，看看是高了还是低了。当然比较有可比性的，还是与经济发展相当的发展中国家比。例如，与印度、韩国、新加坡一类国家比，我们的保护水平是否过高了。

"定位"是决定"加强知识产权保护"还是退出"已经超高保护"的误区之前必须做的事。否则，"不审势即宽严皆误"，这是古人早就告诫我们的。

"定位"时当然要考虑到知识产权知识的普及状况。在大多数人对某个法律基本不了解时，该法本身或者该法实施的"过头"（至少是人们普遍认为的"过头"），往往是与该法本身或者该法实施的远不到位并存的。江苏省 2004 年 4 月征求意见的"知识产权战略"草案中，把"五年内让百分之五十的居民懂得什么是知识产权"作为一项任务，实在是符合中国实际的。到有一天中国的多数企业都能够像海尔、华为、联想那样借助知识产权制度开拓国内外市场，而不是总被别人以知识产权大棒追打，给中国的知识产权保护定位就不会像现在这么困难了。

许多人在抱怨我国知识产权保护水平"太高"时，经常提到美国 20 世纪 40 年代、日本 20 世纪六七十年代与我国目前经济发展水平相似，而当时它们的知识产权保护水平则比我们现在低得多。这种对比，如果用以反诘日、美对我国知识产权保护的不合理的指责，是可以的；但如果用来支持它们要求降低我国目前知识产权保护立法的水平或批评我国不应依照世界贸易组织的要求提高知识产权保护水平，则属于没有历史地看问题。20 世纪 70 年代之前，国际上"经济全球化"的进程基本没有开始。我们如果在今天坚持按照我们认为合理的水平保护知识产权，而不愿考虑经济一体化的要求及相应国际条约的要求，那么在一国的小范围内看，这种坚持可能是合理的；而在国际竞争的大环境中看，其唯一的结果只可能是我们在竞争中被"自我淘汰"出局。我国达到现在这种备受许多国内学者指责的知识产权保护的法律水平，的确是只有"不畏浮云遮望眼"的身居最高层者才能作出的决断。正如邓小平所说，中国在世界科技的最高端，必须有自己的一席之地。

在对策方面，国际组织（包括欧盟之类地区性国际组织）的立法及研究结果对我们的影响，外国（例如美国、日本、印度、俄罗斯等）立法及国家学说对我们的影响，我们均应研究。几个外国如果联手，将对我们产生何种影响，我们更应当研究。例如，对于我们发明专利的短项"商业方法专利"，国家专利局固然可以通过把紧专利审批关，为国内企业赢得时间，但那终究不是长远之计。试想，美、日、欧国家在传统技术专利方面的"标准化"发展，曾给并正给我们的产品出口带来极大的不利。如果美、日（或再加上几个其他发达国家）在商业方法专利上也向"标准化"发展，即如果实施"金融方法专利化、专利标准化、标准许可化"，那么会给我国银行进入国际金融市场带来何种影响以及会不会把我们挤出国际金融市场？这就不仅仅是专利局把紧专利审批关能够解决的问题了。在这些方面作出较深入的研究，有助于我们拿出实实在在的对策去"趋利避害"，而不是仅仅停留在对知识产权制度弊端（甚至非弊端）的批判上。

第三节　对 20 世纪我国的知识产权研究回顾 *

中国法学的许多学科，均是在 20 世纪已接近后期的 1979 年，随着改革开放才起步的。知识产权法学也是其中之一。不过 20 世纪末在中国召开的两次知识产权国际研讨会上，中国学者在知识产权，财产权、计算机网络等方面的研究成果，或被发达国家学者郑重引证①，或与发达国家学者的成果有同工异曲之妙。②我们庶几可以自慰：中国起步较迟的知识产权法学研究，虽然还不似人们所期望的那样超前，却也并不似有人所想象的那样"滞后"。

自从 19 世纪末以来，知识产权保护"国际化"的进程，比起有形财产法律制度要快得多，面也广得多。这使得相应的研究领域与国际的交流不容间断。于是，在任何国家，知识产权研究都很难闭门造车或家中称王。同时，起步较迟的中国学者，没有必要一切从零做起，他们可以利用国外或境外已有的成果，不必走外国人一二百年来已走过的弯路。这反倒是后来者的优势。

与其他有些"国际化"进程较慢或尚无从开始的法律领域相比，中国的知识产权法学研究的经验表明：只要有条件则应尽可能多地借鉴国际组织专家们、发达国家学术界，知识产权制度发展较快的发展中国家（如亚洲的新加坡、印度，欧洲的匈牙利、拉丁美洲的巴西、阿根廷等）学术界的成果，而尽可能少地借鉴我国台湾地区的成果。原因很简单：中国台湾自从 20 世纪 70 年代初被逐出联合国之后，较长期游离于知识产权法律国际化的进程之外，其相应的研究成果在总体上就不可能是先进的。

---

* 编者注：该部分选自郑成思著：《知识产权法新世纪初的若干研究重点》，法律出版社 2004 年版，第 1~14 页。

① 参看 1998 年 10 月 28 日中国知识产权研究会（CIPS）与美国知识产权法律协会（AIPLA）在北京上地召开的"面向 21 世纪知识产权保护制度"国际研讨会论文集，美国人 AIPLAA 理事长安德丽·瑞恩的发言稿。

② 参看 1998 年 4 月 13 日中国知识产权局与法国工业产权局在北京友谊宾馆召开的"中法知识产权研讨会"论文集中，两位学者有关网络知识产权的论文。同时可参看中国政法大学出版社 1999 年出版《知识产权文丛》第 1 卷（前言）。

同时，中国的知识产权研究不能仅仅借鉴外国或国际组织的已有成果。

中国学者只是没有必要无视国际上的已有成果而进行重复劳动，不应将滞后的境外"成果"视为超前成果加以借鉴。合理的，必要的借鉴，也还必须以自己落脚于中国实际的研究为基础。中国现有的、在学术界确有一席之地的知识产权研究成果，多是与上述"基础"及"借鉴"两方面紧密相关联的。

中国在古代就产生过知识产权保护的萌芽。目前许多外国知识产权事务所，都摆设着以中国宋代商标为图案的装饰品。中国宋代的版权保护，则更是不仅中国学者，而且外国学者及国际组织都从未忽略的。[①] 但近、现代的知识产权保护制度，主要是"舶来"的。中国现代对知识产权的系统研究（主要是在改革开放之后，即 1979 年之后），也首先是被国外促进的。这两方面都是历史事实，既不是妄自尊大的民族沙文主义，也不是妄自菲薄的民族虚无主义。

"知识产权"这个术语，最早在 18 世纪中叶，在西方活字印刷术的诞生地德国产生。在当时，它主要指文化领域中作者的创作成果所享有的专有权，亦即我们称为"版权"或"著作权"的这种无形产权（现在仍有个别国家如西班牙、菲律宾等沿用"知识产权"仅表示版权）。早在 18 世纪，法国也曾一度使用"工业产权"这一术语，它指的是除版权之外的创造成果专有权与商业标记专有权。在后来的发展中，尤其在 20 世纪 60 年代之后，"知识产权"逐渐被绝大多数国家及所有世界性国际条约、国际组织采用，它包含一切智力创作成果的产权。

---

① 参看联合国教科文组织出版物《版权 ABC》；美国 Paul Geller 主编《国际版权法律与实践》（导言部分）；中国人民大学出版社出版的《版权法》一书等。

"知识产权"是个"外来语"，即德文中的 Gestiges Egentum，英文中的 Intellectual Property。把这个外来词译成汉语时，中国译为"知识产权"、香港译为"智力产权"。中国台湾译为"智慧财产权"。日本在使用汉字表达时，译为"无体财产权"。知识产权一般包含版权、专利权、商标权、禁止不正当竞争权。这最后一项，主要指的是商业秘密权以及商品样式、商品装潢等等的专有权。

在 1883 年，国际上缔结了《保护工业产权巴黎公约》，并形成了缔约国的"巴黎联盟"；1886 年，又缔结了《保护文学艺术作品伯尔尼公约》，并形成"伯尔尼联盟"。此后，管理这两个公约的联盟分别形成两个"国际局"。1893 年，两个国际局合并，形成后来的"保护知识产权联合国际局"。1967 年，在斯德哥尔摩修订上述两个公约的同时，缔结了《建立世界知识产权组织公约》。1970 年公约生效时，原"保护知识产权联合国际局"的全部职能转给了世界知识产权组织。1974 年，世界知识产权组织成为联合国系统中的一个专门机构。

当今世界上，除个别国家外，绝大多数国家已经建立了知识产权保护制度，并已参加世界知识产权组织。

中华人民共和国成立后，曾在 50 年代初实行过短期的专利保护制度与商标保护制度以及对版权中的印刷复制权的有限承认。但这些随着 1957 年后的一系列政治运动而中止了。唯一留下的商标制度，也剩下只有强制注册却无专有权可谈的制度，并没有把商标的专用看作一种"财产权"。

1973 年，中国国际贸易促进会代表团首次出席了世界知识产权组织的领导机构会议，回国后该团在写给周恩来总理的建议在中国建立知识产权制度的报告中，首次使用了"知识产权"这一术语。

党的十一届三中全会确定了改革开放方针。1980 年中国参加了世界知识产权组织。1982 年，我国颁布了《商标法》、1984 年颁布了《专利法》、1990 年颁布了《著作权法》、1993 年颁布了《反不正当竞争法》。至此，我国法制建设总框架中的知识产权保护体系基本形成。继参加世界知识产权组织之后，中国于 1985 年参加了《保护工业产权巴黎公约》，1989 年参加了《商标注册马德里协定》，1992 年参加了《保护文学艺术作品伯尔尼公约》《世界版权公约》，1993 年参加了《录音制品公约》《专利合作条约》，1994 年参加了《为商标注册而实行的商品国际分类尼斯协定》，1995 年参加了《微生物备案布达佩斯条约》，1999 年参加了《植物新品种保护国际公约》等等。从以上不难看出，在相当短的时间内，我国在知识产权的国际保护方面做了大量的工作，取得了令人瞩目的进展。

国内对知识产权的关心，乃至知识产权几次形成"热点"，主要是因几次国际双边谈判而引起的，亦即与国际公法领域密切关联的。一个令许多人不解乃至不愿承认的事实是：如果不与国际条约的谈判相联系，知识产权本应"热"时，却可能到中途"冷"了下来。1998~1999 年，当版权法的修订已研究了 3 年，国内又掀起"知识经济"讨论的热潮时，由于中国与世界贸易组织的关系未定，大张旗鼓地提交全国人大审议的修正草案，却又无声无息地撤回了。各报刊及学术杂志对版权保护的影响等重要问题的研究之热，也随之偃旗息鼓，就是一例。

1979 年，当中国首次与美国签订《中美高能物理协定》以及《中美贸易协定》时，吃惊地看到对方执意坚持非订入不可的，是一个"知识产权保护条款"。据对方称，按照美国总统的指示，不含知识产权条款的科技、文化及贸易的双边协定，美方代表无权签署。

作为中方来讲，我们不可能贸然订一个包含我们还没有完全弄懂其条款含义的条约。因此，我们也必须开始研究"知识产权"了。①

　　这次"知识产权热"涉及的面并不大，但它确是产生出我国知识产权领域第一批专家的一个动力。他们中有的人已去世，有的人仍旧在这一领域耕耘着。

　　在这一阶段，中国学者介绍及翻译外国及国际组织的已有成果较多，而这对我国知识产权立法及保护实践的起步，是有重要作用的。1979 年法律出版社出版的《（日本）商标法 50 讲》、1981 年WIPO（即"世界知识产权组织"，下同）出版部出版的中文本《发展中国家技术许可贸易的指南》、1982 年对外贸易出版社出版的《（美国）专利法基础》、1985 年中国展望出版社出版的《（英国）专利，商标，版权与外观设计》等书，均在当时有过重要影响。中国人的专著，也是以介绍外国法及国际条约为主。知识产权法学者的多数，把介绍外国成果与完全自己独创的成果，始终分得较清楚。极少有把编、译外国的东西表述为自己"著"的。愿这种好学风能在 21 世纪得到继续。最早在专著中系统讲述或论述知识产权的，应推姚壮，任继圣自 1979 年初即有文字印刷材料的《国际私法概论》。

　　在这一阶段，中国知识产权研究有一个较特殊的现象（这一现象在苏联、匈牙利等国也持续过一段时期），即能够授知识产权课、出知识产权专著（或译者）的学者，多在国际法领域从事科研与教学，或在涉外实际部门从事业余研究。当然，后来民法，经济法领域，有更多的学者对知识产权发生了兴趣。但时至今日，凡有使社会接受的真正知识产权研究成果者，仍旧是掌握至少一门外语，能与国外交往的学者；或虽自己不掌握外语，但在研究中与外方或掌握外语的他人合作的学者。从根本上拒绝与国际交流，或只从中国

———————————

① 这几乎是照录已故陈翰伯同志的原话，特此说明。

台湾获得中文信息的研究者，一直少有人们看得到其像样的知识产权研究成果。这与本书开始时讲到的知识产权国际化的进程较快的事实是分不开的。在第一部含较系统讲述知识产权章节的专著之后，1985 年法律出版社出版的《知识产权法基础》，同年甘肃人民出版社出版的《知识产权法若干问题》，北京大学出版社出版的《工业产权国际公约概论》等，在当时较有影响。例如《工业产权国际公约概论》一书出版后，不仅在内地被评为"填补空白"之作①，而且到了 1990 年，中国台湾地区还用繁体字本再版了该书。因为对有关公约的全面论述，直至那时在台湾仍是空白。

从 20 世纪 80 年代中期开始，随着中国知识产权法律体系的逐步建立，外国对中国发展现状的兴趣也日益浓厚了。所以，突破语言障碍把中国的现状介绍给外国，也成为知识产权学术界的一项重要工作。这与中国其他各种法律研究领域相比，应算是起步较早的。

首先开展这项工作的是 20 世纪 80 年代中期在香港创刊的《中国专利与商标》杂志。由于它是中、英文双语刊，故很快被境外及国外知识产权领域的读者所接受。至今，它仍旧是 WIPO 等政府间国际组织、德国马普学会、美国知识产权法律协会等民间学术组织及较多的国外律师事务所书架上的常备刊物。

1987 年由英国麦克斯韦尔出版公司出版的《中国智力产权》一书，则是当时中国学者与外国学者合作，向国外介绍中国知识产权制度及发展趋向的较有影响的专著。该书曾被 WIPO 列为培训发展中国家知识产权专家的教材之一。1989 年欧共体与中国交流的欧方主席布莱克曾说过：欧洲正是通过这本书，才了解了中国的知识产权制度。

---

① 参看 1987 年《中国国际法年刊》。

　　这一阶段的研究成果中，属于中国学者自己的观点并较有影响的，主要是"信息产权"理论及传统知识产权的交叉与扩展理论。这主要是中国学者在与版权立法相交叉的计算机软件立法的实践中，参考国外的有关成果而提出的。它不仅在中国学术出版物中有体现 ①，而且被欧洲的学术刊物所翻译转载 ②，也曾被美国的学术杂志介绍，评价。③ 这种理论的雏形最早见诸 20 世纪 80 年代初一位澳大利亚学者的著作。中国学者在 80 年代中把它展开并系统论述。直到 90 年代中期，即美国克林顿政府提出"信息高速公路"的规划之后，美、日、欧的一大批学者才开始充分重视了这方面的理论。在 20 世纪末，中国学者中也还有从更新的角度再次讨论这一论题的。④

　　第二次"知识产权热"，是现在的大多数人还记得的 1991~1992 年中美知识产权谈判。中国加入的一大批国际知识产权条约，正是在那之后。实际上，中国的国家的领导层（而不仅仅是个别领导人）普遍开始重视知识产权问题，也是在这之后。

　　在这一阶段，国务院设立了"知识产权办公会"，一些大专院校（如北京大学）成立了"知识产权学院"，一些研究单位（如中国社会科学院)成立了知识产权中心。"知识产权"真正开始在全国"火"起来。

　　这一阶段的主要研究成果，较多地集中在对国内已有立法的

---

　　① 参看《计算机、软件与数据的法律保护》，法律出版社 1987 年版。

　　② 参看英国牛津（后移至伦敦）出版的《欧洲知识产权评论》（英文）（EIPR）1989 年第 7 期。

　　③ 参看《中国法学杂志》（英文），美国哥伦比亚大学出版 1987 年第 2 期。

　　④ 80 年代初的澳学者专著，参看彭德尔顿教授撰写、布特沃斯出版社 1983 年出版的《香港知识产权法》（英文）美国学者的论述参看 1995 年 8 月奥地利萨尔斯堡第 325 届国际学术年会论文集（英文）。日本学者的论述参看《电子知识产权》杂志 1998 年第 2 期，中山信弘的文章。90 年代末中国学者的文章，可参看《知识产权》杂志 1999 年第 4 期。

解释上。例如，1991 年水利出版社出版（1995 年修订）的《实用著作权知识问答》、1993 年专利文献出版社出版的《专利法解说》、1994 年中国社会科学出版社出版的《计算机法》、1995 年中国言实出版社出版的《知识产权保护实务全书》等等。中国学者以外文向外国读国解释中国法律的专著，则有 1991 年澳大利亚 CCH 出版社出版的《中国版权法》，1992 年美国麦西—本德出版社出版的《国际版权法律与实践》（中国篇）等书。

这一阶段学术论著中，有见地的观点及理论，主要是针对当时国内已有的知识产权法中的不足提出的。它们在后来法律的修订过程中，均有过一定影响。此外，司法界从事研究的人们，注意力则集中在以判例解释法律，或述说在办案中解释及应用法条的体会方面。在各种专著与文章中，专利侵权认定的"等同原则""禁止反悔"原则，版权领域的形式与内容问题、汇编作品的版权性，反不正当竞争对传统知识产权的附加保护作用等等，都得到了较广泛、较深入的讨论。

中国的知识产权研究的总体，已经从"初步"向深入逐步过渡。也正是在这一阶段，回顾 20 世纪初中国十分幼稚的知识产权（主要是版权）论述的介绍性文章出现了。对中国台湾地区多年来在知识产权方面研究成果的引进越来越多了。由于进入知识产权研究领域的多数人越来越重视外文的修养，学校对这一领域感兴趣的人也多是外文水平较高的，多数人可以直接使用外文资料，所以翻译工作倒显得不如上一阶段那么必要。有影响的翻译成果也屈指可数。国外学者的原文著作倒是大量被介绍进来。其中日本学者如中山信弘、纹谷畅男、英国学者如柯尼什、德国学者如迪茨、美国学者如哥德斯坦、尼墨尔、盖勒等人的专著，都在中国被范围较广的学者们引用着。这些外国学者较有影响、较有深度的作品，同样是产生于 80

年代之后。由于知识产权的立法与司法在新技术与国际经济的推动下发展较快，20 世纪 80 年代之前的"经典"专著，一大部分失去了意义，不再被人提起；一小部分只是在被修订之后，才能在学术界继续有一席之地。

中国的第三次知识产权热，出现在 1995~1996 年的中美知识产权谈判中及谈判后。

与美国"特别 301 条款"相关的中美知识产权谈判从 20 世纪 80 年代末延续到 90 年代中期，曾几次成为全世界所关注的焦点。希望中美因知识产权问题打起"贸易战"的国际商家大有人在。有的人希望借中美"贸易战"挤占美国在中国的农产品市场、飞机市场等等；另有人则希望利用中美"贸易战"挤占中国在美国的服装、玩具市场等。但中美几次谈判均最后成功。一些人希望见到的"贸易战"终究没有打起来。应当说，这种结局对中美是两利的。

1996 年后（即最后一次剑拔弩张的谈判又终于达成协议后），美方参加谈判主谈人中的多数，从坎特、李甚斯到汤姆森，统统下海当了律师。他们切切实实地享受到中美知识产权谈判为其扬名的好处。中方谈判参加人的相当一部分也离开了原岗位。但是，要期望这些原先很忙、后来仍旧很忙的谈判参加者们对"特别 301 条款"从事些事后研究，并出版研究成果，可能是困难的。于是，这研究工作，照例落到了研究单位的研究人员身上。谈判中主要涉及的知识产权执法问题、世界贸易组织对知识产权保护要求问题，等等，也成为这一时期学术专著较集中的论述重点。一批有经验又有理论修养的司法工作人员，在这时加入了知识产权研究的行列，并有较优秀的成果问世。1999 年社会科学文献出版社出版的《特别 301 条款研究》、1996 年中国人民大学出版社出版的《世界贸易组织与贸易有关的知识产权》。 1997 年人民法院出版社出版的《工业产权难

点与热点研究》、1998 年专利文献出版社出版的《专利侵权判定》，
1999 年法律出版社出版的《法官论知识产权》、2000 年法律出版社
出版的《北京知识产权审判案例研究》等，均有一定代表性。

除此之外，从 1996 年以后，中国的知识产权研究的总体开始
超越一般的法条解释与介绍外国成果，而进入较深层次的讨论。这
是随着中美知识产权谈判基本结束的 1996 年下半年一些学术杂志
上的文章开始的。①

这种深层次的讨论，都大致与中美知识产权谈判与国际法本身，
并无直接联系了。无论中国何时进入世界贸易组织，中国的知识产
权保护水平都已不再是多边谈判的障碍。双边及多边谈判及所遇到
的国际法问题推动人们重视与研究知识产权的阶段已基本结束。诸
如知识产权价值评估中的法律问题，知识产权的基本概念问题、知
识产权与物权的关系问题、平行进口与权利用尽问题，商标法与反
不正当竞争法的交叉与"反向假冒"问题，等等，这时都展开了比
较充分的讨论。②其中有些是在发达国家多年前理论上已解决的，在
中国只能算是某种形式的"补课"了。

一些我国在初步的知识产权研究中产生的模糊认识（其中多数
在发达国家几十年乃至上百年前也曾产生过），通过讨论得到一定程
度的澄清。例如，认为"创意"也享有版权，"创意"者应被视为
合作作者，认为对一切知识产权保护的客体（包括专利保护的客体）
都与版权保护的客体一样，只能创"形"、不能创"质"（论者在这
里显然自己尚未弄清物质之"质"与实质之"质"的区别），认为商

---

① 参看《著作权》杂志 1996 年第 4 期、《知识产权》杂志 1997 年第 1 期、《中国专利与
商标》杂志 1997 年第 2 期，等等。

② 参看《知识产权论》，法律出版社 1998 年版；《反不正当竞争法的适用与完善》，法律出
版社 1997 年版；《民商法原理》，中国人民大学出版社 1999 年版，等等。

标仅仅如路牌一样只有标识性而无创作性，或从另一个极端认为商标权人如同作品的作者一样享有精神权利，认为知识产权的价值评估不仅是不可能的、而且是荒唐的，等等。正是通过讨论与不断澄清，中国涌现出一批年轻的知识产权法学者。他们多是掌握了外文与计算机的应用，能够通过网络与国外交流，同时又立足于中国实际。这就使新世纪中国的知识产权研究大有希望了。

在这一阶段，中国法院在知识产权审判方面，行政机关在知识产权裁决方面，也出现了一批较有水平的案例。其中，有些与世界知识产权组织的意见是相同的，有些与国内学者在专著中阐发的观点是一致的。这表明知识产权领域的法官，将研究与判案相结合，也进入了一个更高的层次。其中较典型的案例有："吴冠中诉朵云轩等侵害著作权案"[1] "中国社会科学院语言所等诉王同亿等侵权案"[2]"北京王码电脑总公司诉中国东南技术贸易总公司侵权案"[3]"北京阳光公司诉上海霸才公司侵权案"[4] "裴立等诉山东景阳冈酒厂侵权案"[5]"冯雏音等诉江苏三毛集团侵权案"[6]以及后两案的商标评审委员会有关撤销注册的裁决，"北京市京工服装集团一厂诉鳄鱼公司一案"[7]等等。随着计算机网络的广泛应用，随着知识创新的开展，随着国际知识产权保护一体化进程的加快，随着更多年轻学者进入

---

[1] 参看《最高人民法院公报》1996 年第 2 期，第 66 页。

[2] 参看《知识产权研究》第 4 卷，中国方正出版社 1997 年版，第 278 页。

[3] 参看《知识产权论》，法律出版社 1998 年版；《反不正当竞争法的适用与完善》，法律出版社 1997 年版；《民商法原理》，中国人民大学出版社 1999 年版，第 318 页。

[4] 参看《知识产权研究》第 5 卷，第 206 页。

[5] 参看《知识产权研究》第 5 卷，第 217 页。

[6] 参看《知识产权研究》第 5 卷，第 222 页。行政裁决可参看《知识产权研究》第 6 卷，第 264 页、第 267 页。

[7] 参看《知识产权研究》第 6 卷，第 252 页。

这一领域，中外知识产权研究的交流与交叉，既有了技术上的便利条件，又有了人才上的保证。这就使用中国的知识产权法学可能再上一个新台阶。方正出版社自 1996 年起出版的十余卷系列书《知识产权研究》。中国政法大学于 1999 年开始出版的《知识产权文丛》第一至四卷，及方正出版社继续出版的后面数卷正是这种交流与交叉的代表作品的汇集。1997 年境外麦克斯韦尔出版公司出版的《中国知识产权重要案例评析》（英文），1999 年商务印书馆出版的《法国知识产权法典》（中译本）、同年境外麦克斯韦尔出版公司出版的《中国的软件保护》（英文），乃至 2002 年同一出版社的《21 世纪中国知识产权法律制度》（英文），则是这种双向交流的反映。

在 20 世纪末，在国内许多领域均在讨论所谓"知识经济"之时，知识产权法学领域此有何反应呢？这是 20 世纪已经提出要留待 21 世纪初才可能在中国最终解决的问题，也是知识产权研究的重要理论成果。

"知识经济"既然是与"工业经济"相对比而言的，那么它作为一种生产方式，主要是从生产力角度去定位的。如果它主要从生产关系角度定位，就不可能适用于世界各国的不同制度。事实上，当今世界上的社会主义国家、资本主义国家，都不加任何前置词地谈论着"知识经济"并发展或准备发展这种经济。我国理论界从未使用过"社会主义知识经济"的提法，证明我们实际上是从生产力角度去谈"知识经济"的。

要发展（或准备发展）"知识经济"，就须有与之相适应的生产关系。

与"工业经济"相适应的发达国家，一二百年来传统的民法体系中，物权法与合同法（其中主要是货物买卖合同）是重点。这是与"工业经济"中，机器，土地、房产等有形的物质资产的投入起关键作用密切联系着的。

为与"知识经济"相适应，20世纪末，一大批发达国家及一部分发展中国家（如新加坡、印度等），已经以知识产权法取代物权法、以电子商务合同取代货物买卖合同，作为现代民法的重点。这并不是说，传统的物权法、合同法不再需要了，而是说重点转移了。这是与"知识经济"中，无形资产（如专利，技术秘密，驰名品牌）的投入起关键作用密切联系着的。

中国并不是不需要补上原来是缺陷的物权法、合同法等等，以适应正在进行的"工业化"。问题是重点应放在何处？这个问题，与经济理论界争论着的一个问题是有联系的：中国是否必须在全面完成"工业经济"之后，才可能向"知识经济"发展？其实，这个问题换一个问法就较明白了：中国是否必须永远跟在别人后面走？20世纪80年代末中国知识产权成果产业化的典型王选，作了否定的回答。他在印刷技术上越过了两代，走在了世界前沿。20世纪90年代末，中科院开展以"知识创新"为重点的科研，也在事实上对上述问题作了否定的回答。他们认为在填补我国尚欠的"工业经济"之缺的同时，重点应转向发展"知识经济"或发展"知识经济"的准备。

法学界尤其是民法学的研究也是如此。

中国诚然需要《合同法》，但全世界（包括中国）互联网与网上商务已迅速发展的今天，《合同法》总则中不足200字的有关电子合同的规范，已显然跟不上实践的需求。在美、英、法、德、日、澳大利亚，乃至新加坡等国早已把合同法研究重点转向电子商务时，我们的重点始终在有形物的买卖、保管等等方面。可能在几年内，就会在国内外的经济活动中，反映出《合同法》的立法意图并不错，但重点（在20世纪末之后）则错了。

中国诚然需要《物权法》，但国外无形财产所有人（盖茨）已列首富。国内外被评估价值最高的已大多是无形财产、"直接电子商务"通过网络买卖着大量无形文化产品的今天，在《物权法》出台不久后，也会反映出我们本应把重点放在无形财产的立法及研究上。

《证券法》诚然可以算无形财产立法之一（"股权"是重要的无形产权），但"知识经济"中最重要的，是知识产权——专利权，商标权，版权，商业秘密等等。

我国虽然已经有了各项知识产权专门法。但那只相当于发达国家"工业经济"中前期的立法，远远不能适应"知识经济"的需要，更不要说推动"知识经济"的发展了。新加坡的一部版权法，比我国专利法、版权法（著作权法）、商标法加起来还要长 5 倍；菲律宾已随着法国把不同知识产权统一在一起而颁布了"知识产权法典"，我国的几部知识产权专门法则在"各行其是"。立法的滞后与总体研究的滞后是相关联的。建议重视知识产权，并非否认人要靠有形财产生存。正如老农熟知牛是用腿走路的，但他们要牛走起来，都会去牵牛鼻子，而不会去抬牛腿。

在新世纪初，我们应当抓住电子商务与知识产权保护两个民商事立法重点；培养并吸引一批掌握一门以上外语、掌握计算机应用的法学人才；增加财力的投入。目的是使我国 2010 年前完成社会主义市场经济的法制体系时，不要使人们感到其中的民商法结构只与 200 年前的《法国民法典》、100 年前的《德意志民法典》相当，或有所进步，而应使人们感到它确实是能够适应电子商务时代（或"知识经济"时代）的法制体系。

如果我们不从现在起就开展这种已不算太超前的研究，到 2010 年时我们肯定在民商法体系上就滞后了。

社会科学研究，不能把国际上已经滞后的内容作为重点（虽然也不可排斥这方面的研究）。一大批国家 100 年前把研究有形财产的保护及流通作为重点，今天则把研究"知识产权法""电子商务法"，即研究无形财产的保护与流通作为重点，这是值得我们深思的。

第四节 对新世纪知识产权研究的展望
——多数国家面临的共同的新问题[*]

在某一研究领域谈"展望"，有许多困难，在发展极快的知识产权领域，尤其困难。为要避免使所"展望"的内容在新世纪到来后的实践中化为空谈或笑谈，至少有两点是应力求做到的：一是对国际上的有关信息应掌握得尽量地多（虽不可能"全"），也就是应看得尽量广。"不畏浮云遮望眼，只缘身在最高层"，正是告诉我们如何去"展望"。二是虽要结合身边的现实（即结合"中国的国情"），又不能陷在现实中，而应有"超前"意识。否则为新世纪所预定的研究项目或规划，就有可能导致重复劳动，走弯路一类的后果，难免如古人所云"时雨降矣，而犹津灌，其于泽也，不亦劳乎"。除了无依据、无理论支持的妄说之外，"超前"并不应被一般地当作"脱离实际"的同义语。确有价值的现有科研成果中，许多均是超前的；何况对科研的"展望"。

一个国家知识产权研究的水平与发展状况，经常可以从它的知识产权立法的发展中反映出来。

1997 年及在这之前的几年里，中国与巴西的知识产权立法（包括有关国际条约的加入或缔结）几乎是同步的。两国几乎同时开始

---

* 编者注：该部分选自郑成思著：《知识产权法新世纪初的若干研究重点》，法律出版社 2004 年版，第 33~43 页。各级标题略有调整。

了对外国专利的行政保护，几乎同时开始了给计算机软件似特殊又非特殊的保护，几乎同时开始了对现有版权法修订的考虑。1997年3月，两国不约而同地各自颁布了在各自国家均属第一部的植物新品种保护法规。[①]不过，到1998年，情况改变了。1998年2月，巴西通过了修订后的版权法，并于6月实施。其中引人瞩目地包含进了世界知识产权组织1996年两个新条约的内容，即增加了网络环境下知识产权保护的内容。这比同年10月通过了《世纪数字版权法》[②]的美国还先行了8个月。当年11月18日中国新闻媒体通报已初步成形的中国著作权法修订案，则仍旧丝毫没有触及网络环境下知识产权保护的内容。

网络上"侵权"（依法有些尚不能称侵权）的纠纷，在中国当时已经实实在在地出现了。未经许可的"网络书屋",未经许可的"音乐节目上网"等等[③]，已使人感到大大高于书刊盗版、录像制品盗版的威胁摆在中国版权人面前。而我们修订中的法律当时对此并无反应。我国的"解密公司"已在报刊上公开刊登广告，收费破解国内从事软件创新开发的任何企业所专有软件的加密措施或其他技术措施，而我们却仍在讨论"把禁止解密"纳入版权是否太"超前"，是否会妨碍国内软件产业发展！当然，这类显然已滞后的问题，本来是应在进入新世纪之前解决的。

多数国家面临的共同的新问题中的多数，对中外知识产权界都是新的。其中至少包括下面几个。

---

① 有关巴西1998年及此前知识产权立法的发展进程，资料主要来自美国出版的 IP World Wide 杂志1998年第2期。读者可查的网址是：http: www.ipworld wide.com.

② Digtal Millenniam Copyright Act of 1998. 读者可查的网址是：http:thoms, lc.gov.

③ 参看《北京青年报》1998年8月7日第2版。

一、网络特点与知识产权特点的冲突

正如 20 世纪 80 年代有关"信息社会"论的"热"是由计算机广泛应用带动起来的，20 世纪 90 年代后"知识经济"论之热，则是由计算机网络及数字技术的广泛应用带起来的。当人们谈及传统的农业经济及工业经济的特点是有形资产起决定作用而知识经济则是无形资产起决定作用，均会想到知识产权恰恰是无形资产的重要（或最重要）组成部分。

有人认为在知识经济中，商品生产开始"隐形化"。[①]事实上，网络环境还使商品流通的一部分，也"隐形化"了。例如，通过网络出售软件、多媒体、数据库等等，均已与传统的市场上出售有形磁盘，光盘等销售活动大相径庭了。

知识经济必然而且已经带来知识产权保护上全新的问题，而这些新问题，又集中在网络的应用上。

知识产权的特点之一是"专有性"。网络上应受知识产权保护的信息则多是公开、公知、公用的，很难被权利人控制。

知识产权的特点之一是"地域性"，而网络上知识传输的特点则是"跨国传播"。

上述第一对矛盾，引出了知识产权领域最新的实体法问题。在国际上，有的理论家提出以"淡化""弱化"知识产权的专有性，来缓解专有性与公开、公用的矛盾。具有代表性的是日本法学家中山信弘和美国法学家哥德斯坦。[②]更多学者乃至国际公约，则主张以进一步强化知识产权保护、强化专有性来解决这一矛盾。最典型的

---

① 参看《人民论坛》杂志，1998 年第 7 期文章《知识经济：跨城工业化的新阶段》。

② 参看《电子知识产权》1998 年第 2 期中山信弘的文章《多媒体与著作权》；1998 年《知识产权研究》第 6 卷，Paul Goldstein 的文章。

例子就是 1996 年 12 月世界知识产权组织主持缔结的两个新的版权条约，其中增加了一批受保护的客体，增列了一批过去不属于版权的受保护权利。美国已经在 1998 年、欧盟国家已在 1999 年，即进入 21 世纪之前，修订知识产权法，使之符合新条约的要求。此外，在商标保护方面，强化专有性的趋势则表现为将驰名商标脱离商品以及服务而加以保护。

这种强化知识产权专有性的趋势，应当说对发展中国家未必有利，但目前尚没有发展中国家表示出"坚决抵制"。主要原因是：在知识经济中，强化知识产权保护的趋势是难以抵制的。发展中国家应及早研究它们的对策。

上述第二对矛盾，引出了知识产权保护中最新的程序法问题，亦即在涉外知识产权纠纷中，如何选择诉讼地及适用法律的问题。过去，绝大多数知识产权侵权诉讼，均以被告所在地或侵权行为发生地为诉讼地，并适用诉讼地（法院所在地）法律。但网络上的侵权人，往往难以确认其在何处。在实践中，侵权复制品只要一上了网，全世界任何地点，都可能成为侵权行为发生地。这种状况，主要是由网络将信息跨国传播的特点决定的。曾有人提议采取技术措施，限制网络传输的跨国界性，以解决上述矛盾。但在实践中困难极大。

于是更多的学者[①]，更多的国家及地区，实际上正通过加速各国知识产权法律国际"一体化"的进程，即通过弱化知识产权的地域性，来解决这一矛盾。

国际知识产权法律"一体化"，就要有个共同的标准。多少年来，

---

① 参看 1998 年《知识产权研究》第 5 卷 Paul Geller 的文章 From Patchwork to Network；其中译本请参看 1998 年《知识产权文丛》第 1 卷。

已确认的专有权，一般不可能再被撤销。于是，保护面广、强度高的发达国家法律，在大多数国际谈判场合，实际被当成了"一体化"的标准。发展中国家虽然并不情愿，却又阻止不住。世界贸易组织成立时订立的《与贸易有关的知识产权协议》，就是违背发展中国家意愿，统一知识产权保护又不得不被广大发展中国家接受的典型一例。

看来在这一问题上，发展中国家也应研究对策。这种研究，可能成为 21 世纪初发展中国家的一个重点。实际上，一大批发展中国家提议在国际公约中纳入对传统知识、生物多样性的保护，已经是"对策"的一部分。

二、电子商务中的知识产权保护

电子商务影响到的绝不仅仅是知识产权法。

它首先影响了各国的合同法及商法。1995 年，美国最先考虑修改其《统一商法典》，随后提出了《统一电子贸易法》的议案，以适应电子商务的需要。[①]1996 年，联合国贸易法委员会发布了《电子商务示范法》、国际商会起草了《电子商务指南》，进一步解释该示范法。此后，不少国家及地区（如欧盟）纷纷开始了相关立法或修法。在发展中国家里，至少新加坡已于 1998 年颁布了它的《电子贸易法》[②]，我国立法机关在《合同法》草案中也加进了电子合同的原则性规定。[③]但正像 WIPO 的两个新条约只是解决问题的开始一样，电子商务中的合同法及商法问题的全面解决，仍留给新世纪了。

有人把电子商务分为"直接电子商务"与"间接电子商务"两类。

---

① 读者可查的网址是：http:www.law upenn.edu.

② 读者可查的网址是：http:www.ech.nch.ncb.gov.sg.

③ 参看《人民日报》，1998-09-07，第 10 版，第 11 条、第 16 条等条款。

"间接电子商务"即网络上谈判、签合同、订购商品，但商品本身仍需通过有形方式邮寄或送达。"直接电子商务"则是签合同及最终取得商品，均在网络上完成。可以想见，"直接电子商务"会涉及更多的知识产权问题。

网络传输中既已涉及版权产品的无形销售（如上一题所述），就必然产生版权保护的新问题。自不待言。更值得重视的是，它还必将产生（而且已经产生）在网上的商标及其他商业标识保护、商誉保护、商品化形象保护，乃至商业秘密保护等方面诸多与传统保护有所不同或根本不同的问题。

例如，我国《商标法》将可受保护的标识界定为"文字、图案或其组合"，它只能是"静态"的。而目前已出现把某一动态过程（如小鸡从蛋中破壳而出）作为商标，并且在网上有发展为"时髦"的趋势。这就不仅在版权法领域对于"版权不保护过程"的结论有了明显的反证（说明至少一部分"过程"不应被排除在保护之外），而且改变了传统对商标的认识。可能只有在这种网络上的商业活动，才能使人们感到用 TRIPS 协议的"视觉可感知"或者我国 2001 年《商标法修正案》的"可视"去界定，比起用"文字、图形"去界定商标更能适合新世纪商业活动的发展。当然这类纯属形式方面的问题可能还不是最重要的。

正当国内并不鲜见的议论在断言"域名绝不会被纳入知识产权保护范围"时，有的域名已实际上成为商誉乃至商号的一部分受到了保护，甚至已经作为无形财产被实际交易着。这是无需到新世纪再去弄清的问题。但域名与在先商标权、在先商号权的冲突如何真正妥善解决，则已经留给新世纪了。这一确实存在的（而不是如有意侵权者的辩护人臆想的）权利冲突，在驰名商标范围内，20 世纪已大致解决。一些国家的"反淡化法"及 WIPO 准备缔结的国际条约，均立下了这方面的示范。但对于非驰名商标及商号，其与域名冲突的问题，仍无令人满意的答案。这里矛盾的焦点之一倒是在权利产生的程序上。商标权多经官方行政批准注册产生，域名专用权则多经非官方组织登记产生，商号按巴黎公约的要求却仅仅依实际使用产生。新世纪如果在技术上仍找不到解决冲突的出路，那么法学者的研究成果在这方面仍旧将发挥作用。

三、生物技术与知识产权保护问题

知识产权新问题并非全部与计算机互联网络有关。生物技术对知识产权保护的影响即是与网络基本无关的一个。传统生物技术及其产品（如植物新品种）的保护即使到了 20 世纪末，仍不断在早已实施这种保护的发达国家争论着。例如 1996 年，当欧洲生物学家提出应取消农业生产者对植物新品种的"合理使用"亦即增强其专有权时，欧洲"绿色和平组织"则强烈要求根本取消植物新品种的专有权。[①]这类争论的余音，新世纪在发达国家仍旧会听得到，而在中国这样的发展中国家，则争论会很快开始。

生物基因、新生物合成等发明中的知识产权问题，对中国这样的发展中国家可能就更重要了。在生物技术比较发达的澳大利亚，1998 年本国两个政府研究机构，在以"自己的"植物新品种申请"准专利"（即"植物品种专有权"）时被指控为"生物盗版"（biopiracy）。[②]该纠纷所产生出的这一知识产权新术语是不应被轻视的。中国（至少在北京）已有过极类似的纠纷，但并未引起注意。

---

① 参看英国 Bio-Science Law Renew 杂志，1997 年第 1 期。R.M.C.Nott 的文章，The Biotechnology Directive:Does Europe Need a New Draft.

② 参看英国 Bio-Science Law Review 杂志，1998 年第 1 期，M.Blakeney 的文章 IPRin the Genetic Resources of International Agricultural Research Institutes Some Recent Problems.

原因是生物工程总体在中国的发展还较滞后。待到新世纪更多国内企业与机构发现这是一个经济效益可能很好的领域，并加快在其中的投入时，中国企业与机构之间、中外相关企业与机构之间的这类冲突，比起 20 世纪文化市场上因盗版引起的冲突，不会更少。"生物盗版"与"独立创作"的区分及认定，也会成为使司法界棘手的问题。20 世纪内，当国外知识产权界已在研究以血样及其他人体标本为基础的新发明中，血样及标本提供者享有什么权利时[①]，中国在生物技术知识产权保护方面的研究还极为薄弱，从事研究的人员也屈指可数。这种状况如果在进入 21 世纪仍无改变，将很难应付新世纪发生的纠纷，很难保护创新者的权益及保护与促进我国生物工程的发展，也很难跟上国际上民事权利保护的新发展。

四、传统知识与生物多样化问题

目前，中国在知识产权、特别是"自主知识产权"的拥有及利用上，从总体看不占优势。这主要是因为发明专利、驰名商标专有权、软件与视听作品等等的版权主要掌握在少数发达国家手中。而要增强我们的地位、至少使我们避免处于过于劣势的地位，我们有两条路可走：一是力争在国际上降低现有专利、商标、版权的知识产权保护水平；二是力争把中国占优势而国际上还不保护（或者多数国家尚不保护）的有关客体纳入国际知识产权保护的范围，以及提高那些现有知识产权制度仅仅给予弱保护而中国占优势的某些客体的保护水平。走第一条路十分困难。从 1967~1970 年《伯尔尼公约》的修订过程看，从世界贸易组织《与贸易有关的知识产权协议》形成的历史看，走第一条路几乎是不可能的。

---

① 参看英国 *Bio-Science Law Review* 杂志，1998 年第 2 期，H. Newiss 的文章 Rights in Blood and Tissue Samples: Consent Requirements.

就第二条路来说，至少在三个方面我们可以做必要的争取的工作：

（1）强化地理标志的保护；

对此，多哈会议已经列为世界贸易组织多边谈判的议题；

（2）把"生物多样化"纳入知识产权保护；

（3）把"传统知识"纳入知识产权保护。

对此，多哈会议以及现有的生物多样化国际公约均已在加以考虑。这两点也是我要谈的主要问题。

现有知识产权制度对生物技术等等高新技术成果的专利、商业秘密等保护，促进了发明创造；现有知识产权制度对计算机软件、文艺作品（包含文字作品及视听作品等等）的版权保护，促进了工业与文化领域的智力创作。对现有知识产权制度无疑是在总体上应予肯定的。但在保护今天的各种智力创作与创造之"流"时，人们在相当长的时间里忽视了对它们的"源"的知识产权保护，则不能不说是一个缺陷，而传统知识尤其是民间文学的表达成果，正是这个"源"的重要组成部分。

"传统知识"，是在世贸组织成立时，印度等国就提出应在世贸框架中保护的内容。近年世界知识产权组织已召开多次国际会讨论这一问题，并于 2000 年成立了专门委员会来研究这一问题。世贸组织在 2001 年 11 月的多哈会议的"部长声明"第 18~19 条已列为多边谈判应考虑的议题。发展中国家安第斯组织在其 2000 年的《知识产权共同规范》中，已要求该组织成员在国内法中予以保护。

"传统知识"按世贸组织、世界知识产权组织及国外已有的立法中的解释，主要包含"民间文学艺术"与"地方传统医药"两大部分。其中"民间文学"部分，已经暗示保护或明文保护的国际条约与外国法很多。如：《伯尔尼公约》第 15 条，英国 1988 年版权法

第 169 条，是"暗示"性规定的典型。实际上，世界知识产权组织在给《伯尔尼公约》第 15 条加标题时，已明文加上"民间文学艺术"。20 世经纪 90 年代，在版权法体系中明文规定保护民间文学艺术的至少有：

《突尼斯文学艺术产权法》（1994 年）第 1 条，第 7 条；

《安哥拉作者权法》（1990 年）第 4 条，第 8 条，第 15 条；

《多哥版权、民间文艺与邻接权法》（1991 年）第 6 条，第 66~72 条；

《巴拿马版权法》（1994 年）第 2 条，第 8 条；

此外，在 20 世纪 90 年代之前，斯里兰卡及法语非洲国家等一批发展中国家就已经在知识产权法中开始了对民间艺术的保护。目前，世界上明文以知识产权法保护民间文学艺术的国家已有 50 个左右，还有一些国家（如澳大利亚等）已经在判例法中确认了民间文学艺术的知识产权保护。

对"地方传统医药"的保护，虽然亚非一些发展中国家早就提出，却是在 1998 年印度学者发现了某些发达国家的医药、化工公司把印度的传统药品拿去，几乎未加更多改进，就申请了专利这一事实后，在发展中国家引起更大关注的。发展中国家认为，像无报酬地拿走民间文学艺术去营利一样，无报酬地拿走地方传统医药去营利，也是对这种知识来源地创作群体极不公平的。发展中国家的安第斯组织已在其《知识产权共同规范》总则第 3 条中把"传统知识"（即包含上述两部分）明文列为知识产权保护客体。印度德里大学知识产权教授、国际知识产权教学与研究促进协会 2000~2002 年主席维尔玛在给我的关于中国起草民法典知识产权篇的复信中，特别指出了希望中国能将传统知识及生物多样化纳入知识产权保护范围。

这两部分，在中国都是长项，如果我们只是在发达国家推动下对他们的长项（专利、驰名商标等等）加强保护，对自己的长项则根本不保护，那么在国策上将是一个重大失误。即使传统知识的这两部分不能完全像专利、商标一样受到保护，也应受"一定的"保护。我认为中国在这个问题上，与印度等发展中国家的利益是一致的，应在立法中表现出支持对传统知识的保护。更何况国际（乃至国内）市场上，外国公司对中医药提出的挑战，已使我们不可能对这种保护再不闻不问或一拖再拖了。"民间文学"即使只限于"作品"的保护，我国 1990 年颁布《著作权法》曾宣布的"另定"，但至今也一直没"定"出来。

"生物多样化"，是 1999 年世贸组织西雅图会议本来要讨论而未成行的。2001 年多哈会议部长声明第 18~19 条再次列为多边谈判应考虑的议题。安第斯组织的《知识产权共同规范》总则第 3 条已明文规定为成员国知识产权保护的一项内容。

对"生物多样化"给予知识产权保护，主要是保护基因资源。基因资源与传统知识相似，可能是我国的又一个长项。许多发展中国家以及基因资源较丰富的发达国家（如澳大利亚），已经开始重视这方面的保护。我国仅仅在《种子法》等法律中开始了有限的行政管理。把基因资源作为一种民事权利，特别是作为知识产权来保护，我国与一些外国相比还非常不够。

传统知识与生物多样化两种受保护客体与世界贸易组织中已经保护的地理标志有许多相似之处。例如，它们的权利主体均不是特定的自然人。同时，传统知识与生物多样化两种受保护客体又与人们熟悉的专利、商标、版权等等的受保护客体有很大不同。所以，有人主张把它们另外作为知识产权的新客体，而不是与其他客体一样并列在一起。不过，必须给予一定的保护，在这一点上，则是需要力争的。"力争"的第一步，就是本国的立法与执法首先把它们保护起来。

这种保护，首先是应当要求使用者尊重权利人的精神权利。例如，要求使用者指出有关传统知识或者生物品种的来源。如果自己创作的新作品或者开发的新技术方案是以有关传统知识或者生物品种作为基础的，必须说明；如果自己推向市场的商品或服务本身就是他人已有的传统医药、民间文学艺术等等，就更须说明。近年拿了中国人开发并使用了千百年的中药乃至中成药推入国际市场却引世人误以为该中成药出自日本、韩国等国者并不在少数。这对中国的传统知识是极大的不尊重。2002 年北京一中院受理的"乌苏里船歌"版权纠纷，实质上也首先是原告希望有关民间文学的来源这项精神权利受到尊重。其次这种保护必然涉及经济利益，即使用人支付使用费的问题。至于法律应当把付费使用的面覆盖多广，以便既保护了"源"，又不妨碍"流"（即文化、科技的发展），则是个可以进一步研究的问题。例如，几年前文化部与国家版权局起草的《民间文学保护条例》，仅仅把付费使用延及复制与翻译，就是一种可行的考虑。

最后，中国人在知识创新方面，并不比任何人差。我们其实可以不必去考虑如何去要求降低国际上现有的知识产权高端的保护制度（因为实际上也不可能降下来）。我们应当作的是一方面利用知识产权制度业已形成的高保护推动国民在高新技术与文化产品领域搞创造与创作这个"流"，另一方面积极促成新的知识产权制度来保护我们目前可能处优势的传统知识及生物多样化这个"源"。这样，才更有利于加快我们向"知识经济"发展的进程。

第五节　国际知识产权保护和我国面临的挑战 *

一、背景

中国知识产权的立法已经基本完备。与尚未在理论上讨论清楚、又未产生基本部门法的那些国内法领域相比，知识产权领域更先进一些。与国际上大多数发展中国家相比，它也更先进一些。联合国世界知识产权组织历任总干事都称"中国知识产权立法是发展中国家的典范"。中国的知识产权立法在 2001 年年底"入世"时，就已经完全达到了 WTO 中的 TRIPS 协议所要求达到的保护标准。这是毋庸置疑的，否则中国也不可能被 WTO 所接纳。有些立法，还不止于 WTO 的要求。例如 2001 年 10 月修订的《著作权法》与 2006 年 5 月颁布的《信息网络传播权保护条例》，已经不断与国际上发展了的数字技术对知识产权保护的新要求同步。在司法方面，中国知识产权法庭的法官素质，高于中国法官的总体平均水平。中国法院在知识产权领域的一些判决，水平也不低于发达国家，甚至美国法院。例如，北京法院较近的 2004~2005 年对中国社会科学院七位学者诉北京书生数字有限公司侵权一案的判决[2]，较远的 1999 年王蒙等六作家诉世纪互联网有限公司一案的判决[3]，都是实例。中国建立了知识产权制度后，企业自主知识产权（包括自主品牌）的拥有量和竞争力，已经超过了多数发展中国家和极少数发达国家（如澳大

＊　编者注：该部分选自沈仁干主编：《郑成思版权文集（第三卷）》，中国人民大学出版社 2008 年版，第 87~109 页。原刊于《法制与社会发展》2006 年第 6 期。

②　参见北京海淀法院（2004）海民初字第 12509 号判决书；北京一中院（2005）一中民终字第 3463 号判决书。另见《数字图书馆不少盗版者的挡箭牌》，载《人民日报》，2005-07-27，以及《中国新闻出版报》2005 年 7 月 28 日、《人民法院报》2005 年 7 月 19 日等报道。

③　参见《中华人民共和国最高人民法院公报》，2000（1）。

利亚、西班牙）的企业。这些正面的成绩，是必须首先看到的。知识产权制度激励人们搞发明、搞创作；激励企业重视、维护和不断提高企业信誉。总的讲，我国20多年的实践已表明，这是一个可取的法律制度。

不过，对知识产权制度的利弊对于在今天我国知识产权制度的走向应当如何选择，确实存在不同的意见。

近年因国际上南北发展越来越失衡，国内外批判TRIPS协议的很多。例如，澳大利亚学者Drahos的著作、2002年的英国《知识产权报告》建议发展中国家把力量放在批判乃至退出WTO的TRIPS协议上①；在国内，许多人主张弱化我国因WTO压力而实行的"已经超高"的知识产权保护，等等，这些表面上看是顾及了中国利益。那么，我们应当作何选择呢？

在经济全球化中，已经"入世"的中国不应也不能以"退出"的方式自我淘汰。在WTO框架内"趋利避害"，争取WTO向更有利于我国的方向变化是我们正走的路。在这种变化发生之前，可以争取现有框架中更有利于我们的结果。例如，在近年人们经常提起的DVD涉外专利纠纷中，我们本来可以依据TRIPS协议不按照6C集团的要求支付超高额的"专利使用费"。与DVD一案相对的，是2004年中国碱性电池协会应对美国"专利权人"在美国依照"337条款"的诉讼一案，中国企业取得了胜利。这一胜一败很能说明问题。

---

① 作为非官方组织的英国知识产权委员会的2002年报告《知识产权与发展政策的整合》（Integrating Intellectual Property Rights and Development Policy），作为官方文件的2003年美国联邦贸易委员会的报告《鼓励创新——竞争与专利法律及政策的适当平衡》（To Promote Innovation—— The Proper Balance of Competition and Patent Law and Pollcy），作为法哲学学者澳大利亚Peter Drahos的专著《信息封建主义》（Information Feudalism），日本知识产权学者中山信弘2003年的专论《知识产权法律制度的展望》。这些都是对知识产权制度（除美国联邦贸易委员会文件外，主要是WTO中TRIPS协议展现的知识产权制度）的猛烈批评。

前者是我们的企业在知识产权战中"不战而降"的一例。后者则是我们的企业真正明白了什么是知识产权。

中央正确地提出了建设创新型国家的目标，而要落实它，我们就不能不重视与加强对创新者、创新企业所作出的创新成果的知识产权保护。在这方面，了解国际上的发展趋势并作出正确的选择，是非常重要的。

二、主要国家、地区知识产权制度与相关国际条约对我国的影响

（一）几个有代表性的国家和地区知识产权制度的状况

1. 美国

虽然美国建国只有 200 多年的历史，但却是世界上最早建立知识产权法律和制度的国家之一。美国独立后即在其《宪法》中明文规定发明人、作者的创作成果应当享有知识产权，并于 1790 年颁布了《专利法》和《版权法》，时间早于绝大多数其他国家。这表明美国建国之初就把保护知识产权作为其基本国策之一。

值得指出的是，美国在其科技和文化创新能力低于欧洲发达国家的历史阶段，曾在知识产权制度上采取明显的本国保护主义。例如，美国早期的专利制度拒绝为外国申请人提供与本国申请人同等的待遇，尤其歧视当时世界首强英国的申请人；长期拒不参加当时由欧洲国家发起制定的知识产权国际条约，例如直至 1988 年才参加了《保护文学艺术作品伯尔尼公约》。20 世纪中期之后，随着美国逐渐成为世界第一强国，其国内知识产权制度也不断完善。美国一方面注重为权利人提供有效的知识产权保护，例如大力促进其版权产业的形成和壮大，将能够获得专利保护的范围扩大到微生物、与计算机程序有关的商业方法等，规定大学和科研机构对利用国家投

资完成的发明能够享有并自主处置专利权等等；另一方面也注重知识产权权利人利益与公众利益之间的合理平衡，美国是世界上最早建立反垄断体系并将其用于规制知识产权权利滥用行为的国家，它还通过其最高法院近 10 年来的一系列重要判决，制止对专利权的保护范围作出过宽的解释，以免其他人使用先进技术有随时"触雷"的危险。

自 20 世纪 80 年代以来，美国在其对外知识产权政策方面一直从维护本国利益出发，进攻性地参与和推动知识产权国际规则的制定和调整。美国在双边交往中也不断强制推行自己的"知识产权价值观"，与相关国家签订双边协议，使对方在知识产权保护上比世界贸易组织的《与贸易有关的知识产权协议》更严格、要求更高。例如，2005 年开始的澳大利亚新一轮知识产权法修订，就是按照 2005 年 1 月的《澳美自由贸易协议》的要求进行的。① 此外，早在 20 世纪八九十年代，美国就曾推动许多国家以版权法保护计算机软件，要求许多发展中国家为药品发明提供专利保护，并将这些主张体现在世界贸易组织的规则中；美国频频运用其《综合贸易法》的"特别301 条款"和《关税法》的"337 条款"，对其认为侵犯美国知识产权的国家和企业进行威胁和制裁。美国是对知识产权国际规则的形成和发展影响最大的国家。

2. 欧盟国家

欧盟各国的知识产权制度可以放在一起了解和把握，因为这一地区知识产权法律"一体化"的进程已经基本完成。早期的欧共体于 1973 年制定了《欧洲专利公约》，于 1978 年成立欧洲专利局，

---

① 实际上，到目前为止，美国已经与日本、新加坡、马来西亚、印度尼西亚、澳大利亚等十多个国家签订了这种"自由贸易协定"，而且还在继续推进这种协定。

在很大程度上统一了欧共体各国专利权的授予；1991~1996 年统一了欧共体国家的大部分版权法规；1993 年制定了《共同体商标条例》，后又制定了一系列的条例、指令等法律文件，进一步缩小了欧盟国家在知识产权制度各个方面的差异。

作为知识产权制度的诞生地 [①]，又是当今世界上最大的发达国家群体，欧盟国家对知识产权保护十分重视，其知识产权法律和制度以及相配套法律和制度都较为完善。在知识产权保护的某些方面，欧盟的立场甚至比美国更为严格。例如，对仅有资金投入而无创造性劳动成果的数据库，欧盟自 1996 年起即予以知识产权保护；而美国至今未予保护。再如，欧盟将大小型卡拉 OK 厅使用音乐作品一律纳入版权法的规范范围；而美国在 21 世纪初欧盟把其告到世界贸易组织的争端解决委员会之前，一直认为小型卡拉 OK 厅使用音乐作品不应受版权法限制。在知识产权国际规则的形成和发展方面，欧盟国家与美国具有较多的共同利益，因而总体而言持基本一致的立场。但是，欧美之间也存在分歧。例如，美国从维持其计算机软件方面的巨大优势出发，极力主张其他国家也将与计算机程序有关的商业方法纳入可以受专利保护的范围；而欧盟则以授予专利权的方案必须具有技术属性为由予以抵制。再如，以法国为代表的欧盟国家极力主张扩大地理标志的范围，以保护其拥有的传统优势产品（如葡萄酒、奶酪、香水等）；而美国、澳大利亚等在这方面处于劣势地位的移民型国家则坚决予以反对。这些分歧的产生主要并不是由于在法学理论方面的不同观点，而

---

①　世界上第一部版权法与专利法均出自英国，第一部注册商标法则出自法国。

是出于维护各自经济利益的考虑。①

3. 日本

日本于 1885 年制定《专利法》，时间与德国大致相同，在亚洲国家中是最早的。20 世纪 70 年代以来，日本每年受理的专利申请数量长期高居世界各国之首。

第二次世界大战之后，日本通过引进美国和欧洲的先进技术并对其进行消化和再创新，建立了世界上最好的有形产品制造体制，被称为"日本模式"。然而，20 世纪 90 年代却被称为日本"失落的十年"。日本总结教训，认为一个重要的原因在于日本囿于曾经十分成功的传统工业经济发展方式，没有及时对"日本模式"进行改造，而这一期间的国际环境已经发生了巨大变化，一些国家低价生产大批量产品的能力迅速接近甚至超过日本，结果是日本传统的以高质量生产产品的经济策略已经不再有效。

所以，日本提出了"信息创新时代，知识产权立国"的方针，于 2002 年制定了《知识产权战略大纲》和《知识产权基本法》，提出从创新、应用、保护以及人才等方面抢占市场竞争制高点。同年，日本内阁成立了"知识产权战略本部"，由首相任本部长，并设立了"知识产权推进事务局"，每年发布一次"知识产权推进计划"，对国家主管部门、教学科研单位、各类企业的相关任务与目标都作了规定。2005 年，日本成立了"知识产权上诉法院"，统一审理知识产权民事和行政上诉案件，以简化程序，优化司法审判资源配置，

---

① 对地理标志是否保护、采取什么途径保护，曾经是世界贸易组织成立前的谈判中美、欧争议的焦点；是否扩大与加强对地理标志的保护，又成为多哈会议后多次世界贸易组织谈判中美、欧争议的焦点。

从而更有效地保护知识产权。① 这种做法在国际上已经是一个明显的发展趋向，韩国、新加坡、中国台湾地区近年来也先后采取了与日本相似的知识产权司法架构。

日本是最早在我国设立知识产权特派员的国家，目前和美国、欧盟一样采取各种方式在知识产权领域对我国施加压力。

4. 韩国

韩国是一个依托知识产权由贫穷落后的发展中国家迅速崛起的典型。2005 年，韩国的发明专利和实用新型的申请量达到近 20 万件，专利权的授予量从 1981 年的 1808 件上升到 2005 年的 73 509 件，增长了 41 倍。从统计图表看，韩国发明专利和实用新型申请量的增长与其人均 GDP 的增长几乎完全吻合。这表明，知识产权与经济实力的增长之间存在紧密关联。

从 20 世纪后期开始，韩国的产业结构不断发生变化。从 20 世纪 60 年代到 80 年代初期，韩国工业主要集中在纺织品、胶合板、鞋子等轻工业家用产品方面；从 80 年代初期到 1996 年，韩国实现了向钢铁、造船、汽车、化学等领域的拓展；从 1996 年到现在，韩国又在移动电话、半导体器件、存储器、液晶显示器、计算机软件等高技术领域取得长足进步；据介绍，韩国近年来在生命科学和生物技术的研究与应用方面作了巨大投入，很可能在不久的将来形成新的产业亮点。韩国十分重视学习、收集和研究中国传统知识（特别是中医药）方面的优秀成果，并将其产业化，迅速投入国际市场。值得注意的是：韩国使用中药方制成的药品，从来不标注"汉药"或"中药"，而是标注"韩药"。

---

① 从 2005 年底到 2006 年初，日本知识产权上诉法院判决的"佳能墨盒"等 3 个有名的案例，已经对国际知识产权界产生了重大影响，也对我国企业产生了重大影响。

韩国像许多发达国家那样，开始制定自己的知识产权战略。它重视自己的知识产权在国外获得保护，它在发达国家申请专利的数量远远高于我国。韩国也十分注重在我国申请获得专利，从 1999 年起进入在我国申请专利最多的 10 个国家之列，到 2005 年已经位居第三。目前，随着我国成为韩国最大的贸易伙伴，韩国企业投诉我国企业侵犯其知识产权的案件正在增加。[①]可以预计，涉外知识产权纠纷的压力不仅来自发达国家，也将会来自发展较快的发展中国家。对此，我们现在就必须开始重视。

5. 印度

印度与大多数"英联邦"国家一样，其知识产权制度的框架基本上源于英国。在 20 世纪 40 年代独立后的很长时间里，印度对知识产权制度否定多于肯定。[②]但自从世贸组织成立，特别是在印度的涉外知识产权纠纷被诉诸世界贸易组织的"争端解决委员会"后，上述状况发生了重大变化。一方面，印度政府采取多方面措施完善其知识产权制度，遵从世界贸易组织规则，逐步减少在医药专利、作品版权方面与外国的纠纷，并不断加强知识产权保护，尤其是不断完善版权立法，加强版权执法，以保障自己信息产业的发展。印度的软件产业因此从 90 年代中期之后得到迅速发展，其软件产品及软件服务业进入国际市场，成为印度主要外汇来源之一。另一方面，印度十分注意在加强知识产权保护的同时维护其本国的利益，积极

---

① 比较有影响的，例如 2004 年韩国三星集团在北京一中院诉我国盛大集团的网络游戏软件版权纠纷。

② 参见赵元果：《中国专利法的孕育与诞生》，第 56 页、第 164 页、第 191 页，知识产权出版社 2003 年版。20 世纪 80 年代初，当中国向印度专利局长请教专利制度的好处时，他甚至认为"专利法对发展中国家的好处等于零"。印度在《保护工业产权巴黎公约》生效 100 多年后，才参加了该公约。

立法保护自己的遗传资源、传统知识和民间文艺（主要是印度医药、瑜伽及印度民间文学艺术），并在国外监视侵害印度传统知识的任何活动。例如，到 2005 年年末，印度在海外监测到：美国已批准 150 项与印度瑜伽功有关的专利；英国批准了至少 10 项与印度瑜伽功有关的商标；德国及日本也有类似情况。印度还组织了专门工作组开展对这些外国专利、商标的撤销或无效投诉，并建立起"印度传统知识图书馆"，将馆藏内容译成 5 种文字，与世界各国专利审批部门联网，以求外国在行政审批中驳回涉及印度传统知识的申请。同时，印度在许多国际谈判场合，积极推动制定传统知识、基因资源保护的国际规范，以最终使国际条约这一层面承认传统知识的特殊知识产权地位作为自己的目标。

（二）相关国际条约

1. 主要的知识产权国际条约

在 1883 年之前，知识产权的国际保护主要是通过双边国际条约的缔结实现的。今天，这种保护虽然主要是通过多边国际条约来实现，但双边条约并没有完全失去它的作用。自 21 世纪初以来，美国正通过签订一个个双边知识产权条约，进一步提高世界贸易组织规定的知识产权保护水准。

1883 年《保护工业产权巴黎公约》问世后，《保护文学艺术作品伯尔尼公约》《商标国际注册马德里协定》等相继缔结。在一个世纪左右的时间里，世界各国主要靠这些多边国际条约来协调各国之间差距很大的知识产权制度，减少国际交往中的知识产权纠纷。

世界贸易组织的《与贸易有关的知识产权协议》是 1994 年与世界贸易组织所有其他协议一并缔结的。与过去的知识产权国际条约相比，该协议具有如下突出特点：

第一，是第一个涵盖了绝大多数类型知识产权类型的多边条约，既包括实体性规定，也包括程序性规定。这些规定构成了世界贸易组织成员必须达到的最低标准，除了在个别问题上允许最不发达国家延缓施行之外，所有成员均不得有任何保留。这样，该协议就全方位地提高了全世界知识产权保护的水准。

第二，是第一个对知识产权执法标准及执法程序作出规范的条约，对侵犯知识产权行为的民事责任、刑事责任及保护知识产权的边境措施、临时措施等都作了明确规定。

第三，最为重要的是引入了世界贸易组织的争端解决机制，用于解决各成员之间产生的知识产权纠纷。过去的知识产权国际条约对参加国在立法或执法上违反条约并无相应的制裁条款，《与贸易有关的知识产权协议》则将违反协议规定直接与单边及多边经济制裁挂钩。《与贸易有关的知识产权协议》是迄今为止对各国知识产权法律和制度影响最大的国际条约。

2. 管理知识产权的主要国际机构

世界知识产权组织是联合国所属 15 个专门机构之一，是主要的知识产权国际机构，负责管理 20 多个知识产权国际条约。另外，国际劳工组织、联合国教科文组织也参与某些知识产权事务的管理。

世界贸易组织的"与贸易有关的知识产权协议理事会"管理《与贸易有关的知识产权协议》，近年来在知识产权国际事务方面也发挥着重要作用。

3. 国际知识产权法律和制度的发展动向

近年来，知识产权国际规则的制定和发展有以下两方面的趋势。

一方面，美、欧、日等继续大力推动各国知识产权法律和制度的进一步协调、统一，使其向发达国家的标准看齐。

世界知识产权组织于 1996 年缔结了两个互联网版权条约，以强化数字时代的版权保护；于 2000 年缔结了《专利法条约》，以统一各国授予专利权的形式和程序性条件，现在正在进行《实体专利法条约》的制定，以统一各国授予专利权的实质性条件。缔结这些条约的总体目的在于进一步强化知识产权保护，压缩《与贸易有关的知识产权协议》留给各国的自由选择空间。

需要特别注意的是，发达国家正在加紧推动"世界专利"的进程。直到现在，即使按照《与贸易有关的知识产权协议》，各国仍有独立地授予专利权的自由，即针对同样的发明，可以自行决定是否授予专利权以及授予具有何种保护范围的专利权。所谓"世界专利"，就是要改变上述现有模式，由一个国际组织或者某几个国家的专利局统一授予专利权，在世界各国均能生效，各国不再进行审批。这种"世界专利"制度显然对发展中国家不利。

另一方面，发展中国家在知识产权保护问题上维护自身利益的呼声在不断增强，主动参与知识产权国际规则制定的意识明显提高。

在 2004 年举行的世界知识产权组织成员国大会上，巴西和阿根廷等 14 个发展中国家提出了"知识产权与发展议程"的提案，指出：现行知识产权制度对保护发展中国家的利益重视不够，导致富国与穷国之间的差距不是缩小而是扩大；知识产权制度的发展不应当无视各国发展水平的不同而设立更高的保护水准，应当保障所有国家建立知识产权制度所获得的利益大于付出的代价。该提案在国际社会上引起了强烈反响。

《与贸易有关的知识产权协议》强制性地规定各成员均必须对药品授予专利权，给广大发展中国家的民众以能够支付得起的价格获得治疗各种流行疾病的药品带来了负面影响。在发展中国家的大力推动下，2001 年在多哈召开的世界贸易组织部长级会议通过了《关于知识产权协议与公共健康的宣言》。该宣言承认许多发展中国家所面临公共健康问题的严重性，强调需要将《与贸易有关的知识产权协议》的相应修改作为国际社会解决公共健康问题举措中的一部分。依照该宣言的要求，世界贸易组织总理事会于 2003 年通过了落实多哈宣言的决议，并在 2005 年于香港召开世界贸易组织部长级会议之前通过了对《与贸易有关的知识产权协议》的相应修改方案。

另外，发展中国家还在积极推动制定保护遗传资源、传统知识和民间文艺的国际规则，以抗衡发达国家在专利、商标、版权等知识产权方面的巨大优势，维护自己的利益。虽然是否将这种保护纳入知识产权法律与制度的框架还有争议，但应当给予保护则是相当多国家（包括一些发达国家）的共识。

上述两个方面的趋势都很引人注目，但是必须承认，在知识产权国际规则的制定和发展方面，发达国家明显占据主导地位。我们必须密切关注并妥善应对国际知识产权保护进一步强化的问题。

三、各国及国际的知识产权保护中一些值得借鉴的做法

（一）把知识产权法与知识产权战略放在重要位置

发达国家在 20 世纪末之前的一二百年中，以其传统民事法律中有形财产法律制度为民商事法律领域的重点。原因是在工业经济中，机器、土地、房产等有形资产的投入起关键作用。20 世纪八九十年代以来，与知识经济的发展相适应，发达国家及一批发展中国家（如新加坡、韩国、菲律宾、印度等），在民商事立法领域，逐步转变为以知识产权法律制度为重点。这并不是说人们不再靠有形财产为生，也不是说传统的有形财产法不再需要了，而是说重点转移了。原因是：在知识经济中，发明专利、商业秘密、不断更新的计算机程序、驰名商标等知识产权在起关键作用。随着生产方式的变动，上层建筑中的法律层面的重点也必然变更。一批尚未走完工业经济进程的发展中国家，已经意识到：在当代，仍旧把注意力仅仅盯在有形资

产的积累上，反倒使有形资产的积累永远上不去，其经济实力也将永远赶不上发达国家。必须以自主知识产权的积累促进有形资产的积累，才有可能赶上发达国家。①

另外，美、欧从 20 世纪末，日本及许多国家从 21 世纪初开始，都纷纷着手制定自己的知识产权战略，以便在国际竞争中保持强势或者赶上原来的强势国家。这也是将知识产权法律与制度放在突出位置的表现。

（二）知识产权司法与行政管理及行政执法相对集中

建立知识产权法院，将知识产权案件相对集中审理，将知识产权民事、刑事、行政案件统由知识产权专门审判庭审理，美、欧多数国家早在日本之前就做了，一批发展中国家和地区在日本前后也做了。另外，绝大多数国家的工业产权（专利、商标等等）均由一个行政机关统一管理，相当一部分国家和地区（如中国台湾地区）的知识产权（即工业产权加版权）全部由一个行政机关统一管理。这样做的好处是有利于减少乃至防止"冲突判决"的产生，便利权利人维权，节约有限的司法与行政资源，更有效地保护知识产权。②

（三）在履行国际知识产权保护义务的同时，注意本国的经济利益

在国际知识产权保护体系已经由世界贸易组织的知识产权协议画上句号之后，各国必须履行参加协议时所承诺的国际知识产权保

---

① 应当注意，许多并没有"民法典"的发达国家及发展中国家，在 21 世纪都没有把立法重点放在制定"民法典"上，而是把重点放在多方完善已经有的知识产权法上。也有许多把重点放在知识产权法典化上。2005 年出现的《意大利工业产权法典》在这方面特别值得注意，它已经有了"总则"，不再像法国知识产权法典那种编纂式的。

② 我国法学家早就提出了这类建议，可惜多年未被采纳。参见《我国应设立专利法院》，载《法制日报》，2002-12-19。

护义务。一是按照协议调整国内法。这点几乎所有国家都已经做了。二是无论作为世界贸易组织知识产权争端解决第一案的美国诉印度的专利争端，还是其后欧盟诉美国的商标与版权争端，败诉一方都无例外地执行了或正在执行世界贸易组织争端解决委员会的裁决。这是问题的一个方面。另一方面，许多国家在履行国际知识产权保护义务的同时，还十分注意本国的经济利益，甚至把本国的经济利益放在首位。发达国家基本上都是如此。发展中国家，如前所述的印度、韩国也是如此。印度不是简单地在国际压力下加强版权保护，而是借助这种保护积极发展自己的软件产业，使之在国际市场最终占领了相当大的份额。同时它又积极推动把自己传统的长项纳入国际知识产权保护规则中。

四、国际知识产权保护的发展与我国面临的挑战及机遇

（一）要看到全球化中知识产权保护强化对我们不利的一面；更要看到"保护"在建设创新型国家中的重要作用

为什么过去知识产权没有对我国的对外交往产生显著影响，如今却日益成为我国与其他国家之间产生纠纷的焦点问题呢？其中主要有两方面的原因。第一，自我国 20 世纪 80 年代以来全球化与世界经济格局的深刻变化。第二，我国的迅速崛起。自改革开放以来，我国参与国际市场竞争的能力明显增强。这使许多国家，特别是发达国家感到多了一个强劲的竞争对手。在我国经济规模和市场占有份额很小时，发达国家可以不大在乎；在我国成为其竞争对手之后，它们就不会坐视不管了。

面对挑战和压力，有人抱怨我国依照加入世界贸易组织的承诺而修改后的知识产权法律保护水平"太高"。他们经常提到美国 20世纪 40 年代、日本 20 世纪六七十年代与我国目前经济发展水平相

似，而当时它们的知识产权保护水平则比我们现在低得多。这种对比，如果用以反诘国外对我国知识产权保护的不合理的指责，是可以的；但如果用来要求降低我国目前知识产权保护立法的水平或批评我国不应依照世界贸易组织的要求提高知识产权保护水平则属于没有历史地看问题。20 世纪 70 年代之前，国际上"经济全球化"的进程基本没有开始。我们如果在今天坚持按照我们认为"合理"的水平保护知识产权而不愿考虑经济全球化的要求、国际知识产权保护发展的趋向以及我国已经参加的相应国际条约的要求，那么在一国的小范围内看，这种坚持可能是合理的；而在国际竞争的大环境中看，其唯一的结果只可能是我们在国际竞争中"自我淘汰"出局。

实际上，发达国家对我国施加的知识产权压力将会使我国人民懂得真正的核心技术是市场换不到的，也是花钱买不来的，除了自主创新，奋发图强，没有别的出路。从这种意义上说，上述压力也能转化为我国发展的机遇和动力。

我国企业要在尚不熟悉知识产权法律与制度的情况下，应对发达国家跨国公司利用知识产权国际规则向我们施加压力，是我们面对的另一方面的挑战。

面对国际上要求我们加强知识产权保护的压力，在修订与完善有关知识产权法及加强执法方面，我们都已经做了大量的工作。但在提高企业的知识产权保护意识方面，仍显得有些欠缺。例如，最近还能听有的人讲：盗版有助于发展我国的经济，打击盗版主要是保护了外国（尤其是发达国家）的作品及产品。这实际上反映了一部分人的看法。我认为恰恰相反：盗版直接妨碍了我国经济的发展。第一，盗版者的非法收入，绝没有上缴国家，以用来发展经济；而且对这一大笔非法收入是无法去收税的。从这里漏掉的税款，对国家就是个不小的损失。第二，盗版活动的主要受害者，是国内企业。

仅仅以软件盗版为例，它是我国自己的软件产业发展不起来的直接原因。像微软这样的外国企业，它的视窗软件等行销全球的产品，即使在中国一盘也卖不出去，它仍旧可以靠英文原版产品，以及"韩化""日化"的产品在许多国家及美国本国的市场赚到钱。我们自己企业开发的"中文之星""五笔汉字"等软件，如果在中国因为盗版猖獗而没有了市场，它们在国外的市场就非常有限了，这些中国软件企业就非倒闭不可。对音像制品、图书等的盗版如果不给予有力打击，结果也是一样。因为这些汉字、汉语的文化产品的市场主要在中国。说到假冒商标等侵害知识产权的活动，就更是如此了。我国的许多名牌在国外的市场上，并不是被外国竞争者打垮的，反倒是被我们自己的冒牌货打倒的。这样的例子很多。

另一方面，许多企业对知识产权实际上没有真正了解，于是在自己本来可以抗争时却放弃的例子也不少。例如，专利不像版权与商标，不存在"部分侵权"。如果你的产品只包含他专利中的部分技术特征而不是全部，那就仍然不能定为侵权。美国的柯达公司被诉侵害他人感光技术专利，抗争了9年，才最后被认定侵权。我们有的企业则是外国公司一告侵权、甚至还没有告，就"不战而降"了。有的跨国公司持其专利向我国企业要高价，同时"捆绑许可"其专利，我们的企业应当知道这是违反《与贸易有关的知识产权协议》的，境外已经有反过来告它滥用权利、拒付高额许可费的例子。我们的一些企业却在同样情况下逆来顺受了。这也是没有知识产权意识的表现。

我们的企业还应当知道的是：无论在国内还是国外，我国的企业及个人已经享有的知识产权，同样可能遭到外国公司的侵害。像"海信""同仁堂"这样著名的商标，都曾被外国公司抢注过。我国企业要注意依法维护自己的知识产权。

　　当然，最重要的，是要鼓励我国企业积极开发享有我们自主知识产权的成果。袁隆平在我国还没有颁布《专利法》之前，就已经在美国、澳大利亚申请了杂交水稻育种技术的专利；我国的中石化公司在最近几年，在世界范围就某些化工技术申请了多国的多项专利，初步建立起自己的"市场保护圈"，使外国企业想进入这个圈制售有关化工产品的，都要向中石化取得许可。还有一些公司通过自己的努力创新，也开始在国际竞争中站住了脚。不过这类企业在中国还太少。为了发展我国的经济，我们不能拒绝引进他人的创新成果。但我们最终能够依靠的，还是我国人民自己的创新精神。给予创新成果以知识产权保护，是对发扬创新精神的最有效的鼓励。

（二）知识产权保护的源与流和我们对自己长项的保护

　　提升我国传统优势领域的知识产权保护力度，是我们可能有效应对外来挑战的一个方面。其中特别应当重视的是我国中医药的知识产权保护状况面临的挑战。中医药更是我国的瑰宝。对传统知识提供有效的知识产权保护，不仅符合我国的利益，而且有利于在世界范围内弘扬中华文化。我们在国际竞争中面临的状况是：第一，我国作为中医药原创国的主体地位受到了一些外国的威胁。中医药作为我国具有原创性的自主知识产权，目前在国际上正面临被混淆来源的危险。其中一个重要迹象是将中医药名称"去中国化"。除了韩国已立法将"汉医学"更名为"韩医学"，将"汉药"改称"韩药"外，日本也正在酝酿更名问题。第二，真正体现中医药特色的中药复方，难以通过源于西方的专利制度获得有效保护，于是成为世界免费大餐。第三，中草药缺乏知识产权保护，使我国中药出口贸易的高附加值大多流向国外竞争对手。应对这方面的挑战，我们不能再居被动，必须积极主动对中医药这一我国原创的成果进行专门立法保护。目前可以做的至少有三点：（1）对于中医医疗中具有核心价值的中药复方进行特殊保护或技术秘密保护；（2）对于中草药采用地理标志保护；（3）对于中草药新品种提供植物新品种保护。这些保护将有利于促进中医药的健康发展。此外，我们还须抓紧研究其他保护方案。由于中医药有廉价便民的优势，积极保护与发扬它，不仅可以应对国际上的挑战，而且对于构建有中国特色的医疗卫生体系和建设社会主义和谐社会也具有重大的社会经济意义。可惜的是，目前国家中医药管理局开始起草的保护法，自己也"去中国化"，定名为"传统医药保护法"而不敢称"中医药保护法"。国际组织及国际条约称"传统医药"，原因是它不能单指某一个国家；我们自己的部门法也不称"中医药"（按新中国成立后的习惯及已有的法律解释，中医药已经既包括了汉医药，也包括了蒙医药、藏医药等等少数民族医药），是不对的。但这是我们的另一个建议中将去详细讨论的了。

"中国民间文学艺术"与"中医药"这两部分，在我国都是长项，如果我们只是在发达国家推动下对他们的长项（专利、驰名商标等等）加强保护，对自己的长项则根本不保护，那么将是一个重大失误。即使传统知识的这两部分不能完全像专利、商标一样受到保护，也应受"一定的"保护。

在我们以现有的由发达国家早已决定好框架的"知识产权"为基础制定知识产权战略时，切切不可忽视了一大部分尚未列入国际知识产权保护框架内的信息财产。因为这一部分恰恰是我国的长项。

近年来，发达国家一再把知识产权保护水平拔高，而发展中国家则提出了保护现代文化及高技术之源的问题，这两部分利益不同的国家实际上在不同的"两端"上，不断争论着。所谓"两端"，实质上是在"源"上的智力成果与在"流"上的智力成果。①

21 世纪将是中国逐步完成工业化、进而从工业经济向知识经济转变的时期。党和国家提出的"建设创新型国家"，是促进这一转变尽早完成的正确途径。

美国从 1996 年开始至今，版权产业中的核心产业（即软件业、影视业等等）的产品出口额，几乎每年都超过了农业、机器制造业（即飞机制造、汽车制造等等）的产品出口额。美国知识产权协会把这当做美国已进入"知识经济"发展时期的重要标志。我国从 2000 年起，信息产业开始成为第一支柱产业。这一方面说明我国确实在向知识经济迈进，另一方面也说明我们的差距还相当大。

在中国"入世"前后，关于如何转变政府职能，关于如何修改与世贸组织的要求有差距的国内法、关于如何使行政裁决均能受到司法审查，等等，人们关心得较多，报刊上讲得较多，立法与行政机关围绕这些问题采取的相应措施也较多。应当说，这都是对的。但我们更需要思考深一步的问题。

我们如果认真分析一下，就不难看到：第一，世贸组织时代与"关贸总协定"时代相比，无形财产的重要性大大提高了；从而规范服务、规范知识产权的国际规则显得十分重要了。第二，如本文前面所述，知识经济与工业经济（及至农业经济）时代相比，知识成果的投入开始取代土地、厂房、机器等有形财产的投入，起到关键作用；从而规范知识成果的知识产权法，开始取代有形财产法，在市场规范中起关键作用。第三，信息网络化的时代与公路、铁路乃至航空网络时代相比，无形市场（网络市场）已经开始在促进有

---

① 有关详细论证，可参见郑成思：《传统知识与生物多样化两类知识产权的保护》，载《法制日报》，2002-07-28。

形市场的发展上起关键作用；从而电子商务法将取代货物买卖（保管、租赁等）合同法起关键作用。这些，并不是说有形财产法、传统合同法等不再需要了，只是说重点转移了；也不是说人类可以不再依赖有形财产去生存，只是说有形财产的积累和有形市场的发展，在当代要靠无形财产的积累和无形市场的发展去推动。

目前，中国在知识产权、特别是"自主知识产权"的拥有及利用上，从总体看不占优势。这主要是因为发明专利、驰名商标、软件与视听作品等等的版权主要掌握在少数发达国家手中。要增强我们的地位至少使我们避免处于过于劣势的地位，我们有两条路可走：一是力争在国际上降低现有专利、商标、版权的知识产权保护水平；二是力争把中国占优势而国际上还不保护（或者多数国家尚不保护）的有关客体纳入国际知识产权保护的范围以及提高中国占优势的某些客体的保护水平。走第一条路十分困难。从 1967~1970 年《伯尔尼公约》的修订过程看，从世界贸易组织的《与贸易有关的知识产权协议》形成的历史看，走第一条路几乎是不可能的。

就第二条路来说，我们应力争把"生物多样化""传统知识"纳入知识产权保护。

现有知识产权制度对生物技术等等高新技术成果的专利、商业秘密等保护，促进了发明创造；现有知识产权制度对计算机软件、文学作品（包含文字作品及视听作品等）的版权保护，促进了工业与文化领域的智力创作。对现有知识产权制度无疑是在总体上应予肯定的。但在保护今天的各种智力创作与创造之"流"时，人们在相当长的时间里忽视了对它们的"源"的知识产权保护，则不能不说是一个缺陷，而传统知识尤其是民间文学的表达成果，正是这个"源"的重要组成部分。

"传统知识"是在世贸组织成立时，印度等国就提出应在世贸框架中保护的内容。近年世界知识产权组织已召开多次国际会议讨论这一问题，并于 2000 年成立了专门委员会来研究这一问题。世贸组织在 2001 年 11 月的多哈会议的"部长声明"第 18~19 条已列为多边谈判应考虑的议题。发展中国家安第斯组织在其 2000 年的《知识产权共同规范》中，已要求该组织成员在国内法中予以保护。

"传统知识"按世贸组织、世界知识产权组织及国外已有的立法中的解释，主要包含"民间文学艺术"与"地方传统医药"两大部分。其中"民间文学"部分，已经暗示保护或明文保护的国际条约与外国法很多。如：《伯尔尼公约》第 15 条，英国 1988 年版权法第 169 条，是"暗示"性规定的典型。实际上，世界知识产权组织在给《伯尔尼公约》第 15 条加标题时，已明文加上"民间文学艺术"。

"地方传统医药"的保护，虽然亚、非一些发展中国家早就提出，却是在 1998 年印度学者发现了某些发达国家的医药、化工公司，把印度的传统药品拿去，几乎未加更多改进，就申请了专利这一事实后，在发展中国家引起更大关注的。发展中国家认为，像无报酬地拿走民间文学艺术去营利一样，无报酬地拿走地方传统医药去营利也是对这种知识来源地创作群体极不公平的。发展中国家的安第斯组织已在其《知识产权共同规范》总则第 3 条中，把"传统知识"（即包含上述两部分）明文列为知识产权保护客体。

对"生物多样化"给予知识产权保护，主要是保护基因资源。基因资源与传统知识相似，可能是我国的又一个长项。许多发展中国家以及基因资源较丰富的发达国家（如澳大利亚），已经开始重视这方面的保护。我国仅仅在《种子法》等法律中开始了有限的行政管理。把基因资源作为一种民事权利，特别是作为知识产权来保护，我国与一些外国相比，还非常不够。

传统知识与生物多样化两种受保护客体与世界贸易组织中已经

保护的地理标志有许多相似之处。例如，它们的权利主体均不是特定的自然人。同时，传统知识与生物多样化两种受保护客体又与人们熟悉的专利、商标、版权等等的受保护客体有很大不同。所以，有人主张把它们另外作为知识产权的新客体，而不是与其他客体一样并列在一起。不过，必须给予一定的保护，在这一点上，则是需要力争的。"力争"的第一步，就是本国的立法与执法首先把它们保护起来。

这种保护，首先是应当要求使用者尊重权利人的精神权利。例如，要求使用者指出有关传统知识或者生物品种的来源。如果自己创作的新作品或者开发的新技术方案是以有关传统知识或者生物品种作为基础的，必须说明；如果自己推向市场的商品或服务本身就是他人已有的传统医药、民间文学艺术等，就更需说明。近年拿了中国人开发并使用了千百年的中药乃至中成药推入国际市场，却引世人误以为该中成药出自日本、韩国等国者，并不在少数。这对中国的传统知识是极大的不尊重。2002 年北京第二中级人民法院受理、2003 年年底由北京高级人民法院终审的"乌苏里船歌"版权纠纷，实质上也首先是原告希望有关民间文学的来源这项精神权利受到尊重。其次，这种保护必然涉及经济利益，即使用人支付使用费的问题。至于法律应当把付费使用的面覆盖多广，以便既保护了"源"，又不妨碍"流"（即文化、科技的发展），则是个可以进一步研究的问题。

中国人在知识创新方面，并不比任何人差。我们其实可以不必去考虑如何去要求降低国际上现有的知识产权高端的保护制度（因为实际上也不可能降下来）。我们应当做的是：一方面利用知识产权制度业已形成的高端保护推动国民在高新技术与文化产品领域搞创造与创作这个"流"，另一方面积极促成新的知识产权制度来保护我们目前可能处于优势的传统知识及生物多样化这个"源"。这样，才更有利于加快我们向"知识经济"与和谐社会发展的进程。

学术索引